여러분의 합격을 응원하는
해커스경찰의 특별 혜택!

📝 회독용 답안지 [PDF]

해커스경찰(police.Hackers.com) 접속 후 로그인 ▶ 상단의 [교재·서점 → 무료 학습 자료] 클릭 ▶
본 교재 우측의 [자료받기] 클릭하여 이용

FREE 경찰헌법 특강

해커스경찰(police.Hackers.com) 접속 후 로그인 ▶ 상단의 [무료강좌 → 경찰 무료강의] 클릭하여 이용

🎟 해커스경찰 온라인 단과강의 **20% 할인쿠폰**

FB8DFCD55C359BBS

해커스경찰(police.Hackers.com) 접속 후 로그인 ▶ 상단의 [내강의실] 클릭 ▶
[쿠폰/포인트] 클릭 ▶ 쿠폰번호 입력 후 이용

* 등록 후 7일간 사용 가능(ID당 1회에 한해 등록 가능)

📩 경찰 합격예측 **온라인 모의고사 응시권 + 해설강의 수강권**

27278B69F72BC4SE

해커스경찰(police.Hackers.com) 접속 후 로그인 ▶ 상단의 [내강의실] 클릭 ▶
[쿠폰/포인트] 클릭 ▶ 쿠폰번호 입력 후 이용

* ID당 1회에 한해 등록 가능

쿠폰 이용 관련 문의 **1588-4055**

단기 합격을 위한
해커스경찰 커리큘럼

입문

탄탄한 기본기와 핵심 개념 완성!

누구나 이해하기 쉬운 개념 설명과 풍부한 예시로 부담없이 쌩기초 다지기

TIP 베이스가 있다면 **기본 단계**부터!

▼

기본+심화

필수 개념 학습으로 이론 완성!

반드시 알아야 할 기본 개념과 문제풀이 전략을 학습하고
심화 개념 학습으로 고득점을 위한 응용력 다지기

▼

**기출+예상
문제풀이**

문제풀이로 집중 학습하고 실력 업그레이드!

기출문제의 유형과 출제 의도를 이해하고 최신 출제 경향을 반영한
예상문제를 풀어보며 본인의 취약영역을 파악 및 보완하기

▼

동형문제풀이

동형모의고사로 실전력 강화!

실제 시험과 같은 형태의 실전모의고사를 풀어보며 실전감각 극대화

▼

최종 마무리

시험 직전 실전 시뮬레이션!

각 과목별 시험에 출제되는 내용들을 최종 점검하며 실전 완성

PASS

* 커리큘럼 및 세부 일정은 상이할 수 있으며,
자세한 사항은 해커스경찰 사이트에서 확인하세요.

단계별 교재 확인 및
수강신청은 여기서!

police.Hackers.com

해커스경찰

황남기

경찰헌법 1차 대비

Season 3 전범위 모의고사

해커스

황남기

약력

현 | 해커스경찰 헌법 강의
해커스공무원 헌법/행정법 강의

전 | 동국대 법대 겸임교수
외교부 사무관
윌비스 헌법/행정법 대표교수
제27회 외무 고등고시 수석합격
2012년 공무원 승진시험 출제위원
연세대, 성균관대, 한양대, 이화여대, 중앙대, 전남대,
전북대 사법시험 특강

저서

해커스경찰 황남기 경찰헌법 기본서
해커스경찰 황남기 경찰헌법 핵심요약집
해커스경찰 황남기 경찰헌법 Season 1 쟁점별 모의고사
해커스경찰 황남기 경찰헌법 Season 2 진도별 모의고사
해커스경찰 황남기 경찰헌법 Season 3 전범위 모의고사 1차 대비
해커스경찰 황남기 경찰헌법 Season 3 전범위 모의고사 2차 대비
해커스경찰 황남기 경찰헌법 3개년 핵심＋최신 판례집 2024 상반기
해커스경찰 황남기 경찰헌법 최신 판례집 2023 하반기
해커스공무원 황남기 헌법 기본서 1권
해커스공무원 황남기 헌법 기본서 2권
해커스공무원 황남기 헌법 단원별 기출문제집
해커스공무원 황남기 헌법 진도별 모의고사 기본권편
해커스공무원 황남기 헌법 진도별 모의고사 통치구조론편
해커스공무원 황남기 헌법족보
해커스공무원 황남기 헌법 최신 판례집
해커스공무원 황남기 행정법총론 기본서
해커스공무원 황남기 행정법각론 기본서
해커스공무원 황남기 행정법 모의고사 Season 1
해커스공무원 황남기 행정법 모의고사 Season 2
해커스공무원 황남기 행정법총론 최신 판례집
황남기 경찰헌법 기출총정리, 멘토링
황남기 행정법총론 기출문제집, 멘토링
황남기 행정법각론 기출문제집, 멘토링

서문

본 교재에는 기출 및 최신 판례 등이 지문에 반영되어 있습니다. 꼭 최신 판례를 공부하고 문제를 풀어보아야 합니다. 또한 시간을 15분 정도 잡고 긴장된 상태에서 문제를 풀어야 자기 점수를 알 수 있습니다. 냉철하게 자기 수준을 알아야 앞으로의 공부 방향을 정할 수 있습니다. 너무 쉬운 모의고사는 실력보다 과장된 점수로 포장돼 착오를 일으켜 공부 방향을 잘못된 길로 데려갈 수 있습니다.

본 교재의 특징

1. 문제 난이도는 전반적으로 중상입니다. 실전에서 받을 점수와 유사하게 나올 수 있는 수준입니다.

2. 최신 판례를 반영했습니다.

모의고사 활용법

1. 한 회 20문제당 15분으로 잡고 모의고사 훈련을 해야 합니다.

2. 시험 2개월 전에는 문제 풀이를 가급적 매일 하는 것이 좋습니다.

3. 중요하나 난이도가 있는 문제는 기본서를 확인하는 것을 권장합니다.

더불어 경찰공무원 시험 전문 **해커스경찰(police.Hackers.com)**에서 학원강의나 인터넷동영상강의를 함께 이용하여 꾸준히 수강한다면 학습효과를 극대화할 수 있습니다.

본 교재로 시험 현장에서 받을 수 있는 점수를 확인하고 보완할 것을 보완해서 좋은 결과를 얻기를 기원합니다.

2025년 2월
황남기

목차

문제

1회	전범위 모의고사	8
2회	전범위 모의고사	16
3회	전범위 모의고사	26
4회	전범위 모의고사	34
5회	전범위 모의고사	42
6회	전범위 모의고사	52
7회	전범위 모의고사	62
8회	전범위 모의고사	72
9회	전범위 모의고사	82
10회	전범위 모의고사	92

정답 및 해설

1회 전범위 모의고사 104

2회 전범위 모의고사 112

3회 전범위 모의고사 121

4회 전범위 모의고사 130

5회 전범위 모의고사 138

6회 전범위 모의고사 149

7회 전범위 모의고사 159

8회 전범위 모의고사 168

9회 전범위 모의고사 177

10회 전범위 모의고사 187

2025 해커스경찰 황남기 경찰헌법 Season 3 전범위 모의고사 1차 대비

전범위
모의고사

전범위 모의고사 **1**회   전범위 모의고사 **6**회

전범위 모의고사 **2**회   전범위 모의고사 **7**회

전범위 모의고사 **3**회   전범위 모의고사 **8**회

전범위 모의고사 **4**회   전범위 모의고사 **9**회

전범위 모의고사 **5**회   전범위 모의고사 **10**회

문 1. 헌법에 관한 설명으로 가장 적절한 것은? (다툼이 있는 경우 판례에 의함)

① 성문헌법이라고 하여도 그 속에 모든 헌법사항을 빠짐없이 완전히 규율하는 것은 불가능하고 또한 헌법은 국가의 기본법으로서 간결성과 함축성을 추구하기 때문에 형식적 헌법전에는 기재되지 아니한 사항이라도 이를 불문헌법 내지 관습헌법으로 인정할 소지가 있다.

② 헌법사항에 관하여 형성되는 관행 내지 관례는 관습헌법이 된다.

③ 관습헌법이 성립하기 위해서는 관습이 성립하는 사항이 헌법적으로 중요한 사항이어야 하는데 어떤 사항이 헌법의 기본적 사항이냐는 일반적·추상적 기준에 의해 확정되어야 한다.

④ 헌법재판소는 관습헌법의 성립요건으로 반복성, 항상성, 계속성, 추상성, 국가의 승인을 들고 있다.

문 2. 경제질서와 기본권에 관한 설명으로 가장 적절한 것은? (다툼이 있는 경우 판례에 의함)

① 헌법상의 경제질서인 사회적 시장경제질서는 헌법의 지도원리로서 모든 국민·국가기관이 헌법을 존중하고 수호하도록 하는 지침이 되며, 기본권의 해석 및 기본권 제한입법의 합헌성 심사에 있어 해석기준의 하나로서 작용하고 구체적 기본권을 도출하는 근거는 될 수 있다.

② 소비자불매운동의 목표로서의 '소비자의 권익'이란 원칙적으로 사업자가 제공하는 물품이나 용역의 소비생활과 관련된 것으로서 상품의 질이나 가격, 유통구조, 안전성 등 시장적 이익에 국한되나 일간신문의 정치적 입장이나 보도논조의 편향성은 해당 신문을 구매하는 '소비자의 권익'과 관련되는 문제이므로, 헌법이 보장하는 소비자불매운동의 목표가 될 수 있다.

③ 국가는 농지에 관하여 경자유전의 원칙이 달성될 수 있도록 노력하여야 하며, 농지의 임대차는 금지되나 농업생산성의 제고와 농지의 합리적인 이용을 위하거나 불가피한 사정으로 발생하는 위탁경영은 법률이 정하는 바에 의하여 인정된다.

④ 도시개발구역에 있는 국가나 지방자치단체 소유의 재산으로서 도시개발사업에 필요한 재산에 대한 우선매각대상자를 도시개발사업의 시행자로 한정하고 국·공유지의 점유자에게 우선매수자격을 부여하지 않는 도시개발법 관련 규정은 사적자치의 원칙을 기초로 한 자본주의 시장경제질서를 규정한 헌법 제119조 제1항에 위반된다.

문 3. 출생에 의한 국적취득에 관한 설명으로 가장 적절하지 <u>않은</u> 것은?

① 귀화허가를 받으려면 반드시 대한민국에 주소가 있어야 하나, 반드시 성년이어야 하는 것은 아니다.

② 일반귀화허가를 받으려면 민법상 성년이어야 한다.

③ 대한민국에서 발견된 기아는 대한민국에서 출생한 것으로 간주한다.

④ 출생할 당시에 부는 외국인이고 모가 대한민국의 국민인 경우 출생에 의해서 국적을 취득한다.

문 4. 양심의 자유에 관한 설명으로 가장 적절하지 <u>않은</u> 것은? (다툼이 있는 경우 판례에 의함)

① 자동차 운전자에게 좌석안전띠를 매도록 하고 이를 위반했을 때 범칙금을 납부하도록 통고하는 처분은 좌석안전띠를 매는지 여부가 양심의 자유의 보호영역에 속하지 아니하므로, 운전 중 운전자가 좌석안전띠를 착용할 의무는 청구인의 양심의 자유를 침해하는 것이라 할 수 없다.

② 국가의 법질서나 사회의 도덕률과 갈등을 일으키는 양심은 현실적으로 이러한 법질서나 도덕률에서 벗어나려는 소수의 양심이다. 따라서 종교관·세계관 등에 관계없이, 모든 내용의 양심상 결정이 양심의 자유에 의해 보장된다.

③ 양심상의 결정이 양심의 자유에 의하여 보장되기 위해서는 어떠한 종교관·세계관 또는 그 외의 가치체계에 기초하고 있어야 한다.

④ 유언자의 의사표시는 재산적 처분행위로서 재산권과 밀접한 관련을 갖는 것일 뿐이고, 인간의 윤리적 내심영역에서의 가치적·윤리적 판단과는 직접적인 관계가 없다 할 것이므로 헌법 제19조에서 규정하는 양심의 자유의 보호대상은 아니라고 할 것인바, 자필증서에 의한 유언에 있어서 유언자의 '주소' 등의 자서를 유효요건으로 규정하고 있는 민법 제1066조 제1항은 양심의 자유를 제한하지 않는다.

문 5. 법률유보원칙에 관한 설명으로 가장 적절한 것은? (다툼이 있는 경우 판례에 의함)

① 금융위원회위원장이 2019.12.16. 시중 은행을 상대로 투기지역·투기과열지구 내 초고가 아파트(시가 15억원 초과)에 대한 주택구입용 주택담보대출을 2019.12.17.부터 금지한 조치는 권력적 사실행위로서 이 사건 조치의 시행일 당시 그 법적 근거가 될 수 없었음이 명백하므로, 결국 이 사건 조치는 법률유보원칙에 반하여 청구인의 재산권 및 계약의 자유를 침해한다.

② '금융위원회가 2017.12.28. 시중 은행들을 상대로 가상통화 거래를 위한 가상계좌의 신규 제공을 중단하도록 한 조치' 및 '금융위원회가 2018.1.23. 가상통화 거래 실명제를 2018.1.30.부터 시행하도록 한 조치는 구체적인 법적 근거 없이 이루어진 이 사건 조치는 법률유보원칙에 위반하여 청구인들의 기본권을 침해한다.

③ 국공립어린이집, 사회복지법인어린이집, 법인·단체등어린이집 등과 달리 민간어린이집에는 보육교직원 인건비를 지원하지 않는 '2020년도 보육사업 안내'는 법률유보원칙이 적용된다.

④ 의료기관의 장으로 하여금 보건복지부장관에게 비급여 진료비용에 관한 사항을 보고하도록 한 의료법 제45조의2 제1항 중 '비급여 진료비용'에 관한 부분이 법률유보원칙에 반하여 의사의 직업수행의 자유와 환자의 개인정보자기결정권을 침해한다고 할 수 없다.

문 6. 대학의 자유에 관한 설명으로 가장 적절하지 <u>않은</u> 것은? (다툼이 있는 경우 판례에 의함)

① 대학의 자율이란 대학에 대한 공권력 등 외부세력의 간섭을 배제하고 대학구성원 자신이 대학을 자주적으로 운영할 수 있도록 함으로써 대학인으로 하여금 연구와 교육을 자유롭게 하여 진리탐구와 지도적 인격의 도야라는 대학의 기능을 충분히 발휘할 수 있도록 하기 위한 것이며, 헌법 제22조 제1항이 보장하고 있는 학문의 자유의 확실한 보장수단으로 꼭 필요한 것으로서 대학에게 부여된 헌법상의 기본권이다.

② 대학의 자율권도 헌법상의 기본권이므로 기본권 제한의 일반적 법률유보의 원칙을 규정한 헌법 제37조 제2항에 따라 국가안전보장·질서유지·공공복리 등을 이유로 제한될 수 있다.

③ 국립대학인 세무대학은 공법인으로서 사립대학과 마찬가지로 대학의 자율권이라는 기본권의 보호를 받는다.

④ 대학의 자율은 연구와 교육의 내용, 그 방법과 대상, 교과과정의 편성, 학생의 선발과 전형 및 교원의 임면에 관한 사항을 포함하는 것으로 대학시설의 관리·운영은 대학의 자율에 포함되지 않는다.

문 7. 근로3권에 관한 설명으로 옳은 것은 모두 몇 개인가? (다툼이 있는 경우 판례에 의함)

ㄱ. 헌법상 공무원인 근로자는 법률이 정하는 자에 한하여 근로3권을 갖는 것으로 규정하였지만, 국가공무원법은 사실상 노무에 종사하는 공무원에 한정하여 노동운동이나 그 밖에 공무 외의 일을 위한 집단행위를 허용하고 있다.

ㄴ. 노동조합에 가입할 수 있는 특정직공무원의 범위를 '6급 이하의 일반직공무원에 상당하는 외무행정·외교정보관리직공무원'으로 한정하여, 소방공무원을 노동조합 가입대상에서 제외한 공무원의 노동조합 설립 및 운영 등에 관한 법률(2005. 1.27. 법률 제7380호로 제정된 것) 제6조 제1항 제2호는 소방공무원의 단결권을 침해하는 위헌적인 법률이다.

ㄷ. 근무조건과 직접 관련되지 않는 정책결정이나 임용권의 행사와 같은 기관의 관리·운영에 관한 사항은 행정기관이 전권을 가지고 자신의 권한과 책임하에 집행해야 할 사항으로서, 이를 교섭대상에서 배제하여도 공무원노조의 단체교섭권에 대한 과도한 제한이라고 보기 어렵다.

ㄹ. 헌법은 사립학교 교원의 단체행동권을 제한하는 명문 규정을 두고 있지 않으나 교원의 노동조합 설립 및 운영 등에 관한 법률은 노동조합과 그 조합원의 쟁의행위를 명문으로 금지하고 있다.

① 1개   ② 2개
③ 3개   ④ 4개

문 8. 신체의 자유에 관한 설명으로 가장 적절한 것은? (다툼이 있는 경우 판례에 의함)

① 음주운항 전력이 있는 사람이 다시 음주운항을 한 경우 2년 이상 5년 이하의 징역이나 2천만원 이상 3천만원 이하의 벌금에 처하도록 규정한 해사안전법 제104조의2 제2항은 음주운항 관련 범죄를 예방하려는 형사정책적 고려에 따라 입법화된 규정이고, 반복되는 음주운항은 비난가능성이 매우 크므로, 그에 대한 가중처벌은 합리적인 이유가 있다.

② 음주운전 금지규정 위반 전력이 1회 이상 있는 사람이 다시 음주측정거부를 한 경우 2년 이상 5년 이하의 징역이나 1천만원 이상 2천만원 이하의 벌금에 처하도록 규정한 구 도로교통법 제148조의2 제1항은 죄질이 비교적 가벼운 유형의 재범으로 분류되는 음주측정거부행위에 대해서까지 일률적으로 가중처벌하도록 하고 있으므로 책임과 형벌 사이의 비례원칙에 위반된다.

③ '마약류 관리에 관한 법률' 제2조 제3호 나목에 해당하는 향정신성의약품의 매매 등 행위를 한 자를 10년 이하의 징역 또는 1억원 이하의 벌금에 처하도록 규정한 마약류관리법은 책임과 형벌 사이의 비례원칙에 위배된다.

④ '2명 이상이 공동하여 형법 제257조 제1항(상해)의 죄를 범한 사람'에 대해 가중처벌하도록 한 '폭력행위 등 처벌에 관한 법률' 제2조 제2항 제3호는 명확성원칙에 위반된다.

문 9. 언론·출판의 자유의 보호영역에 관한 설명으로 가장 적절하지 않은 것은? (다툼이 있는 경우 판례에 의함)

① 선거운동의 자유는 헌법에 정한 언론·출판·집회·결사의 자유 보장규정에 의한 보호를 받는다.

② 언론·출판의 자유에는 사상 내지 의견의 자유로운 표명과 전파의 자유가 포함되고 전파의 자유에는 보급(普及)의 자유가 포함된다.

③ 헌법상의 언론의 자유는 언론·출판 자유의 내재적 본질적 표현의 방법과 내용을 보장뿐 아니라 그를 객관화하는 수단으로 필요한 객체적인 시설이나 언론기업의 주체인 기업인으로서의 활동까지 보호한다.

④ 영리를 목적으로 하는 광고성 정보인 스팸메일은 영업의 자유뿐 아니라 표현의 자유에 의한 보호의 대상이 될 수 있다.

문 10. 선거제도에 관한 설명으로 가장 적절하지 않은 것은? (다툼이 있는 경우 판례에 의함)

① 재외투표기간 개시일 이후 귀국한 재외선거인에 대해 국내에서 선거일에 투표할 수 있도록 하는 절차를 마련하지 아니한 공직선거법이 재외선거인등의 선거권을 침해하는지 여부는 과잉금지원칙에 따라 심사한다.

② 재외투표기간 개시일 이후 귀국한 재외선거인에 대해 국내에서 선거일에 투표할 수 있도록 하는 절차를 마련하지 아니한 공직선거법 제218조의16은 재외투표기간 개시일에 임박하여 또는 재외투표기간 중에 재외선거사무 중지결정이 있었고 그에 대한 재개결정이 없었던 예외적인 상황에서 재외투표기간 개시일 이후에 귀국한 재외선거인등이 국내에서 선거일에 투표할 수 있도록 하는 절차를 마련하지 아니한 것은 과잉금지원칙을 위반하여 청구인의 선거권을 침해한다.

③ 선거운동기간 전에 개별적으로 대면하여 말로 하는 선거운동을 금지한 구 공직선거법 제59조 부분(선거운동기간조항)은 과잉금지원칙에 반하여 선거운동 등 정치적 표현의 자유를 침해한다.

④ 영내에 기거하는 군인은 그가 속한 세대의 거주지에서 등록하여야 한다고 규정하고 있는 주민등록법 제6조 제2항은 영내 기거 현역병의 선거권을 제한한다.

문 11. 헌법 제8조 제1항에 관한 설명으로 가장 적절하지 않은 것은? (다툼이 있는 경우 판례에 의함)

① 정당의 명칭은 그 정당의 정책과 정치적 신념을 나타내는 대표적인 표지에 해당하므로, 정당설립의 자유는 자신들이 원하는 명칭을 사용하여 정당을 설립하거나 정당활동을 할 자유도 포함한다.

② 오늘날 대의민주주의에서 차지하는 정당의 기능을 고려하여, 헌법 제8조 제1항은 국민 누구나가 원칙적으로 국가의 간섭을 받지 아니하고 정당을 설립할 권리를 기본권으로 보장함과 아울러 복수정당제를 제도적으로 보장하고 있다.

③ 정당의 설립과 활동의 자유를 보장하는 것은 선거제도의 민주화와 국민주권을 실질적으로 현실화하고 정치적으로 자유민주주의 구현에 기여하는 데 그 목적이 있는 것이지 정치의 독점이나 무소속후보자의 진출을 봉쇄하는 정당의 특권을 설정할 수 있는 것을 의미하는 것이 아니다.

④ 정당의 자유를 규정하는 헌법 제8조 제1항이 기본권의 규정형식을 취하고 있지 아니하고 '국민의 기본권에 관한 장'인 제2장에 위치하고 있지 아니하므로 객관적 제도보장에 해당하고, 그 침해를 이유로 헌법소원심판을 청구하는 것은 부적법하다.

문 12. 교육을 받을 권리에 관한 설명으로 가장 적절하지 않은 것은? (다툼이 있는 경우 판례에 의함)

① 정규 고등학교 학교생활기록부가 있는지 여부는 차별취급에 대한 합리적인 이유가 된다고 보기 어렵다. 수시모집에서 검정고시 출신자에게 수학능력이 있는지 여부를 평가받을 기회를 부여하지 아니하고 이를 박탈한다는 것은 수학능력에 따른 합리적인 차별이라고 보기 어렵다.

② 서울대학교가 2021.4.29. 발표한 '서울대학교 2023학년도 대학 신입학생 입학전형 시행계획' 중 수능위주전형 정시모집 '나'군의 전형방법의 2단계 평가에서 교과평가를 20점 반영하도록 한 '서울대학교 2023학년도 대학 신입학생 입학전형 시행계획'은 서울대학교에 진학하고자 하는 청구인들의 균등하게 교육을 받을 권리를 침해한다.

③ 고시 공고일을 기준으로 고등학교에서 퇴학된 날로부터 6월이 지나지 아니한 자를 고등학교 졸업학력 검정고시를 받을 수 있는 자의 범위에서 제외하는 것은, 국민의 교육을 받을 권리 중 그 의사와 능력에 따라 균등하게 교육받을 것을 국가로부터 방해받지 않을 권리, 즉 자유권적 기본권을 제한하는 것이므로, 그 제한에 대하여는 과잉금지원칙에 따른 심사를 하여야 한다.

④ 검정고시로 고등학교 졸업학력을 취득한 사람들의 수시모집 지원을 제한하는 내용의 피청구인 국립교육대학교 등의 '2017학년도 신입생 수시모집 입시요강'이 청구인들의 균등하게 교육을 받을 권리를 침해한다.

문 13. 신체의 자유에 관한 설명으로 가장 적절하지 <u>않은</u> 것은? (다툼이 있는 경우 판례에 의함)

① 형벌과 보안처분을 서로 병과하여 선고하는 것은 헌법 제13조 제1항 후단 소정의 이중처벌금지의 원칙에 위반되지 않는다.

② 보안처분이라 하더라도 형벌적 성격이 강하여 신체의 자유를 박탈하거나 박탈에 준하는 정도로 신체의 자유를 제한하는 경우에는 형벌불소급원칙이 적용된다.

③ 헌법 제12조 제1항의 적법절차원칙은 형사소송절차에 국한되어 적용되는 것이 아니므로, 전투경찰순경의 인신구금을 내용으로 하는 영창처분에 있어서도 적법절차원칙이 준수되어야 한다.

④ 헌법 제12조 제4항 본문에 규정된 '구속'은 형사절차에서 이루어진 구속을 의미하므로, 헌법 제12조 제4항 본문에 규정된 변호인의 조력을 받을 권리는 행정절차에서 구속을 당한 사람에게도 보장된다고 볼 수는 없다.

문 14. 영장주의에 관한 설명으로 가장 적절하지 <u>않은</u> 것은? (다툼이 있는 경우 판례에 의함)

① 수사기관 등이 전기통신사업자에게 이용자의 성명 등 통신자료의 열람이나 제출을 요청할 수 있도록 한 전기통신사업법 제83조 제3항에는 영장주의가 적용된다.

② 사형·무기 또는 장기 3년 이상의 징역이나 금고에 해당하는 죄를 범하였다고 의심할 만한 상당한 이유가 있는 경우에 피의자를 긴급체포할 수 있도록 한 형사소송법 제200조의3 제1항은 헌법상 영장주의에 위반되지 아니한다.

③ 영장신청권자로서의 '검사'는 '검찰권을 행사하는 국가기관'인 검사로서 공익의 대표자이자 인권옹호 기관으로서의 지위에서 그에 부합하는 직무를 수행하는 자를 의미하는 것이지, 검찰청법상 검사만을 지칭하는 것으로 보기 어렵다.

④ 검사의 영장신청권 조항에서 검사에게 헌법상 수사권까지 부여한다는 내용까지 논리 필연적으로 도출된다고 보기 어렵다.

문 15. 과잉금지원칙과 관련된 설명으로 가장 적절한 것은? (다툼이 있는 경우 판례에 의함)

① 과잉금지원칙에서 목적달성을 위한 수단은 목적달성에 적합한 유일무이한 수단이어야 하므로 여러 가지 수단을 병행해서 목적을 달성하는 것은 허용되지 아니한다.

② 입법자가 임의적 규정으로도 법의 목적을 실현할 수 없는 경우에 구체적 사안의 개별성과 특수성을 고려할 수 있는 가능성을 일체 배제하는 필요적 규정을 두었다면 최소성의 원칙에 위배된다.

③ 과잉금지원칙의 세부원칙인 목적의 정당성·방법의 적절성·피해의 최소성·법익의 균형성 모두에 부합되어야 과잉금지원칙에 부합된다.

④ 방법 또는 수단의 적정성은 입법 목적을 달성하기 위한 방법 또는 수단으로서 유일하게 효과적이고도 적합한 것을 선택하여야 함을 뜻한다.

문 16. 종교의 자유에 관한 설명으로 가장 적절하지 <u>않은</u> 것은? (다툼이 있는 경우 판례에 의함)

① 논산훈련소장이 훈련병들에게 종교행사에 참석하도록 강제하는 방법으로 군인의 정신적 전력을 제고하는 것은, 국가와 종교의 상호 분리를 요청하는 정교분리원칙에 정면으로 위배하여 종교의 자유를 침해한다.

② 논산훈련소장이 이 사건 종교행사 참석조치를 통하여 궁극적으로는 군인의 정신적 전력을 강화하고자 하였다고 볼 수 있는바, 일응 그 목적의 정당성과 그 수단의 적합성을 인정할 수 있다.

③ 독학학위 취득시험의 시험일을 일요일로 정한 2021년도 독학에 의한 학위취득시험 시행 계획 공고는 청구인의 종교의 자유를 침해하지 아니한다.

④ 연 2회 실시하는 2021년도 간호조무사 국가시험의 시행일시를 모두 토요일 일몰 전으로 정한 2021년도 간호조무사 국가시험 시행계획 공고가 청구인의 종교의 자유를 침해하지 아니한다.

문 17. 인간의 존엄과 가치와 행복추구권에 관한 설명으로 가장 적절하지 <u>않은</u> 것은? (다툼이 있는 경우 판례에 의함)

① 2세대·3세대 통신서비스 등 사이의 번호이동을 010사용자에 한해 허용하도록 한 방송통신위원회의 이행명령은 청구인들의 인격권, 개인정보자기결정권, 재산권 제한이 아니라 행복추구권 제한이다.

② 번호통합과 번호이동에 관한 구 통신위원회와 방송통신위원회 의결 및 방송통신위원회의 번호통합정책 추진경과 등에 관한 홈페이지 게시는 공권력 행사에 해당한다고 볼 수 없다.

③ 010 번호를 사용하는 이용자에 한하여만 기존 번호를 그대로 유지한 채 2세대 서비스에서 3세대 서비스로의, 이른바 '번호이동'이 허용하는 통신위원회의 이행명령은 010 이외의 번호를 사용하는 2세대 서비스 이용자의 경우에도 한시적으로 기존번호를 그대로 유지하면서 3세대 서비스를 이용할 수 있도록 번호이동을 허용하는 것이므로, 이는 010 이외의 번호 이용자에게 편의를 제공해 주는 수혜적인 조치이다. 따라서 이 사건 이행명령으로 인하여, 청구인들의 기본권이 침해될 가능성이나 위험성이 없다.

④ 011·016·017·018·019의 개인휴대통신 서비스 이용자들이 010으로 변경하는 데 동의하는 경우에만 아이엠티(IMT)서비스나 와이브로(Wibro), 엘티이(LTE) 등의 새로운 정보통신서비스를 이용 또는 사용할 수 있도록 한 방송통신위원회의 전기통신사업자들에 대한 이행명령은 011·016·017·018·019의 개인휴대통신 서비스 이용자들의 행복추구권을 침해한다고 할 수 없다.

문 18. 변호사 광고에 관한 설명으로 가장 적절하지 <u>않은</u> 것은? (다툼이 있는 경우 판례에 의함)

① 변호사의 공공성이나 공정한 수임질서를 해치거나 소비자에게 피해를 줄 우려가 있는 광고에 '참여 또는 협조하여서는 아니 된다'는 변호사 광고에 관한 규정은 법률유보원칙에 위배되지 아니한다.

② '공정한 수임질서를 저해할 우려가 있는 무료 또는 부당한 염가' 법률상담 방식에 의한 광고를 금지하는 변호사 광고에 관한 규정은 법률유보원칙에 위배되지 아니한다.

③ 변호사 또는 소비자로부터 금전·기타 경제적 대가(알선료, 중개료, 수수료, 회비, 가입비, 광고비 등 명칭과 정기·비정기 형식을 불문한다)를 받고 법률상담 또는 사건 등을 소개·알선·유인하기 위하여 변호사등과 소비자를 연결하거나 변호사등을 광고·홍보·소개하는 행위를 금지하는 변호사 광고에 관한 규정 중 '변호사등과 소비자를 연결하거나' 부분은 과잉금지원칙에 위반된다.

④ 수사기관과 행정기관의 처분·법원 판결 등의 결과 예측을 표방하는 광고와 변호사등이 아님에도 수사기관과 행정기관의 처분·법원 판결 등의 결과 예측을 표방하는 서비스를 취급·제공하는 행위를 금지하는 변호사 광고에 관한 규정은 과잉금지원칙에 위반되지 아니한다.

문 19. 형벌불소급원칙에 관한 헌법재판소 또는 대법원 판례와 일치하지 <u>않는</u> 것은?

① 형이 확정된 수형자에 대해 DNA 신원정보를 수집하는 것은 소급입법금지의 원칙에 반하지 않는다.

② 보안처분이 형벌적 성격이 강하여 신체의 자유를 박탈하더라도 보안처분은 형벌이 아니므로 소급입법금지원칙이 적용되지 않는다.

③ 행위시법이 아닌 재판시법 규정에 의하여 보호관찰을 명하는 것은 형벌불소급원칙에 위배되지 않는다.

④ 위치추적장치 부착은 형벌에 해당하지 않으므로 위치추적장치 부착명령 기간을 소급적으로 연장하도록 한 법률에는 형벌에 관한 소급입법금지의 원칙이 그대로 적용되지 않는다.

문 20. 명확성원칙에 관한 설명으로 가장 적절하지 <u>않은</u> 것은? (다툼이 있는 경우 판례에 의함)

① 도로교통법 제2조 상의 '도로 외의 곳'이란 '도로 외의 모든 곳 가운데 자동차등을 그 본래의 사용방법에 따라 사용할 수 있는 공간'으로 해석할 수 있으므로 죄형법정주의 명확성원칙에 위배된다고 할 수 없다.

② 사람을 비방할 목적으로 정보통신망을 통하여 공공연하게 거짓의 사실을 드러내어 다른 사람의 명예를 훼손한 자를 처벌하는 정보통신망 이용법에 대해서 명확성원칙을 엄격하게 적용해야 하나, 명확성원칙에 반한다거나 표현의 자유를 침해한다고 할 수 없다.

③ 카메라 등을 이용하여 성적 욕망 또는 수치심을 유발할 수 있는 다른 사람의 신체를 촬영한 촬영물을 그 의사에 반하여 반포한 경우 등을 처벌하는 성폭력처벌법 제14조 제2항은 죄형법정주의 명확성원칙에 위배되지 않는다.

④ 정당방위 규정은 범죄성립요건에 해당하지 않으므로 죄형법정주의의 명확성요건이 적용되지 아니한다.

2025 해커스경찰 함남기 경찰헌법 Season 3 전범위 모의고사 1차 대비

문 1. 시민 불복종과 저항권에 관한 설명으로 가장 적절한 것은? (다툼이 있는 경우 판례에 의함)

① 대법원은 김재규 사건에서 저항권은 자연법적인 권리로 인정되므로 실정법상 근거가 없어도 재판규범으로 원용할 수 있어 위법성조각사유로 인정된다고 한다.

② 국가권력 행사의 불법이 객관적으로 명백하고 민주적 기본질서를 중대하게 침해하고 헌법의 존재 자체를 부인하는 경우에만 국민은 시민불복종운동을 행사할 수 있다.

③ 저항권의 주체로서 국민 개인은 포함되나, 단체·정당은 포함되지 않는다.

④ 국가기관이나 지방자치단체와 같은 공법인은 저항권의 주체가 될 수 없다.

문 2. 청구인은 수단국적의 외국인이다. 청구인은 인천국제공항에 도착하여 난민인정신청을 하였고, 난민인정심사 회부 여부 결정시까지 인천국제공항 송환대기실에 수용되었다. 청구인은 피청구인 인천공항 출입국·외국인청장의 난민인정심사 불회부 결정 취소의 소를 제기하였고, 청구인의 변호인은 소송이 계속 중이던 피청구인에게 청구인의 접견을 신청하였으나, 피청구인은 이를 거부하였다. 청구인은 위와 같은 피청구인의 변호인 접견신청 거부행위가 헌법 제12조 제4항 본문에 규정된 변호인의 조력을 받을 권리 및 재판청구권을 침해한다고 주장하면서, 헌법소원심판을 청구하였다. 이에 관한 설명으로 가장 적절한 것은? (다툼이 있는 경우 판례에 의함)

① 헌법 제12조 제1항 제2문, 제2항 내지 제7항은 당해 헌법조항의 문언상 혹은 당해 헌법조항에 규정된 구체적인 신체의 자유 보장 방법의 속성상 형사절차에만 적용됨이 분명하다.

② 헌법 제12조 제4항 본문의 문언 및 헌법 제12조의 조문 체계, 변호인 조력권의 속성, 헌법이 신체의 자유를 보장하는 취지를 종합하여 보면 헌법 제12조 제4항 본문에 규정된 "구속"은 사법절차에서 이루어진 구속뿐 아니라, 행정절차에서 이루어진 구속까지 포함하는 개념이다.

③ 출입국항에서 입국불허결정을 받아 송환대기실에 있는 사람과 변호사 사이의 접견교통권의 보장은 헌법상 보장되는 재판청구권의 한 내용으로 볼 수 있으므로, 이 사건 변호사 접견신청 거부는 재판청구권의 한 내용으로서 청구인의 변호사의 도움을 받을 권리를 제한한다. 이 사건 변호사 접견신청 거부는 아무런 법률상의 근거 없이 이루어졌고, 국가안전보장, 질서유지, 공공복리를 달성하기 위해 필요한 기본권 제한 조치로 볼 수도 없으므로, 청구인의 재판청구권을 침해한다.

④ 청구인이 이 사건 송환대기실에 5개월 이상 머무르게 된 것은 그가 난민인정심사 불회부 결정을 받고 그에 대한 취소의 소를 제기하며 다투는 과정에서 출입국항에 머무르는 기간이 길어졌기 때문이다. 이러한 점을 고려하면 청구인은 헌법에서 예정한 '구금' 상태에 놓여 있었다고 볼 수 없으므로, 헌법 제12조 제4항에 규정된 구속된 사람이 가지는 변호인의 조력을 받을 권리를 갖는다고 할 수 없다. 따라서 이 사건 변호인 접견신청 거부에 의하여 청구인의 헌법상 변호인의 조력을 받을 권리가 제한된다고 볼 수 없다.

문 3. 인격권과 행복추구권에 관한 설명으로 옳은 것을 모두 고른 것은? (다툼이 있는 경우 판례에 의함)

> ㄱ. 법인의 대표자가 노동조합 지배개입금지조항과 노동조합 전임자에 대한 급여지원금지조항을 위반할 경우 법인을 함께 처벌하는 노동조합 및 노동관계조정법 제94조는 책임주의원칙에 위배된다.
> ㄴ. 못된 장난 등으로 다른 사람, 단체 또는 공무수행 중인 자의 업무를 방해한 사람을 20만원 이하의 벌금, 구류 또는 과료로 처벌하는 '경범죄 처벌법' 제3조 제2항 제3호가 죄형법정주의의 명확성원칙을 위반하여 청구인의 일반적 행동자유권을 침해한다고 할 수 없다.
> ㄷ. 지역아동센터 시설별 신고정원의 80% 이상을 돌봄취약아동으로 구성하도록 정한 '2019년 지역아동센터 지원 사업안내'는 청구인 운영자들이 지역아동센터를 취약계층 아동이 주로 이용하는 돌봄시설로 운영할 수밖에 없게끔 강제하는 것은 과잉금지원칙에 위반하여 청구인 운영자들의 직업수행의 자유 및 청구인 아동들의 인격권을 침해한다.
> ㄹ. 미결수용자의 가족이 인터넷화상접견이나 스마트접견과 같이 영상통화를 이용하여 접견할 권리가 접견교통권의 핵심적 내용에 해당되어 헌법에 의해 직접 보장된다고 보기도 어려우므로 미결수용자와 배우자 간 인터넷화상접견을 허용하지 않는 구 '수용관리 및 계호업무 등에 관한 지침'에 의한 접견교통권 제한이나 행복추구권 또는 일반적 행동자유권의 제한 역시 인정하기 어렵다.

① ㄱ, ㄴ   ② ㄱ, ㄷ
③ ㄴ, ㄹ   ④ ㄷ, ㄹ

문 4. 서신검열에 관한 설명으로 가장 적절한 것은? (다툼이 있는 경우 판례에 의함)

① 헌법 제18조는 "모든 국민은 통신의 비밀을 침해받지 아니한다."라고 규정하여 통신의 비밀을 침해받지 아니할 권리를 기본권으로 보장하고 있다. 따라서 통신의 중요한 수단인 서신의 당사자나 내용은 본인의 의사에 반하여 공개될 수 없으므로 서신의 검열은 원칙으로 금지된다고 할 것이다.
② 교도소장이 금지물품 동봉 여부를 확인하기 위하여 미결수용자와 같은 지위에 있는 수형자의 변호인이 위 수형자에게 보낸 서신을 개봉한 후 교부한 행위가 위 수형자가 변호인의 조력을 받을 권리를 침해한다.
③ 미결수용자와 변호인 사이의 서신으로서 그 비밀을 보장받기 위하여는 교도소 측에서 상대방이 변호인이라는 사실을 확인할 수 있어야 미결수용자와 변호인 사이의 서신은 그 비밀을 보장받을 수 있는 것은 아니다.
④ 교도소장이 금지물품 동봉 여부를 확인하기 위하여 미결수용자와 같은 지위에 있는 수형자의 변호인이 위 수형자에게 보낸 서신을 개봉한 후 교부한 행위는 변호인의 조력을 받을 권리제한에 해당하지 않는다.

문 5. 개인정보자기결정권에 관한 설명으로 가장 적절하지 <u>않은</u> 것은? (다툼이 있는 경우 판례에 의함)

① 성폭력범죄의 처벌 등에 관한 특례법위반(카메라 등 이용촬영, 카메라 등 이용촬영미수)죄로 유죄판결이 확정된 자는 신상정보 등록대상자가 되도록 규정한 성폭력범죄의 처벌 등에 관한 특례법은 등록대상자의 선정에 있어 '재범의 위험성'을 전혀 요구하지 않고 있어 재범의 위험성이 인정되지 않는 등록대상자에게 불필요한 제한을 부과하므로 개인정보자기결정권을 침해한다.

② 법무부장관이 등록대상자의 재범 위험성이 상존하는 20년 동안 그의 신상정보를 보존·관리하는 것은 개인정보자기결정권을 침해한다.

③ 통신매체를 이용한 음란행위를 처벌하는 성폭력범죄의 처벌 등에 관한 특례법 제13조는 사생활의 자유를 침해한다고 보기 어렵다.

④ 통신매체이용음란죄로 유죄판결이 확정된 자의 신상정보를 일률적으로 등록하도록 규정한 성폭력범죄의 처벌 등에 관한 특례법 제42조 제1항은 통신매체이용음란죄로 유죄판결이 확정된 자의 개인정보자기결정권을 침해한다.

문 6. 거주·이전의 자유 보호영역에 관한 설명으로 가장 적절하지 <u>않은</u> 것은? (다툼이 있는 경우 판례에 의함)

① 서울광장은 거주지에 해당하지 않고 서울광장에 출입하고 통행하는 행위는 거주·이전의 자유에서 보호되지 않으므로 서울광장 통행제지는 거주·이전의 자유를 제한한다고 할 수 없다.

② 거주·이전의 자유는 국민에게 그가 선택할 직업 내지 그가 취임할 공직을 그가 선택하는 임의의 장소에서 자유롭게 행사할 수 있는 권리까지 포함한다고 할 수 없다.

③ 대한민국 국민의 거주·이전의 자유에는 대한민국을 떠날 수 있는 출국의 자유와 다시 대한민국으로 돌아올 수 있는 입국의 자유뿐 아니라 대한민국 국적을 이탈할 수 있는 국적변경의 자유도 포함된다.

④ 국외이주의 자유는 거주·이전의 자유에서 보호되므로 국외이주허가제는 거주·이전의 자유를 침해한다고 할 수 없다.

문 7. 신체의 자유에 관한 설명으로 옳지 <u>않은</u> 것을 모두 고른 것은? (다툼이 있는 경우 판례에 의함)

> ㄱ. 입법자는 외국에서 형의 집행을 받은 자에게 어떠한 요건 아래, 어느 정도의 혜택을 줄 것인지에 대하여 일정 부분 재량권을 가지고 있으나, 외국에서 실제로 형의 집행을 받았음에도 불구하고 우리 형법에 의한 처벌 시 이를 전혀 고려하지 않는다면 신체의 자유에 대한 과도한 제한이 될 수 있으므로 그와 같은 사정은 어느 범위에서든 반드시 반영되어야 하고, 이러한 점에서 입법형성권의 범위는 다소 축소될 수 있다.
> ㄴ. 노역장유치는 그 실질이 신체의 자유를 박탈하는 것으로서 징역형과 유사한 형벌적 성격을 가지고 있으므로 형벌불소급원칙의 적용대상이 된다.
> ㄷ. 인신보호법상 구제청구를 할 수 있는 피수용자의 범위에서 출입국관리법에 따라 보호된 외국인을 제외하는 것은 인신보호법에 따른 보호의 적부를 다툴 기회를 배제하고 있어 신체의 자유를 침해한다.
> ㄹ. 강제퇴거명령을 받은 사람을 즉시 대한민국 밖으로 송환할 수 없으면 송환할 수 있을 때까지 보호시설에 보호할 수 있도록 규정한 법률조항은 행정의 편의성과 획일성만을 강조한 것으로 신체의 자유를 침해한다.
> ㅁ. 변호인과의 접견교통권은 헌법 규정에 비추어 체포 또는 구속당한 피의자·피고인 자신에게만 한정되는 신체의 자유에 관한 기본권이지, 그 규정으로부터 변호인의 구속피의자·피고인에 대한 접견교통권까지 파생된다고 할 수는 없다.

① ㄷ, ㅁ
② ㄴ, ㄹ, ㅁ
③ ㄱ, ㄴ, ㄷ, ㄹ
④ ㄱ, ㄴ, ㄷ, ㅁ

문 8. 종교의 자유에 관한 설명으로 옳고 그름의 표시(O, X)가 바르게 된 것은? (다툼이 있는 경우 판례에 의함)

> ㄱ. 종교단체가 학교의 형태로 종교교육기관을 운영하고, 그 교육의 목적이 성직자 양성에 있는 경우에는 학교의 설립인가제도가 적용될 수 없다는 것이 헌법재판소의 결정례이다.
> ㄴ. 미결수용자이기 때문에 수형자의 경우보다 기본권 제한을 더 완화할 필요가 있다.
> ㄷ. 우리 헌법은 정교분리의 원칙을 선언하고 있지만, 국가가 특정 종교를 국교로 지정하는 것을 금지하고 있지는 않다.
> ㄹ. 종교시설의 건축행위에만 기반시설부담금을 면제한다면 국가가 종교를 지원하여 종교를 승인하거나 우대하는 것으로 비칠 소지가 있어 헌법 제20조 제2항의 국교금지·정교분리에 위배될 수도 있다고 할 것이므로, 종교시설의 건축행위에 대하여 기반시설부담금 부과를 제외하거나 감경하지 아니하였더라도 종교의 자유를 침해한다.
> ㅁ. 공군 참모총장이 군종장교로 하여금 교계에 널리 알려진 특정 종교에 대한 비판적 정보를 담은 책자를 장병들을 상대로 발행·배포하게 한 것은 헌법 제20조 제2항이 정한 정교분리의 원칙에 위반된다.

① ㄱ(O), ㄴ(O), ㄷ(X), ㄹ(O), ㅁ(O)
② ㄱ(X), ㄴ(X), ㄷ(O), ㄹ(X), ㅁ(O)
③ ㄱ(X), ㄴ(O), ㄷ(X), ㄹ(X), ㅁ(X)
④ ㄱ(O), ㄴ(X), ㄷ(O), ㄹ(O), ㅁ(X)

문 9. 언론·출판의 자유의 보호영역에 관한 설명으로 가장 적절하지 않은 것은? (다툼이 있는 경우 판례에 의함)

① 노동조합이 정치적 의사를 표명하거나 정치적으로 활동하는 경우에는 단결권이 아니라 언론의 자유에서 보호된다.

② 정보통신망의 발달로 선거기간 중 인터넷언론사의 선거와 관련한 게시판·대화방 등도 정치적 의사를 형성·전파하는 매체로서 역할을 담당하고 있으므로, 의사의 표현·전파의 형식의 하나로 인정되고 언론·출판의 자유에 의하여 보호된다.

③ 선거운동의 자유는 널리 선거과정에서 자유로이 의사를 표현할 자유의 일환으로서 표현의 자유를 실현하는 하나의 수단이기도 하다는 점에서 언론·출판·집회·결사의 자유를 보장하고 있는 헌법 제21조에 의해 보호된다.

④ 노동조합이 근로자의 근로조건과 경제조건의 개선이라는 목적을 위하여 활동하는 한, 헌법 제33조 단결권의 보호를 받지만, 단결권에 의하여 보호받는 고유한 활동영역을 떠나서 개인이나 다른 사회단체와 마찬가지로 정치적 의사를 표명하거나 정치적으로 활동하는 경우에는 일반적인 기본권인 의사표현의 자유 등의 보호를 받을 수 없다.

문 10. 보상금 등의 지급결정은 신청인이 동의한 때에는 민주화운동과 관련하여 입은 피해에 대하여 민사소송법의 규정에 의한 재판상 화해가 성립된 것으로 보는 민주화운동 관련자 명예회복 및 보상 등에 관한 법률에 대해 헌법소원심판이 청구되었다. 이에 관한 설명으로 가장 적절한 것은? (다툼이 있는 경우 판례에 의함)

① 재판청구권 침해 여부는 과잉금지위반 여부를, 국가배상청구권 침해 여부는 입법형성권을 일탈했는지 여부를 살펴보아야 한다.

② 민주화보상법상 보상금 등에는 적극적·소극적 손해에 대한 배상과 정신적 손해에 대한 배상이 포함되어 있다.

③ 보상금 등의 지급결정은 신청인이 동의한 때에는 민주화운동과 관련하여 입은 피해에 대하여 민사소송법의 규정에 의한 재판상 화해가 성립된 것으로 보는 민주화운동 관련자 명예회복 및 보상 등에 관한 법률은 재판청구권을 침해하지 않는다.

④ 보상금 등의 지급결정은 신청인이 동의한 때에는 민주화운동과 관련하여 입은 피해에 대하여 민사소송법의 규정에 의한 재판상 화해가 성립된 것으로 보는 민주화운동 관련자 명예회복 및 보상 등에 관한 법률은 정신적 손해에 대한 재판청구권을 침해한다.

2025 해커스경찰 함남기 경찰헌법 Season 3 전범위 모의고사 1차 대비

문 11. 검열기관에 관한 설명으로 가장 적절한 것은? (다툼이 있는 경우 판례에 의함)

① 방영금지가처분은 비록 제작 또는 방영되기 이전, 즉 사전에 그 내용을 심사하여 금지하는 것이기는 하나, 이는 행정권에 의한 사전심사나 금지처분이 아니라 개별 당사자 간의 분쟁에 관하여 사법부가 사법절차에 의하여 심리·결정하는 것이므로, 헌법에서 금지하는 사전검열에 해당하지 아니한다.

② 의사·치과의사·한의사로 구성된 민간단체인 각 의사협회가 사전심의업무를 처리하고 있는 점, 심의위원회의 심의위원 위촉에 보건복지부장관의 관여가 배제되어 있는 점, 심의위원회는 수수료를 재원으로 하여 독립적으로 운영된다는 점, 보건복지부장관은 심의내용에 관해 구체적인 업무지시를 하지 않고 있는 점 등을 고려하면, 각 의사협회는 행정권으로부터 독립된 민간 자율기구로서 행정주체성을 인정하기 어렵다.

③ 영상물등급위원회는 과거의 공연윤리위원회와 한국공연예술진흥협의회와는 달리 행정권으로부터 형식적·실질적으로 독립된 민간 자율기관이라고 보아야 하는바, 행정권과 독립된 민간 자율기관에 의한 영화의 사전심의는 헌법이 금지하지 않을 뿐 아니라 오히려 필요하다.

④ 검열을 행정기관이 아닌 독립적인 위원회에서 행한 경우 행정권이 주체가 되어 검열절차를 형성하고 검열기관의 구성에 지속적인 영향을 미칠 수 있는 경우라도 검열기관은 행정기관이 아니라고 보아야 한다.

문 12. 표현의 자유에 관한 설명으로 가장 적절하지 않은 것은? (다툼이 있는 경우 판례에 의함)

① 공공기관의 정보공개에 관한 법률에 따른 법원행정처의 정보비공개결정에 대한 불복 재판을 담당할, 법원행정처로부터 사법행정에 관한 감독이 배제되는 하급심 '특별재판부' 설치를 위한 입법할 의무는 인정되지 않는다.

② 대한민국을 방문하는 외국의 국가 원수를 경호하기 위하여 지정된 경호구역 안에서 서울종로경찰서장이 안전 활동의 일환으로 청구인들의 삼보일배행진을 제지한 행위 등이 청구인들의 집회 또는 시위의 자유를 침해한다고 할 수 없다.

③ 사회복무요원의 정당가입을 금지한 병역법은 정당가입의 자유를 침해하지 않는다.

④ 사회복무요원의 '그 밖의 정치단체에 가입하는 등 정치적 목적을 지닌 행위'를 금지한 병역법은 명확성원칙에 위배된다고 할 수 없다.

문 13. 헌법 전문에 관한 설명으로 가장 적절한 것은? (다툼이 있는 경우 판례에 의함)

① 헌법 전문은 1972년 제7차 개정헌법에서 처음으로 개정되었다.

② 헌법은 전문에서 3·1운동으로 건립된 대한민국임시정부의 법통의 계승을 천명하고 있다는 점에서 지금의 정부는 일제강점기에 일본군위안부로 강제 동원되어 인간의 존엄과 가치가 말살된 상태에서 장기간 비극적인 삶을 영위하였던 피해자들의 훼손된 인간의 존엄과 가치를 회복시켜야 할 의무를 부담한다.

③ 현행헌법은 전문에서 "1948.7.12.에 제정되고 8차에 걸쳐 개정된 헌법을 이제 국회의 의결을 거쳐 국민투표에 의하여 개정한다."라고 하여, 제헌헌법 이래 현행헌법에 이르기까지 헌법의 동일성과 연속성을 선언하고 있으므로 제헌헌법부터 제9차 개정헌법은 헌법으로서의 규범적 효력을 가지고 있다.

④ 3·1운동으로 건립된 대한민국임시정부의 법통을 계승한다는 헌법 전문으로부터 조국의 자주독립을 위하여 공헌한 독립유공자와 그 유족에 대하여 응분의 예우를 하여야 할 헌법적 의무가 도출되는 것은 아니다.

문 14. 기본권 충돌에 관한 설명으로 옳고 그름의 표시(○, ×)가 바르게 된 것은? (다툼이 있는 경우 판례에 의함)

ㄱ. 교사의 수업권과 학생의 수학권이 충돌하는 경우 두 기본권 모두 효력을 나타내는 규범조화적 해석에 따라 기본권 충돌이 해결되어야 한다.

ㄴ. 기본권 충돌 시의 법익형량의 원칙에 따르면 시각장애인의 '생존권'이 비시각장애인의 '직업의 자유'보다 우선한다.

ㄷ. 개인정보자기결정권과 표현의 자유가 충돌하는 경우, 표현의 자유가 우선한다.

ㄹ. 종립학교(종교단체가 설립한 사립학교)가 가지는 종교교육의 자유 및 운영의 자유와 학생들이 가지는 소극적 종교행위의 자유 및 소극적 신앙고백의 자유 사이에 충돌이 생기게 되는데, 이와 같이 하나의 법률관계를 둘러싸고 두 기본권이 충돌하는 경우에는 구체적인 사안에서의 사정을 종합적으로 고려한 이익형량과 함께 양 기본권 사이의 실제적인 조화를 꾀하는 해석 등을 통하여 이를 해결하여야 하고, 그 결과에 따라 정해지는 양 기본권 행사의 한계 등을 감안하여 그 행위의 최종적인 위법성 여부를 판단하여야 한다.

ㅁ. 자기낙태죄 조항의 위헌 여부를 임신한 여성의 자기결정권과 태아의 생명권의 직접적인 충돌을 해결해야 하는 사안으로 보는 것은 적절하지 않다.

① ㄱ(×), ㄴ(○), ㄷ(×), ㄹ(○), ㅁ(○)
② ㄱ(○), ㄴ(×), ㄷ(×), ㄹ(○), ㅁ(○)
③ ㄱ(×), ㄴ(○), ㄷ(×), ㄹ(○), ㅁ(×)
④ ㄱ(○), ㄴ(×), ㄷ(×), ㄹ(○), ㅁ(×)

문 15. 신체의 자유와 관련된 설명으로 옳고 그름의 표시
(○, ×)가 바르게 된 것은? (다툼이 있는 경우 판례
에 의함)

> ㄱ. 형벌과 보안처분을 서로 병과하여 선고하는 것은
> 헌법 제13조 제1항 후단 소정의 이중처벌금지의
> 원칙에 위반되지 않는다.
> ㄴ. 체포영장을 발부받아 피의자를 체포하는 경우에
> 필요한 때에는 영장 없이 타인의 주거 등 내에서
> 피의자 수사를 할 수 있도록 한 형사소송법 조항
> 은 별도로 영장을 발부받기 어려운 긴급한 사정
> 이 있는지 여부를 구별하지 아니하고 피의자가
> 소재할 개연성만 소명되면 영장 없이 타인의 주
> 거 등을 수색할 수 있도록 허용하고 있으므로 헌
> 법 제16조의 영장주의에 위반된다.
> ㄷ. 1억원 이상의 벌금형을 선고하는 경우 노역장유치
> 기간의 하한을 정한 형법 조항을 시행일 이후 최초
> 로 공소제기되는 경우부터 적용하도록 한 형법 부
> 칙조항은 형벌불소급원칙에 위배되지 않는다.
> ㄹ. 디엔에이감식시료의 채취행위는 신체의 안정성을
> 해한다고 볼 수 있으므로 디엔에이감식시료 채취
> 의 근거인 디엔에이신원확인정보의 이용 및 보호
> 에 관한 법률 조항은 디엔에이감식시료의 채취대
> 상자인 청구인의 신체의 자유를 제한한다.
> ㅁ. 강제퇴거명령을 받은 사람을 보호할 수 있도록 하
> 면서 보호기간의 상한을 마련하지 아니한 출입국
> 관리법 조항은 과잉금지원칙 및 적법절차원칙에
> 위배되어 피보호자의 신체의 자유를 침해한다.

① ㄱ(○), ㄴ(○), ㄷ(×), ㄹ(○), ㅁ(○)
② ㄱ(×), ㄴ(○), ㄷ(○), ㄹ(○), ㅁ(○)
③ ㄱ(○), ㄴ(×), ㄷ(○), ㄹ(○), ㅁ(×)
④ ㄱ(×), ㄴ(○), ㄷ(×), ㄹ(○), ㅁ(○)

문 16. 거주·이전의 자유에 관한 설명으로 가장 적절하지
않은 것은? (다툼이 있는 경우 판례에 의함)

① 법무부령이 정하는 금액 이상의 추징금 미납자에 대
해 출국금지를 규정한 구 출입국관리법 조항은 기본
권에 대한 침해가 적은 수단이 마련되어 있음에도
불구하고 추징금 납부를 강제하기 위한 압박 수단으
로 출국금지를 하는 것으로, 이는 필요한 정도를 넘
는 과도한 출국의 자유를 제한하는 것이어서 과잉금
지원칙에 위배된다.

② 거주·이전의 자유는 국민에게 그가 선택할 직업 내
지 그가 취임할 공직을 그가 선택하는 임의의 장소
에서 자유롭게 행사할 수 있는 권리까지 보장하는
것은 아니다.

③ 거주·이전의 자유는 거주지나 체류지라고 볼 만한
정도로 생활과 밀접한 연관을 갖는 장소를 선택하고
변경하는 행위를 보호하는 기본권으로서, 생활의 근
거지에 이르지 못하는 일시적인 이동을 위한 장소의
선택과 변경까지 그 보호영역에 포함되는 것은 아
니다.

④ 복수국적자에 대하여 병역준비역에 편입된 때부터
3개월 이내에 대한민국 국적을 이탈하지 않으면 병
역의무를 해소한 후에 이를 가능하도록 한 국적법
조항은 복수국적자의 국적이탈의 자유를 침해한다.

문 17. 국가배상청구권의 소멸시효에 관한 설명으로 옳은 것을 모두 고른 것은? (다툼이 있는 경우 판례에 의함)

> 민법 제766조【손해배상청구권의 소멸시효】① 불법행위로 인한 손해배상의 청구권은 피해자나 그 법정대리인이 그 손해 및 가해자를 안 날로부터 3년간 이를 행사하지 아니하면 시효로 인하여 소멸한다.
> ② 불법행위를 한 날로부터 10년을 경과한 때에도 전항과 같다.

> ㄱ. 헌법 제28조와 제29조 제1항에서 규정하고 있는 형사보상청구권 및 국가배상청구권은 국민의 재산권을 일반적으로 규정하고 있는 헌법 제23조 제1항의 특칙이기도 하므로 재산권을 보장하는 권리이기도 하다.
> ㄴ. 헌법 제28조, 제29조 제1항은 형사보상청구권 및 국가배상청구권을 법률에 의해 제한하도록 한 제한적 법률유보조항이다.
> ㄷ. 과거사정리법 제2조 제1항 제3, 4호의 민간인 집단희생사건, 중대한 인권침해·조작의혹사건에 민법 제766조 제1항의 '주관적 기산점'이 적용되도록 하는 것은 합리적 이유가 인정된다.
> ㄹ. 민법 제166조 제1항, 제766조 제2항의 객관적 기산점을 과거사정리법 제2조 제1항 제3, 4호의 민간인 집단희생사건, 중대한 인권침해·조작의혹사건에 적용하도록 규정하는 것은, 소멸시효제도를 통한 법적 안정성과 가해자 보호만을 지나치게 중시한 나머지 합리적 이유 없이 위 사건 유형에 관한 국가배상청구권 보장 필요성을 외면한 것으로서 입법형성의 한계를 일탈하여 청구인들의 국가배상청구권을 침해한다.

① ㄱ, ㄹ
② ㄷ, ㄹ
③ ㄱ, ㄴ, ㄷ
④ ㄱ, ㄷ, ㄹ

문 18. 혼인과 가족생활에 관한 설명으로 가장 적절하지 않은 것은? (다툼이 있는 경우 판례에 의함)

① 인격권과 행복추구권은 개인의 자기운명결정권을 전제로 하고 자기운명결정권은 다시 성적 상대방의 결정권, 나아가 배우자결정권을 포함한다.

② 8촌 이내의 혈족 사이에서는 혼인할 수 없도록 하는 민법을 위반한 혼인을 무효로 하는 민법 제815조 제2호는 과잉금지원칙에 위배하여 혼인의 자유를 침해한다고 할 수 없다.

③ 8촌 이내의 혈족 사이에서는 혼인할 수 없도록 하는 민법 제809조 제1항은 헌법 제36조에서 도출되는 '혼인과 가족생활을 스스로 결정하고 형성할 수 있는 자유'(혼인의 자유)를 제한하고 이 경우 과잉금지원칙을 기준으로 위헌 여부를 심사한다.

④ 동성동본금혼을 규정한 민법 제809조 제1항은 이제 사회적 타당성 내지 합리성을 상실하고 있음과 아울러 인간으로서의 존엄과 가치 및 행복추구권을 규정한 헌법이념 및 개인의 존엄과 양성의 평등에 기초한 혼인과 가족생활의 성립·유지라는 헌법규정에 정면으로 배치될 뿐 아니라, 남계혈족에만 한정하여 성별에 의한 차별을 함으로써 헌법상의 평등의 원칙에도 위반되며, 그 입법목적이 정당하지 않다는 점에서 헌법 제37조 제2항에도 위반된다.

문 19. 변호사 등록료를 규정하고 있는 변호사협회의 변호사 등록 등에 관한 규칙에 관한 헌법소원이 청구되었다. 이에 관한 설명으로 가장 적절한 것은? (다툼이 있는 경우 판례에 의함)

① 변호사 등록이 대한변호사협회과 그 소속 변호사 사이의 사법상 법률문제이므로 대한변호사협회는 변호사 등록에 관한 한 공법인으로서 공권력 행사의 주체라고 할 수 없다고 할 것이다.

② 변호사 등록을 신청하는 자에게 등록료 1,000,000원을 납부하도록 정한 대한변호사협회의 '변호사 등록 등에 관한 규칙'은 헌법소원심판의 대상이 되는 '공권력의 행사'에 해당한다고 할 수 없다.

③ 심판청구 후 이 사건 규정이 개정되어 변호사 등록료가 변경되었지만, 헌법적 해명의 필요성이 있으므로, 예외적으로 변호사 등록을 신청하는 자에게 등록료 1,000,000원을 납부하도록 정한 대한변호사협회의 '변호사 등록 등에 관한 규칙'에 대한 심판의 이익이 인정된다.

④ 변협은 변호사로서 개업하기 위해서 강제로 가입해야 하는 단체임에도 불구하고, 1,000,000원이라는 지나치게 과도한 등록료를 책정하고 있다. 신규변호사에 대한 처우가 매우 열악한 현 상황에서 이 사건 규정은 등록료를 낼 경제적 여력이 없는 자에 대해서도 예외조항을 두지 않고 있다. 따라서 이 사건 규정은 청구인의 직업수행의 자유를 침해한다.

문 20. 집회의 자유와 관련하여 신고제에 관한 설명으로 가장 적절한 것은? (다툼이 있는 경우 판례에 의함)

① 옥외집회를 주최하려는 자는 그에 관한 신고서를 옥외집회를 시작하기 720시간 전부터 48시간 전에 관할 경찰서장에게 제출하도록 하고 있는 구 집회 및 시위에 관한 법률 제6조 제1항의 집회에 대한 사전신고제도는 헌법 제21조 제2항의 사전허가금지에 위반된다.

② 옥외집회에 대한 사전신고는 경찰관청 등 행정관청으로 하여금 집회의 순조로운 개최와 공공의 안전보호를 위하여 필요한 준비를 할 수 있는 시간적 여유를 주기 위한 것으로서, 협력의무로서의 신고라고 할 것이다.

③ 옥외집회 또는 시위가 그 신고의 범위를 일탈한 경우에는 그 신고내용과 동일성이 유지되고 있더라도 관할경찰관서장은 신고를 하지 아니한 옥외집회 또는 시위로 보아 이를 해산하거나 저지할 수 있다.

④ 옥외집회뿐 아니라 옥내집회 신고제가 적용된다.

문 1. 과잉금지원칙과 관련된 설명으로 가장 적절하지 <u>않은</u> 것은? (다툼이 있는 경우 판례에 의함)

① 국민이 유신헌법의 문제점을 지적하고 그 개정을 주장하거나 청원하는 활동을 금지하고 처벌하는 긴급조치 제9호는 국민주권주의에 비추어 목적의 정당성을 인정할 수 없다.

② 간통죄는 목적은 정당하나 기본권 제한의 방법으로도 적합성이 없다.

③ 변호사시험 성적을 합격자에게 공개하지 않도록 규정한 변호사시험법은 목적은 정당하나, 수단의 적정성은 인정되지 않는다.

④ 수형자의 선거권을 전면적으로 제한하고 있는 공직선거법은 목적이 정당하지 않다.

문 2. 집행유예자와 수형자의 선거권 제한에 관한 설명으로 옳지 <u>않은</u> 것을 모두 고른 것은? (다툼이 있는 경우 판례에 의함)

ㄱ. 집행유예기간 중인 자의 선거권을 제한하고 있는 공직선거법 제18조 제1항 제2호는 위헌결정됨에 따라 공직선거법이 개정되어 1년 이상의 징역 또는 금고의 형의 선고를 받고 그 형의 집행유예를 선고받고 유예기간 중에 있는 사람은 선거권 제한에서 제외되고 있다.

ㄴ. 수형자에 대해 선거권을 제한하고 있는 공직선거법 제18조 제1항 제2호가 헌법불합치결정됨에 따라 공직선거법이 개정되어 1년 이상의 징역 또는 금고의 형의 선고를 받고 그 집행이 종료되지 아니하거나 그 집행을 받지 아니하기로 확정되지 아니한 사람에 한해 선거권이 제한되고 있다.

ㄷ. 범죄자가 저지른 범죄의 경중을 전혀 고려하지 않고 수형자와 집행유예자 모두의 선거권을 제한하더라도 헌법에 위반되는 것은 아니다.

ㄹ. '유기징역 또는 유기금고의 선고를 받고 그 집행유예기간 중인 자'의 선거권을 전면적·획일적으로 제한하는 공직선거법 조항은 선거권 제한이 지나치게 광범위하므로 과잉금지원칙에 반하여 헌법에 위반된다. 다만, '유기징역 또는 유기금고의 선고를 받고 그 집행유예기간 중인 자'에게 선거권을 부여하는 구체적인 방안은 입법자의 형성재량에 속하므로 헌법불합치결정을 선고하는 것이 타당하다.

ㅁ. 선거일 현재 1년 이상의 형의 집행유예를 선고받고 유예기간 중에 있는 사람은 선거권이 없다.

① ㄱ, ㄴ   ② ㄴ, ㄷ, ㄹ

③ ㄷ, ㄹ, ㅁ   ④ ㄱ, ㄴ, ㄷ, ㅁ

문 3. 국적법에 관한 설명으로 가장 적절한 것은? (다툼이 있는 경우 판례에 의함)

① 국적에 관한 특별귀화 허가에 관한 사항 등을 심의하기 위하여 대통령 소속으로 국적심의위원회를 둔다.

② 국적심의위원회는 위원장 1명을 포함하여 15명 이내의 위원으로 구성하고, 국적심의위원회 위원회 위원장은 법무부장관으로 한다.

③ 복수국적자로서 6세 미만의 아동일 때 외국으로 이주한 이후 계속하여 외국에 주된 생활의 근거를 두고 있는 사람이 병역법 제8조에 따라 병역준비역에 편입된 때부터 3개월 이내에 대한민국 국적을 이탈한다는 뜻을 신고하지 못한 경우 법무부장관에게 대한민국 국적의 이탈 허가를 신청할 수 있다.

④ 국적법은 출생이나 그 밖에 국적법에 따라 대한민국 국적과 외국국적을 함께 가지게 된 자, 즉 복수국적자는 대한민국의 법령적용에 있어서 외국국민으로 처우한다.

문 4. 대체복무기관을 '교정시설'로 한정한 대체역의 편입 및 복무 등에 관한 법률 시행령 제18조, 대체복무요원의 복무기간을 '36개월'로 한 대체역법 제18조 제1항, 대체복무요원으로 하여금 '합숙'하여 복무하도록 한 대체역법 제21조 제2항에 관한 설명으로 가장 적절하지 않은 것은? (다툼이 있는 경우 판례에 의함)

① 청구인들은 보충역에서 대체역으로 편입된 경우, 자녀가 있는 대체역의 경우에도 교정시설에서 36개월간 합숙복무를 강제하는 것이 평등권을 침해한다고 주장하나, 이는 대체역 복무가 과도하다는 취지이므로 양심의 자유 침해 여부 판단에서 함께 살펴본다.

② 국제규약 위반 주장에 대해, 비준동의한 조약은 국내법과 같은 효력을 가지므로 헌법재판규범이 될 수 없다.

③ 현역 육군 복무기간의 1.5배인 36개월을 대체복무하도록 한 것은 현역복무와의 형평성 확보에 필요한 정도를 넘어 대체복무의 기간이나 그 강도를 과도하게 정하여 대체복무 선택을 어렵게 하는 것으로 대체복무제도의 도입 취지에 정면으로 반하고 양심적 병역거부자의 양심의 자유를 침해한다.

④ 합숙복무는 현역병과의 형평성을 고려한 것이므로 이를 징벌적 처우로 볼 수 없다.

문 5. 적법절차원칙에 관한 설명으로 가장 적절하지 않은 것은? (다툼이 있는 경우 판례에 의함)

① 1787년 미국 연방헌법이 제정된 이래로 명문화되어 미국 헌법의 기본원리의 하나로 자리잡고 모든 국가작용을 지배하는 일반원리로 해석·적용되는 중요한 원칙으로서, 오늘날에는 독일 등 대륙법계의 국가에서도 이에 상응하여 일반적인 법치국가원리 또는 기본권 제한의 법률유보원리로 정립되게 되었다.

② 산업단지의 지정권자로 하여금 산업단지계획안에 대한 주민의견청취와 동시에 환경영향평가서 초안에 대한 주민의견청취를 진행하도록 한 구 산업단지 인·허가 절차 간소화를 위한 특례법 규정은 주민의 절차적 참여를 보장해 주고 있으므로, 적법절차원칙에 위배되지 않는다.

③ 보안처분에 적용되어야 할 적법절차의 원리의 적용범위 내지 한계는 각 보안처분의 구체적 자유박탈 내지 제한의 정도를 고려하여 차이가 있는바, 예컨대 처벌 또는 강제노역에 버금가는 심대한 기본권의 제한을 수반하는 보안처분에는 좁은 의미의 적법절차의 원칙이 엄격히 적용되어야 할 것이나, 보안관찰처분과 같이 단순히 피보안관찰자에게 신고의무를 부과하는 자유제한적인 조치에는 보다 완화된 적법절차의 원칙이 적용된다.

④ 범죄의 피의자로 입건된 자가 경찰공무원이나 검사의 신문을 받는 과정에서 자신의 신원을 밝히지 않고 지문채취에 불응하는 경우 벌금, 과료, 구류의 형사처벌에 처하도록 하는 적법절차원칙에 반한다고 할 수 없다.

2025 해커스경찰 함수기 경찰헌법 Season 3 전범위 모의고사 1차 대비

문 6. 헌법 제31조 제6항의 교원지위법정주의에 관한 설명으로 옳고 그름의 표시(○, ×)가 바르게 된 것은? (다툼이 있는 경우 판례에 의함)

> ㄱ. "교원의 지위에 관한 기본적인 사항은 법률로 정한다."라고 규정한 헌법 제31조 제6항은 국·공립대학의 교원의 신분보장에 관한 기본적인 사항을 법률로 정하라는 의미이지 사립대학의 교원의 신분보장에 관한 기본적인 사항을 법률로 정하라는 의미는 아니다.
>
> ㄴ. 헌법 제31조 제6항은 교원의 지위에 관련된 사항에 관한 한 근로기본권에 관한 헌법 제33조 제1항에 우선하여 적용된다.
>
> ㄷ. 기간임용제와 정년보장제는 국가가 문화국가의 실현을 위한 학문진흥의 의무를 이행함에 있어서나 국민의 교육권의 실현·방법 면에서 각각 장단점이 있어 어느 쪽이 좋은 제도인지에 대한 판단에는 어려움이 있으나, 이러한 점에 대한 판단·선택은 입법정책에 맡겨 두는 것보다는 헌법재판소에서 이를 가늠하는 것이 옳다.
>
> ㄹ. 임용기간 만료시에 재임용대상으로부터 배제하는 기준 및 그 사유의 사전통지절차 내지는 부당한 재임용거부시의 구제절차에 관한 아무런 규정을 두지 않은 구 사립학교법 제53조의2 제3항은 교원지위법정주의에 위반된다는 것이 헌법재판소의 판례이다.
>
> ㅁ. 법률조항이 대학의 자유를 제한하고 있는 경우 그 위헌 여부에 대해서는 엄격한 심사를 하여야 하는 것은 아니다.

① ㄱ(○), ㄴ(○), ㄷ(×), ㄹ(○), ㅁ(○)
② ㄱ(×), ㄴ(×), ㄷ(○), ㄹ(×), ㅁ(○)
③ ㄱ(○), ㄴ(×), ㄷ(○), ㄹ(×), ㅁ(×)
④ ㄱ(×), ㄴ(○), ㄷ(×), ㄹ(○), ㅁ(○)

문 7. 공정한 재판을 받을 권리에 관한 설명으로 가장 적절하지 않은 것은? (다툼이 있는 경우 판례에 의함)

① 공정한 재판을 받을 권리에 외국에 나가 증거를 수집할 권리가 포함된다고 보기 어렵다.
② 헌법에 '공정한 재판'에 관한 명문의 규정으로 보장하고 있고 이로부터 헌법상 보장되는 기본권인 '공정한 재판을 받을 권리'에는 '공정한 헌법재판을 받을 권리'도 포함된다.
③ 공정한 재판을 받을 권리 속에는 원칙적으로 당사자주의와 구두변론주의가 보장되어 당사자가 공소사실에 대한 답변과 입증 및 반증하는 등 공격·방어권이 충분히 보장되는 재판을 받을 권리가 포함되어 있다.
④ 헌법은 피고인의 반대신문권을 헌법상의 기본권으로까지 규정하지는 않았으나, 형사소송법 제161조의2에서 피고인의 반대신문권은 공정한 재판을 받을 권리를 구현한 것이다.

문 8. 영장주의에 관한 설명으로 가장 적절하지 않은 것은? (다툼이 있는 경우 판례에 의함)

① 수사기관 등이 전기통신사업자에게 이용자의 성명 등 통신자료의 열람이나 제출을 요청할 수 있도록 한 전기통신사업법 제83조 제3항에는 영장주의가 적용된다.
② 사형·무기 또는 장기 3년 이상의 징역이나 금고에 해당하는 죄를 범하였다고 의심할 만한 상당한 이유가 있는 경우에 피의자를 긴급체포할 수 있도록 한 형사소송법 제200조의3 제1항은 헌법상 영장주의에 위반되지 아니한다.
③ 영장신청권자로서의 '검사'는 '검찰권을 행사하는 국가기관'인 검사로서 공익의 대표자이자 인권옹호기관으로서의 지위에서 그에 부합하는 직무를 수행하는 자를 의미하는 것이지, 검찰청법상 검사만을 지칭하는 것으로 보기 어렵다.
④ 검사의 영장신청권 조항에서 검사에게 헌법상 수사권까지 부여한다는 내용까지 논리 필연적으로 도출된다고 보기 어렵다.

문 9. 교원은 재심위원회의 결정에 대하여 그 결정서의 송달을 받은 날부터 60일 이내에 행정소송법이 정하는 바에 의하여 소송을 제기할 수 있도록 한 교원지위향상을 위한 특별법 제10조 제3항에 대해 위헌제청이 있었다. 이에 관한 설명으로 가장 적절하지 <u>않은</u> 것은? (다툼이 있는 경우 판례에 의함)

① 학교법인의 사립학교 교원에 대한 인사권의 행사로서 징계는 사법적 법률행위로서의 성격을 가지므로 학교법인의 교원에 대한 징계 등 불리한 처분에 대하여 직접 그 취소를 구하는 행정소송을 제기할 수 없고 민사소송으로 그 효력 유무를 다투어야 한다.

② 국·공립교원 징계에 대한 징계재심위원회(현 교원소청위원회)의 결정은 행정심판의 재결에 해당한다는 데는 이론이 없다.

③ 학교법인의 교원 징계에 대한 불복절차로서 징계재심위원회(현 교원소청위원회)의 결정은 행정심판의 재결에 해당한다.

④ 교원은 재심위원회의 결정에 대하여 그 결정서의 송달을 받은 날부터 60일 이내에 행정소송법이 정하는 바에 의하여 소송을 제기할 수 있도록 한 교원지위향상을 위한 특별법 제10조 제3항은 사립학교 교원에 대한 징계 등 불리한 처분의 적법 여부에 관하여 재심위원회의 재심결정이 최종적인 것이 되는 결과 일체의 법률적 쟁송에 대한 재판권능을 법원에 부여한 헌법 제101조 제1항에도 위배된다.

문 10. 국민참여재판에 관한 설명으로 가장 적절하지 <u>않은</u> 것은? (다툼이 있는 경우 판례에 의함)

① 성폭력범죄의 처벌 등에 관한 특례법 제2조의 범죄로 인한 피해자 또는 법정대리인이 국민참여재판을 원하지 아니하는 경우 법원은 공소제기 후부터 공판준비기일이 종결된 다음 날까지 국민참여재판을 하지 아니하기로 하는 결정을 할 수 있는데, 이 결정에 대하여는 즉시항고를 할 수 있다.

② 법원은 피고인의 질병 등으로 공판절차가 장기간 정지되거나 피고인에 대한 구속기간의 만료, 성폭력범죄 피해자의 보호, 그 밖에 심리의 제반 사정에 비추어 국민참여재판을 계속 진행하는 것이 부적절하다고 인정하는 경우에는 직권 또는 검사·피고인·변호인이나 성폭력범죄 피해자 또는 법정대리인의 신청에 따라 결정으로 사건을 지방법원 본원 합의부가 국민참여재판에 의하지 아니하고 심판하게 할 수 있는데, 이 결정에 대하여는 불복할 수 없다.

③ 국민참여재판을 받을 권리는 헌법상 기본권으로서 보호될 수는 없고, 피고인은 원칙적으로 국민참여재판으로 재판을 받을 법률상 권리를 가진다고 할 것이므로, 이러한 형사소송절차상의 권리를 배제함에 있어서는 헌법에서 정한 적법절차원칙을 따르지 않는다.

④ 국민의 형사재판 참여에 관한 법률에서의 배심원은 사실인정과 양형과정에 모두 참여한다는 점에서 배심제와 구별되고, 배심원의 의견은 권고적 효력만을 가질 뿐이라는 점에서 배심제나 참심제와 구별된다.

문 11. 형사보상청구권에 관한 설명으로 옳지 <u>않은</u> 것을 모두 고른 것은? (다툼이 있는 경우 판례에 의함)

> ㄱ. 형사소송법상 소송비용에 대한 보상을 청구할 권리는 구금되었음을 전제로 하는 헌법 제28조의 형사보상청구권과는 마찬가지로 헌법적 차원의 권리라고 볼 수 있다.
> ㄴ. 헌법 제28조의 형사보상청구권이 구금되었던 자를 전제로 하는 것과 달리, 형사소송법상 비용보상청구는 무죄판결이 확정된 자에게 구금 여부를 묻지 않고 재판에 소요된 비용을 보상해 주는 제도이다.
> ㄷ. 형사보상제도는 국가배상법상의 손해배상과는 그 근거 및 요건을 달리하므로 형사보상금을 수령한 피고인은 다시 국가배상법에 의한 손해배상을 청구할 수 있다.
> ㄹ. 형사사법절차를 운영하는 국가는 그로 인한 부담을 무죄판결을 선고받은 자 개인에게 모두 지워서는 아니 되고, 이러한 위험에 의하여 발생되는 손해에 대응한 보상을 하지 않으면 안 된다는 취지하에서 헌법은 구금되었던 자의 형사보상청구권을 기본권으로 인정해왔다.

① ㄱ
② ㄷ
③ ㄱ, ㄹ
④ ㄴ, ㄷ

문 12. 혼인과 가족생활에 대하여 규정하고 있는 헌법 제36조 제1항에 관한 설명으로 가장 적절한 것은? (다툼이 있는 경우 판례에 의함)

① 혼인한 등록의무자 모두 배우자가 아닌 본인의 직계존·비속의 재산을 등록하도록 2009.2.3. 법률 제9402호로 공직자윤리법 제4조 제1항 제3호가 개정되었음에도 불구하고, 개정 전 공직자윤리법 조항에 따라 이미 배우자의 직계존·비속의 재산을 등록한 혼인한 여성 등록의무자는 종전과 동일하게 계속해서 배우자의 직계존·비속의 재산을 등록하도록 규정한 공직자윤리법 부칙 제2조는 평등원칙에 위배된다.
② 배우자로부터 증여를 받은 때에 '300만원에 결혼년수를 곱하여 계산한 금액에 3천만원을 합한 금액을 증여세과세가액에서 공제하도록 규정한 구 상속세법은 제31조 제1항 본문 제1호는 헌법상 혼인과 가족생활 보장 및 양성의 평등원칙에 위반한다.
③ 동성동본인 혈족 간의 혼인을 금지한다고 하더라도 우리나라의 인구와 성씨의 분포 및 그 구성원의 수에 비추어 볼 때 혼인 상대방을 자유롭게 선택할 기본권을 본질적으로 침해하는 정도에까지 이른다고 할 수는 없다.
④ 8촌 이내의 혈족 사이에서는 혼인할 수 없도록 하는 민법 제809조 제1항은 입법목적 달성에 필요한 범위를 넘는 과도한 제한으로서 과잉금지원칙에 위배하여 혼인의 자유를 침해한다.

문 13. 甲은 1994년 보건복지부장관의 생계보호기준이 최저생계비에 미치지 못하여 인간다운 생활을 할 권리를 침해한다고 하면서 헌법소원심판을 청구하였다. 이에 관한 설명으로 옳지 <u>않은</u> 것은 모두 몇 개인가? (다툼이 있는 경우 판례에 의함)

> ㄱ. 1994년 보건복지부장관의 생계보호기준은 직접 대외적 효력을 가지므로 청구인에 대하여 직접적인 효력을 갖는 규정이다.
> ㄴ. 1994년 보건복지부장관의 생계보호기준에 대해 현행 행정소송법상 이를 다툴 방법이 있다고 볼 수 없으므로 이에 대한 헌법소원청구는 다른 법적 구제수단이 없는 경우에 해당한다.
> ㄷ. 구 생활보호법과 현행 국민기초생활 보장법상의 급여는 사회부조로서 다른 법령의 급여에 대해 보충적 성질을 가진다.
> ㄹ. 인간다운 생활을 할 권리규정은 헌법재판에 있어서는 국민소득, 국가의 재정능력과 정책 등을 고려하여 가능한 범위 안에서 최대한으로 모든 국민이 물질적인 최저생활을 넘어서 인간의 존엄성에 맞는 건강하고 문화적인 생활을 누릴 수 있도록 하여야 한다는 행위의 지침, 즉 행위규범으로서 작용한다.
> ㅁ. 국가가 인간다운 생활을 보장하기 위한 헌법적 의무를 다하였는지의 여부가 사법적 심사의 대상이 된 경우에는 엄격한 비례원칙이 적용된다.
> ㅂ. 인간다운 생활을 보장하기 위한 객관적인 내용의 최소한을 보장하고 있는지 여부는 특정한 법률에 의한 생계급여만을 가지고 판단하면 되고, 여타 다른 법령에 의해 국가가 최저생활보장을 위하여 지급하는 각종 급여나 각종 부담의 감면 등을 총괄한 수준으로 판단할 것을 요구하지는 않는다.

① 1개
② 2개
③ 3개
④ 4개

문 14. 개인정보자기결정권에 관한 설명으로 가장 적절하지 <u>않은</u> 것은? (다툼이 있는 경우 판례에 의함)

① 공중밀집장소추행죄로 유죄판결이 확정된 자를 그 형사책임의 경중과 관계없이 신상정보 등록대상자로 규정한 법률조항은 개인정보자기결정권을 침해한다.
② 채취대상자가 사망할 때까지 디엔에이신원확인정보를 데이터베이스에 수록·관리할 수 있도록 규정한 법률조항은 개인정보자기결정권을 침해하지 않는다.
③ 법원에서 불처분결정된 소년부송치 사건에 대한 수사경력자료의 삭제와 보존기간에 대하여 규정하지 않은 것은 소년부송치 후 불처분결정을 받은 자의 개인정보자기결정권을 침해한다.
④ 거짓이나 그 밖의 부정한 방법으로 보조금을 교부받거나 보조금을 유용하여 운영정지, 폐쇄명령 또는 과징금 처분을 받은 어린이집에 대하여 그 위반사실을 공표하도록 하는 것은 개인정보자기결정권을 침해하지 않는다.

문 15. 표현의 자유에 관한 설명으로 가장 적절하지 <u>않은</u> 것은? (다툼이 있는 경우 판례에 의함)

① 정보위원회 회의는 공개하지 아니한다고 정하고 있는 국회법 제54조의2 제1항 본문은 의사공개원칙에 위배되어 청구인들의 알 권리를 침해를 침해한다.
② 변호사 광고에 관한 규정, 협회의 회규, 유권해석에 위반되는 행위를 목적 또는 수단으로 하여 행하는 법률상담 광고를 금지하는 변호사 광고에 관한 규정은 법률유보원칙 위반을 위반하여 청구인들의 표현의 자유, 직업의 자유를 침해한다.
③ 대통령관저, 국회의장 공관의 경계 지점으로부터 100미터 이내의 장소에서의 옥외집회 또는 시위를 일률적으로 금지하고, 이를 위반한 집회·시위의 참가자를 처벌하는 구 '집회 및 시위에 관한 법률'은 입법목적 달성을 위한 적합한 수단으로 볼 수 없다.
④ 집회 또는 시위를 하기 위하여 인천애(愛)뜰 중 잔디마당과 그 경계 내 부지에 대한 사용허가 신청을 한 경우 인천광역시장이 이를 허가할 수 없도록 제한하는 인천애(愛)뜰의 사용 및 관리에 관한 조례는 과잉금지원칙에 위배되어 청구인들의 집회의 자유를 침해한다.

문 16. 근로의 권리에 관한 설명으로 옳지 <u>않은</u> 것을 모두 고른 것은? (다툼이 있는 경우 판례에 의함)

> ㄱ. 노동조합 및 노동관계조정법상의 근로자성이 인정되는 한, 출입국관리법령에 따라 취업활동을 할 수 있는 체류자격을 받지 아니한 외국인 근로자도 노동조합을 설립하거나 노동조합에 가입할 수 있다.
> ㄴ. 근로자가 퇴직급여를 청구할 수 있는 권리는 헌법에서 직접 도출된다.
> ㄷ. 국가는 헌법 제32조의 근로의 권리, 사회국가원리 등에 근거하여 실업방지 및 부당한 해고로부터 근로자를 보호하여야 할 의무가 인정되지 않는다.
> ㄹ. 근로의 권리는 국가에 대하여 직접 일자리를 청구하거나 일자리에 갈음하는 생계비의 지급청구권을 의미하는 것이 아니라 고용증진을 위한 사회적·경제적 정책을 요구할 수 있는 권리에 그치기 때문에, 근로의 권리로부터 국가에 대한 직접적인 직장존속청구권을 도출할 수도 없다.

① ㄱ, ㄴ
② ㄱ, ㄷ
③ ㄴ, ㄷ
④ ㄷ, ㄹ

문 17. 공직선거 선거운동시 확성장치 사용에 따른 소음 규제를 하지 아니한 공직선거법 제79조에 관한 설명으로 가장 적절하지 <u>않은</u> 것은? (다툼이 있는 경우 판례에 의함)

① 공직선거 선거운동시 확성장치 사용에 따른 소음 규제를 하지 아니한 공직선거법의 위헌 여부는 환경권 침해 여부의 판단한다면 건강권 및 신체를 훼손당하지 않을 권리 침해 여부에 대해서는 별도로 판단할 필요는 없다.
② 환경권의 내용과 행사는 법률에 의해 구체적으로 정해지므로 환경권 보호를 위한 입법이 없거나 현저히 불충분하여 국민의 환경권을 침해하고 있더라도 헌법재판소에 그 구제를 구할 수 없다.
③ 환경권의 보호대상이 되는 환경에는 자연환경뿐만 아니라 인공적 환경과 같은 생활환경도 포함되므로, 일상생활에서 소음을 제거·방지하여 '정온한 환경에서 생활할 권리'는 환경권의 한 내용을 구성한다.
④ 생명·신체의 보호와 같은 중요한 기본권적 법익침해에 대해서는 그것이 국가가 아닌 제3자로서의 사인에 의해서 유발된 것이라고 하더라도 국가가 적극적인 보호의 의무를 진다.

문 18. 심사기준에 관한 설명으로 가장 적절하지 <u>않은</u> 것은? (다툼이 있는 경우 판례에 의함)

① 검열금지의 원칙은 언론의 자유에 대한 검열을 절대적으로 금지하는 원칙이다.
② 표현의 자유를 규제하는 법률이 검열금지원칙에 위배되면 과잉금지 위반 여부를 판단하지 않으나, 표현의 자유를 규제하는 법률이 검열금지원칙에 위배되지 않으면 과잉금지원칙에 위반되지 않는다.
③ 형벌불소급원칙은 절대적인 소급입법금지원칙이나, 헌법 제13조 제2항의 소급입법금지원칙은 예외적으로는 소급입법을 인정하는 원칙이다.
④ 형식적으로 영장주의에 위배되는 법률은 곧바로 헌법에 위반된다.

문 19. 후보자등록요건으로서 기탁금에 관한 설명으로 옳지 <u>않은</u> 것은 모두 몇 개인가? (다툼이 있는 경우 판례에 의함)

ㄱ. 대통령 선거의 기탁금은 5억원이었는데, 헌법재판소가 헌법불합치결정을 함에 따라 3억원으로 낮춰졌고, 대통령 예비후보자로 등록하려면 6천만원의 기탁금을 납부하여야 한다.

ㄴ. 정당후보자와 무소속후보자를 차별하여 기탁금을 정하는 것은 보통 · 평등선거에 위반한다.

ㄷ. 국회의원후보자등록요건으로서 기탁금 1,500만원은 정당활동의 자유를 침해한다.

ㄹ. 공직선거법상 후보자등록을 신청하는 자는 등록신청시에 후보자 1명마다 일정 금액의 기탁금을 중앙선거관리위원회의 규칙으로 정하는 바에 따라 관할선거구선거관리위원회에 납부하여야 하는데, 특히 대통령 선거는 기탁금이 3억원이다.

ㅁ. 헌법재판소는 공직선거에 입후보하려는 자에 대하여 기탁금을 부과하는 것 자체가 선거에 입후보하려고 하는 후보자의 공무담임권을 침해한다고 결정하였다.

ㅂ. 지역구국회의원 예비후보자에게 지역구국회의원이 납부할 기탁금의 100분의 20에 해당하는 금액을 기탁금으로 납부하도록 하는 것은 예비후보자의 공무담임권을 침해하고, 비례대표 기탁금조항은 비례대표국회의원후보자가 되어 국회의원에 취임하고자 하는 자의 공무담임권을 침해한다.

ㅅ. 전북대학교 총장후보자로 지원하려는 사람에게 1,000만원의 기탁금 납부를 요구하고, 납입하지 않을 경우 총장후보자에 지원하는 기회를 주지 않는 것은 공무담임권을 침해한다.

ㅇ. 대구교육대학교 총장임용후보자 선거에서 후보자가 되려는 사람은 1,000만원의 기탁금을 납부하도록 규정한 '대구교육대학교 총장임용후보자 선정규정' 제23조 제1항 제2호 및 제24조 제1항이 과잉금지원칙에 위배되어 후보자가 되려는 청구인의 공무담임권을 침해한다.

ㅈ. 대구교육대학교 총장임용후보자 선거 후보자가 제1차 투표에서 최종 환산득표율의 100분의 15 이상을 득표한 경우에만 기탁금의 반액을 반환하도록 하고 반환하지 않는 기탁금은 대학 발전기금에 귀속되도록 규정한 '대구교육대학교 총장임용후보자 선정규정' 제24조 제2항이 과잉금지원칙에 위배되어 청구인의 재산권을 침해한다.

① 1개
② 2개
③ 3개
④ 4개

문 20. 명확성원칙에 관한 설명으로 가장 적절한 것은? (다툼이 있는 경우 판례에 의함)

① 노사가 체결한 단체협약은 단순히 근로조건에 관한 계약에 불과한 것이 아니라 개별적 · 집단적 노사관계를 규율하는 최상위 자치규범으로서 법규범 내지 법규범에 준하는 법적 성질을 인정받고 있으므로, 노동조합 관련 법률에서 단체협약에 위반한 자를 처벌할 수 있도록 규정한다고 하여 죄형법정주의에 위반하는 것은 아니다.

② 기본권제한입법에 있어서 규율대상이 지극히 다양하거나 수시로 변화하는 성질의 것이어서 입법기술상 일의적으로 규정할 수 없는 경우라면 명확성의 요건이 완화되어야 한다.

③ 기본권을 제한하는 법률의 명확성에 관하여 법적 안정성과 예측가능성의 보장은 법치국가의 중요한 내용이기 때문에 법률의 규율 영역과 상관없이 동일하게 엄격한 기준이 적용된다.

④ 명확성의 원칙은 헌법상 법치국가원리의 표현이므로 부담적 성격을 가진 법률규정이나 수익적 성격을 가진 규정 등 모든 법률규정에 있어서 명확성의 원칙은 동일한 정도가 요구된다.

소요시간: _____ / 15분   맞힌 답의 개수: _____ / 20

문 1. 북한에 관한 설명으로 가장 적절한 것은? (다툼이 있는 경우 판례에 의함)

① 마약거래범죄자인 북한이탈주민을 보호대상자로 결정하지 않을 수 있도록 규정한 북한이탈주민의 보호 및 정책지원에 관한 법률 제9조 제1항은 마약거래범죄자인 북한이탈주민의 인간다운 생활을 할 권리를 침해한다.

② 우리 헌법이 '대한민국의 영토는 한반도와 그 부속 도서로 한다'는 영토조항을 두고 있는 이상 북한지역은 당연히 대한민국의 영토가 되며, 개별 법률의 적용에서 북한지역을 외국에 준하는 지역으로, 북한의 주민 또는 법인 등을 외국인에 준하는 지위에 있는 자로 규정하는 것은 헌법상 영토조항에 위반되어 허용될 수 없다.

③ 독도 등을 중간수역으로 정한 '대한민국과 일본국 간의 어업에 관한 협정'의 해당 조항은 배타적 경제수역을 직접 규정한 것이고, 영해문제와 직접적인 관련을 가지므로 헌법상 영토조항을 위반한 것이다.

④ 북한 주민은 대일항쟁기 강제동원 피해조사 및 국외 강제동원 희생자 등 지원에 관한 특별법상 위로금 지급 제외대상인 '대한민국 국적을 갖지 아니한 사람'에 해당하지 않는다.

문 2. 신뢰보호에 관한 설명으로 가장 적절한 것은? (다툼이 있는 경우 판례에 의함)

① 법치주의원리로부터 파생되는 신뢰보호의 원칙은 입법부가 하는 법률의 개정에 있어서는 적용되지 않으므로 법률개정으로 야기되는 당사자의 손해 여부나 그 정도와는 무관하게 새로운 법률로 달성하고자 하는 공익적 목적이 있다면 입법자는 자유로이 새 법령을 제정하여 시행하거나 적용할 수 있다.

② 자율형 사립고등학교를 후기학교로 정하여 신입생을 일반고와 동시에 선발하도록 한 초·중등교육법 시행령 규정은 신뢰보호원칙에 위배되는바, 동시선발로 달성할 수 있는 공익에 비해 학교법인의 신뢰를 보호하여야 할 가치나 필요성이 더 크기 때문이다.

③ 의무사관후보생의 병적에서 제외된 사람의 징집면제 연령을 31세에서 36세로 상향 조정한 병역법 규정은 신뢰보호원칙에 위반되는 것이다.

④ 국민이 가지는 모든 기대 내지 신뢰가 헌법상 권리로서 보호될 것은 아니고, 신뢰의 근거 및 종류, 상실된 이익의 중요성, 침해의 방법 등에 의하여 개정된 법규·제도의 존속에 대한 개인의 신뢰가 합리적이어서 권리로서 보호할 필요성이 인정되어야 한다.

문 3. 소급입법금지원칙에 관한 설명으로 가장 적절한 것은? (다툼이 있는 경우 판례에 의함)

① 1990.1.13. 법률 제4199호로 개정된 민법의 시행일 이전에 발생한 전처의 출생자와 계모 사이의 친족관계를 1990년 개정 민법 시행일부터 소멸하도록 규정한 민법 부칙은 헌법 제13조 제2항이 금하는 소급입법에 해당한다.

② 부진정소급입법의 경우, 일반적으로 과거에 시작된 구성요건사항에 대한 신뢰는 더 보호될 가치가 있는 것이므로, 신뢰보호의 원칙에 대한 심사는 장래 입법의 경우보다 일반적으로 더 강화되어야 한다.

③ 헌법 제13조 제2항이 금하고 있는 소급입법은, 이미 과거에 완성된 사실·법률관계를 규율의 대상으로 하는 이른바 진정소급효의 입법과 이미 과거에 시작하였으나 아직 완성되지 아니하고 진행과정에 있는 사실·법률관계를 규율의 대상으로 하는 이른바 부진정소급효의 입법을 모두 의미한다.

④ 법률개정을 통하여 징집면제연령을 상향조정하면 헌법상 소급입법의 문제가 발생한다.

문 4. 조례에 관한 설명으로 가장 적절한 것은? (다툼이 있는 경우 판례에 의함)

① 조례안의 재의결에 대해서 무효확인소송이 제기된 경우 그 심리대상은 재의결된 모든 사항이므로 지방의회에 재의를 요구할 당시 이의사항으로 지적되어 재의결에서 심의의 대상이 된 것에 국한된다고 할 수 없다.

② 재의결의 내용 전부가 아니라 그 일부만이 위법한 경우라도 대법원은 재의요구에서 지적한 이의사항만 효력을 부인하는 것이 아니라 재의결 전부 효력을 부인한다.

③ 조례가 집행행위의 개입 없이도 그 자체로서 직접 국민의 구체적인 권리·의무나 법적 이익에 영향을 미치는 등의 법률상 효과를 발생하는 경우 그 조례는 항고소송의 대상이 되는 행정처분에 해당하고, 이러한 조례에 대한 무효확인소송을 제기함에 있어서 피고적격이 있는 처분 등을 행한 행정청은 행정주체인 지방자치단체이다.

④ 조례에 의하여 기본권을 침해받고 있다고 주장하는 자는 그 권리구제를 위해서 당해 조례에 대한 헌법소원심판청구를 할 수 없다.

문 5. 죄형법정주의 명확성원칙 일반에 관한 설명으로 가장 적절하지 않은 것은? (다툼이 있는 경우 판례에 의함)

① 명확성의 정도는 모든 법률에 있어서 동일한 정도로 요구된다.

② 법규범이 명확한지 여부는 법규범의 문언뿐만 아니라 입법목적이나 입법취지, 입법연혁, 그리고 법규범의 체계적 구조 등을 종합적으로 고려하는 해석방법에 의하여 구체화된다.

③ 법문언이 법관의 해석을 통해서 그 의미내용을 확인해낼 수 있고, 그러한 해석이 해석자의 개인적인 취향에 따라 좌우될 가능성이 없다면 명확성의 원칙에 반한다고 할 수 없다.

④ 죄형법정주의는 처벌하고자 하는 행위가 무엇이며 그에 대한 형벌이 어떠한 것인지를 누구나 예견할 수 있고 그에 따라 자신의 행위를 결정할 수 있게끔 구성요건을 명확하게 규정할 것을 요구한다.

문 6. 표현의 자유에 관한 설명으로 가장 적절하지 않은 것은? (다툼이 있는 경우 판례에 의함)

① 사람을 비방할 목적으로 정보통신망을 통하여 공공연하게 거짓의 사실을 드러내어 다른 사람의 명예를 훼손한 자를 형사처벌하도록 규정한 정보통신망 이용촉진 및 정보보호 등에 관한 법률이 과잉금지원칙에 반하여 표현의 자유를 침해한다고 할 수 없다.

② '집회' 개념이 불명확하여, 옥외집회의 사전신고제도를 규정한 구 '집회 및 시위에 관한 법률' 제6조 제1항 본문 중 '옥외집회'에 관한 부분 및 그 위반시 처벌을 규정한 '집회 및 시위에 관한 법률' 제22조 제2항 중 제6조 제1항 본문 가운데 '옥외집회'에 관한 부분은 죄형법정주의 명확성원칙에 위배되지 않는다.

③ 당내경선과정에서 경선운동은 원칙적으로 공직선거에서의 당선 또는 낙선을 위한 행위인 선거운동에 해당한다.

④ 광주광역시 광산구 시설관리공단의 상근직원이 당원이 아닌 자에게도 투표권을 부여하는 당내경선에서 경선운동을 할 수 없도록 금지·처벌하는 공직선거법이 정치적 표현의 자유를 침해한다.

문 7. 신상정보 보관과 개인정보자기결정권에 관한 설명으로 옳고 그름의 표시(○, ×)가 바르게 된 것은? (다툼이 있는 경우 판례에 의함)

ㄱ. 피의자가 검사로부터 '혐의 없음'의 불기소처분을 받은 경우 혐의범죄의 법정형에 따라 일정 기간 피의자의 지문정보와 함께 인적 사항·죄명·입건관서·입건일자·처분 결과 등을 보존하도록 한 형의 실효 등에 관한 법률 조항은 피의자의 개인정보자기결정권을 침해한다.

ㄴ. 성범죄의 재범을 억제하고 수사의 효율성을 제고하기 위하여, 법무부장관이 등록대상자의 재범위험성이 상존하는 20년 동안 신상정보를 등록하게 하고 위 기간 동안 각종 의무를 부과하는 성폭력범죄의 처벌 등에 관한 특례법 관련 조항은 비교적 경미한 등록대상 성범죄를 저지르고 재범의 위험성도 인정되지 않는 자들에 대해서는 달성되는 공익과 침해되는 사익 사이의 법익의 균형성이 인정되지 않으므로 등록대상자의 개인정보자기결정권을 침해한다.

ㄷ. 형의 실효 등에 관한 법률에서 수사경력 자료의 보존 및 보존기간을 정하면서 범죄경력 자료의 삭제에 대해 규정하지 않은 것은 개인정보자기결정권을 침해한다.

ㄹ. 카메라나 그 밖에 이와 유사한 기능을 갖춘 기계장치를 이용하여 성적 욕망 또는 수치심을 유발할 수 있는 다른 사람의 신체를 그 의사에 반하여 촬영한 범죄로 3년 이하의 징역형을 선고받은 사람의 등록정보를 최초등록일부터 15년 동안 보존·관리하도록 규정한 것은 청구인의 개인정보자기결정권을 침해한다.

ㅁ. 법무부장관이 성범죄로 벌금형을 선고받은 사람의 등록정보를 10년간 보존·관리하도록 규정한 성폭력범죄의 처벌 등에 관한 특례법 제45조는 개인정보자기결정권을 침해한다고 할 수 없다.

① ㄱ(×), ㄴ(○), ㄷ(×), ㄹ(○), ㅁ(×)
② ㄱ(×), ㄴ(×), ㄷ(○), ㄹ(×), ㅁ(○)
③ ㄱ(○), ㄴ(×), ㄷ(×), ㄹ(×), ㅁ(×)
④ ㄱ(×), ㄴ(○), ㄷ(×), ㄹ(×), ㅁ(○)

문 8. 헌법 제21조 제2항의 허가제금지와 검열금지원칙에 관한 설명으로 가장 적절한 것은? (다툼이 있는 경우 판례에 의함)

① 사전허가금지의 대상은 언론·출판의 자유의 내재적 본질인 표현의 내용을 보장하는 것은 물론, 언론·출판을 위해 필요한 물적 시설이나 언론기업의 주체인 기업인으로서의 활동까지 포함하는 것이다.

② 헌법상 사전검열은 표현의 자유 보호대상이면 예외 없이 금지되고, 의료기기에 대한 광고는 표현의 자유의 보호대상이 됨과 동시에 사전검열금지원칙의 적용대상이 된다.

③ 인터넷신문의 등록요건으로 5인 이상의 취재 및 편집인력을 고용하도록 하는 것은 헌법 제21조 제2항의 사전허가금지원칙에 위배되어 표현의 자유를 침해한다.

④ 헌법 제21조 제2항의 '허가'는 '행정청이 주체가 되어 집회의 허용 여부를 사전에 결정하는 것'으로서 행정청에 의한 사전허가뿐 아니라 입법자가 법률로써 일반적으로 집회를 제한하는 것도 헌법상 사전허가금지에 해당한다.

문 9. 군인의 징계에 관한 설명으로 가장 적절한 것은? (다툼이 있는 경우 판례에 의함)

① 사관생도는 그 존립목적을 달성하기 위하여 필요한 한도 내에서 일반 국민보다 상대적으로 기본권이 더 제한될 수 없으므로 그러한 경우에도 법률유보원칙, 과잉금지원칙 등 기본권 제한의 헌법상 원칙들을 지켜야 한다.

② 사관생도는 사관학교 특유의 3금제도가 있음을 인식하고 이로 인하여 원고의 기본권이 일부 제한된다는 사실을 잘 알면서도 이를 모두 수용하기로 하고 육군3사관학교에 입학하였음에도 금주조항을 명백하게 위반하였다면 사관생도에 따른 징계처분은 원칙적으로 재량권의 범위 내에서 이루어졌다고 보는 것이 타당하다.

③ 군인이 상관의 지시나 명령에 대하여 재판청구권을 행사하는 것은 군인의 복종의무를 위반하였다고 볼 수 있다.

④ 법령에 군인의 기본권 행사에 해당하는 행위를 금지하거나 제한하는 규정이 없는 이상, 그러한 행위가 군인으로서 군복무에 관한 기강을 저해하거나 기타 본분에 배치되는 등 군무의 본질을 해치는 특정 목적이 있다고 하기 위해서는 권리 행사로서의 실질을 부인하고 이를 규범 위반행위로 보기에 충분한 구체적·객관적 사정이 인정되어야 한다.

문 10. 거주·이전의 자유와 통신의 자유에 관한 설명으로 가장 적절하지 <u>않은</u> 것은? (다툼이 있는 경우 판례에 의함)

① 지방병무청장으로 하여금 병역준비역에 대하여 27세를 초과하지 않는 범위에서 단기 국외여행을 허가하도록 한 구 '병역의무자 국외여행 업무처리 규정' 제5조는 27세가 넘은 병역준비역인 청구인의 거주·이전의 자유를 침해하지 않는다.

② 거주·이전의 자유는 집회 또는 시위를 하기 위하여 인천애(愛)뜰 중 잔디마당과 그 경계 내 부지에 대한 사용허가 신청을 한 경우 인천광역시장이 이를 허가할 수 없도록 제한하는 인천애(愛)뜰의 사용 및 관리에 관한 조례에 의한 기본권 제한으로 볼 수 있다.

③ 방송통신심의위원회가 2019.2.11. 주식회사 ○○ 외 9개 정보통신서비스제공자 등에 대하여 895개 웹사이트에 대한 접속차단의 시정을 요구한 행위는 청구인들의 통신의 비밀과 자유 및 알 권리를 침해하지 아니한다.

④ 피청구인 교도소장이 수용자에게 온 서신을 개봉한 행위는 청구인의 통신의 자유를 침해하지 아니한다.

문 11. 참정권에 관한 설명으로 가장 적절한 것은? (다툼이 있는 경우 판례에 의함)

① 형 집행 중 가석방 처분을 받았다는 후발적 사유를 고려하지 아니하고 1년 이상의 징역형 선고를 받은 사람의 선거권을 일률적으로 제한하는 것은 불필요한 제한에 해당한다.

② 대한민국 국외의 구역을 항해하는 선박에 장기 기거하는 선원들이 선거권을 행사할 수 있는 방법을 마련하지 않은 공직선거법 조항은 위와 같은 선원들의 선거권을 침해한다고 할 수 없다.

③ 주민들이 지방의회의원을 선출할 수 있는 선거권 및 주민들이 지방의회의원이라는 선출직공무원에 취임할 수 있는 공무담임권은 헌법상 기본권이 아니라 법률상 권리이다.

④ 지역농협은 사법인에서 볼 수 없는 공법인적 특성을 많이 갖고 있으므로 지역농협의 조합장선거에서 조합장을 선출하거나 조합장으로 선출될 권리, 조합장선거에서 선거운동을 하는 것은 헌법에 의해 보호되는 선거권에서 보호되지 않는다.

문 12. 연명치료 중단에 대한 헌법재판소의 결정에 관한 설명으로 가장 적절하지 <u>않은</u> 것은?

① 의식의 회복가능성을 상실하여 더 이상 인격체로서의 활동을 기대할 수 없고 회복불가능한 사망의 단계에 이른 후에는 의학적으로 무의미한 연명치료를 환자에게 강요하는 것이 오히려 인간의 존엄과 가치를 해한다.

② 환자가 회복불가능한 사망의 단계에 이르렀을 경우에 대비하여 '사전의료지시'를 한 후에는 특별한 사정이 없는 한 사전의료지시에 의하여 자기결정권을 행사한 것으로 인정할 수 있다.

③ 연명치료 중단에 관한 환자의 의사는 명시적이어야 하므로 환자의 의사추정만으로 연명치료중단을 할 수 없다.

④ 환자 측이 직접 법원에 소를 제기한 경우가 아니라면, 환자가 회복불가능한 사망의 단계에 이르렀는지 여부에 관하여는 전문의사 등으로 구성된 위원회 등의 판단을 거치는 것이 바람직하다.

문 13. 부모의 자녀교육권에 관한 설명으로 가장 적절한 것은? (다툼이 있는 경우 판례에 의함)

① 학교폭력 가해학생에 대해 일정한 조치가 내려졌을 경우 그 조치가 적절하였는지 여부에 대해 가해학생 학부모가 의견을 제시할 수 있는 권리는 학부모의 자녀교육권의 내용에 포함되지 않는다.

② 부모의 자녀교육권은 다른 기본권과 마찬가지로 기본권의 주체인 부모의 자기결정권이라는 의미에서 보장되는 자유이다.

③ 한자를 국어과목에서 분리하여 초등학교 재량에 따라 선택적으로 가르치도록 하는 것은, 학부모의 자녀교육권을 제한하지 않는다.

④ 부모의 자녀에 대한 교육권은 비록 헌법에 명문으로 규정되어 있지는 아니하지만, 혼인과 가족생활을 보장하는 헌법 제36조 제1항, 행복추구권을 보장하는 헌법 제10조 및 헌법 제37조 제1항에서 나오는 중요한 기본권이다.

문 14. 서울대학교와 관련된 판례에 관한 설명으로 가장 적절하지 <u>않은</u> 것은?

① 서울대학교가 정보공개의무를 부담하는 경우에 있어서는 국민의 알 권리를 보호 내지 실현시킬 의무를 부담하는 기본권 수범자의 지위에 있다고 보아야 한다.

② 서울대학교는 대학의 자율권 행사의 일환으로 정보공개 여부를 결정할 수 있다.

③ 서울대학교가 기본권의 수범자로 기능하면서 그 대표자가 행정심판의 피청구인이 된 경우에 적용되는 심판대상조항의 위헌성을 다투는 이 사건에서 서울대학교는 기본권의 주체가 될 수 없다.

④ 헌법 제107조 제3항은 행정심판의 심리절차에서 대심구조적 사법절차가 준용되어야 한다는 취지일 뿐, 심급제에 따른 불복할 권리까지 준용되어야 한다는 의미는 아니다.

문 15. 학교폭력 가해학생에 대한 징계를 규정한 학교폭력예방 및 대책에 관한 법률에 대한 헌법소원심판청구에 관한 설명으로 가장 적절하지 <u>않은</u> 것은? (다툼이 있는 경우 판례에 의함)

① 학교폭력 가해학생에 대해 일정한 조치가 내려졌을 경우 그 조치가 적절하였는지 여부에 대해 가해학생 학부모가 의견을 제시할 수 있는 권리는 학부모의 자녀교육권의 내용에 포함된다.

② 학교폭력 가해학생에 대한 징계를 규정한 학교폭력예방 및 대책에 관한 법률에 의해 제한을 받는 자유롭게 교육을 받을 권리, 즉 학습의 자유는 헌법 제31조의 교육을 받을 권리에서 보호된다.

③ 자신의 능력과 개성, 적성에 맞는 학교를 선택할 권리, 즉 학생의 학교선택권은 헌법 제10조에서 보호된다.

④ 가해학생의 선도 · 교육을 도모하기 위한 관점에서도 출석정지기간의 상한은 반드시 규정되어야 함에도 상한을 규정하지 않은 학교폭력예방 및 대책에 관한 법률 제17조는 과잉금지원칙에 위반되어 청구인들의 자유롭게 교육을 받을 권리, 즉 학습의 자유를 침해한다고 볼 수 없다.

문 16. 국가배상청구권에 관한 설명으로 가장 적절하지 <u>않은</u> 것은? (다툼이 있는 경우 판례에 의함)

① 다양한 법해석이 가능한 상태에서 공무원이 그중 하나의 해석을 택하여 처분하였는데 그 후 대법원이 다른 법해석을 하여 그 처분이 위법하게 된 경우 과실이 인정된다고 할 수 없다.

② 공무원이 직무수행 중 불법행위로 타인에게 손해를 입힌 경우에 국가나 지방자치단체가 국가배상책임을 부담하는 외에 공무원 개인도 고의가 있는 경우에는 불법행위로 인한 손해배상책임을 지지만, 공무원에게 과실이 있을 뿐인 경우에는 공무원 개인은 불법행위로 인한 손해배상책임을 부담하지 아니한다.

③ 대한변호사협회장으로서 국가로부터 위탁받은 공행정사무인 '변호사등록에 관한 사무'를 수행하는 범위 내에서는 국가배상법 제2조에서 정한 공무원에 해당한다.

④ 대한변호사협회장 甲의 등록 거부는 경과실에 의한 것이므로 甲은 배상책임을 지지 않는다.

문 17. 직업의 자유에 관한 설명으로 옳고 그름의 표시(○, ×)가 바르게 된 것은? (다툼이 있는 경우 판례에 의함)

ㄱ. 허가받은 지역 밖에서의 이송업의 영업을 금지하고 처벌하는 '응급의료에 관한 법률'은 과잉금지원칙을 위반하여 직업수행의 자유를 침해한다고 볼 수 없다.

ㄴ. 변호사의 자격이 있는 자에게 더 이상 세무사 자격을 부여하지 않는 구 세무사법은 신뢰보호원칙에 반하여 직업선택의 자유를 침해한다.

ㄷ. 세무사 자격 보유 변호사로 하여금 세무사로서 세무사의 업무를 할 수 없도록 규정한 세무사법 제20조 제1항 본문 중 변호사에 관한 부분은 세무사 자격 보유 변호사의 직업선택의 자유를 침해한다.

ㄹ. 유사군복의 판매 목적 소지를 금지하는 '군복 및 군용장구의 단속에 관한 법률'은 과잉금지원칙을 위반하여 직업의 자유 내지 일반적 행동의 자유를 침해한다.

ㅁ. 의료인은 어떠한 명목으로도 둘 이상의 의료기관을 운영할 수 없다고 규정한 의료법은 과잉금지원칙에 반한다.

① ㄱ(○), ㄴ(○), ㄷ(×), ㄹ(○), ㅁ(○)
② ㄱ(×), ㄴ(×), ㄷ(○), ㄹ(×), ㅁ(○)
③ ㄱ(○), ㄴ(×), ㄷ(○), ㄹ(×), ㅁ(×)
④ ㄱ(×), ㄴ(○), ㄷ(○), ㄹ(○), ㅁ(×)

문 18. 병(兵)에 대한 징계처분으로 일정기간 부대나 함정(艦艇) 내의 영창, 그 밖의 구금장소에 감금하는 영창처분이 가능하도록 규정한 구 군인사법 제57조 제2항 중 '영창'에 관한 부분에 대해 헌법재판소법 제68조 제2항의 헌법소원이 청구되었다. 이에 관한 설명으로 가장 적절한 것은? (다툼이 있는 경우 판례에 의함)

① 현행 군인사법에 따르면 병과 하사관은 군인이라는 공통점을 제외하고는 그 복무의 내용과 보직, 진급, 전역체계, 보수와 연금 등의 지급에서 상당한 차이가 있으며, 그 징계의 종류도 달리 규율하고 있으므로 병과 하사관은 영창처분의 차별취급을 논할 만한 비교집단이 된다고 보기 어려우므로, 평등원칙 위배 여부는 판단할 필요가 없다.

② 군대 내 지휘명령체계를 확립하고 전투력을 제고한다는 공익은 매우 중요한 공익이므로 과잉금지원칙에 위배된다고 할 수 없다.

③ 법정의견에 따르면 심판대상조항에 의한 영창처분은 그 인신구금과 같이 기본권에 중대한 침해를 가져오는 것으로 영장주의 원칙이 적용되므로 법관이 관여하도록 규정되어 있지 않은 채 인신구금이 이루어질 수 있도록 하고 있어 헌법 제12조 제1항, 제3항의 영장주의의 본질을 침해하고 있다.

④ 헌법 제12조 제3항의 문언이나 성격상 영장주의는 징계절차에 그대로 적용된다고 볼 수 없으므로 심판대상은 영장주의에 위반되지 않는다.

문 19. 정당에 관한 설명으로 옳지 않은 것을 모두 고른 것은? (다툼이 있는 경우 판례에 의함)

> ㄱ. 정당의 시·도당은 1천인 이상의 당원을 가져야 한다고 규정한 정당법 제18조 제1항(이하 '법정당원수 조항'이라 한다)은 과잉금지원칙을 위반하여 각 시·도당창당준비위원회의 대표자인 청구인들의 정당의 자유를 침해한다고 할 수 없다.
> ㄴ. 국회의원에 대해서는 상시 후원회를 통하여 정치자금을 모금할 수 있도록 한 반면, 국회의원이 아닌 원외 당협위원장 또는 국회의원선거를 준비하는 자 등을 후원회지정권자에서 제외하여 정치자금을 모금할 수 없도록 하고 이를 위반하면 처벌하는 것은 평등원칙에 위배된다.
> ㄷ. 지방의원 후원회를 금지한 정치자금법은 평등권을 침해한다고 할 수 없다.
> ㄹ. 정당법에 명시된 요건이 아닌 다른 사유로 정당 등록신청을 거부하는 등으로 정당설립의 자유를 제한할 수 있다.
> ㅁ. 국회의원이 아닌 정당 소속 당원협의회 위원장을 후원회지정권자에서 제외하고 있는 정치자금법 제6조 제2호는 청구인들의 평등권을 침해한다고 할 수 없다.

① ㄱ, ㄴ, ㄷ   ② ㄱ, ㄷ, ㄹ
③ ㄴ, ㄷ, ㄹ   ④ ㄴ, ㄹ, ㅁ

문 20. 원판결의 근거가 된 가중처벌규정에 대하여 헌법재판소의 위헌결정이 있었음을 이유로 개시된 재심절차에서, 공소장의 교환적 변경을 통해 위헌결정된 가중처벌규정보다 법정형이 가벼운 처벌규정으로 적용법조가 변경되어 피고인이 무죄판결을 받지는 않았으나 원판결보다 가벼운 형으로 유죄판결이 확정됨에 따라 원판결에 따른 구금형 집행이 재심판결에서 선고된 형을 초과하게 된 경우, 재심판결에서 선고된 형을 초과하여 집행된 구금에 대하여 보상요건을 규정하지 아니한 '형사보상 및 명예회복에 관한 법률' 제26조 제1항에 대한 헌법소원심판이 청구되었다. 이에 관한 설명으로 가장 적절한 것은? (다툼이 있는 경우 판례에 의함)

① 우리 헌법은 제헌헌법에서부터 형사피의자로서 구금되었던 자가 불기소처분을 받은 때의 형사보상청구권을 인정하였고, 1987년 헌법개정으로 피고인에 대하여도 이를 확대 보장하기에 이르렀다.

② 형사보상법은 형사보상을 크게 '무죄재판을 받아 확정된 사건의 피고인에 대한 보상'과 '불기소처분 또는 불송치결정을 받은 피의자에 대한 보상'으로 나누어 규율하되, 전자를 중심으로 규정하고 후자에 대하여서는 특별한 규정이 있는 경우를 제외하고는 그 성질에 반하지 아니하는 범위에서 전자에 관한 규정을 준용하는 형태를 취한다.

③ 헌법 제10조 후문은 "국가는 개인이 가지는 불가침의 기본적 인권을 확인하고 이를 보장할 의무를 진다."고 규정하고 있고, 재심판결에서 선고된 형을 초과하여 집행된 구금에 대하여 보상요건을 규정하지 아니한 '형사보상 및 명예회복에 관한 법률' 제26조 제1항의 위헌 여부는 국가가 그러한 기본권 보호의무를 다하였는지를 기준으로 판단해야 한다.

④ 이 사건 재심절차에서 이루어진 교환적 공소장 변경은 국가형벌권의 적정한 행사를 위해 가능하고 필요하였으며, 헌법재판소의 결정 취지에도 부합하는 것이므로, 이와 다른 공소장 변경의 경우를 가정하여 이 사건 청구인들이 실질적으로 무죄 재판을 받을 수 있었던 경우라고 볼 수 없으므로 이를 보상대상에서 제외했다고 하더라도 평등원칙에 위배되지 않는다.

문　1. 소비자 보호운동에 관한 설명으로 가장 적절하지 <u>않은</u> 것은? (다툼이 있는 경우 판례에 의함)

① 헌법과 법률이 보장하고 있는 한계를 넘어선 소비자 불매운동은 정당성을 결여한 것으로서 정당행위 기타 다른 이유로 위법성이 조각되지 않는 한 업무방해죄로 형사처벌할 수 있다.

② 소비자불매운동은 모든 경우에 있어서 그 정당성이 인정될 수는 없고, 헌법이나 법률의 규정에 비추어 정당하다고 평가되는 범위에 해당하는 경우에만 형사책임이나 민사책임이 면제된다.

③ 소비자불매운동의 목표로서의 '소비자의 권익'이란 원칙적으로 사업자가 제공하는 물품이나 용역의 소비생활과 관련된 것으로서 상품의 질이나 가격, 유통구조, 안전성 등 시장적 이익에 국한된다. 따라서 일간신문의 정치적 입장이나 보도논조의 편향성은 해당 신문을 구매하는 '소비자의 권익'과 관련되는 문제가 아니므로, 헌법이 보장하는 소비자불매운동의 목표가 될 수 없다.

④ 소비자 보호운동에서 보호되는 '불매행위'에는, 단순히 불매운동을 검토하고 있다는 취지의 의견을 표현하는 행위뿐만 아니라, 다른 소비자들에게 불매운동을 촉구하는 행위, 불매운동 실행을 위한 조직행위, 직접적으로 불매를 실행하는 행위 등이 모두 포괄될 수 있다.

문　2. 헌법조항에 사법적 통제에 관한 헌법재판소의 판례와 일치하지 <u>않는</u> 것은? (다툼이 있는 경우 판례에 의함)

① 헌법재판소는 헌법조항 간의 이념적 논리적 우열관계를 인정하였으나, 헌법조항 간의 효력상 차이를 인정하지 않아 어떤 헌법조항이 다른 헌법조항에 위반된다고 하여 효력을 부정할 수는 없다고 하였다.

② 독일 헌법재판소는 헌법제정 당시 조문만 위헌법률심판이나 헌법소원의 대상이 될 수 없다고 하였으나 우리 헌법재판소는 제정 당시 조문뿐 아니라 개정된 조문도 위헌법률심판이나 헌법소원의 대상이 될 수 없다는 입장이다.

③ 헌법재판소는 헌법상으로 어떤 규정이 헌법핵 내지는 헌법제정규범으로써 상위규범이고 어떤 규정이 헌법개정규범으로서 하위규범인지 구별할 수 없다고 하여 하여 칼 슈미트의 헌법핵과 헌법률의 구별론을 수용하지 않았다.

④ 헌법제정권과 개정의 구별론이나 헌법개정의 한계론은 헌법개별규정에 관하여 규범심사를 할 수 있다는 논거로 원용될 수 있다.

문 3. 다음 심판대상에 관한 설명으로 가장 적절하지 <u>않은</u> 것은? (다툼이 있는 경우 판례에 의함)

〈심판대상조항〉

통신비밀보호법 제5조【범죄수사를 위한 통신제한조치의 허가요건】② 통신제한조치는 제1항의 요건에 해당하는 자가 발송·수취하거나 송·수신하는 특정한 우편물이나 전기통신 또는 그 해당자가 일정한 기간에 걸쳐 발송·수취하거나 송·수신하는 우편물이나 전기통신을 대상으로 허가될 수 있다.

〈참고조항〉

통신비밀보호법 제5조 ① 통신제한조치는 다음 각호의 범죄를 계획 또는 실행하고 있거나 실행하였다고 의심할만한 충분한 이유가 있고 다른 방법으로는 그 범죄의 실행을 저지하거나 범인의 체포 또는 증거의 수집이 어려운 경우에 한하여 허가할 수 있다.

① 법원이 목적·대상·범위 등을 특정하여 인터넷회선 감청을 통신제한조치로서 허가한다 하더라도, 패킷감청의 특성으로 인하여 그 집행 단계에서 개별성 및 특정성이 유지될 수 없으므로, 인터넷회선 감청에 대한 법원의 허가는 포괄영장을 허용하는 것과 다름없어 헌법상 영장주의에도 위반된다.

② 범죄수사를 위하여 인터넷회선을 통하여 송·수신하는 전기통신도 법원의 허가를 받으면 통신제한조치를 할 수 있도록 한 통신비밀보호법 제5조 제2항은 통신의 자유를 침해한다.

③ 인터넷회선 감청은 서버에 저장된 정보가 아니라, 인터넷상에서 발신되어 수신되기까지의 과정 중에 수집되는 정보, 즉 전송 중인 정보의 수집을 위한 수사이므로, 압수·수색과 구별된다.

④ 심판대상은 헌법 제18조가 보장하는 통신의 비밀과 자유와 헌법 제17조의 사생활의 비밀과 자유도 제한하게 된다.

문 4. 학교용지부담금과 무상교육에 관한 설명으로 옳은 것을 모두 고른 것은? (다툼이 있는 경우 판례에 의함)

ㄱ. 의무교육의 무상성에 관한 헌법상 규정은 교육을 받을 권리를 보다 실효성 있게 보장하기 위해 의무교육 비용을 학령아동 보호자의 부담으로부터 의무교육의 모든 비용을 조세로 해결해야 함을 의미한다.

ㄴ. 신규 주택의 수분양자들이 학교시설 확보를 위한 공익사업에 대하여 일반 국민들에 비하여 밀접한 관련성을 갖는다고 보기 어려움에도 불구하고 신규 주택의 수분양자들에게만 학교용지확보를 위한 부담금을 부과하는 것은 합리적인 이유가 없는 차별에 해당한다.

ㄷ. 학교용지부담금을 개발사업자에게 부과하는 법률규정은 개발사업자가 학교용지부담금을 수분양자에게 전가할 것이 분명하다는 점에서 목적 달성을 위한 수단의 적절성을 인정할 수 없고, 국가의 일반적 과제에 대해 개발사업자에게 종국적이고 과도한 책임을 지우는 것으로 피해의 최소성이나 법익균형성도 충족하지 못하므로 재산권을 침해한다.

ㄹ. 학교용지 확보 등에 관한 특례법 제5조 제1항 단서 제5호 중 도시 및 주거환경정비법 제2조 제2호 '다목'의 규정에 따른 '주택재건축사업'에 관한 부분이 매도나 현금청산의 대상이 되어 제3자에게 분양됨으로써 기존에 비하여 가구 수가 증가하지 아니하는 개발사업분을 학교용지 부담금 부과대상에서 제외하는 규정을 두지 아니한 것은 평등원칙에 위반된다.

ㅁ. 기본적으로 필요한 학교시설의 확보에 있어서 소요되는 재정을 충당하기 위한 것이므로 학교용지부담금은 재정조달목적의 부담금이라고 볼 수 있다.

① ㄱ, ㄷ
② ㄱ, ㄷ, ㅁ
③ ㄴ, ㄷ, ㅁ
④ ㄴ, ㄹ, ㅁ

문 5. 행복추구권의 보호영역에 관한 설명으로 가장 적절하지 <u>않은</u> 것은? (다툼이 있는 경우 판례에 의함)

① 전국기능경기대회 입상자의 국내기능경기대회 참가를 금지하는 숙련기술장려법 시행령 제27조 제1항, 제2항 중 각 '전국기능경기대회에 참가하여 입상한 사실이 없는 사람'에게만 참가자격을 부여한 부분은 행복추구권을 침해한다.

② 일반적 행동자유권의 보호영역에는 개인의 생활방식과 취미에 관한 사항도 포함된다.

③ 행복추구권은 국민이 행복을 추구하기 위한 활동을 자유롭게 할 수 있다는 포괄적 의미의 자유권일 뿐만 아니라 행복을 추구하기 위하여 급부를 국가에게 적극적으로 요구할 수 있는 권리이기도 하다는 것이 헌법재판소 판례이다.

④ 지역방언을 자신의 언어로 선택하여 공적 또는 사적인 의사소통과 교육의 수단으로 사용하는 것은 행복추구권에서 파생되는 일반적 행동의 자유 내지 개성의 자유로운 발현의 내용이 된다.

문 6. 회원제로 운영하는 골프장 시설의 입장료에 대한 부가금에 관한 설명으로 가장 적절하지 <u>않은</u> 것은? (다툼이 있는 경우 판례에 의함)

① '정책실현목적 부담금'은 공적 과제가 부담금 수입의 지출 단계에서 비로소 실현되나, '재정조달목적 부담금'은 공적 과제의 전부 혹은 일부가 부담금의 부과단계에서 이미 실현된다.

② 회원제 골프장 부가금은 국민체육진흥계정의 집행단계에서 비로소 실현된다고 할 수 있으므로, 골프장 부가금은 재정조달목적 부담금에 해당한다.

③ 평등원칙의 적용에 있어서 부담금의 문제는 합리성의 문제로서 자의금지원칙에 의한 심사대상이다.

④ 회원제로 운영하는 골프장 시설의 입장료에 대한 부가금제도는 일반 국민에 비해 특별히 객관적으로 밀접한 관련성을 가진다고 볼 수 없는 골프장 부가금 징수대상 시설 이용자들을 대상으로 하는 것으로서 합리적 이유가 없어 평등원칙에 위배된다.

문 7. 헌법재판소 판례에 관한 설명으로 가장 적절하지 <u>않은</u> 것은?

① 감염병 전파 차단을 위한 개인정보 수집의 수권조항인 감염병예방법은 과잉금지원칙을 위반하여 청구인의 개인정보자기결정권을 침해하지 않는다.

② 상속회복청구권은 상속권의 침해를 안 날 3년 침해행위가 있은 날부터 10년을 경과하면 소멸된다고 규정한 민법 제999조 중 침해행위가 있은 날부터 10년 부분은 입법형성의 한계를 일탈하여 청구인의 재산권 및 재판청구권을 침해한다.

③ 직계혈족, 배우자, 동거친족, 동거가족 또는 그 배우자 간의 제323조(권리행사방해의 죄)는 그 형을 면제하도록 한 형법 제328조(친족상도례)는 형사피해자의 재판절차진술권을 침해하여 입법재량을 명백히 일탈한 것이다.

④ 외국인이 출입국관리법에 의하여 보호처분을 받아 수용되었다가 이후 난민인정을 받은 경우 및 법률상 근거 없이 송환대기실에 수용되었던 경우에 대하여 헌법해석상 국가의 입법의무가 발생하였다고 볼 수 있다.

문 8. 범죄와 형벌의 위임에 관한 설명으로 옳지 <u>않은</u> 것을 모두 고른 것은? (다툼이 있는 경우 판례에 의함)

> ㄱ. 농업협동조합의 임원 선거에 있어 정관이 정하는 행위 외의 선거운동을 한 경우 이를 형사처벌하도록 한 법률조항은 조합의 임원 선거에 있어 정관이 정하는 것 이외의 일체의 선거운동을 금지한다는 의미로 명확하게 해석된다고 할 것이므로 선거운동의 예외적 허용 사항을 정관에 위임하였더라도 죄형법정주의원칙에 위배된다고 볼 수 없다.
> ㄴ. 형벌구성요건의 실질적 내용을 노동조합과 사용자 간의 근로조건에 관한 계약에 지나지 않는 단체협약에 위임하는 것은 죄형법정주의의 기본적 요청인 법률주의에 위배된다.
> ㄷ. 죄형법정주의에서 말하는 '법률'이란 입법부에서 제정한 형식적 의미의 법률을 의미하므로 법률이 처벌법규를 하위법령에 위임하는 것은 허용되지 않는다.
> ㄹ. 범죄구성요건이 전문적 기술적 사항이라도 법규명령이 아닌 행정규칙인 고시에 위임하는 것은 범죄와 형벌은 입법부가 제정한 형식적 의미의 법률로 정하여야 한다는 죄형법정주의를 위반한다.
> ㅁ. 국민의 권리·의무에 관한 사항이라 하여 모두 입법부에서 제정한 법률만으로 정할 수는 없어 불가피하게 예외적으로 하위법령에 위임하는 것이 허용되는바, 위임입법의 형식은 원칙적으로 헌법 제75조, 제95조에서 예정하고 있는 대통령령, 총리령 또는 부령 등의 법규명령의 형식을 벗어나서는 아니된다.

① ㄱ, ㄴ, ㄷ   ② ㄱ, ㄷ, ㄹ
③ ㄴ, ㄷ, ㄹ   ④ ㄴ, ㄹ, ㅁ

문 9. 의사에 대해 태아의 성별에 대하여 이를 고지하는 것을 금지하는 구 의료법 제19조의2 제2항에 대한 헌법소원에 관한 설명으로 옳은 것은 모두 몇 개인가? (다툼이 있는 경우 판례에 의함)

> ㄱ. 이 사건 규정의 태아 성별고지금지는 낙태, 특히 성별을 이유로 한 낙태를 방지함으로써 성비의 불균형을 해소하고 태아의 생명권을 보호하기 위해 입법된 것이므로 그 목적이 정당하다 할 것이다. 남아선호사상 내지 그 경향이 완전히 근절되었다고 단언하기 어려운 오늘날의 현실에서 태아의 성별에 대한 고지를 금지하면 성별을 이유로 하는 낙태를 예방할 수 있는 가능성을 배제할 수 없다. 그러므로 이 사건 규정은 성별을 이유로 하는 낙태 방지라는 입법목적에 어느 정도 기여할 수 있을 것으로 예상되므로 수단의 적합성 또한 인정된다고 할 것이다.
> ㄴ. 관련 기본권의 침해 여부에 대한 판단은 주로 과잉금지원칙에 따른다.
> ㄷ. 심판대상조항으로 인하여 의사의 직업수행의 자유가 직접 제한된다.
> ㄹ. 임부의 생명을 위태롭게 할 위험이 있음에도 불구하고 임신 후반기에 태아의 성별을 이유로 낙태할 가능성이 있으므로 임부 및 태아의 생명 보호와 성비의 불균형 해소를 위해서 전체 임신기간 동안 태아의 성별 고지를 금지하는 것은 헌법상 정당화된다.
> ㅁ. 이 사건 규정이 태아 성별고지행위를 태아의 생명을 박탈하는 행위로 간주하고 태아의 성별고지행위 금지에 태아의 생명 보호라는 입법목적을 설정한 것은 그 자체로서 정당화될 수 없다. 따라서 이 사건 규정은 입법목적의 정당성이 인정되지 않으므로 헌법에 위반된다고 할 것인바, 이 사건 태아 성별고지금지제도는 그 제도 자체가 정당성을 가질 수 없는 위헌인 제도이므로 단순위헌을 선고하여 제도의 효력을 즉시 상실시켜야 한다.
> ㅂ. 이 사건 태아 성별고지금지조항은 의료인의 자유로운 직업수행과 부모의 태아 성별 정보에 대한 접근을 방해받지 않을 권리를 제한하고 있다고 할 것이다.
> ㅅ. 부모의 알 권리를 침해한다.

① 2개   ② 3개
③ 4개   ④ 5개

문 10. 식품의약품안전처장이 식품의 사용기준을 정하여 고시하고, 고시된 사용기준에 맞지 아니하는 식품을 판매하는 행위를 금지·처벌하는 구 식품위생법에 대해 헌법재판소법 제68조 제2항의 헌법소원이 청구되었다. 이에 관한 설명으로 가장 적절하지 <u>않은</u> 것은? (다툼이 있는 경우 판례에 의함)

① 고시에 규정될 내용을 정하고 있는 부분의 불명확성을 다투는 것으로 포괄위임금지원칙 위반의 문제로 포섭되는바 명확성원칙 위배 여부에 대해서는 별도로 판단하지 않는다.

② 죄형법정주의는 무엇이 범죄이며 그에 대한 형벌이 어떠한 것인가는 반드시 국민의 대표로 구성된 입법부가 제정한 법률로써 정하여야 한다는 원칙을 의미하나 합리적인 이유가 있으면 예외적으로 이를 행정부에 위임하는 것이 허용된다.

③ 국회가 입법으로 행정기관에게 구체적인 범위를 정하여 위임한 사항에 관하여는 당해 행정기관이 법정립의 권한을 갖게 되고, 이때 입법자는 그 규율의 형식도 선택할 수 있으므로, 헌법이 인정하고 있는 위임입법의 형식은 예시적인 것으로 보아야 한다.

④ 행정규칙은 법규명령과 같은 엄격한 제정 및 개정절차를 필요로 하지 아니하므로, 기본권을 제한하는 내용의 입법을 위임할 때에는 법규명령에 위임해야 하므로 고시에 위임하는 것은 허용되지 않는다.

문 11. 다음 심판대상에 대한 헌법재판소 결정과 일치하는 것은 모두 몇 개인가?

> 형법 제70조【노역장유치】② 선고하는 벌금이 1억원 이상 5억원 미만인 경우에는 300일 이상, 5억원 이상 50억원 미만인 경우에는 500일 이상, 50억원 이상인 경우에는 1,000일 이상의 유치기간을 정하여야 한다.
>
> 부칙 제2조【적용례 및 경과조치】① 제70조 제2항의 개정규정은 이 법 시행 후 최초로 공소가 제기되는 경우부터 적용한다.

> ㄱ. 노역장유치조항은 경제적 능력 유무에 따른 차별이라고 볼 수 있다.
> ㄴ. 선고하는 벌금이 1억원 이상 5억원 미만인 경우에는 300일 이상, 5억원 이상 50억원 미만인 경우에는 500일 이상, 50억원 이상인 경우에는 1,000일 이상의 유치기간의 하한을 정한 형법은 신체의 자유를 침해한다.
> ㄷ. 형벌불소급원칙이 적용되는 '처벌'의 범위는 형법이 정한 형벌의 종류에 한정된다.
> ㄹ. 노역장유치조항을 소급적용함으로써 달성할 수 있는 공익은 그리 크다고 볼 수 없다. 강화된 제재의 경고 기능이 작동되지 않은 상태에서 행한 행위에 대해 사후입법으로 무겁게 책임을 묻는 것은, 기존 법질서에 대한 신뢰보호와 법적 안정성을 위해 소급입법을 금지하는 정신에 부합하지 않는다. 따라서 부칙조항은 헌법상 제13조 제2항의 소급입법금지원칙에 위반된다.
> ㅁ. 노역장유치란 벌금납입의 대체수단이자 납입강제 기능을 갖는 벌금형의 집행방법이며, 벌금형에 대한 환형처분이라는 점에서 형벌과는 구별된다. 따라서 노역장유치기간의 하한을 정한 것은 벌금형을 대체하는 집행방법을 강화한 것에 불과하며, 이를 소급적용한다고 하여 형벌불소급의 문제가 발생한다고 보기는 어렵고 소급입법금지원칙의 문제일 뿐이다.
> ㅂ. 甲에 대해 1억원 이상의 벌금을 선고하는 경우 노역장유치기간의 하한을 법률에 정해두게 되면 벌금의 납입을 심리적으로 강제할 수 있고 1일 환형유치금액 사이의 지나친 차이를 좁혀 형평성을 도모할 수 있으므로, 노역장유치조항은 입법목적 달성에 적절한 수단이다.
> ㅅ. 노역장유치는 벌금을 납입하지 않는 경우를 대비한 것으로 벌금을 납입한 때에는 집행될 여지가 없고, 노역장유치로 벌금형이 대체되는 점 등을 고려하면, 甲이 입게 되는 불이익이 노역장유치조항으로 달성하고자 하는 공익에 비하여 크다고 할 수 없다.
> ㅇ. 甲에 대해 위 형법 부칙 조항에 의하여 노역장유치조항을 적용할 수 있으며, 이는 형벌불소급원칙에 위반되지 않는다.

① 없음.　　　　　　　② 1개
③ 2개　　　　　　　④ 3개

문 12. 직업의 자유에 관한 설명으로 가장 적절하지 <u>않은</u> 것은? (다툼이 있는 경우 판례에 의함)

① 무상 또는 일회적·일시적으로 가르치는 행위는 헌법 제15조의 직업의 자유에 의하여 보호되는 생활영역이다.

② 누구든지 자기가 선택한 직업에 종사하여 이를 영위하고 언제든지 임의로 그것을 바꿀 수 있는 자유와 여러 개의 직업을 선택하여 동시에 함께 행사할 수 있는 자유, 즉 겸직의 자유도 가질 수 있다는 것이다.

③ 형의 집행을 유예하는 경우에 사회봉사를 명할 수 있도록 규정한 형법 제62조의2가 직업의 자유를 제한한다고 할 수 없다.

④ 음주측정거부자에 대하여 필요적으로 운전면허를 취소하도록 규정한 도로교통법 제78조 제1항은 좁은 의미의 직업선택의 자유와 직업수행의 자유를 포함하는 직업의 자유를 제한하는 조항이라고 할 것이고, 한편 행복추구권의 보호영역 내에 포함된 일반적 행동의 자유를 제한하는 조항이라고 할 것이다.

문 13. 이중처벌금지원칙에 관한 설명으로 가장 적절하지 <u>않은</u> 것은? (다툼이 있는 경우 판례에 의함)

① 무허가 건축행위에 대한 형사처벌 외에 위법건축물에 대한 시정명령의 이행을 강제하기 위하여 과태료나 이행강제금을 부과하는 것은 이중처벌에 해당하지 않는다.

② 주취 중 운전금지규정을 2회 이상 위반한 사람이 다시 이를 위반한 때에는 운전면허를 필요적으로 취소하도록 규정한 것은 이중처벌금지원칙에 위배되지 않는다.

③ 이중처벌금지의 원칙은 약식재판뿐만 아니라, 즉결심판에 의한 즉결처분의 경우에도 적용된다.

④ 폭력범죄로 2회 이상의 징역형을 받아 그 집행을 종료하거나 면제를 받은 후 3년 내에 다시 집단적·흉기휴대적 폭력범죄를 범한 경우에 누범가중을 하는 것은 일사부재리의 원칙에 위배된다.

문 14. 외국에서 형의 전부 또는 일부의 집행을 받은 자에 대하여 형을 감경 또는 면제할 수 있도록 규정한 형법에 대한 헌법재판소 판례와 일치하지 <u>않는</u> 것은?

① 외국에서 실제로 형의 집행을 받았음에도 불구하고 우리 형법에 의한 처벌시 그와 같은 사정은 어느 범위에서든 반드시 반영되어야 하는 것은 아니다.

② 헌법상 일사부재리원칙은 외국의 형사판결에 대하여는 적용되지 않는다고 할 것이므로 외국에서 형의 전부 또는 일부의 집행을 받은 자에 대하여 형을 감경 또는 면제할 수 있도록 규정한 형법은 헌법 제13조 제1항의 이중처벌금지원칙에 위반된다고 할 수 없다.

③ 동일한 범죄로 외국에서 형의 집행을 받고 다시 국내에서 처벌을 받은 자와 국내에서만 형의 집행을 받은 자는 '본질적으로 동일한 비교집단'이라고 할 수 없어 차별취급 여부를 논할 수 없으므로 평등원칙 위반이라는 주장은 이유 없다.

④ 외국에서 형의 전부 또는 일부의 집행을 받은 자에 대하여 형을 감경 또는 면제할 수 있도록 규정한 형법은 형의 종류에 따라 청구인의 신체의 자유 내지 재산권 등을 제한한다. 국가형벌권의 행사 및 그 한계는 신체의 자유와 가장 밀접한 관계에 있다고 할 것이므로 이 사건 법률조항이 신체의 자유를 제한함에 있어 그 헌법적 한계를 지키고 있는지 여부를 판단하기로 한다.

문 15. 적법절차원칙에 관한 설명으로 가장 적절한 것은? (다툼이 있는 경우 판례에 의함)

① 보안관찰법상의 보안관찰처분은 헌법 제12조 제1항의 보안처분의 일종으로서 적법절차의 원리가 적용되어야 하므로 보안관찰처분을 개시하기 위해서는 법관의 판단을 필요로 한다.

② 통신사실 확인자료 제공사실을 수사 진행 중에 정보주체에게 알려준다면 범죄수사에 지장을 초래하거나 추가 범행에 대처하기 어려워지게 되므로 기소중지가 된 경우 통신확인사실확인자료 취득에 대해 통지하지 않도록 한 통신비밀보호법조항은 적법절차원칙에 위배된다고 보기 어렵다.

③ 국회가 법률을 제정하는 과정에서 헌법과 법률이 정하는 절차와 방법을 준수하였다면, 별도의 청문절차를 거치지 않았다고 해서 그것만으로 곧 헌법 제12조의 적법절차를 위반하였다고 볼 수 없다.

④ 압수·수색의 사전통지나 집행 당시의 참여권의 보장은, 압수·수색에 있어 국민의 기본권을 보장하고 헌법상의 적법절차원칙의 실현을 위한 구체적인 방법으로서 헌법상 명문으로 규정된 권리이다.

문 16. 청구인은 수단국적의 외국인이다. 청구인은 인천국제공항에 도착하여 난민인정신청을 하였고, 난민인정심사 회부 여부 결정시까지 인천국제공항 송환대기실에 수용되었다. 청구인은 피청구인 인천공항 출입국·외국인청장의 난민인정심사 불회부 결정 취소의 소를 제기하였고, 청구인의 변호인은 소송이 계속 중이던 피청구인에게 청구인의 접견을 신청하였으나, 피청구인은 이를 거부하였다. 청구인은 위와 같은 피청구인의 변호인 접견신청 거부행위가 헌법 제12조 제4항 본문에 규정된 변호인의 조력을 받을 권리 및 재판청구권을 침해한다고 주장하면서, 헌법소원심판을 청구하였다. 이에 관한 설명으로 옳고 그름의 표시(○, ×)가 바르게 된 것은? (다툼이 있는 경우 판례에 의함)

ㄱ. 헌법 제12조 제1항 제2문, 제2항 내지 제7항은 당해 헌법조항의 문언상 혹은 당해 헌법조항에 규정된 구체적인 신체의 자유 보장 방법의 속성상 형사절차에만 적용됨이 분명한 경우가 아니라면, 형사절차에 한정되지 않는 것으로 해석하는 것이 타당하다.

ㄴ. 헌법 제12조 제4항 본문에 규정된 변호인의 조력을 받을 권리는 형사절차에서 피의자 또는 피고인의 방어권을 보장하기 위한 것으로서 출입국관리법상 보호 또는 강제퇴거의 절차에도 적용된다고 보기 어렵다.

ㄷ. 청구인이 본국 또는 제3국으로 임의로 자진출국함으로써 언제든지 송환대기실 밖으로 나올 수 있었고, 그럼에도 불구하고 난민인정신청을 위하여 자신의 의사에 따라 출입국항에 계속 머무르는 과정에서 송환대기실의 출입이 통제된 점을 고려하면, 청구인은 헌법에서 예정한 '구금' 상태에 놓여 있었다고 볼 수 없다.

ㄹ. 청구인은 헌법 제12조 제4항에 규정된 구속된 사람이 가지는 변호인의 조력을 받을 권리를 갖는다고 볼 수 없으므로, 이 사건 변호사 접견신청 거부에 의하여 청구인의 헌법상 변호인의 조력을 받을 권리가 제한된다고 볼 수 없다.

ㅁ. 행정기관인 피청구인에 의해 송환대기실에 구속된 상태였다면 헌법 제12조 제4항 본문에 따라 변호인의 조력을 받을 권리가 있다고 인정되지 않는다.

① ㄱ(○), ㄴ(○), ㄷ(○), ㄹ(×), ㅁ(×)
② ㄱ(×), ㄴ(○), ㄷ(○), ㄹ(○), ㅁ(×)
③ ㄱ(○), ㄴ(×), ㄷ(×), ㄹ(×), ㅁ(×)
④ ㄱ(×), ㄴ(×), ㄷ(×), ㄹ(○), ㅁ(○)

문 17. 각급선거관리위원회 위원·직원의 선거범죄 조사에 있어서 피조사자에게 자료제출의무를 부과한 공직선거법 및 허위자료를 제출하는 경우 형사처벌하는 구 공직선거법에 대한 헌법소원청구에 관한 설명으로 가장 적절한 것은? (다툼이 있는 경우 판례에 의함)

① 심판대상조항은 피조사자에게 자료제출의무를 부과하고, 허위자료를 제출하는 경우 형사처벌하는 조항으로, 신체의 자유를 제한한다.

② 자료제출요구는 범인을 발견·확보하고 증거를 수집·보전하기 위한 것으로 수사기관의 활동인 수사와 근본적으로 그 성격을 같이한다.

③ 심판대상조항에 의한 자료제출요구는 체포·구속·압수·수색 등 기본권을 제한하는 강제처분이다.

④ 우리 헌법이 채택하여 온 영장주의는 형사절차와 관련하여 체포·구속·압수·수색 등의 강제처분을 함에 있어서는 사법권 독립에 의하여 신분이 보장되는 법관이 발부한 영장에 의하지 않으면 아니 된다는 원칙이다.

문 18. 다음 법조항을 참고하여 서신검열에 관한 설명으로 가장 적절하지 <u>않은</u> 것은? (다툼이 있는 경우 판례에 의함)

> 형의 집행 및 수용자의 처우에 관한 법률 제43조 【서신수수】 ① 수용자는 다른 사람과 서신을 주고받을 수 있다. 다만, 다음 각 호의 어느 하나에 해당하는 사유가 있으면 그러하지 아니하다.
> 1. 형사소송법이나 그 밖의 법률에 따른 서신의 수수금지 및 압수의 결정이 있는 때
> 2. 수형자의 교화 또는 건전한 사회복귀를 해칠 우려가 있는 때
> 3. 시설의 안전 또는 질서를 해칠 우려가 있는 때
> ② 제1항 본문에도 불구하고 같은 교정시설의 수용자 간에 서신을 주고받으려면 소장의 허가를 받아야 한다.
> ③ 소장은 수용자가 주고받는 서신에 법령에 따라 금지된 물품이 들어 있는지 확인할 수 있다.
> ④ 수용자가 주고받는 서신의 내용은 검열받지 아니한다. 다만, 다음 각 호의 어느 하나에 해당하는 사유가 있으면 그러하지 아니하다.
> 1. 서신의 상대방이 누구인지 확인할 수 없는 때
> 2. 형사소송법이나 그 밖의 법률에 따른 서신검열의 결정이 있는 때
> 3. 제1항 제2호 또는 제3호에 해당하는 내용이나 형사 법령에 저촉되는 내용이 기재되어 있다고 의심할 만한 상당한 이유가 있는 때
> 4. 대통령령으로 정하는 수용자 간의 서신인 때
> 제84조 【변호인과의 접견 및 서신수수】 ③ 제43조 제4항 단서에도 불구하고 미결수용자와 변호인 간의 서신은 교정시설에서 상대방이 변호인임을 확인할 수 없는 경우를 제외하고는 검열할 수 없다.
> 형의 집행 및 수용자의 처우에 관한 법률 시행령 제65조 【서신내용물의 확인】 ② 소장은 수용자에게 온 서신에 금지물품이 들어 있는지를 개봉하여 확인할 수 있다.

① 미결구금자가 수발하는 서신이 변호인 또는 변호인이 되려는 자와의 서신임이 확인되고 미결구금자의 범죄혐의 내용이나 신분에 비추어 소지금지품의 포함 또는 불법 내용의 기재 등이 있다고 의심할 만한 합리적인 이유가 없음에도 그 서신을 검열하는 행위는 위헌이다.

② 교도소장이 금지물품 동봉 여부를 확인하기 위하여 미결수용자와 같은 지위에 있는 수형자는 변호인의 조력을 받을 권리의 주체가 될 수 없다.

③ 교도소장이 금지물품 동봉 여부를 확인하기 위하여 미결수용자와 같은 지위에 있는 수형자의 변호인이 위 수형자에게 보낸 서신을 검열한 행위는 변호인의 조력을 받을 권리를 침해하나 검열에 이르지 않은 개봉행위는 변호인의 조력을 받을 권리를 침해하지 않는다.

④ 현행법상 수용자가 주고받는 서신은 원칙적으로 검열의 대상이 아니고 미결수용자와 변호인 사이의 서신은 예외 없이 검열의 대상이 아니다.

문 19. 수용자 접견시 녹음이나 녹화에 관한 설명으로 옳지 않은 것을 모두 고른 것은? (다툼이 있는 경우 판례에 의함)

> ㄱ. 변호인의 조력을 받을 권리는 '형사사건'에서의 변호인의 조력을 받을 권리에 국한되는 것은 아니므로, 수형자가 형사사건의 변호인이 아닌 민사사건, 행정사건, 헌법소원사건 등에서 변호사와 접견할 경우에도 헌법상 변호인의 조력을 받을 권리의 주체가 될 수 있다.
> ㄴ. 구치소장이 수용된 청구인과 배우자의 접견을 녹음한 행위는 청구인의 사생활 비밀의 자유를 침해한다.
> ㄷ. 변호사와 접견하는 경우에도 수용자의 접견은 원칙적으로 접촉차단시설이 설치된 장소에서 하도록 규정하고 있는 형의 집행 및 수용자의 처우에 관한 법률 시행령 규정은 청구인의 재판청구권을 지나치게 제한하고 있으므로 헌법에 위반된다.
> ㄹ. 수형자와 그 수형자의 헌법소원사건의 국선대리인인 변호사의 접견 내용을 녹음, 기록한 행위는 변호인의 조력을 받을 권리를 침해한다.
> ㅁ. 구치소장이 변호인접견실에 CCTV를 설치하여 미결수용자와 변호인 간의 접견을 관찰한 행위는 청구인의 변호인의 조력을 받을 권리를 침해한다고 할 수 없다.

① ㄱ, ㄴ, ㄹ   ② ㄱ, ㄴ, ㅁ
③ ㄴ, ㄷ, ㄹ   ④ ㄷ, ㄹ

문 20. 체포영장을 집행하는 경우 필요한 때에는 타인의 주거 등에서 피의자 수사를 할 수 있도록 한 형사소송법에 대한 헌법재판소 판례에 관한 설명으로 옳지 않은 것을 모두 고른 것은?

> ㄱ. 체포영장을 집행하는 경우 필요한 때에는 타인의 주거 등에서 피의자 수사를 할 수 있도록 한 형사소송법 제216조 제1항 제1호는 명확성원칙에 위배된다.
> ㄴ. 헌법 제12조 제3항과는 다르게 헌법 제16조 후문은 영장주의에 대한 예외를 명문화하고 있지 않다.
> ㄷ. 헌법 제16조에서 영장주의에 대한 예외를 마련하고 있지 않으므로 주거에 대한 압수나 수색에 있어 영장주의가 예외 없이 반드시 관철되어야 함을 의미하는 것이다.
> ㄹ. 체포영장을 집행하는 경우 필요한 때에는 타인의 주거 등에서 피의자 수사를 할 수 있도록 한 형사소송법은 영장주의에 위반된다.
> ㅁ. 피의자가 사형·무기 또는 장기 3년 이상의 징역이나 금고에 해당하는 죄를 범하였다고 의심할 만한 상당한 이유가 있고, 피의자가 증거를 인멸할 염려가 있거나 피의자가 도망하거나 도망할 우려가 있는 경우에는 수색영장 없이 주거에 대한 수색이 가능하다.
> ㅂ. 헌법재판소는 체포영장을 집행하는 경우 필요한 때에는 타인의 주거 등에서 피의자 수사를 할 수 있도록 한 형사소송법에 대해 헌법불합치결정을 하였다.

① ㄱ, ㄷ   ② ㄱ, ㄴ, ㄷ, ㄹ
③ ㄴ, ㄹ, ㅁ, ㅂ   ④ ㄷ, ㄹ, ㅁ, ㅂ

문 1. 헌법전문에 관한 설명으로 가장 적절한 것은? (다툼이 있는 경우 판례에 의함)

① 제헌헌법부터 존재하던 헌법전문은 1972년 제7차 헌법개정에서 최초로 개정이 이루어졌다.

② 현행 헌법은 전문에서 "3 · 1운동으로 건립된 대한민국임시정부의 법통을 계승"한다고 선언하고 있으나, 이는 추상적 프로그램적 규정일 뿐이고 이로부터 국민의 구체적인 기본권이나 국가의 헌법적 의무가 도출되는 것은 아니다.

③ 건국 60주년 기념은 3 · 1정신에 입각한 임시정부의 법통계승이라는 헌법전문에 위배되어 실질적으로 헌법개정에 해당한다고 할 수 없어 헌법 제130조 제2항이 규정한 청구인들의 국민투표권의 침해가능성은 인정된다.

④ 헌법 전문 중 '3 · 1운동으로 건립된 대한민국임시정부의 법통을 계승'한다는 부분은 대한민국이 일제에 항거한 독립운동가의 공헌과 희생을 바탕으로 이룩된 것임을 선언한 것이므로, 국가는 일제로부터 조국의 자주독립을 위하여 공헌한 독립유공자와 그 유족에 대하여는 응분의 예우를 하여야 할 헌법적 의무를 지닌다.

문 2. 저항권에 관한 설명으로 가장 적절하지 <u>않은</u> 것은? (다툼이 있는 경우 판례에 의함)

① 대법원은 공직선거법에 위반되는 낙선운동을 시민불복종운동으로서 헌법상의 기본권 행사범위 내에 속하는 정당행위이거나 형법상 사회상규에 위반되지 아니하는 정당행위 또는 긴급피난의 요건을 갖춘 행위로 인정하고 있지 않다.

② 헌법재판소는 저항권이란 국가권력에 의하여 헌법의 기본원리에 대한 중대한 침해가 행하여지고 그 침해가 헌법의 존재 자체를 부인하는 경우 다른 합법적인 구제수단으로는 목적을 달성할 수 없을 때에 국민이 자기의 권리 또는 자유를 지키기 위하여 실력으로 저항하는 권리라고 개념정의하고 있다.

③ 헌법보장수단으로서의 저항권은 폭력적 수단을 사용이 허용된다.

④ 헌법재판소에 따르면, 저항권은 국가권력에 의하여 헌법의 기본원리에 대한 중대한 침해가 행하여지고 그 침해가 헌법의 존재 자체를 부인하는 것으로서 다른 합법적인 구제수단으로는 목적을 달성할 수 없을 때에 국민이 자기의 권리 · 자유를 지키기 위하여 실력으로 저항하는 권리이기 때문에, 국회법 소정의 협의 없는 개의시간의 변경과 회의일시를 통지하지 아니한 입법과정의 하자는 저항권행사의 대상이다.

문 3. 변호사시험에 관한 설명으로 옳지 <u>않은</u> 것을 모두 고른 것은? (다툼이 있는 경우 판례에 의함)

> ㄱ. 변호사시험 성적은 정보주체의 요구에 따라 수정되거나 삭제되는 등 정보주체의 통제권이 인정되는 성질을 가진 개인정보가 아니므로 변호사시험 성적을 합격자에게 공개하지 않도록 규정한 변호사시험법은 개인정보자기결정권을 제한하고 있다고 보기 어렵다.
> ㄴ. 특정시험에 대한 응시 및 합격 여부, 합격연도 등도 개인정보에 포함되므로 그러한 사실이 알려지는 시기, 범위 등을 응시자 스스로 결정할 권리는 개인정보자기결정권의 보장 범위에 속한다.
> ㄷ. 법무부장관은 변호사시험 합격자가 결정되면 즉시 명단을 공고하여야 한다고 규정한 변호사시험법으로 응시자들의 정보공개청구권에 대한 제한이 발생한다.
> ㄹ. 법무부장관은 변호사시험 합격자가 결정되면 즉시 명단을 공고하여야 한다고 규정한 변호사시험법의 개인정보자기결정권에 대한 과잉금지원칙 위배 여부를 심사하는 이상 사생활의 비밀과 자유가 침해여부는 따로 살펴보지 않는다.
> ㅁ. 시험 관리 업무의 공정성과 투명성은 전체 합격자의 응시번호만을 공고하는 등의 방법으로도 충분히 확보될 수 있고, 법률서비스 수요자는 대한변호사협회 홈페이지 등을 통해 변호사에 대한 더 상세하고 정확한 정보를 얻을 수 있으므로, 합격자명단을 공개하는 것보다 청구인들의 개인정보자기결정권을 덜 침해하면서 입법목적을 달성할 수 있는 다른 수단이 존재한다.
> ㅂ. 변호사시험 합격자 명단이 공고되면, 특정인의 재학 사실을 아는 사람은 그의 성명과 합격자 명단을 대조하는 방법으로 그의 불합격 사실을 확인할 수 있는바, 변호사시험 응시 및 합격 여부에 관한 사실이 널리 공개되는 것은 청구인들의 개인정보자기결정권에 대한 중대한 제한이라 할 수 있다.

① ㄱ, ㄷ, ㄹ   ② ㄴ, ㄹ
③ ㄷ, ㄹ, ㅂ   ④ ㄷ, ㅁ, ㅂ

문 4. 전기통신역무제공에 관한 계약을 체결하는 경우 전기통신사업자로 하여금 가입자에게 본인임을 확인할 수 있는 증서 등을 제시하도록 요구하고 부정가입방지시스템 등을 이용하여 본인인지 여부를 확인하도록 한 전기통신사업법에 대한 헌법소원청구에 관한 설명으로 가장 적절한 것은? (다툼이 있는 경우 판례에 의함)

① '통신수단의 자유로운 이용'에는 자신의 인적 사항을 누구에게도 밝히지 않는 상태로 통신수단을 이용할 자유, 즉 통신수단의 익명성 보장은 보장되지 않는다. 따라서 심판대상조항은 익명으로 통신하고자 하는 청구인들의 통신의 자유를 제한한다고 할 수 없다.

② 심판대상조항이 명의도용피해와 범죄 예방에 기여하는 정도는 익명통신을 범죄에 악용하는 극히 예외적인 경우를 이유로 대다수의 무고한 국민들의 기본권을 광범위하게 제한하는 것을 정당화할 수 있을 정도로 크다고 볼 수 없다.

③ 전기통신역무제공에 관한 계약을 체결하는 경우 전기통신사업자로 하여금 가입자에게 본인임을 확인할 수 있는 증서 등을 제시하도록 요구하고 부정가입방지시스템 등을 이용하여 본인인지 여부를 확인하도록 한 전기통신사업법이 통신의 자유, 개인정보자기결정권을 침해하는지 여부를 판단하는 이상 사생활의 비밀과 자유 침해 여부에 관하여는 별도로 판단하지 아니한다.

④ 인터넷 게시판에 글을 작성하기 위해 실명확인절차를 거치는 제도(인터넷 실명제)가 익명에 의한 표현 자체를 제한하는 효과가 중대하다고 하여 헌법재판소는 표현의 자유를 침해한다고 하였듯이 휴대전화 가입 본인확인제로 인하여 통신의 자유에 끼치는 위축효과는 인터넷실명제와 같은 정도로 심각하다.

문 5. 양심적 병역거부에 관한 헌법재판소 결정으로 옳은 것은 모두 몇 개인가?

ㄱ. 양심적 병역거부자인 청구인은 입법자가 병역의 종류에 관하여 병역종류조항에 입법은 하였으나 그 내용이 대체복무제를 포함하지 아니하여 불충분하다는 진정입법부작위를 다투는 것이라고 봄이 상당하다.

ㄴ. '양심적' 병역거부는 실상 당사자의 '양심에 따른' 혹은 '양심을 이유로 한' 병역거부를 가리키는 것일 뿐만 아니라 병역거부가 '도덕적이고 정당하다'는 의미를 내포한다고 할 수 없다.

ㄷ. 양심의 자유에서 파생하는 입법자의 의무는 단지 입법과정에서 양심의 자유를 고려할 것을 요구하는 '일반적 의무'이지 구체적 내용의 대안을 제시해야 할 헌법적 입법의무가 아니므로, 양심의 자유는 입법자가 구체적으로 형성한 병역의무의 이행을 양심상의 이유로 거부하거나 법적 의무를 대신하는 대체의무의 제공을 요구할 수 있는 권리가 아니다.

ㄹ. 대체복무제를 규정하고 있지 않은 병역법 제5조는 정당한 입법목적을 달성하기 위한 적합한 수단으로 볼 수 없다.

ㅁ. 대체복무제를 규정하고 있지 않은 병역법 제5조는 '작위에 의한 양심실현의 자유'를 제한하고 있다.

ㅂ. 헌법상 양심의 자유에 의해 보호받는 '양심'으로 인정할 것인지의 판단은 그것이 깊고, 확고하며, 진실된 것이어야만 하므로 양심적 병역거부를 주장하는 사람은 자신의 '양심'을 외부로 표명하여 증명할 최소한의 의무를 진다.

① 1개 ② 2개
③ 3개 ④ 4개

문 6. 과잉금지원칙에 관한 설명으로 가장 적절한 것은? (다툼이 있는 경우 판례에 의함)

① 헌법 제37조 제2항의 규정은 기본권 제한입법의 수권규정이지 기본권 제한입법의 한계규정이라고 할 수 없다.

② 과잉금지원칙에서 목적달성을 위한 수단은 목적달성에 적합한 유일무이한 수단일 필요는 없어 여러 가지 수단을 병행해서 목적을 달성하는 것은 허용된다.

③ 입법목적을 달성하기 위하여 가능한 여러 수단들 가운데 구체적으로 어느 것을 선택할 것인가의 문제는 기본적으로 입법재량에 속하지만, 반드시 가장 합리적이며 효율적인 수단을 선택해야 한다.

④ 과잉금지원칙의 세부원칙인 목적의 정당성·방법의 적절성·피해의 최소성·법익의 균형성 모두에 저촉되어야 헌법에 위반이 된다.

문 7. 다음 사례에 관한 설명으로 가장 적절한 것은? (다툼이 있는 경우 판례에 의함)

> 2017.12.12. 법률 제15154호로 개정된 변호사시험법은 시험에 응시한 사람이 본인의 성적 공개를 청구할 수 있도록 허용하면서, 시험에 응시한 사람은 해당 시험의 합격자 발표일부터 1년 내에 법무부장관에게 본인의 성적 공개를 청구할 수 있다고 규정하고(제18조 제1항), 개정법 시행 전에 시험에 합격한 사람은 법 시행일부터 6개월 내에 법무부장관에게 본인의 성적 공개를 청구할 수 있다고 규정하였다(부칙 제2조). 2015년 실시된 제4회 변호사시험에 합격한 자가 개정된 변호사시험법에 대해 헌법소원심판을 청구하였다.

① 시험에 응시한 사람은 해당 시험의 합격자 발표일부터 1년 내에 법무부장관에게 본인의 성적 공개를 청구할 수 있다고 규정한 변호사시험법은 알 권리를 침해한다.
② 헌법재판소는 변호사시험 성적을 공개하라는 것일 뿐, 성적 공개기간에 관해 어떠한 제한도 할 수 없다는 입장이 아니므로 개정법 시행 전에 시험에 합격한 사람은 법 시행일부터 6개월 내에 법무부장관에게 본인의 성적 공개를 청구할 수 있다고 규정한 변호사시험법은 신뢰보호원칙에 위반된다.
③ 개정법 시행 전에 시험에 합격한 사람은 법 시행일부터 6개월 내에 법무부장관에게 본인의 성적 공개를 청구할 수 있다고 규정한 변호사시험법이 표현의 자유를 침해하는지 여부를 중심으로 판단하여야 한다.
④ 성적공개조항을 변호사시험법이 개정된 2017.12.12. 이후에 실시하는 변호사시험에 응시한 사람에게 적용하도록 하면서 기존 합격자는 법시행일로부터 6개월 내에 법무부장관에게 본인의 성적 공개를 청구할 수 있도록 한 변호사시험법 부칙은 과잉금지원칙을 위반하여 청구인의 정보공개청구권을 침해한다.

문 8. 북한 쪽으로의 전단등 살포금지한 남북관계발전법에 대해 헌법소원심판이 청구되었다. 이에 관한 설명으로 옳고 그름의 표시(○, ×)가 바르게 된 것은? (다툼이 있는 경우 판례에 의함)

> ㄱ. 청구인들이 전단등 살포를 통하여 북한 주민들을 상대로 자신의 의견을 표명하는 것을 금지·처벌하는 심판대상조항은 청구인들의 표현의 자유를 제한한다.
> ㄴ. 전단등 살포금지한 남북관계발전법은 청구인들의 알 권리를 제한한다.
> ㄷ. 북한 쪽으로의 전단등 살포금지한 남북관계발전법에 따른 규율은 헌법 제21조 제2항이 금지하고 있는 '검열'에 해당한다.
> ㄹ. 심판대상조항은 표현의 내용을 제한하는 결과를 가져오는바, 국가가 표현 내용을 규제하는 것은 원칙적으로 중대한 공익의 실현을 위하여 불가피한 경우에 한하여 허용되고, 특히 정치적 표현의 내용 중에서도 특정한 견해, 이념, 관점에 기초한 제한은 과잉금지원칙 준수 여부를 심사할 때 더 엄격한 기준이 적용되어야 한다.
> ㅁ. 전단등 살포를 극도로 경계하는 북한 당국 입장에서는 전단등 살포의 억제를 위해서라도 남북합의서를 준수할 이익이 있고, 북한이 이를 준수하면 접경지역 주민의 안전은 물론, 한반도 전체의 평화가 유지될 수 있다. 따라서 심판대상조항은 과잉금지원칙에 위배되어 표현의 자유를 침해한다고 볼 수 없다.

① ㄱ(○), ㄴ(○), ㄷ(×), ㄹ(×), ㅁ(○)
② ㄱ(×), ㄴ(×), ㄷ(○), ㄹ(×), ㅁ(○)
③ ㄱ(○), ㄴ(×), ㄷ(×), ㄹ(○), ㅁ(×)
④ ㄱ(×), ㄴ(○), ㄷ(○), ㄹ(○), ㅁ(×)

문 9. 수용자의 서신 등에 관한 설명으로 가장 적절한 것은? (다툼이 있는 경우 판례에 의함)

① 피청구인 교도소장이 수용자에게 온 서신을 개봉한 행위는 청구인의 통신의 자유를 침해하지 아니한다.

② 피청구인 교도소장이 법원, 검찰청 등이 청구인에게 보낸 문서를 열람한 행위는 청구인의 통신의 자유를 침해한다.

③ 교도소장이 금지물품 동봉 여부를 확인하기 위하여 미결수용자와 같은 지위에 있는 수형자의 변호인이 위 수형자에게 보낸 서신을 개봉한 후 교부한 행위가 위 수형자가 변호인의 조력을 받을 권리를 침해한다.

④ 수용자가 밖으로 내보내는 모든 서신을 봉함하지 않은 상태로 교정시설에 제출하도록 규정하고 있는 '형의 집행 및 수용자의 처우에 관한 법률 시행령' 제65조 제1항은 무봉함 제출 서신에 미결수용자가 변호인에게 보내는 서신도 포함되는 것으로 해석되는 한도에서만 청구인의 통신 비밀의 자유를 침해한다.

문 10. 평등원칙위반의 심사기준으로서 자의심사와 비례심사에 관한 설명으로 가장 적절한 것은? (다툼이 있는 경우 판례에 의함)

① 평등위반 여부를 심사함에 있어 엄격한 심사척도에 의할 것인지, 완화된 심사척도에 의할 것인지는 입법자에게 인정되는 입법형성권의 정도에 따라 좌우된다.

② 평등권 위반 여부의 심사기준으로서 자의금지 원칙은 입법형성의 자유가 좁은 영역에서 인정되는 심사기준이라면 비례심사는 입법형성의 자유가 넓은 경우 차별의 평등위반 여부를 심사하는 기준이다.

③ 헌법에서 특별히 평등을 요구하고 있는 경우 엄격한 심사척도가 적용될 수 있다. 헌법이 스스로 차별의 근거로 삼아서는 아니 되는 기준을 제시하거나 차별을 특히 금지하고 있는 영역을 제시하고 있다면 그러한 기준을 근거로 한 차별이나 그러한 영역에서의 차별에 대하여 자의금지원칙에 따른 심사, 즉 합리적 이유의 유무를 심사한다.

④ 평등권의 침해 여부에 대한 심사는 그 심사기준에 따라 자의금지원칙에 의한 심사와 비례의 원칙에 의한 심사로 크게 나누어 볼 수 있다. 자의심사의 경우에는 단순히 합리적인 이유의 존부가 아니라 차별을 정당화하는 이유와 차별간의 상관관계에 대한 심사, 즉 비교대상 간의 사실상의 차이의 성질과 비중 또는 입법목적(차별목적)의 비중과 차별의 정도에 적정한 균형관계가 이루어져 있는가를 심사한다.

문 11. 후원회에 관한 설명으로 가장 적절하지 <u>않은</u> 것은?
(다툼이 있는 경우 판례에 의함)

① 정당에 대한 재정적 후원을 금지하고 위반 시 형사
처벌하는 것은 정당의 정당활동의 자유와 국민의 정
치적 표현의 자유를 침해한다.

② 대통령선거경선후보자가 당내경선 과정에서 탈퇴함으
로써 후원회를 둘 수 있는 자격을 상실한 때에는 후
원회로부터 후원받은 후원금 전액을 국고에 귀속하도
록 하는 것은 선거의 자유 등을 침해하는 것이다.

③ 정당과 기업의 유착은 필연적으로 민의를 왜곡시키
고 정치적 부패를 야기함으로써 헌법이 지향하고 있
는 정당제 민주주의를 훼손시킬 우려가 크기 때문에
이를 방지할 필요가 있다는 점에서, 정당의 후원회
설치 금지 법률조항의 목적의 정당성과 수단의 적합
성이 인정된다.

④ 후원회 제도의 구체적 규율은 그것이 명백히 재량권
의 한계를 벗어난 입법이 아닌 한 입법형성의 자유
를 존중하여야 할 것이다.

문 12. 청구인은 수단국적의 외국인이다. 청구인은 인천국제
공항에 도착하여 난민인정신청을 하였고, 난민인정심
사 회부 여부 결정시까지 인천국제공항 송환대기실에
수용되었다. 청구인은 피청구인 인천공항 출입국·외
국인청장의 난민인정심사 불회부 결정 취소의 소를
제기하였고, 청구인의 변호인은 소송이 계속 중이던
피청구인에게 청구인의 접견을 신청하였으나, 피청구
인은 이를 거부하였다. 청구인은 위와 같은 피청구인
의 변호인 접견신청 거부행위가 헌법 제12조 제4항
본문에 규정된 변호인의 조력을 받을 권리 및 재판청
구권을 침해한다고 주장하면서, 헌법소원심판을 청구
하였다. 이에 관한 설명으로 가장 적절하지 <u>않은</u> 것은?
(다툼이 있는 경우 판례에 의함)

① 입국불허결정을 받은 외국인이 인천공항출입국관리
사무소장을 상대로 인신보호청구의 소 및 난민인정
심사불회부결정취소의 소를 제기한 후 그 소송수행
을 위하여 변호인접견신청을 하였으나 피신청인이
이를 거부한 사안에서, 헌법재판소가 피신청인으로
하여금 변호인접견을 허가하도록 임시의 지위를 정
하기 위한 가처분 신청을 인용하였다.

② 헌법 제12조 제4항 본문에 규정된 변호인의 조력을
받을 권리는 형사절차에서 피의자 또는 피고인의 방
어권을 보장하기 위한 것이므로 출입국관리법상 보
호 또는 강제퇴거의 절차에도 적용된다.

③ 인천공항출입국·외국인청장이 인천국제공항 송환대
기실에 수용된 난민에 대한 변호인 접견신청을 거부
한 행위는 변호인의 조력을 받을 권리를 침해한다.

④ 출입국항에서 입국불허결정을 받아 송환대기실에 있
는 사람과 변호사 사이의 접견교통권의 보장은 헌법
상 보장되는 재판청구권의 한 내용으로 볼 수 있으
므로, 이 사건 변호사 접견신청 거부는 재판청구권
의 한 내용으로서 청구인의 변호사의 도움을 받을
권리를 제한한다. 이 사건 변호사 접견신청 거부는
아무런 법률상의 근거 없이 이루어졌고, 국가안전보
장, 질서유지, 공공복리를 달성하기 위해 필요한 기
본권 제한 조치로 볼 수도 없으므로, 청구인의 재판
청구권을 침해한다.

문 13. 알권리에 관한 설명으로 가장 적절하지 <u>않은</u> 것은? (다툼이 있는 경우 판례에 의함)

① 공공기관이 보유·관리하는 인사관리에 관한 정보 중, 공개될 경우 업무의 공정한 수행에 현저한 지장을 초래한다고 인정할 만한 상당한 이유가 있는 정보를 비공개 대상 정보로 규정한, 구 공공기관의 정보공개에 관한 법률 제9조 제1항 단서 제5호는 명확성원칙에 위배되지 않는다.

② 공공기관이 보유·관리하는 인사관리에 관한 정보 중, 공개될 경우 업무의 공정한 수행에 현저한 지장을 초래한다고 인정할 만한 상당한 이유가 있는 정보를 비공개 대상 정보로 규정한, 구 공공기관의 정보공개에 관한 법률 제9조 제1항 단서 제5호는 과잉금지원칙에 위배되어 청구인의 정보공개청구권을 침해한다고 할 수 없다.

③ 정치자금법에 따라 회계보고된 자료의 열람기간을 3월간으로 제한한 정치자금법 제42조 제2항 본문 중 '3월간' 부분이 과잉금지원칙에 위배되어 청구인 신○○의 알권리를 침해한다고 할 수 없다.

④ 자유권적 성질은 일반적으로 정보에 접근하고 수집·처리함에 있어서 국가권력의 방해를 받지 아니한다는 것을 말하며, 청구권적 성질은 의사형성이나 여론형성에 필요한 정보를 적극적으로 수집할 권리 등을 의미한다.

문 14. 법무부장관이 변호사 시험 공고를 통해 코로나 확진자 변호사 시험 응시를 제한하자 응시가 제한된 코로나 환자들이 헌법소원심판을 청구하였다. 이에 관한 설명으로 옳지 <u>않은</u> 것을 모두 고른 것은? (다툼이 있는 경우 판례에 의함)

> ㄱ. 코로나 확진자의 응시금지가 청구인들의 건강권과 생명권을 침해할 수 있다.
> ㄴ. 확진환자와 자가격리자의 응시를 허용한 대학수학능력시험 응시자와 비교하여 청구인들을 차별한 것이므로 평등권 침해문제가 발생한다.
> ㄷ. 법무부장관이 2020.11.23.에 한 '코로나19 관련 제10회 변호사시험 응시자 유의사항 등 알림' 중 코로나바이러스감염증-19확진환자의 시험 응시를 금지한 부분은 목적과 수단은 적정하나 최소성원칙에 반한다.
> ㄹ. 법무부장관이 2020.11.20.에 한 '제10회 변호사시험 일시·장소 및 응시자준수사항 공고' 및 이 사건 알림 중 각 자가격리자의 사전 신청 마감 기한을 '2021.1.3.(일) 18:00'까지로 제한한 부분이 청구인들의 직업선택의 자유를 침해한다.
> ㅁ. 확진환자 등의 응시를 일률적으로 제한할 법률상 근거를 찾아볼 수 없으므로 피청구인이 한 응시제한은 법률상 근거 없이 기본권을 제한하므로 법률유보원칙에 위배되어 청구인들의 직업선택의 자유를 침해한다.

① ㄱ, ㄴ, ㄷ   ② ㄱ, ㄴ, ㅁ
③ ㄴ, ㄷ, ㄹ   ④ ㄷ, ㄹ, ㅁ

문 15. 직업의 자유에 관한 설명으로 가장 적절하지 <u>않은</u> 것은? (다툼이 있는 경우 판례에 의함)

① 헌법 제15조가 보장하는 직장선택의 자유는 개인이 선택한 직업분야에서 구체적인 취업기회를 가질 권리 뿐 아니라 원하는 직장을 제공하여 줄 것을 청구할 권리를 보장한다.

② 폐기물처리업자로 하여금 환경부령으로 정하는 바에 따라 폐기물을 허가받은 사업장 내 보관시설이나 승인받은 임시보관시설 등 적정한 장소에 보관하도록 하고, 이를 위반할 경우 형사처벌하도록 한 폐기물관리법이 과잉금지원칙에 위반되어 폐기물처리업자의 직업의 자유를 침해한다고 할 수 없다.

③ 위생안전기준 적합 여부에 대하여 수도법상 인증을 받은, 물에 접촉하는 수도용 제품이 수도법상 정기검사 기준에 적합하지 아니한 경우 환경부장관이 그 인증을 필요적으로 취소하도록 하는 수도법이 과잉금지원칙에 위반되어 수도용 제품 제조업자의 직업수행의 자유를 침해한다고 할 수 없다.

④ 행정사로 하여금 그 사무소 소재지를 관할하는 특별시장·광역시장·특별자치시장·도지사·특별자치도지사가 시행하는 연수교육을 받도록 하는 행정사법 제25조 제3항이 청구인의 직업의 자유를 침해한다고 할 수 없다.

문 16. 정당에 관한 설명으로 옳지 <u>않은</u> 것을 모두 고른 것은? (다툼이 있는 경우 판례에 의함)

> ㄱ. 정당의 시·도당은 1천인 이상의 당원을 가져야 한다고 규정한 정당법 제18조 제1항은 헌법 제8조 제1항의 정당의 자유 자체를 처음부터 전면 부정하는 결과를 초래한다는 점에서 입법목적의 정당성 및 수단의 적합성을 인정하기 어렵다.
>
> ㄴ. 정당등록제도는 일정한 법률상의 요건을 갖추어 관할 행정기관에 등록을 신청하고, 이 요건이 충족된 경우 정당등록부에 등록하여 비로소 그 결사가 정당임을 법적으로 인정되므로 창설적 의미를 가진다.
>
> ㄷ. 정당이 정당법에 정한 형식적 요건을 구비한 경우 중앙선거관리위원회는 이를 반드시 수리하여야 하는 것은 아니므로, 정당법에 명시된 요건이 아닌 다른 사유로 정당등록신청을 거부하는 등으로 정당설립의 자유를 제한할 수 있다.
>
> ㄹ. 헌법재판소는 정당조직의 자유, 정당활동의 자유를 내용으로 하는 정당의 자유를 제한하는 법률의 합헌성을 심사할 때에 헌법 제37조 제2항의 과잉금지원칙에 따라 심사를 하여야 한다.
>
> ㅁ. 헌법은 정당제 민주주의를 채택하여 정당설립의 자유와 국가의 보호를 규정함으로써 정당활동의 자유, 정당조직의 자유를 포함한 정당의 자유를 광범위하게 보장하고 있다.

① ㄱ, ㄴ, ㄷ   ② ㄴ, ㄷ, ㄹ
③ ㄴ, ㄹ, ㅁ   ④ ㄷ, ㄹ, ㅁ

문 17. 법인의 기본권 주체성에 관한 설명으로 옳고 그름의 표시(○, ×)가 바르게 된 것은? (다툼이 있는 경우 판례에 의함)

> ㄱ. 민법상 법인격 없는 사단은 대표자의 정함이 있고 독립된 사회적 조직체로 활동하는 경우에도 그 자체에 대하여 기본권 주체성이 인정되는 것이 아니라, 개개의 구성원에 대하여 기본권 주체성이 인정될 뿐이다.
>
> ㄴ. 인간의 존엄과 가치에서 유래하는 인격권은 자연적 생명체로서 개인의 존재를 전제로 하는 기본권으로서 그 성질상 법인에게는 적용될 수 없으므로 법인의 인격권을 과잉제한했는지 여부를 판단하기 위해 기본권 제한에 대한 헌법원칙인 비례심사를 할 수는 없다.
>
> ㄷ. 법인도 사단법인 · 재단법인 또는 영리법인 · 비영리법인은 가리지 아니하고 위 한계 내에서는 헌법상 보장된 기본권이 침해되었음을 이유로 헌법소원심판을 청구할 수 있으며, 법인 아닌 사단 · 재단은 그의 이름으로 헌법소원심판을 청구할 수 있다.
>
> ㄹ. 공직자는 국가기관의 지위에서 순수한 직무상의 권한행사와 관련하여 기본권 침해를 주장하는 경우에 기본권의 주체성을 인정하기 어려울 뿐 아니라 그 외의 사적인 영역에 있어서는 기본권의 주체가 될 수 없다.
>
> ㅁ. 서울시의회는 기본권의 '수범자'이지 기본권의 주체로서 그 '소지자'가 아니고 오히려 국민의 기본권을 보호 내지 실현해야 할 책임과 의무를 지니고 있는 지위에 있을 뿐이므로, 기본권의 주체가 될 수 없고 따라서 헌법재판소법 제68조 제1항의 헌법소원을 제기할 수 있는 적격이 없다.

① ㄱ(○), ㄴ(○), ㄷ(×), ㄹ(○), ㅁ(○)
② ㄱ(×), ㄴ(×), ㄷ(○), ㄹ(×), ㅁ(○)
③ ㄱ(○), ㄴ(×), ㄷ(×), ㄹ(×), ㅁ(×)
④ ㄱ(×), ㄴ(○), ㄷ(○), ㄹ(○), ㅁ(×)

문 18. 외국인근로자의 사업장 변경 사유를 제한하는 외국인고용법 제25조 제1항에 대해 헌법소원심판이 청구되었다. 이에 관한 설명으로 가장 적절하지 <u>않은</u> 것은? (다툼이 있는 경우 판례에 의함)

① 헌법상 근로의 권리에, 열악한 근로환경을 갖춘 사업장을 이탈하여 다른 사업장으로 이직함으로써 사적(私的)으로 근로환경을 개선하거나 해결하는 방법을 보장하는 것까지 포함된다.
② 외국인근로자의 사업장 변경 사유를 제한하는 외국인고용법 제25조 제1항은 근로의 권리를 제한하지 않는다.
③ 외국인근로자의 사업장 변경 사유를 제한하는 외국인고용법 제25조 제1항은 신체의 자유를 제한하지 아니한다.
④ 외국인근로자의 사업장 변경 사유를 제한하는 외국인고용법 제25조 제1항은 직업선택의 자유 중 직장선택의 자유를 제한한다.

문 19. 참정권에 관한 설명으로 가장 적절한 것은? (다툼이 있는 경우 판례에 의함)

① 주민등록을 요건으로 하여 국내거주 재외국민에 대해 그 체류기간을 불문하고 지방선거 선거권을 전면적·획일적으로 박탈하는 재외국민의 국정선거권을 제한하는 공직선거법은 국내거주 재외국민의 평등권과 지방의회 의원선거권을 침해한다.

② 주민등록이 되어 있지 않고 국내거소신고도 하지 않은 재외국민(재외선거인)에게 임기만료지역구국회의원선거권을 인정하지 않은 공직선거법은 재외선거인의 선거권을 침해하거나 보통선거원칙에 위배된다.

③ 범죄의 종류, 침해된 법익의 내용과 침해의 정도, 죄질의 경중, 책임의 정도에 따른 범죄의 중대성과 사회적 비난가능성의 차이를 고려하지 아니한 채 1년 이상의 징역형의 선고를 받아 그 형의 집행이 완료되지 아니하였다는 사정만으로 일률적으로 선거권을 제한한 공직선거법 조항은 1년 이상의 징역형을 선고받은 수형자의 선거권을 침해한다.

④ 헌법 제72조 국민투표의 대상인 외교·국방·통일 기타 국가안위에 관한 중요정책은 외국과 이해관계가 충돌하는 분야이므로, 외국에서 생활의 기반을 잡고 영주하는 재외국민의 국민투표참여요구의 진지성은 주민등록을 하거나 국내거소신고를 한 재외국민과 다를 수 있고 국민의 헌법개정에 대한 진정한 의사를 반영하기 위해서는 국민투표권자를 대한민국의 영토에서 생활영역을 영위하는 사람으로 한정할 수 있는바, 주민등록이나 국내거소신고를 한 국민에게만 국민투표권을 인정한 국민투표법은 헌법에 위배되지 아니한다.

문 20. 피의자 甲이 체포영장에 의하여 체포되었다. 피의자 신문 중 변호사인 乙은 피의자 가족들의 의뢰를 받아 피의자와의 접견을 신청하였으나, 교도관은 형의 집행 및 수용자의 처우에 관한 법률 시행령 제58조 제1항에 근거하여 접견을 거부하였고 피청구인 검사는 접견 조치를 취하지 아니하였다. 변호사인 乙의 헌법소원심판 청구에 관한 설명으로 가장 적절하지 않은 것은? (다툼이 있는 경우 판례에 의함)

> 형의 집행 및 수용자의 처우에 관한 법률 시행령 제58조 【접견】 ① 수용자의 접견은 매일(공휴일 및 법무부장관이 정한 날은 제외한다) 국가공무원 복무규정 제9조에 따른 근무시간 내에서 한다.
>
> 형사소송법 제243조의2 【변호인의 참여 등】 ① 검사 또는 사법경찰관은 피의자 또는 그 변호인·법정대리인·배우자·직계친족·형제자매의 신청에 따라 변호인을 피의자와 접견하게 하거나 정당한 사유가 없는 한 피의자에 대한 신문에 참여하게 하여야 한다.

① 변호인이 되려는 자의 피의자 접견신청을 허용하기 위한 조치를 취하지 않은 검사의 행위에 대하여 형사소송법 제417조에 따른 준항고 절차를 거치지 아니하고 헌법소원심판을 청구한 경우 보충성원칙의 예외가 인정된다.

② 교도관의 접견불허행위는 헌법재판소법 제68조 제1항에서 헌법소원의 대상으로 삼고 있는 '공권력의 행사'에 해당하지 않는다.

③ 수용자에 대한 접견신청이 있는 경우 그 장소가 교도관의 수용자 계호 및 통제가 요구되는 공간이라면 교도소장·구치소장 또는 그 위임을 받은 교도관이 그 허가 여부를 결정하는 것이 원칙이나 피의자신문 중 변호인 접견신청이 있는 경우에는 검사 또는 사법경찰관이 그 허가 여부를 결정할 주체이다.

④ 형의 집행 및 수용자의 처우에 관한 법률 시행령 제58조는 피의자신문 중 변호인 등의 접견신청의 경우에는 적용되므로 위 조항을 근거로 한 변호인 등의 접견신청을 불허는 법률유보원칙에 위배된다고 할 수 없다.

전범위 모의고사

문 1. 헌법 전문에 관한 설명으로 가장 적절한 것은? (다툼이 있는 경우 판례에 의함)

① 헌법 전문으로부터 국민의 권리와 의무는 도출되지 않으므로 국가의 의무도 도출되지 아니한다.

② 건국 60년 기념사업추진행위가 헌법 전문에 기재된 대한민국 임시정부의 법통을 계승하는 부분에 위배되더라도 헌법상 보호되는 명예권이나 행복추구권의 침해가능성 및 법적 관련성이 인정된다.

③ 헌법 전문은 법령의 공포문의 일종으로서 법의 일부가 아니므로 규범적 효력을 가지지 못한다.

④ 현행헌법은 전문에서 헌법의 개정권자를 명문으로 밝히고 있다.

문 2. 법률유보원칙에 관한 설명으로 가장 적절하지 <u>않은</u> 것은? (다툼이 있는 경우 판례에 의함)

① 특별한 법적 근거 없이 엄중격리대상자의 수용거실에 CCTV를 설치하여 24시간 감시하는 행위는 법률유보의 원칙에 위배된다고 할 수 없다.

② 경찰청장이 2009.6.3. 경찰버스들로 서울특별시 서울광장을 둘러싸 통행을 제지한 행위가 법률유보원칙에 위배되는지 여부에 대한 법정의견은 없었으나 보충의견은 경찰관직무집행법 제2조 제7호의 일반수권조항(기타 공공의 안녕과 질서 유지)이 경찰의 통행제지에 근거가 될 수 없다고 보았고 반대의견은 근거가 된다고 하였다.

③ 지방의회가 의결한 학생인권조례안은 국민의 기본권이나 주민의 권리 제한에서 요구되는 법률유보원칙에 위배된다고 할 수 없다.

④ 살수차, 최루제와 그 발사장치 등을 사용할 수 있다는 내용과 그 사용에 관한 일반적 요건과 기준이 법률 및 대통령령에 명시적으로 규정되어 있는 이상, 최루제를 이 중 어떠한 발사장치를 이용하여 분사할 것인지, 최루제와 물을 혼합하여 살수차로 분사할 수 있는 것인지 등 그 구체적인 최루제의 사용방법이나 기준까지 법률로써 규율하여야만 하는 사항이라고 할 수는 없다.

문 3. 재산권에 관한 설명으로 가장 적절한 것은? (다툼이 있는 경우 판례에 의함)

① 세종시 공무원이 주택특별공급을 신청할 수 있는 지위는 재산권에서 보호되므로 행정중심복합도시 예정지역 이전기관 종사자 주택특별공급제도를 폐지하는 '주택공급에 관한 규칙 일부개정령'은 재산권을 침해할 가능성이 있다.

② 택시운송사업자의 영리 획득의 기회나 사업 영위를 위한 사실적·법적 여건은 헌법상 보장되는 재산권에 속하지 아니하므로 일반택시운송사업에서 운전업무에 종사하는 근로자의 최저임금에 산입되는 임금의 범위는 생산고에 따른 임금을 제외한 대통령령으로 정하는 임금으로 하도록 한 최저임금법이 택시운송사업자의 재산권을 제한한다고 볼 수 없다.

③ 고용보험법상 육아휴직 급여수급권은 경제적 가치가 있는 권리로서 헌법 제23조에 의하여 보장되는 재산권에서 보호되지 않는다.

④ 육아휴직 급여를 육아휴직이 끝난 날 이후 12개월 이내에 신청하도록 한 고용보험법 제70조 제2항이 육아휴직 급여수급권자의 인간다운 생활을 할 권리나 재산권을 침해한다.

문 4. 참정권에 관한 설명으로 가장 적절하지 않은 것은? (다툼이 있는 경우 판례에 의함)

① 점자형 선거공보의 면수를 책자형 선거공보의 면수 이내로 제한한 공직선거법 제65조 제4항 본문 중 제2항에 따른 책자형 선거공보의 면수 이내로 한정한 공직선거법은 점자형 선거공보의 작성·발송 비용 등은 국가적 차원에서 감당하기 어렵다 할 수 없으므로 과잉금지원칙에 위배되어 청구인 김○○의 선거권을 침해한다.

② 육군훈련소에서 군사교육을 받고 있었던 청구인에 대하여 제19대 대통령선거 대담·토론회의 시청을 금지한 행위는 선거권을 침해한다고 할 수 없다.

③ 군의 장의 선거의 예비후보자가 되려는 사람은 그 선거기간개시일 전 60일부터 예비후보자등록 신청을 할 수 있다고 규정한 공직선거법은 청구인의 선거운동의 자유를 침해하지 않는다.

④ 교육공무원법 제10조의4 제3호 중 벌금 100만원 이상의 형을 선고받아 그 형이 확정된 사람은 고등교육법 제2조가 규정하는 학교의 교원에 임용될 수 없도록 한 부분은 청구인의 공무담임권을 침해하는 것이라 볼 수 없다.

문 5. 신행정수도 건설을 위한 특별법에 관한 헌법재판소 판례와 일치하는 것은?

① 관습헌법은 주권자인 국민에 의하여 유효한 헌법규범으로 인정되는 동안에만 존속하는 것이고, 관습법의 존속요건의 하나인 국민적 합의성이 소멸하면 관습헌법으로서의 법적 효력도 상실하게 되므로, 관습헌법의 요건들은 성립의 요건이나 효력 유지의 요건은 아니다.

② 서울이 수도라는 것은 중요한 정책이므로 수도이전 문제는 헌법 제72조의 국민투표의 대상이 되므로 서울이 수도라는 관습헌법을 변경하면서 국민투표에 부의하지 않고 신행정수도법으로 하는 것은 헌법 제72조의 국민투표권을 침해한다.

③ 관습헌법의 개정은 헌법개정에 의해서 가능하고 관습헌법의 효력 상실도 헌법개정으로만 가능하다.

④ 관습헌법이 성문헌법과 동일한 효력을 가진다고 할 수 있어 관습헌법은 법률제개정으로도 변경할 수 없다.

문 6. 낙태죄에 관한 헌법재판소 결정과 일치하지 <u>않는</u> 것을 모두 고른 것은?

> ㄱ. 자기결정권에는 임신한 여성이 자신의 신체를 임신상태로 유지하여 출산할 것인지 여부에 대하여 결정할 수 있는 권리가 포함되어 있다.
> ㄴ. '임신 제1삼분기(first trimester, 대략 마지막 생리기간의 첫날부터 14주 무렵까지)'에는 어떠한 사유를 요구함이 없이 임신한 여성이 자신의 숙고와 판단 아래 낙태할 수 있도록 하여야 하므로 자기낙태죄 조항 및 의사낙태죄 조항에 대하여 단순위헌결정을 하여야 한다.
> ㄷ. 자기낙태죄 조항은 임신한 여성의 자기결정권과 태아의 생명권의 직접적인 충돌을 해결해야 하는 사안으로 보는 것이 적절하다.
> ㄹ. 자기낙태죄 조항은 태아의 생명을 보호하기 위한 것으로서 목적은 정당하나 정당한 입법목적을 달성하기 위한 적합한 수단은 아니다.
> ㅁ. 자기낙태죄 조항이 위헌이면 임신한 여성의 촉탁 또는 승낙을 받아 낙태하게 한 의사를 처벌하는 의사낙태죄 조항도 위헌이라고 보아야 한다.
> ㅂ. 생명의 전체적 과정에 대해 법질서가 언제나 동일한 법적 보호 내지 효과를 부여하고 있는 것은 아니므로 국가가 생명을 보호하는 입법적 조치를 취함에 있어 인간생명의 발달단계에 따라 그 보호정도나 보호수단을 달리할 수 있다.

① ㄱ, ㄴ, ㅁ, ㅂ ② ㄴ, ㄷ, ㄹ
③ ㄴ, ㅁ, ㅂ ④ ㄹ, ㅁ, ㅂ

문 7. 초중고 교사의 정당 가입을 금지한 정당법 제22조와 정당이나 그 밖의 정치단체의 결성에 관여하거나 이에 가입할 수 없도록 한 국가공무원법 제65조에 관한 설명으로 가장 적절하지 <u>않은</u> 것은? (다툼이 있는 경우 판례에 의함)

① 교원이 사인으로서 정치적 자유권을 행사하게 되면 직무수행에 있어서도 정치적 중립성을 훼손하게 된다고 볼 수 없는 점은 대학 교원과 동일하다. 학생들을 민주시민으로 양성하기 위한 교육과 훈련은 초·중등학교에서부터 이루어지는 것이므로, 직무의 본질이나 내용을 고려하더라도 정당의 설립·가입과 관련하여 대학 교원과 교원을 달리 취급할 합리적인 이유가 있다고 보기 어렵다. 따라서 정당법조항 및 국가공무원법조항 중 '정당'에 관한 부분은 나머지 청구인들의 평등권을 침해한다.

② 정치단체의 결성에 관여하거나 이에 가입할 수 없도록 한 국가공무원법 제65조는 정치적 표현의 자유, 결사의 자유를 제한한다.

③ 국가공무원법조항 중 '그 밖의 정치단체'에 관한 부분은 불명확한 개념을 사용하여, 수범자에 대한 위축효과와 법 집행 공무원의 자의적 판단 위험을 야기하고 있어 명확성원칙에 위배된다.

④ 국가공무원법조항 중 '그 밖의 정치단체'에 관한 부분에 대해 과잉금지 위반에 대해서는 위헌의견을 가진 재판관 6인 중 3인만 위반으로 판단하여 과잉금지 위반으로 표현의 자유를 침해한다는 견해가 법정의견이라고 할 수 없다.

문 8. 평등원칙 위반의 심사기준에 관한 설명으로 헌법재판소 판례와 일치하는 것은?

① 중등교사 임용시험에서 복수전공 및 부전공 교원 자격증 소지자에게 가산점을 부여하고 있는 교육공무원법 조항에 의해 복수·부전공 가산점을 받지 못하는 자가 불이익을 입는다고 하더라도 이를 공직에 진입하는 것 자체에 대한 제약이라 할 수 없어, 그러한 가산점제도에 대하여는 자의금지원칙에 따른 심사척도를 적용하여야 한다.

② 지방교육위원선거에서 다수득표자 중 교육경력자가 선출인원의 2분의 1 미만인 경우에는 득표율에 관계없이 경력자 중 다수득표자 순으로 선출인원의 2분의 1까지 우선당선시키는 것에 대해서는 비례심사를 한다.

③ 공중보건의사에 편입되어 군사교육에 소집된 사람을 군인보수법의 적용대상에서 제외하여 군사교육 소집 기간 동안의 보수를 지급하지 않도록 한 군인보수법이 평등원칙에 위반되는지 여부에 대한 심사기준은 비례원칙이다.

④ 자율형 사립고등학교를 후기학교로 정하여 신입생을 일반고와 동시에 선발하도록 한 초·중등교육법 시행령의 위헌 여부는 완화된 심사척도인 자의금지원칙이 적용된다.

문 9. 학교폭력예방법에 관한 헌법재판소 결정에 관한 설명으로 가장 적절하지 않은 것은?

① '사과한다'는 행위는 내심의 윤리적 판단·감정 내지 의사의 표현이므로, 외부에서 강제할 수 있는 성질의 것이 아니다. 아직 성장 과정에 있는 학생이라 하더라도 의사에 반한 윤리적 판단이나 감정을 외부에 표명하도록 강제하는 것은 학생들의 인격과 양심의 형성에 왜곡을 초래하는바, 가해학생에 대한 조치로 피해학생에 대한 서면사과를 규정한 구 학교폭력예방법은 양심의 자유와 인격권을 침해한다.

② 가해학생에 대한 조치로 피해학생 및 신고·고발한 학생에 대한 접촉, 협박 및 보복행위의 금지를 규정한 구 학교폭력예방법은 일반적 행동의 자유를 제한하나 침해한다고 할 수 없다.

③ 가해학생에 대한 조치로 피해학생에 대한 서면사과를 규정한 구 학교폭력예방법은 가해학생의 양심의 자유, 인격권 및 일반적 행동자유권을 제한한다.

④ 학부모대표가 전체위원의 과반수를 구성하고 있는 자치위원회에서 일정한 요건을 갖춘 경우 반드시 회의를 소집하여 가해학생에 대한 조치의 내용을 결정하게 하고 학교의 장이 이에 구속되도록 규정한 구 학교폭력예방법은 가해학생의 양심의 자유, 인격권 및 일반적 행동자유권을 침해한다고 할 수 없다.

문 10. 군사법원에 관한 설명으로 가장 적절한 것은? (다툼이 있는 경우 판례에 의함)

① 군인 신분취득 전에 범한 '일반형사범죄'에 대한 군사법원의 재판을 받도록 한 군사법원법은 현역병인 청구인의 헌법 제27조 제1항의 재판을 받을 권리를 제한한다고 할 수 없다.

② 군인 또는 군무원이 아닌 국민에 대한 군사법원의 예외적인 재판권을 정한 헌법 제27조 제2항에 규정된 군용물에는 군사시설이 포함된다.

③ 군인 또는 군무원이 아닌 국민은 대한민국의 영역 안에서는 중대한 군사상 기밀·초병·초소·유독음식물공급·포로·군사시설에 관한 죄 중 법률이 정한 경우와 경비계엄이 선포된 경우를 제외하고는 군사법원의 재판을 받지 아니한다.

④ 비용보상청구권의 제척기간을 무죄판결이 확정된 날부터 6개월 이내로 규정한 구 군사법원법 제227조의12 제2항은 헌법에 위반된다.

문 11. 법관에 의한 재판에 관한 설명으로 옳은 것을 모두 고른 것은? (다툼이 있는 경우 판례에 의함)

ㄱ. 법관에 의한 재판을 받을 권리를 보장한다고 함은 결국 법관이 사실을 확정하고 법률을 해석·적용하는 재판을 받을 권리를 보장한다는 뜻이고, 그와 같은 법관에 의한 사실 확정과 법률의 해석적용의 기회에 접근하기 어렵도록 제약이나 장벽을 쌓는 것은 허용되지 않는다.

ㄴ. 대법원은 특허청의 사실확정을 토대로 재판을 할 수밖에 없어, 특허심판위원회의 결정에 대해 대법원에 상고하도록 한 특허법 제186조는 법관에 의하여 사실확정을 받을 권리를 보장하는 재판청구권 침해이다.

ㄷ. 대한변호사협회징계위원회에서 징계를 받은 변호사가 법무부 변호사징계위원회에서의 이의절차를 밟은 후 대법원에 즉시항고하도록 하였다면, 이를 가지고 재판을 받을 권리를 침해한 것이라 할 수 없다.

ㄹ. 형사보상의 청구에 대하여 한 보상의 결정에 대하여는 불복을 신청할 수 없도록 하여 형사보상의 결정을 단심재판으로 규정한 형사보상 및 명예회복에 관한 법률 제19조 제1항은 형사보상청구권과 재판청구권을 침해한다.

ㅁ. 법관에 대한 징계처분 취소청구소송을 대법원의 단심재판에 의하도록 한 구 법관징계법 제27조는 사실확정이 법관징계위원회에서 결정되므로 법관에 의한 사실확정을 받을 권리인 재판청구권을 침해한다.

① ㄱ, ㄴ   ② ㄱ, ㄴ, ㄹ
③ ㄴ, ㄷ, ㄹ   ④ ㄴ, ㄷ, ㅁ

문 12. 다음 조약 유무에 관한 설명으로 옳지 <u>않은</u> 것을 모두 고른 것은? (다툼이 있는 경우 판례에 의함)

ㄱ. 남북기본합의서는 국내법과 동일한 효력이 있는 조약이나, 이에 준하는 것으로 볼 수 있다.

ㄴ. 당사국 간의 신의에 기초하여 이루어진 정치적 합의, 즉 신사협정은 조약에 해당한다고 할 수 없다.

ㄷ. 특정의 외국 농산물의 긴급수입제한조치를 더 이상 연장하지 않겠다는 취지의 대한민국정부와 당해 외국과의 합의는 헌법 제6조 제1항 소정의 조약이므로 반드시 조약공포의 방법으로 국민에게 공개되어야 한다.

ㄹ. 가축전염병 예방법에 따라 농림수산식품부장관(현 농림축산식품부장관)이 가축방역 및 공중위생상 필요하다고 인정하여 미국산 쇠고기의 수입 위생조건을 정한 고시는 헌법 제60조 제1항에서 말하는 조약에 해당하지 아니하므로 국회의 동의를 받아야 하는 것은 아니다.

ㅁ. 외교통상부장관(현 외교부장관)이 2006.1.19. 미합중국 국무장관과 발표한 '동맹 동반자 관계를 위한 전략대화 출범에 관한 공동성명'은 국회의 동의가 필요 없는 조약이다.

① ㄱ, ㄴ, ㄹ   ② ㄱ, ㄷ, ㅁ
③ ㄴ, ㄷ, ㄹ   ④ ㄷ, ㄹ, ㅁ

문 13. 개인정보자기결정권에 관한 설명으로 가장 적절한 것은? (다툼이 있는 경우 판례에 의함)

① 경찰서에 대상자 신규발생이 그리 많지 않고 시행령에 동태보고도 규정되어 있어 이미 확보한 자료를 토대로 대상자의 실거주 여부 확인이 어렵지 않아 보다 완화된 방법으로도 입법목적을 충분히 달성할 수 있으므로 보안관찰처분대상자가 교도소 등에서 출소한 후 7일 이내에 출소사실을 신고하도록 정한 구 보안관찰법 제6조 제1항은 과잉금지원칙을 위반하여 청구인의 사생활의 비밀과 자유 및 개인정보자기결정권을 침해한다.

② 출소 후 신고조항 및 위반시 처벌조항은 대상자라는 이유만으로 재범의 위험성이 인정되지 않은 사람들에게 신고의무를 부과하고 그 위반시 형사처벌하도록 정하여, 보안처분에 대한 죄형법정주의적 요청에 위배된다.

③ 보안관찰처분대상자가 교도소 등에서 출소한 후 기존에 보안관찰법 제6조 제1항에 따라 신고한 거주예정지 등 대통령령이 정하는 사항에 대해 정보에 변동이 생길 때마다 7일 이내에 이를 신고하도록 정한 보안관찰법 제6조 제2항 전문은 포괄위임금지원칙에 위배되지 않는다.

④ 신고한 거주예정지 등이 변동될 경우 변동신고하도록 하고 이를 위반할 경우 처벌하도록 정한 보안관찰법 제27조가 무기한의 신고의무를 부담시키더라도 신고의무기간에 일률적인 상한을 두어서는 입법목적 달성이 어려운바, 과잉금지원칙을 위반하여 청구인의 사생활의 비밀과 자유 및 개인정보자기결정권을 침해하지 아니한다.

문 14. 형사보상에 관한 설명으로 가장 적절한 것은? (다툼이 있는 경우 판례에 의함)

① 구금은 신체의 자유 제한이고 신체의 자유는 일신전속적 권리이므로 보상을 청구할 수 있는 자가 그 청구를 하지 아니하고 사망하였을 때에는 그 상속인이 이를 청구할 수 없다.

② 피의자로서 구금되었던 자 중 검사로부터 불기소처분을 받은 경우 국가에 대하여 그 구금에 대한 보상을 청구할 수 있으나 사법경찰관으로부터 불송치결정을 받은 자는 보상을 청구할 수 없다.

③ 법원의 보상결정에 대하여 1주일 이내에 즉시항고를 할 수 있다.

④ 헌법 제28조 사보상청구권은 국가의 형사사법절차에 내재하는 불가피한 위험에 의하여 국민의 신체의 자유에 관하여 피해가 발생한 경우 형사사법기관의 귀책사유를 요건으로 하여 국가에 대하여 정당한 보상을 청구할 수 있는 권리로서, 실질적으로 국민의 신체의 자유와 밀접하게 관련된 중대한 기본권이다.

문 15. 국가배상청구권에 관한 설명으로 가장 적절한 것은? (다툼이 있는 경우 판례에 의함)

① 군인이나 군무원이 타인에게 입힌 손해에 대한 배상신청사건을 심의하기 위하여 국방부에 특별심의회를 두며, 특별심의회는 국방부장관의 지휘를 받아야 한다.

② 지구심의회에서 배상신청이 기각된 신청인은 결정정본이 송달된 날부터 2주일 이내에 그 심의회를 거쳐 본부심의회나 특별심의회에 재심을 신청할 수 있으나, 지구심의회에서 배상신청이 각하된 신청인은 재심을 신청할 수 없다.

③ 외국인에게 배상청구권이 인정되려면 상호보증이 요구되는데 상호보증은 당사국과의 조약이 체결되어 있을 것을 요구한다.

④ 일본 국가배상법 제1조 제1항, 제6조가 국가배상청구권의 발생요건 및 상호보증에 관하여 우리나라 국가배상법과 동일한 내용을 규정하고 있는 점 등에 비추어 보면 우리나라와 일본 사이에 국가배상법 제7조가 정하는 상호보증이 있다고 할 수 있다.

문 16. 사회적 기본권에 관한 설명으로 가장 적절하지 <u>않은</u> 것은? (다툼이 있는 경우 판례에 의함)

① 4·19혁명공로자에게 지급되는 보훈급여의 종류를 보상금이 아닌 수당으로 규정한 국가유공자법 제16조의4 제1항 및 2019년도 공로수당의 지급월액을 31만 1천원으로 규정한 것은 수당의 지급월액이 지나치게 과소하여 인간다운 생활을 할 권리를 침해한다고 할 수 없다.

② 서울대학교가 2021.4.29. 발표한 '서울대학교 2023학년도 대학 신입학생 입학전형 시행계획' 중 수능 위주전형 정시모집 '나'군의 전형방법의 2단계 평가에서 교과평가를 20점 반영하도록 한 '서울대학교 2023학년도 대학 신입학생 입학전형 시행계획'은 서울대학교에 진학하고자 하는 청구인들의 균등하게 교육을 받을 권리를 침해한다.

③ 서울대학교가 2021.4.29. 발표한 '서울대학교 2023학년도 대학 신입학생 입학전형 시행계획' 중 수능 위주전형 정시모집 '나'군의 전형방법의 2단계 평가에서 교과평가를 20점 반영하도록 한 '서울대학교 2023학년도 대학 신입학생 입학전형 시행계획'은 매 입학연도의 전 학년도가 개시되는 날의 10개월 전에 공표된 것이라면 신뢰보호원칙에 위반되지 않는다.

④ 검정고시로 고등학교 졸업학력을 취득한 사람들의 수시모집 지원을 제한하는 내용의 피청구인 국립교육대학교 등의 '2017학년도 신입생 수시모집 입시요강'이 청구인들의 균등하게 교육을 받을 권리를 침해한다.

문 17. 공무담임권에 관한 설명으로 가장 적절하지 <u>않은</u> 것은? (다툼이 있는 경우 판례에 의함)

① 변호사, 공인회계사, 관세사에 대한 가산비율 5%를 부여하는 구 공무원임용시험령은 공무담임권을 침해한다고 할 수 없다.

② 아동·청소년이용음란물소지죄를 저지른 사람이 공무를 수행할 경우 공직 전반에 대한 국민의 신뢰를 유지하기 어렵다는 점을 고려하면, 아동·청소년이용음란물임을 알면서 이를 소지한 죄로 형을 선고받아 그 형이 확정된 사람은 국가공무원법 제2조 제2항 제1호의 일반직공무원으로 임용될 수 없도록 한 국가공무원법은 청구인들의 공무담임권을 침해하지 않는다.

③ 전년도에 비해 모집인원을 대폭 축소한 관세직 국가공무원의 선발예정인원을 정한 인사혁신처 공고조항은 청구인의 기본권을 침해할 가능성이 없다.

④ 아동·청소년의 성보호에 관한 법률 제11조 제5항 가운데 '아동·청소년이용음란물임을 알면서 이를 소지한 죄로 형을 선고받아 그 형이 확정된 사람은 일반직공무원이 될 수 없도록 한 국가공무원법 제33조 제6호의4 나목 및 지방공무원법 제31조 제6호의4는 과잉금지원칙에 위배되어 청구인들의 공무담임권을 침해한다.

문 18. 직업의 자유에 관한 설명으로 가장 적절하지 <u>않은</u> 것은? (다툼이 있는 경우 판례에 의함)

① 동물약국 개설자가 수의사 또는 수산질병관리사의 처방전 없이 판매할 수 없는 동물용의약품을 규정한 '처방대상 동물용의약품 지정에 관한 규정' 제3조가 동물약국 개설자인 청구인들의 직업수행의 자유를 침해한다고 할 수 없다.

② 한국언론진흥재단에 사실상 정부광고 시장에 있어서의 광고대행을 독점하고 있고 이는 우리 헌법상의 시장경제질서에 비추어 볼 때, 위와 같은 독점 체제는 특별한 사정이 없는 한 헌법적 정당성을 갖기 어려운바, 문화체육관광부장관이 정부광고 업무를 한국언론진흥재단에 위탁하도록 한, '정부기관 및 공공법인 등의 광고시행에 관한 법률 시행령' 제6조 제1항은 광고대행업에 종사하는 청구인들의 직업수행의 자유를 침해한다고 할 수 없다.

③ 지역아동센터 시설별 신고정원의 80% 이상을 돌봄 취약아동으로 구성하도록 정한 '2019년 지역아동센터 지원 사업안내'는 직업수행의 자유를 침해한다.

④ 일반게임제공업자에 대해 게임물의 버튼 등 입력장치를 자동으로 조작하여 게임을 진행하는 장치 또는 소프트웨어를 제공하거나 게임물 이용자가 이를 이용하게 하는 행위를 금지하는 '게임산업진흥에 관한 법률 시행령' 별표2 제9호가 과잉금지원칙을 위반하여 일반게임제공업자의 직업의 자유를 침해한다고 할 수 없다.

문 19. 기본권 보호의무에 관한 설명으로 가장 적절한 것은? (다툼이 있는 경우 판례에 의함)

① 국가가 국민의 건강하고 쾌적한 환경에서 생활할 권리를 보호할 의무는 원칙적으로 권력분립과 민주주의의 원칙에 따라 입법자의 책임범위에 속하므로 헌법재판소는 단지 제한적으로만 입법자 또는 그로부터 위임받은 집행자에 의한 보호의무의 이행을 심사할 수 있을 뿐이다.

② 공직선거 선거운동 시 확성장치 사용에 따른 소음 규제를 하지 아니하여 국가가 국민의 건강하고 쾌적한 환경에서 생활할 권리에 대한 보호의무를 다하지 않았는지 여부가 문제가 되는 경우 헌법재판소가 심사할 때에는 최대한의 보호조치를 취하였는가 하는 이른바 '과잉금지원칙'의 위반 여부를 기준으로 삼아야 한다.

③ 헌법 제10조의 규정에 의하면, 국가는 개인이 가지는 불가침의 기본적 인권을 확인하고 이를 보장할 의무를 지나 생명·신체의 보호와 같은 중요한 기본권적 법익 침해에 대해서는 그것이 국가가 아닌 제3자로서의 사인에 의해서 유발된 것이라면 국가가 적극적인 보호의 의무를 지지 않는다.

④ 지뢰피해자 및 그 유족에 대한 위로금 산정 시 사망 또는 상이를 입을 당시의 월평균임금을 기준으로 하고, 그 기준으로 산정한 위로금이 2천만원에 이르지 아니할 경우 2천만원을 초과하지 아니하는 범위에서 조정·지급할 수 있도록 한 '지뢰피해자 지원에 관한 특별법'은 국가의 기본권 보호의무 위반 여부가 문제가 되는 사안이다.

문 20. 집회의 자유에 관한 설명으로 가장 적절하지 <u>않은</u> 것은? (다툼이 있는 경우 판례에 의함)

① 법원을 대상으로 하지 않고 검찰청 등 법원 인근 국가기관이나 일반법인 또는 개인을 대상으로 한 집회와 법원을 대상으로 한 집회라도 사법행정과 관련된 의사표시 전달을 목적으로 한 법원청사 100미터 이내 옥외집회는 허용되어야 한다.

② 국회의 헌법적 기능이 침해될 가능성이 부인되거나 현저히 낮은 국회의사당 경계지점으로부터 100미터 이내 장소에서 옥외집회는 허용되어야 한다.

③ '외교기관의 기능보장'과 '외교공관의 안녕보호' 그리고 '외국과의 선린관계'란 법익은 외교기관 인근에서 국민의 기본권행사를 금지할 수 있는 합리적인 이유가 될 수 있다.

④ 외교기관 100미터 이내 옥외집회 절대금지는 단순위헌결정이 나왔으나, 법원과 국회의사당 및 국무총리 공관 100미터 이내 옥외집회와 시위를 절대적으로 금지한 집시법에 대해서는 헌법불합치결정이 있었다.

MEMO

8회 전범위 모의고사

소요시간: _____ / 15분   맞힌 답의 개수: _____ / 20

문 1. 합헌적 법률해석에 관한 설명으로 옳은 것을 모두 고른 것은? (다툼이 있는 경우 판례에 의함)

> ㄱ. 합헌적 법률해석은 입법권을 침해하지 아니하는 범위 내에서 사법부가 최대한 해석상 재량을 발휘하는 것으로 사법적극주의의 전형적인 표현이다.
> ㄴ. 합헌적 법률해석은 미국에서 출발해서 독일에 영향을 주었고 우리나라 대법원과 헌법재판소 모두 인정하고 있다.
> ㄷ. 합헌적 법률해석이란 법률이 외형상 위헌적으로 보일 경우라도 그것이 헌법의 정신에 맞도록 해석될 여지가 조금이라도 있는 한 이를 쉽사리 위헌이라고 판단해서는 안 된다는 헌법의 해석지침을 말한다.
> ㄹ. 헌법재판소는 법원이 일반법률의 해석·적용을 충실히 수행한다는 것을 전제하고, 합헌적 법률해석의 요청에 의하여 위헌심사의 관점이 법률해석에 바로 투입되는 경우가 아닌 한 먼저 나서서 일반법률의 해석·적용을 확정해서는 안 된다.
> ㅁ. 합헌적 법률해석은 헌법재판소가 법률을 해석할 때 사용하는 해석기법이나, 일반법원과 무관하다.

① ㄱ, ㄴ
② ㄴ, ㄷ, ㅁ
③ ㄴ, ㄹ
④ ㄹ, ㅁ

문 2. 다음 심판대상에 관한 헌법재판소 판례와 일치하는 것은?

> 〈심판대상〉
> 교원의 노동조합 설립 및 운영 등에 관한 법률 제2조
> 【정의】 이 법에서 '교원'이란 초·중등교육법 제19조 제1항에서 규정하고 있는 교원을 말한다. 다만, 해고된 사람으로서 노동조합 및 노동관계조정법 제82조 제1항에 따라 노동위원회에 부당노동행위의 구제신청을 한 사람은 노동위원회법 제2조에 따른 중앙노동위원회(이하 '중앙노동위원회'라 한다)의 재심판정이 있을 때까지 교원으로 본다.

① 교원노조법은 국·공립학교 교원과 사립학교 교원의 노동조합 구성 및 활동을 분리하여 규율하고 있지 않으므로, 이 사건 법률조항이 헌법에 위반되는지 여부를 판단함에 있어서 국·공립학교 교원과 사립학교 교원의 경우를 나누어 판단하지 아니한다.

② 국제노동기구(ILO)의 '결사의 자유 위원회', 경제협력개발기구(OECD)의 '노동조합자문위원회' 등이 우리나라에 대하여 재직 중인 교사들만이 노동조합에 참여할 수 있도록 허용하는 것은 결사의 자유를 침해하는 것이므로 이를 국제기준에 맞추어 개선하도록 권고한 바 있으나 이러한 권고를 따르지 않았다면 국제법존중원칙에 위반된다.

③ 노동조합법 제2조 제1호 및 제4호 라목 본문에서 말하는 '근로자'에는 일시적으로 실업 상태에 있는 사람이나 구직 중인 사람도 근로3권을 보장할 필요성이 있는 한 그 범위에 포함되지 않으므로 해고된 교원은 노동조합법에 따라 노동조합을 설립하거나 그에 가입할 수 없다.

④ 이 사건 법률조항에 의하여 교원노조의 조직 및 구성에 있어 가장 핵심적으로 보장받아야 할 자주성이 저해되고 해직 교원이나 기타 구직 중인 교사자격소지자의 단결권은 사실상 전면 제한되는 반면, 이들에게 교원노조 조합원 자격을 인정하지 않음으로써 달성할 수 있는 공익의 달성 효과는 불분명하므로 이 사건 법률조항은 과잉금지원칙에 반하여 교원노조 및 해직 교원이나 구직 중인 교사자격소지자의 단결권을 침해하므로 헌법에 위반된다.

---

72 해커스경찰 police.Hackers.com

문 3. 헌법상 경제질서에 관한 설명으로 가장 적절하지 <u>않은</u> 것은? (다툼이 있는 경우 판례에 의함)

① 농지소유자가 농지처분명령을 이행하지 않는 경우 당해 농지의 토지가액의 100분의 20에 상당하는 이행강제금을 부과하도록 하는 등을 규정하고 있는 구 농지법은 헌법 제122조 및 경자유전의 원칙 및 소작제도 금지를 규정한 헌법 제121조 제1항에 근거를 둔 것으로서 정당하다.

② 임대인이 갱신거절권을 행사할 수 있는 사유를 재건축에 정당한 사유가 있는 경우로 한정하지 아니한 상가건물 임대차보호법 제10조는 임차인 보호에 소홀한 부분이 있는바, 입법자가 헌법 제119조 제2항의 책무를 위반하였다.

③ 현대에 있어서의 조세의 기능은 국민이 공동의 목표로 삼고 있는 일정한 방향으로 국가사회를 유도하고 그러한 상태를 형성한다는 보다 적극적인 목적을 가지고 부과되는 것이 오히려 일반적인 경향이 되고 있는데 이러한 조세의 유도적·형성적 기능은 '균형 있는 국민경제의 성장 및 안정과 적정한 소득의 분배를 유지하고, 시장의 지배와 경제력의 남용을 방지하며, 경제주체간의 조화를 통한 경제의 민주화를 위하여' 국가로 하여금 경제에 관한 규제와 조정을 할 수 있도록 한 제119조 제2항에 의하여 그 헌법적 정당성이 뒷받침되고 있다.

④ 국제그룹 해체를 위한 재무부장관의 공권력의 행사는 법률적 근거 없이 사영기업의 경영권에 개입하여 그 힘으로 이를 제3자에게 이전시키기 위한 공권력의 행사였다는 점에서 헌법 제119조 제1항·제126조 소정의 개인기업의 자유와 경영권 불간섭의 원칙을 직접적으로 위반한 것이다.

문 4. 다음 헌법조항에 관한 설명으로 가장 적절한 것은? (다툼이 있는 경우 판례에 의함)

> 헌법 제119조 ① 대한민국의 경제질서는 개인과 기업의 경제상의 자유와 창의를 존중함을 기본으로 한다.
> ② 국가는 균형 있는 국민경제의 성장 및 안정과 적정한 소득의 분배를 유지하고, 시장의 지배와 경제력의 남용을 방지하며, 경제주체 간의 조화를 통한 경제의 민주화를 위하여 경제에 관한 규제와 조정을 할 수 있다.

① 국가에 대하여 경제에 관한 규제와 조정을 할 수 있도록 규정한 헌법 제119조 제2항이 보유세 부과 그 자체를 금지하는 취지로 보이지 아니하므로 주택 등에 보유세인 종합부동산세를 부과하는 그 자체를 헌법 제119조에 위반된다.

② 조세의 기능은 국가재정 수요의 충당이라는 고전적이고도 소극적인 목표에 그쳐야 하지 국민이 공동의 목표로 삼고 있는 일정한 방향으로 국가사회를 유도하고 그러한 상태를 형성한다는 보다 적극적인 목적을 가지고 조세를 부과해서는 안 된다.

③ 경제조항은 제헌헌법부터 독립된 장으로 규정되어 왔고 자유시장 경제질서는 제2차 개정헌법에서 처음으로 채택되었고, 개인의 자유와 창의존중(헌법 제119조 제1항)은 제5차 개정헌법에서 처음으로 규정되었다. 독과점 규제는 제8차 개정헌법에 규정된 바 있었으나, 현행헌법에서는 삭제되었다. 다만, 현행헌법 제119조 제2항의 시장의 지배와 경제력 남용 방지를 독과점 규제의 근거로 이해하는 것이 헌법재판소 판례이다.

④ 현행헌법의 경제조항들이 비교적 상세한 것은 제헌헌법의 자유주의적 시장경제질서를 복지국가적 시각에서 교정하여 혼합경제질서를 위해 제헌헌법 이후의 역대 개정헌법들이 경제에 대한 국가 개입을 강화해 온 추세를 반영한 것이다.

문 5. 근로3권에 관한 설명으로 옳지 <u>않은</u> 것을 모두 고른 것은? (다툼이 있는 경우 판례에 의함)

> ㄱ. 법률이 정하는 주요방위산업체에 종사하는 근로자의 근로3권은 법률이 정하는 바에 의하여 이를 제한하거나 인정하지 아니할 수 있다.
>
> ㄴ. 주요 방산물자를 생산하는 사업장 혹은 생산과정상 그와 긴밀한 연계성이 인정되는 방위산업체에 종사하는 자에 한하여 쟁의권을 부인하는 것은 헌법에 반하지 않는다.
>
> ㄷ. 청원경찰의 복무에 관하여 국가공무원법 제66조 제1항을 준용함으로써 노동운동을 금지하는 청원경찰법은 국가기관이나 지방자치단체 이외의 곳에서 근무하는 청원경찰인 청구인들의 근로3권을 침해한다고 할 수 없다.
>
> ㄹ. 국가는 그러한 근로계약관계에 있어서 노동조합 및 노동관계조정법 제2조 제2호에 정한 사업주로서 단체교섭의 당사자의 지위에 있는 사용자에 해당한다.
>
> ㅁ. 노동조합이 당해 사업장에 종사하는 근로자의 3분의 2 이상을 대표하고 있을 때에는 근로자가 그 노동조합의 조합원이 될 것을 고용조건으로 하는 단체협약의 체결을 부당노동행위의 예외로 하는 법률규정은 노동조합의 적극적 단결권이 근로자 개인의 단결하지 않을 자유보다 중시된다고 할 수 없고 노동조합에게 위와 같은 조직강제권을 부여하는 것은 근로자의 단결하지 아니할 자유의 본질적인 내용을 침해하는 것이므로 근로자의 단결권을 보장한 헌법에 위반된다.

① ㄱ, ㄴ, ㄷ 　　② ㄱ, ㄷ, ㅁ
③ ㄴ, ㄷ, ㄹ 　　④ ㄷ, ㄹ, ㅁ

문 6. 단결권에 관한 설명으로 가장 적절한 것은? (다툼이 있는 경우 판례에 의함)

① 헌법 제33조 제1항에 의하면 단결권의 주체는 단지 개인인 것처럼 표현되어 있으므로 근로자 개인의 단결권은 보장하나 노동 단체 자체의 단결권을 보장하고 있는 것은 아니다.

② 헌법 제33조 제2항의 취지는 공무원의 종류와 직급·직무내용에 따른 직무의 공공성, 지휘감독을 받는 근로자성의 정도, 근로조건의 내용, 근로조건을 향상시킬 필요성의 정도를 종합적으로 고려하여 노동3권의 전부 또는 일부가 허용되는 공무원의 범위를 법률로 정하라는 것이며, 근로3권이 보장되는 공무원의 범위를 사실상 노무에 종사하는 공무원에 한정한 국가공무원법 제66조 제1항은 위와 같은 헌법 제33조 제2항의 취지를 벗어나 노동운동을 위한 집단적 행위를 과도하게 제한하여 헌법에 합치되지 아니한다.

③ 근로자에게 보장된 단결권의 내용에는 단결할 자유뿐만 아니라 노동조합을 결성하지 아니할 자유나 노동조합에 가입을 강제당하지 아니할 자유, 그리고 가입한 노동조합을 탈퇴할 자유도 포함된다.

④ 근로3권 중 근로자의 단결권은 국민의 결사와 헌법 제33조에서 보호되나, 사용자와의 관계에서 특별한 보호를 받아야 할 경우에는 헌법 제33조가 우선적으로 적용되지만, 그렇지 않은 통상의 결사 일반에 대한 문제일 경우에는 헌법 제21조 제2항의 결사에 대한 허가제금지원칙이 적용된다.

문 7. 피의자 甲이 체포영장에 의하여 체포되었다. 피의자 신문 중 변호사인 乙은 피의자 가족들의 의뢰를 받아 피의자와의 접견을 신청하였으나, 교도관은 형의 집행 및 수용자의 처우에 관한 법률 시행령 제58조 제1항에 근거하여 접견을 거부하였고 피청구인 검사는 접견 조치를 취하지 아니하였다. 변호사인 乙의 헌법소원심판 청구에 관한 설명으로 가장 적절한 것은? (다툼이 있는 경우 판례에 의함)

> 형의 집행 및 수용자의 처우에 관한 법률 시행령 제58조【접견】① 수용자의 접견은 매일(공휴일 및 법무부장관이 정한 날은 제외한다) 국가공무원 복무규정 제9조에 따른 근무시간 내에서 한다.
>
> 형사소송법 제243조의2【변호인의 참여 등】① 검사 또는 사법경찰관은 피의자 또는 그 변호인·법정대리인·배우자·직계친족·형제자매의 신청에 따라 변호인을 피의자와 접견하게 하거나 정당한 사유가 없는 한 피의자에 대한 신문에 참여하게 하여야 한다.

① 교도관의 접견불허행위는 변호인의 접견교통권을 침해한다.
② '변호인이 되려는 자'의 접견교통권 역시 피체포자 등의 '변호인의 조력을 받을 권리'를 기본권으로 인정한 결과 발생하는 간접적이고 부수적인 효과로서 형사소송법 등 개별 법률을 통하여 구체적으로 형성된 법률상의 권리에 불과하고, '헌법상 보장된 독자적인 기본권'으로 볼 수는 없다.
③ 수용자에 대한 접견신청이 있는 경우 그 장소가 교도관의 수용자 계호 및 통제가 요구되는 공간이라면 교도소장·구치소장 또는 그 위임을 받은 교도관이 그 허가 여부를 결정하는 것이 원칙이나 피의자신문 중 변호인 접견신청이 있는 경우에는 검사 또는 사법경찰관이 그 허가 여부를 결정할 주체이다.
④ '변호인이 되려는 자'의 접견교통권은 국가안전보장, 질서유지 또는 공공복리를 위하여 필요한 경우에는 법률로써도 제한할 수 없다.

문 8. 재판청구권에 관한 설명으로 옳고 그름의 표시(○, ×)가 바르게 된 것은? (다툼이 있는 경우 판례에 의함)

> ㄱ. 헌법 제27조 제1항은 "모든 국민은 헌법과 법률이 정한 법관에 의하여 법률에 의한 재판을 받을 권리를 가진다."라고 규정하고 있는바, 법관에 의한 재판을 받을 권리를 보장한다고 함은 법관이 사실을 확정하고 법률을 해석·적용하는 재판을 받을 권리를 보장한다는 뜻이다
>
> ㄴ. 헌법 제27조 제1항은 "모든 국민은 헌법과 법률이 정한 법관에 의하여 법률에 의한 재판을 받을 권리를 가진다."라고 규정하고, 같은 조 제3항은 "모든 국민은 신속한 재판을 받을 권리를 가진다. 형사피고인은 상당한 이유가 없는 한 지체 없이 공정한 재판을 받을 권리를 가진다."라고 규정함으로써 공정하고 신속한 공정한 재판을 받을 권리를 보장하고 있다.
>
> ㄷ. 범죄인인도절차는 본질적으로 형사소송절차적 성격을 갖는 것이고 재판절차로서의 형사소송절차는 당연히 상급심에의 불복절차를 포함하는 것이므로, 범죄인인도심사를 서울고등법원의 전속관할로 하고 그 결정에 대하여 대법원에의 불복절차를 인정하지 않는 법률조항은 범죄인의 재판청구권을 침해한다.
>
> ㄹ. 피고인에게 치료감호에 대한 재판절차에의 접근권을 부여하는 것이 피고인의 권리를 보다 효율적으로 보장하기 위하여 필요하다고 인정되므로 '피고인 스스로 치료감호를 청구할 수 있는 권리' 역시 재판청구권의 보호범위에 포함된다.

① ㄱ(○), ㄴ(○), ㄷ(×), ㄹ(○)
② ㄱ(×), ㄴ(○), ㄷ(×), ㄹ(×)
③ ㄱ(○), ㄴ(×), ㄷ(×), ㄹ(×)
④ ㄱ(×), ㄴ(×), ㄷ(○), ㄹ(○)

문 9. 인간의 존엄과 가치의 보호영역에 관한 설명으로 가장 적절하지 <u>않은</u> 것은? (다툼이 있는 경우 판례에 의함)

① 헌법 제10조로부터 도출되는 일반적 인격권에는 각 개인이 그 삶을 사적으로 형성할 수 있는 자율영역에 대한 보장이 포함되어 있음을 감안할 때, 장래 가족의 구성원이 될 태아의 성별정보에 대한 접근을 국가로부터 방해받지 않을 부모의 권리는 이와 같은 일반적 인격권에 의하여 보호된다.

② 헌법 제10조로부터 도출되는 일반적 인격권에는 개인의 명예에 관한 권리도 포함되며, 사자(死者)에 대한 사회적 명예와 평가의 훼손은 사자와의 관계를 통하여 스스로의 인격상을 형성하고 명예를 지켜온 그 후손의 인격권을 제한한다.

③ 이동전화번호의 한시적 번호이동을 허용하도록 한 방송통신위원회의 이행명령은 010번호 이외의 식별번호 사용자의 인격권과 개인정보자기결정권을 제한한다.

④ 성명은 개인의 정체성과 개별성을 나타내는 인격의 상징으로서 개인이 사회 속에서 자신의 생활영역을 형성하고 발현하는 기초가 되는 것이라 할 것이므로 자유로운 성의 사용 역시 헌법상 인격권으로부터 보호된다고 할 수 있다.

문 10. 집회 및 시위에 관한 법률(이하 '집시법'이라 한다)에 관한 설명으로 옳고 그름의 표시(○, ×)가 바르게 된 것은? (다툼이 있는 경우 판례에 의함)

ㄱ. 학문, 예술, 체육, 종교 집회는 허가를 요하지는 않으나 신고를 해야 한다.
ㄴ. 경찰관은 집회, 시위의 질서유지를 위하여 집회 또는 시위의 장소에 정복을 입고 자유롭게 출입할 수 있으며, 집회 또는 시위의 주최자에게 알릴 필요는 없다.
ㄷ. 집회 또는 시위의 주최자는 집시법 제8조에 따른 금지 통고를 받았을 경우, 통고를 받은 날부터 7일 이내에 해당 경찰관서의 바로 위의 상급경찰관서의 장에게 이의를 신청할 수 있다.
ㄹ. 집회금지통고에 대한 이의신청을 받은 때부터 재결기관이 24시간 이내 재결서를 발송하지 않으면 금지통고는 그때부터 효력을 상실한다.
ㅁ. 집회 및 시위의 자유와 공공의 안녕질서가 조화를 이루도록 하기 위하여 각급 경찰관서에 각급 경찰관서장의 자문 등에 응하는 집회 · 시위자문위원회를 두어야 한다.

① ㄱ(○), ㄴ(○), ㄷ(×), ㄹ(○), ㅁ(○)
② ㄱ(×), ㄴ(×), ㄷ(○), ㄹ(×), ㅁ(○)
③ ㄱ(×), ㄴ(×), ㄷ(×), ㄹ(×), ㅁ(×)
④ ㄱ(×), ㄴ(○), ㄷ(○), ㄹ(○), ㅁ(×)

문 11. 재산권에 관한 설명으로 가장 적절하지 <u>않은</u> 것은? (다툼이 있는 경우 판례에 의함)

① 민법 제166조 제1항, 제766조 제2항의 객관적 기산점을 과거사정리법 제2조 제1항 제3, 4호의 민간인 집단희생사건, 중대한 인권침해·조작의혹사건에 적용하도록 규정하는 것은, 소멸시효제도를 통한 법적 안정성과 가해자 보호만을 지나치게 중시한 나머지 합리적 이유 없이 위 사건 유형에 관한 국가배상청구권 보장 필요성을 외면한 것으로서 입법형성의 한계를 일탈하여 청구인들의 국가배상청구권을 침해한다.

② 환매권의 발생기간을 토지의 협의취득일 또는 수용의 개시일부터 10년 이내로 제한하고 있는 '공익사업을 위한 토지 등의 취득 및 보상에 관한 법률' 제91조 제1항은 재산권을 침해한다고 할 수 없다.

③ 헌법 제23조 제3항은 재산권 수용의 주체를 한정하지 않고 있는바, 수용 등의 주체를 국가 등의 공적 기관에 한정하여 해석할 이유가 없으므로 사인이나 민간단체도 수용의 주체가 될 수 있다.

④ 통일부장관이 2010.5.24. 발표한 북한에 대한 신규투자 불허 및 진행 중인 사업의 투자확대 금지 등을 내용으로 하는 대북조치로 인한 토지이용권의 제한은 헌법 제23조 제1항, 제2항에 따라 재산권의 내용과 한계를 정한 것인 동시에 재산권의 사회적 제약을 구체화하는 것으로 볼 수 있다.

문 12. 언론·출판의 자유에 관한 설명으로 가장 적절하지 <u>않은</u> 것은? (다툼이 있는 경우 판례에 의함)

① 우리 헌법은 제21조 제2항에서 "언론·출판에 대한 허가나 검열 … 는 인정되지 아니한다."라고 특별히 규정하여, 언론·출판의 자유에 대하여 허가나 검열을 수단으로 한 제한만은 헌법 제37조 제2항의 규정에도 불구하고 어떠한 경우라도 법률로써도 허용되지 아니한다.

② 인터넷신문 등록요건으로 5인 이상 취재 및 편집 인력을 고용하도록 하고 한 신문 등의 진흥에 관한 법률은 헌법 제21조 제2항에 위배된다고 볼 수 없다.

③ 사전허가금지의 대상은 어디까지나 언론·출판 자유의 내재적 본질인 표현의 내용을 보장하는 것을 말하는 것이지, 언론·출판을 위해 필요한 물적 시설이나 언론기업의 주체인 기업인으로서의 활동까지 포함되는 것으로 볼 수는 없다.

④ 상업광고는 표현의 자유의 보호영역에 속하지만 사상이나 지식에 관한 정치적, 시민적 표현행위와는 차이가 있고, 한편 직업수행의 자유의 보호영역에 속하지만 인격발현과 개성신장에 미치는 효과가 중대한 것은 아니므로 상업광고규제에 대해서는 비례원칙이 적용되지 않고 입법재량의 범위를 현저히 벗어났는지 여부만 심사한다.

문 13. 영장주의에 관한 설명으로 가장 적절하지 <u>않은</u> 것은? (다툼이 있는 경우 판례에 의함)

① 범죄수사를 위한 통신제한조치로서 '인터넷회선을 통하여 송·수신하는 전기통신'에 대한 감청을 법원의 허가대상으로 하는 통신비밀보호법은 영장주의에 위배되지 않으나 과잉금지원칙에 위배된다.

② 긴급조치 위반자 및 비방자는 법관의 영장 없이 체포·구속·압수·수색할 수 있다고 규정한 긴급조치 제1호 제5항은 법관의 구체적 판단 없이 체포·구속·압수·수색할 수 있도록 하고, 이에 대하여 법관에 의한 아무런 사후적 심사장치도 두지 아니한 것이므로, 비록 국가긴급권이 발동되는 상황이라 하더라도 지켜져야 할 영장주의의 본질을 침해하는 것이다.

③ 헌법 제12조 제3항과는 달리 헌법 제16조 후문은 "주거에 대한 압수나 수색을 할 때에는 검사의 신청에 의하여 법관이 발부한 영장을 제시하여야 한다."라고 규정하고 있을 뿐 영장주의에 대한 예외를 명문화하고 있지 않으나 헌법 제16조의 영장주의에 대해서도 그 예외가 인정된다.

④ 법에서 일정한 의무를 부과하고 불이행에 대해 형벌에 의한 불이익을 부과함으로써 심리적·간접적으로 지문채취를 강요하고 있다면 지문채취의 강요는 영장주의에 의하여야 할 강제처분이라 할 수 있다.

문 14. 사회적 기본권에 관한 설명으로 가장 적절하지 <u>않은</u> 것은? (다툼이 있는 경우 판례에 의함)

① 상가 임차인의 계약갱신요구권은 헌법 제34조 제1항의 생존권 내지 인간다운 생활을 할 권리에 의한 보호대상이 아니다.

② 헌법이 스스로 국가기관에게 특정한 의무를 부과하는 경우에 한하여, 헌법재판소는 헌법재판의 형태로써 국가기관이 특정한 행위를 하지 않은 부작위의 위헌성을 확인할 수 있을 뿐이나 헌법재판소가 결정의 형식으로 입법할 수 없다.

③ 공무원연금제도는 일종의 사회보험으로서 보험의 기본원리에 있어서는 사보험(私保險)과 다르게 급부와 반대급부 균형의 원칙이 유지되지 못한다.

④ 국가가 인간다운 생활을 보장하기 위한 입법은 입법자의 재량이므로 국가가 최저생활보장에 관한 입법을 전혀 하지 아니하였다고 하더라도 입법부작위는 헌법에 위반될 수 없다.

문 15. 공무담임권에 관한 설명으로 가장 적절하지 <u>않은</u> 것은? (다툼이 있는 경우 판례에 의함)

① 피성년후견인이 된 경우 당연퇴직되도록 한 구 국가공무원법 제69조는 과잉금지원칙에 반하여 공무담임권을 침해한다.

② 아동·청소년의 성보호에 관한 법률 제2조 제2호에 따른 아동·청소년대상 성범죄에 해당하는 죄를 저질러 파면·해임되거나 형 또는 치료감호를 선고받아 그 형 또는 치료감호가 확정된 사람은 공무원으로 임용될 수 없도록 한 국가공무원법 제33조 제6호의4는 과잉금지원칙에 위반되어 청구인의 공무담임권을 침해한다.

③ 아동·청소년이용음란물임을 알면서 이를 소지한 죄로 형을 선고받아 그 형이 확정된 사람은 국가공무원법 제2조 제2항 제1호의 일반직공무원으로 임용될 수 없도록 한 국가공무원법 제33조 제6호의4 나목은 공무담임권을 침해하지 않는다.

④ 변호사, 공인회계사, 관세사에 대한 가산비율 5%를 부여하는 구 공무원임용시험령은 공무담임권을 침해하지 않는다.

문 16. 경과규정에 관련된 헌법재판소 판례와 일치하지 <u>않는</u> 것은?

① 조세감면규제법의 개정으로 인한 소득공제율을 축소하면서 경과규정을 두지 않고 한 회계연도에 축소된 공제율을 적용한 것으로 청구인의 신뢰가 상당한 정도로 침해되었다고 판단된다.

② 의료기관 시설에서 약국개설을 금지하는 입법을 하면서 1년의 유예기간을 두어 법 시행 후 1년 뒤에는 기존의 약국을 운영할 수 없게 한 것은 신뢰보호원칙에 위반되지 않는다.

③ PC방 전체를 금연구역으로 지정하기로 한 국민건강증진법 중 2년의 경과규정을 둔 것은 신뢰보호원칙에 위배되지 아니한다.

④ 약사의 한약제조권을 제한하면서 한약을 제조해왔던 약사들에게 2년의 유예기간을 두고 있다면 약사법 개정 이전부터 한약을 조제하여 온 약사들의 신뢰를 충분히 보호하고 있다고 볼 수 없다.

문 17. 종별로 수입금액이 일정 규모 이상인 사업자에게 성실신고확인서를 제출하도록 하고 있는 소득세법에 대해 세무사가 헌법소원을 청구하였다. 이에 관한 설명으로 옳은 것을 모두 고른 것은? (다툼이 있는 경우 판례에 의함)

> ㄱ. 심판대상조항으로 인하여 확인대상사업자가 세무사 등으로부터 그 확인서를 받기 위해 비용을 지출해야 하나 납세자의 재산권은 제한을 받는다고 할 수 없다.
> ㄴ. 성실신고확인서를 제출하도록 하여 세무사가 납세자와 사이에 세무대리계약 체결을 거절하여 입는 재산상의 손해는 재산권의 내용에 포함된다고 보기 어렵다.
> ㄷ. 심판대상조항으로 인하여 세무사는 과세관청의 당시 과세 경향 또는 과세관청이 암묵적으로 요구하는 성실신고 양식에 맞추어 신고할 수밖에 없게 되므로, 심판대상조항은 세무사의 양심실현의 자유를 제한한다고 할 수 없다.
> ㄹ. 변호사에 대해서는 일정 법률 업무에 대해 국선변호인 선정 시 대가를 지급하고 있으나 세무사에 대해서는 사실상 성실신고확인서 작성 의무를 부담시키면서 아무런 대가를 지급하지 않고 있고, 그 의무대상자에 개인사업자와 달리 법인사업자를 제외하고 있어 평등원칙 위반의 문제가 발생한다.
> ㅁ. 과세관청의 공무원을 증원하거나 세무사에게 성실신고확인서를 작성하는 공적 지위를 부여하거나 소득세 신고 이후 과세관청의 조사 결과 불성실신고가 확인된 사업자 등으로 성실신고확인서 제출의무 대상자를 한정하는 등 기본권을 덜 제한하는 방법이 있으므로, 심판대상조항은 과잉금지원칙에 위배되어 세무사의 직업행사의 자유를 침해한다.

① ㄱ, ㄴ, ㄷ
② ㄱ, ㄷ, ㅁ
③ ㄴ, ㄷ, ㄹ
④ ㄷ, ㄹ, ㅁ

문 18. 외국인의 기본권 주체성에 관한 설명으로 가장 적절한 것은? (다툼이 있는 경우 판례에 의함)

① '인간의 권리'로서 외국인에게도 주체성이 인정되는 일정한 기본권에 관하여 불법체류 여부에 따라 그 인정 여부는 달라진다.
② 불법체류 중인 외국인은 다른 기본권은 별론으로 하더라도 주거의 자유의 주체가 될 수는 없다.
③ 신체의 자유, 변호인의 조력을 받을 권리, 재판청구권은 성질상 인간의 권리에 해당하나 불법체류 외국인에게는 인정되지 않는다.
④ 외국국적 동포를 대한민국 정부수립을 기준으로 하여 차별한 것은 외국인에게 성질상 제한되거나 상호주의가 적용되는 문제이므로 청구인(대한민국 정부수립 이전의 재외동포인 외국인)은 평등권 침해를 주장할 수 있다.

문 19. 변호사 등록료를 규정하고 있는 변호사협회의 변호사 등록 등에 관한 규칙에 대한 헌법소원이 청구되었다. 이에 관한 설명으로 가장 적절하지 <u>않은</u> 것은? (다툼이 있는 경우 판례에 의함)

① 변호사 등록이 단순히 변협과 그 소속 변호사 사이의 내부 법률문제라거나, 변협의 고유사무라고 할 수 없다. 이와 같은 점을 고려할 때, 변협은 변호사 등록에 관한 한 공법인으로서 공권력 행사의 주체라고 할 것이다.

② 변호사 등록을 신청하는 자에게 등록료 1,000,000원을 납부하도록 정한 대한변호사협회의 '변호사 등록 등에 관한 규칙'은 헌법소원심판의 대상이 되는 '공권력의 행사'에 해당한다.

③ 심판청구 후 이 사건 규정이 개정되어 변호사 등록료가 변경되었지만, 헌법적 해명의 필요성이 있으므로, 예외적으로 변호사 등록을 신청하는 자에게 등록료 1,000,000원을 납부하도록 정한 대한변호사협회의 '변호사 등록 등에 관한 규칙'에 대한 심판의 이익이 인정된다.

④ 변협은 변호사로서 개업하기 위해서 강제로 가입해야하는 단체임에도 불구하고, 1,000,000원이라는 지나치게 과도한 등록료를 책정하고 있다. 신규변호사에 대한 처우가 매우 열악한 현 상황에서 이 사건 규정은 등록료를 낼 경제적 여력이 없는 자에 대해서도 예외조항을 두지 않고 있다. 따라서 이 사건 규정은 청구인의 직업수행의 자유를 침해한다.

문 20. 행복추구권의 보호영역에 관한 헌법재판소의 결정으로 가장 적절한 것은?

① 공물을 사용·이용하게 해달라고 국가에 대하여 청구할 수 있는 권리, 즉 공물이용권이 행복추구권에 포함되므로 일반 공중에게 개방된 장소인 서울광장을 개별적으로 통행하거나 서울광장에서 여가활동이나 문화활동을 하는 것은 일반적 행동자유권의 내용으로 보장된다.

② 법률행위의 영역에 있어서 계약을 체결할 것인가의 여부, 체결한다면 어떠한 내용의, 어떠한 상대방과의 관계에서, 어떠한 방식으로 계약을 체결하느냐 여부 등의 계약자유의 원칙은 일반적 행동자유권으로부터 파생된다.

③ 국민건강보험법에 의하여 요양급여를 요구할 권리는 포괄적 자유권인 행복추구권의 내용에 포함된다고 할 수 있다.

④ 광장에서 여가활동이나 문화활동을 하는 것은 일반적 행동자유권의 보호영역에 포함되지만, 그 광장 주변을 출입하고 통행하는 개인의 행위는 거주·이전의 자유로 보장될 뿐 일반적 행동자유권의 내용으로는 보장되지 않는다.

문 1. 행복추구권에 관한 설명으로 가장 적절하지 <u>않은</u> 것은? (다툼이 있는 경우 판례에 의함)

① 육군 장교가 민간법원에서 약식명령을 받아 확정되면 자진신고할 의무를 규정한, '2020년도 장교 진급지시'를 규정한 육군지시 자진신고조항 및 21년도 육군지시 자진신고조항이 과잉금지원칙에 반하여 일반적 행동의 자유를 침해하지 않는다.

② 미결수용자가 가족과 접견하는 것과 미결수용자의 가족이 미결수용자와 접견하는 것 역시 헌법 제10조가 보장하고 있는 인간으로서의 존엄과 가치 및 행복추구권 가운데 포함되는 헌법상의 기본권이다.

③ 미결수용자의 가족이 인터넷화상접견이나 스마트접견과 같이 영상통화를 이용하여 접견할 권리가 접견교통권의 핵심적 내용에 해당되어 헌법에 의해 직접 보장된다.

④ 미결수용자의 배우자에 대해서는 인터넷화상접견과 스마트접견을 할 수 있도록 하고 허용하지 않는 구 '수용관리 및 계호업무 등에 관한 지침'은 행복추구권 또는 일반적 행동자유권의 제한은 인정하기 어렵다.

문 2. 인터넷 게시판에 글을 쓰고자 하는 경우 본인확인을 받도록 한 법률들에 관한 설명으로 옳고 그름의 표시 (○, ×)가 바르게 된 것은? (다툼이 있는 경우 판례에 의함)

ㄱ. 인터넷게시판 본인확인제는 인터넷이라는 매체에 글을 쓰고자 하는 자와 다른 매체에 글을 쓰는 자를 차별취급하고 있으나, 이러한 차별취급에 관한 판단은 익명표현의 자유의 침해 여부에 관한 판단과 동일하다고 할 수 있으므로 평등권 침해 여부는 별도로 판단하지 아니한다.

ㄴ. 헌법 제21조 제1항에서 보장하고 있는 표현의 자유는 사상 또는 의견의 자유로운 표명(발표의 자유)과 그것을 전파할 자유(전달의 자유)를 의미하는 것으로서, 그러한 의사의 '자유로운' 표명과 전파의 자유에는 자신의 신원을 누구에게도 밝히지

아니한 채 익명 또는 가명으로 자신의 사상이나 견해를 표명하고 전파할 익명표현의 자유도 포함된다.

ㄷ. 인터넷언론사가 선거운동기간 중에 인터넷게시판과 대화방에 정당·후보자에 대해 지지·반대의 글을 게시할 수 있도록 운영하는 경우 게시자의 실명을 기입하도록 하는 기술적 조치를 취해야 한다는 의무를 부과하고 있는 법규정은 결국 인터넷 사용자가 실명을 거치지 않고는 정치적 의견을 표출할 수 없도록 사전에 막는 것이므로 사전검열금지의 원칙에 반하여 인터넷 사용자의 표현의 자유를 침해하는 것이다.

ㄹ. 국가기관, 지방자치단체, 공공기관의 운영에 관한 법률 제5조 제3항에 따른 공기업·준정부기관 및 지방공기업법에 따른 지방공사·지방공단으로 하여금 정보통신망 상에 게시판을 설치·운영하려면 게시판 이용자의 본인 확인을 위한 방법 및 절차의 마련 등 대통령령으로 정하는 필요한 조치를 하도록 규정한 '정보통신망 이용촉진 및 정보보호 등에 관한 법률'은 과잉금지원칙을 준수하고 있으므로 청구인의 익명표현의 자유를 침해한다.

ㅁ. 본인확인제는 정보통신서비스 제공자에게 인터넷 게시판을 운영함에 있어서 본인확인조치를 이행할 의무를 부과하여 정보통신서비스 제공자의 직업수행의 자유도 제한하나, 본인확인제의 도입배경 등을 고려할 때 이 사건과 가장 밀접한 관계에 있고 또 침해의 정도가 큰 주된 기본권은 언론의 자유라고 할 수 있다.

ㅂ. 인터넷언론사가 선거운동기간 중 당해 홈페이지의 게시판 등에 정당·후보자에 대한 지지·반대의 정보를 게시할 수 있도록 하는 경우 실명을 확인받도록 하는 기술적 조치를 하여야 하고 이를 위반한 때에는 과태료를 부과하는 구 공직선거법은 명확성원칙에 위배된다고 할 수 없다.

① ㄱ(○), ㄴ(○), ㄷ(×), ㄹ(×), ㅁ(○), ㅂ(○)
② ㄱ(×), ㄴ(×), ㄷ(×), ㄹ(×), ㅁ(×), ㅂ(×)
③ ㄱ(○), ㄴ(×), ㄷ(×), ㄹ(○), ㅁ(○), ㅂ(○)
④ ㄱ(×), ㄴ(○), ㄷ(○), ㄹ(○), ㅁ(×), ㅂ(×)

문 3. 종로경찰서 소속 채증요원들은 집회 참가자들이 신고 장소를 벗어난 다음 경찰의 경고 등의 조치가 있을 무렵부터 채증카메라 등을 이용하여 집회참가자들의 행위, 경고장면과 해산절차장면 등을 촬영하였다. 이에 대해 제기된 헌법소원심판에 관한 설명으로 가장 적절하지 <u>않은</u> 것은? (다툼이 있는 경우 판례에 의함)

① 집회·시위 현장에서 불법행위의 증거자료를 확보하기 위해 행정조직의 내부에서 상급행정기관이 하급행정기관에 대하여 발령한 채증규칙(경찰청 예규)에 대한 헌법소원 청구는 직접성요건을 결여로 부적법한 청구이다.

② 이 사건 촬영행위는 이미 종료되었으나 기본권 침해행위가 장차 반복될 위험이 있거나 당해 분쟁의 해결이 헌법질서의 유지·수호를 위하여 긴요한 사항이어서 헌법적으로 그 해명이 중대한 의미를 지니고 있는 때에는 예외적으로 심판의 이익을 인정할 수 있다.

③ 옥외집회·시위 현장에서 참가자들을 촬영·녹화하는 경찰의 촬영행위는 일반적 인격권과 개인정보자기결정권, 집회의 자유를 제한할 수 있다.

④ 단순히 신고 장소를 벗어난 미신고집회로 되었다는 이유로 위법한 해산명령을 발령한 이후 그 해산명령에 불응한다는 이유로 집회참가자들을 상대로 채증 목적의 촬영을 했다는 점에서도 이 사건 촬영행위는 정당화되기 어렵고 원거리에서 집회참가자 개개인의 신원이 식별되지 않는 수준에서 촬영이 이루어지면 충분하였음에도 근접 촬영한 것은 지나치게 기본권을 제한하였다고 할 수 있다.

문 4. 전동킥보드의 최고속도는 25km/h를 넘지 않아야 한다고 규정한 구 '안전확인대상생활용품의 안전기준'에 관한 헌법소원청구이 청구되었다. 이에 관한 설명으로 가장 적절한 것은? (다툼이 있는 경우 판례에 의함)

① 심판대상은 전동킥보드를 구입하고자 하는 청구인의 신체의 자유와 자기결정권 및 일반적 행동자유권을 제한한다.

② 청구인이 심판청구할 당시인 2017.12.14.에는 전기자전거와 전동킥보드의 최고속도 제한기준상 차별취급이 존재하였던 것은 사실이나, 2018.3.19. 개정고시 이후에는 전기자전거의 최고속도 제한 기준이 전동킥보드와 동일해졌다면 차별취급 문제는 더 이상 존재하지 않아 차별취급의 합리적 이유가 있는지 여부를 판단할 필요가 없다.

③ 전동킥보드와 배기량 125cc 이하의 이륜자동차는 동일하게 취급되어야 하는 비교집단이라 볼 수 있다.

④ 전동킥보드에 대해서만 최고속도 제한기준을 둠으로써 그와는 제한기준이 30km/h로 다른 전기자전거, 또는 그러한 제한기준이 없는 배기량 125cc 이하의 이륜자동차나 새로운 개인형 이동수단(스마트 모빌리티) 및 해외제조 전동킥보드와 비교하여 평등권을 제한한다.

문 5. 주민투표에 관한 설명으로 가장 적절한 것은? (다툼이 있는 경우 판례에 의함)

① 주민투표에 관련된 구체적 절차와 사항에 관하여는 따로 법률로 정하도록 하였다면 주민투표에 관련된 구체적인 절차와 사항에 대하여 입법하여야 할 헌법상 의무가 국회에게 발생하였다고 할 수는 있다.

② 주민소환제의 제도 형성에 관해서는 입법자에게 광범위한 입법재량이 인정되지만, 주민소환제는 주민의 참여를 적극 보장하고 이로써 주민자치를 실현하여 지방자치에도 부합하므로, 주민소환제 자체는 지방자치의 본질적인 내용에 해당한다.

③ 국가정책사항에 관한 주민투표에 있어서 주민투표소송을 배제하도록 규정한 주민투표법은 재판청구권과 평등권을 침해한다.

④ 주민소환투표의 청구시 주민소환의 청구사유에 제한을 두지 않는 것은 주민소환제가 남용될 소지가 크므로 선거로 선출된 대표자의 공무담임권을 침해한다고 할 수 없다.

문 6. 지방세법상 특별행정심판제도인 심사청구에 관한 헌법재판소결정과 일치하지 <u>않는</u> 것은?

〈심판대상〉

지방세법 제78조【다른 법률과의 관계】 ② 제72조 제1항에 규정된 위법한 처분 등에 대한 행정소송은 행정소송법 제18조 제1항 본문·제2항 및 제3항의 규정에 불구하고 이 법에 의한 심사청구와 그에 대한 결정을 거치지 아니하면 이를 제기할 수 없다.

제81조【행정소송】 ① 제72조 제1항에 규정된 위법한 처분등에 대한 행정소송을 제기하고자 할 때에는 제74조 및 제80조의 규정에 의한 심사결정의 통지를 받은 날부터 90일 이내에 처분청을 당사자로 하여 행정소송을 제기하여야 한다.

---

① 입법자가 행정심판을 전심절차가 아니라 종심절차로 규정함으로써 정식재판의 기회를 배제한다면 이는 헌법 제107조 제3항, 나아가 재판청구권을 보장하고 있는 헌법 제27조에도 위반된다 할 것이다.

② 어떤 행정심판을 임의적 전심절차로 규정하면서도 그 절차에 사법절차가 준용되지 않는다면 이는 헌법 제107조 제3항, 나아가 재판청구권을 보장하고 있는 헌법 제27조에도 위반된다 할 것이다.

③ 헌법 제107조 제3항에서 요구하는 사법절차성의 요소인 판단기관의 독립성과 공정성을 위하여는 권리구제 여부를 판단하는 주체가 객관적인 제3자적 지위에 있을 것이 필요하다.

④ 이의신청·심사청구라는 이중의 행정심판을 필요적으로 거치도록 하면서도 사법절차를 준용하고 있지 않으면 이 사건 법률조항은 헌법 제107조 제3항에 위반될 뿐만 아니라, 사법적 권리구제를 부당히 방해한다고 할 것이어서 재판청구권을 보장하고 있는 헌법 제27조 제3항에도 위반된다고 할 것이다.

문 7. 재판청구권에 관한 설명으로 옳고 그름의 표시(○, ×)가 바르게 된 것은? (다툼이 있는 경우 판례에 의함)

ㄱ. 법관에 대한 대법원장의 징계처분 취소청구소송을 대법원에 의한 단심재판에 의하도록 규정하였더라도, 이는 법관이라는 지위 및 법관에 대한 징계절차의 특수성을 감안하여 재판의 신속을 도모하기 위한 것으로서 그 합리성을 인정할 수 있으므로 이로 인하여 해당 법관의 재판청구권이 침해된다고 볼 수 없다.

ㄴ. 압수물은 공소사실을 입증하고자 하는 검사의 이익을 위해 존재하는 것이므로, 수사기관이 현행범 체포과정에서 압수하였지만 피고인의 소유권 포기가 없는 압수물을 임의로 폐기한 행위가 피고인의 공정한 재판을 받을 권리를 침해한다고 볼 수 없다.

ㄷ. 법원에 의한 범죄인인도심사는 국가형벌권의 확정을 목적으로 하는 형사절차와 같은 전형적인 사법절차의 대상에 해당되는 것이므로 상소를 허용하여야 한다.

ㄹ. 피고인 스스로 치료감호를 청구할 수 있는 권리는 헌법상 재판청구권의 보호범위에 포함되지 않으나 법원으로부터 직권으로 치료감호를 선고받을 수 있는 권리는 헌법상 재판청구권의 보호범위에 포함된다.

---

① ㄱ(○), ㄴ(○), ㄷ(×), ㄹ(○)
② ㄱ(×), ㄴ(○), ㄷ(×), ㄹ(×)
③ ㄱ(○), ㄴ(×), ㄷ(×), ㄹ(×)
④ ㄱ(×), ㄴ(×), ㄷ(○), ㄹ(○)

문 8. 군사재판을 받을 권리에 관한 설명으로 옳고 그름의 표시(○, ×)가 바르게 된 것은? (다툼이 있는 경우 판례에 의함)

> ㄱ. 군사시설 중 전투용에 공하는 시설을 손괴한 일반 국민이 평시에 군사법원에서 재판을 받도록 하는 것은 헌법과 법률이 정한 법관에 의한 재판을 받을 권리를 침해한다.
>
> ㄴ. 군인 또는 군무원이 아닌 국민에 대한 군사법원의 예외적인 재판권을 정한 헌법 제27조 제2항에 규정된 군용물에는 군사시설이 포함된다.
>
> ㄷ. 군인 또는 군무원이 아닌 국민은 대한민국의 영역 안에서는 중대한 군사상 기밀·초병·초소·유독음식물공급·포로·군사시설에 관한 죄중 법률이 정한 경우와 비상계엄이 선포된 경우를 제외하고는 군사법원의 재판을 받지 아니한다.
>
> ㄹ. 현역병의 군대 입대 전 범죄에 대한 재판권을 군사법원에 부여하고 있다고 하더라도 이것이 군인의 재판청구권을 형성함에 있어 그 재량의 헌법적 한계를 벗어났다고 볼 수 없다.
>
> ㅁ. 비상계엄하의 군사재판은 사형을 선고하는 경우에는 군인·군무원의 범죄에 관해서는 단심으로 할 수 없다.

① ㄱ(○), ㄴ(○), ㄷ(×), ㄹ(○), ㅁ(×)
② ㄱ(○), ㄴ(×), ㄷ(×), ㄹ(×), ㅁ(○)
③ ㄱ(×), ㄴ(×), ㄷ(○), ㄹ(×), ㅁ(○)
④ ㄱ(×), ㄴ(○), ㄷ(×), ㄹ(○), ㅁ(×)

문 9. 부모의 자녀교육권에 관한 설명으로 가장 적절한 것은? (다툼이 있는 경우 판례에 의함)

① 부모가 자녀의 이익을 가장 잘 보호할 수 있다는 점에 비추어 자녀가 의무교육을 받아야 할지 여부를 부모가 자유롭게 결정할 수 없도록 하는 것은 부모의 교육권에 대한 침해한다고 할 수 없다.
② 학교 내외의 교육영역에서 국가는 헌법 제31조에 의하여 원칙적으로 독립된 독자적인 교육권한을 부여받았고, 학교 밖의 교육영역에서는 원칙적으로 부모의 교육권보다 국가의 교육권한이 우위를 차지한다.
③ 학교교육에 관한 한 국가는 헌법 제31조에 의하여 부모의 교육권으로부터 원칙적으로 독립된 독자적인 교육권한을 부여받음으로써 부모의 교육권보다 우위를 차지하지만, 학교 밖의 영역에서는 원칙적으로 부모의 교육권이 우위를 차지한다.
④ 부모의 교육권은 교육의 모든 영역에서 존중되어야 하지만 학교교육의 범주 내에서는 국가의 교육권한이 헌법적으로 독자적인 지위를 부여받음으로써 부모의 교육권보다 우위를 차지하나, 학교 밖의 교육영역에서는 원칙적으로 부모의 교육권이 우위를 차지한다.

문 10. 표현의 자유에 관한 설명으로 가장 적절하지 않은 것은? (다툼이 있는 경우 판례에 의함)

① 못된 장난 등으로 다른 사람, 단체 또는 공무수행 중인 자의 업무를 방해한 사람을 20만원 이하의 벌금·구류 또는 과료로 처벌하는 '경범죄 처벌법'은 표현의 자유를 직접 제한한다.
② '일출시간 전, 일몰시간 후'라는 광범위하고 가변적인 시간대의 옥외집회 또는 시위를 금지하는 것은 오늘날 직장인이나 학생들의 근무·학업시간, 도시화·산업화가 진행된 현대사회의 생활형태를 고려하지 아니하고 목적 달성을 위해 필요한 정도를 넘는 지나친 제한을 가하는 것이다.
③ 농협중앙회장 후보자의 선거운동은 결사의 자유에서 보호되나 선거권의 범위에 포함되지 아니한다.
④ 대한민국 또는 헌법상 국가기관에 대하여 모욕, 비방, 사실 왜곡, 허위사실 유포 또는 기타 방법으로 대한민국의 안전, 이익 또는 위신을 해하거나 해할 우려가 있는 표현이나 행위에 대하여 형사처벌하도록 규정한 구 형법의 국가모독죄는 표현의 자유를 침해한다.

문 11. 기본권 충돌에 관한 설명으로 가장 적절한 것은?
(다툼이 있는 경우 판례에 의함)

① 흡연권과 혐연권은 사생활의 자유를 실질적 핵으로
하는 것이며 흡연권과 혐연권의 충돌은 상하의 위계
질서가 있는 기본권끼리의 충돌로 볼 수 없지만, 혐
연권은 사생활의 자유뿐만 아니라 생명권에까지 연
결되는 것이므로 흡연권은 혐연권을 침해하지 않는
한에서 인정되어야 한다.

② 흡연권과 혐연권의 관계처럼 상하의 위계질서가 있
는 기본권끼리 충돌하는 경우 상위기본권우선의 원
칙에 따라 하위기본권이 제한될 수 있으므로, 혐연권
은 흡연권을 침해하지 않는 한에서 인정되어야 한다.

③ 기본권의 충돌이란 상이한 복수의 기본권 주체가 서
로의 권익을 실현하기 위해 하나의 동일한 사건에서
국가에 대하여 서로 대립되는 기본권의 적용을 주장
하는 경우를 말한다. 이때의 해법으로는 기본권의
서열이론, 법익형량의 원리, 실제적 조화의 원리 등
을 들 수 있고, 헌법재판소는 충돌하는 기본권의 성
격과 태양에 따라 그때그때마다 적절한 해결방법을
선택, 종합하여 이를 해결하여 왔다.

④ 친양자 입양은 친생부모의 기본권과 친양자가 될 자
의 기본권이 서로 대립·충돌하는 관계라고 볼 수
없다.

문 12. 수용자에 관한 헌법재판소의 결정으로 가장 적절하지
않은 것은?

① 교도관이 마약류 관리에 관한 법률 위반 혐의의 미
결수용자에게 입감시 검사의 취지와 방법을 설명하
고 반입금지품을 제출하도록 안내한 후, 외부와 차
단된 검사실에서 같은 성별의 교도관 앞에 돌아서서
하의속옷을 내린 채 상체를 숙이고 양손으로 둔부를
벌려 항문을 보이는 방법으로 미결수용자에게 실시
한 정밀신체검사는 미결수용자가 느끼는 모욕감이나
수치심보다 구치소 내의 안전과 질서를 보호하는 공
익이 훨씬 크다고 할 것이므로 과잉금지원칙에 위배
한 기본권 침해라고 할 수 없다.

② 유치인들이 경찰서 유치장에 수용되어 있는 동안 차
폐시설이 불충분하여 사용과정에서 신체부위가 다른
유치인들이나 경찰관들에게 관찰될 수 있고, 냄새가
유출되는 유치실 내 화장실을 사용하도록 강제되었
더라도 이는 유치인들의 자살이나 자해방지, 환자의
신속한 발견 등 감시와 보호목적을 달성하기 위한
것이므로 인격권을 침해하는 것이 아니다.

③ 교정시설의 1인당 수용면적이 수형자의 인간으로서
의 기본 욕구에 따른 생활조차 어렵게 할 만큼 지나
치게 협소하다면, 이는 그 자체로 국가형벌권 행사
의 한계를 넘어 수형자의 인간의 존엄과 가치를 침
해하는 것이다.

④ 수용자를 교정시설에 수용할 때마다 전자영상 검사
기를 이용하여 수용자의 항문 부위에 대한 신체검사
를 하는 것이 필요한 최소한도를 벗어나 과잉금지원
칙에 위배되어 수용자의 인격권 내지 신체의 자유를
침해한다고 볼 수 없다.

문 13. 평등권에 관한 설명으로 옳은 것을 모두 고른 것은?
(다툼이 있는 경우 판례에 의함)

> ㄱ. 기초연금수급액을 국민기초생활 보장법상 이전소
> 득에 포함시키도록 하는 국민기초생활 보장법 시
> 행령 제5조 제1항 제4호 다목 중 기초연금법에
> 관한 부분이 청구인들과 같이 기초연금을 함께
> 수급하고 있거나 장차 수급하려는 국민기초생활
> 보장법상 수급자인 노인들의 평등권을 침해하지
> 않는다.
> ㄴ. 선거일 이전에 행하여진 선거범죄의 공소시효 기
> 산점을 '당해 선거일 후'로 규정한 공직선거법은
> 평등원칙에 위반된다.
> ㄷ. 업무상 재해에 통상의 출퇴근 재해를 포함시키는
> 개정 법률조항을 개정법 시행 후 최초로 발생하
> 는 재해부터 적용하도록 하는 산업재해보상보험
> 법 부칙은 헌법상 평등원칙에 위반된다.
> ㄹ. 의료인은 어떠한 명목으로도 둘 이상의 의료기관
> 을 운영할 수 없다고 규정한 의료법은 평등권을
> 침해한다.
> ㅁ. 의료인은 하나의 의료기관만을 개설할 수 있도록
> 한 의료법은 청구인들과 같은 복수면허 의료인들
> 의 직업의 자유, 평등권을 침해한다.

① ㄱ, ㄴ, ㄷ   ② ㄱ, ㄷ, ㅁ
③ ㄴ, ㄹ, ㅁ   ④ ㄷ, ㄹ, ㅁ

문 14. 다음에 관한 설명으로 가장 적절하지 <u>않은</u> 것은?
(다툼이 있는 경우 판례에 의함)

① 헌법상 명문 규정이나 헌법의 해석으로부터 보건복
지부장관은 장애인전용 주차구역, 장애인용 승강기
및 화장실을 설치하도록 할 작위의무가 도출된다.

② 서울대학교 2023학년도 대학 신입학생 입학전형 중
수능위주전형 정시모집 '나'군의 전형방법의 2단계
평가에서 교과평가를 20점 반영하도록 한 부분이
서울대학교에 진학하고자 하는 청구인들의 균등하게
교육을 받을 권리를 침해하지 않는다.

③ 교비회계의 전용을 금지하는 구 사립학교법 제29조
제6항 본문 및 교비회계 전용 금지 규정을 위반하는
경우 처벌하는 구 사립학교법 제73조의2는 사립학
교 운영의 자유를 침해한다고 할 수 없다.

④ 4·19혁명공로자에게 지급되는 보훈급여의 종류를
보상금이 아닌 수당으로 규정한 국가유공자법 제16
조의4 제1항 및 2019년도 공로수당의 지급월액을
31만 1천원으로 규정한 같은 법 시행령 제27조의4
가 인간다운 생활을 할 권리를 침해하였다고 볼 수
없다.

문 15. 헌법의 역사에 관한 설명으로 가장 적절하지 않은 것은?

① 1948년 제헌헌법은 탄핵재판소는 부통령이 재판장
의 직무를 행하고 대법관 5인과 국회의원 5인이 심
판관이 되며 대통령과 부통령을 심판할 때에는 대법
원장이 재판장의 직무를 행하도록 규정하였다.

② 1960년 개정헌법(제3차 개헌)은 헌법재판소의 심판
관은 9인으로 하며 심판관은 대통령, 대법원, 참의
원이 각 3인씩 선임하도록 규정하였다.

③ 1962년 개정헌법(제5차 개헌)은 대통령의 임기는
4년으로 하며 대통령의 계속 재임은 3기에 한한다
고 규정하였다.

④ 1972년 개정헌법(제7차 개헌)은 대통령의 임기가 만
료되는 때에는 통일주체국민회의는 늦어도 임기만료
30일 전에 후임자를 선거하도록 규정하였다.

문 16. 정당제도에 관한 설명으로 가장 적절한 것은? (다툼이 있는 경우 판례에 의함)

① 창당준비위원회가 형식적 요건을 구비하여 등록을 신청하면 중앙선거관리위원회는 이를 반드시 수리해야하는 것은 아니다.

② 정당은 수도에 소재하는 중앙당과 5 이상의 특별시·광역시·도에 각각 소재하는 시·도당을 갖추어야 한다고 정한 정당법상 전국정당조항은 모든 정당에 대하여 일률적으로 전국 규모의 조직을 요구하여 지역정당이나 군소정당, 신생정당을 배제하고 있는데 이는 헌법 제8조 제1항의 정당의 자유를 부정하는 것이어서 입법목적의 정당성 및 수단의 적합성을 인정하기 어렵다.

③ 시·도당은 1천인 이상의 당원을 가져야 한다고 정한 정당법은 헌법 제8조 제1항의 정당의 자유 자체를 처음부터 부정한다는 점에서 입법목적의 정당성 및 수단의 적합성을 인정하기 어렵다.

④ 정당법 제15조도 "등록신청을 받은 관할 선거관리위원회는 형식적 요건을 구비하는 한 이를 거부하지 못한다."고 규정하여, 정당법에 명시된 요건이 아닌 다른 사유로 정당등록신청을 거부하는 등으로 정당설립의 자유를 제한할 수 없도록 하고 있다.

문 17. 사전검열금지원칙에 관한 설명으로 가장 적절한 것은? (다툼이 있는 경우 판례에 의함)

① 사전검열금지원칙은 헌법이 언론·출판의 자유를 보장하고 사전검열을 금지하는 목적에 맞게 한정하여 적용해야 한다. 건강기능식품의 기능성 광고와 같이 규제 필요성이 큰 표현에 대해 국민의 건강권을 보호하고 국민의 보건에 관한 국가의 보호의무를 이행하기 위하여, 사전심의절차를 법률로 규정하였다면, 이에 대해서는 사전검열금지원칙이 적용되지 않는다.

② 현행 헌법이 사전검열을 금지하는 규정을 두면서 1962년 헌법과 같이 특정한 표현에 대해 예외적으로 검열을 허용하는 규정을 두고 있으므로 현행 헌법상 사전검열은 표현의 자유 보호대상이면 예외 없이 금지된다고는 할 수 없다.

③ 한국의료기기산업협회는 의료기기 광고 사전심의업무와 관련하여 식약처장으로부터 구체적 업무지시를 받지 않고 있고, 심의위원회 구성에 있어 식약처장의 관여가 최소화되어 있을 뿐만 아니라, 재정적으로 독립하여 운영되는 등 행정청으로부터 독립된 민간 자율기구로서 그 행정주체성이 인정되지 아니하므로, 의료기기 광고 사전심의는 헌법이 금지하는 사전검열에 해당한다고 할 수 없다.

④ 헌법 제21조 제2항에서 규정한 검열금지의 원칙은 모든 형태의 사전적인 규제를 금지하는 것이 아니고 단지 의사표현의 발표 여부가 오로지 행정권의 허가에 달려있는 사전심사만을 금지하는 것을 뜻하므로, 사법권에 의한 방영금지가처분은 검열금지의 원칙에 위반되지 않는다.

문 18. 근로3권에 관한 설명으로 가장 적절하지 <u>않은</u> 것은? (다툼이 있는 경우 판례에 의함)

① 노동조합을 지배·개입하는 행위를 금지하는 노동조합 및 노동관계조정법 제81조 제4호는 죄형법정주의의 명확성원칙에 위배되지 않는다.

② 대학교원의 교원노조가입을 금지하고 있는 교원의 노동조합 설립 및 운영 등에 관한 법률은 과잉금지원칙에 위반하여 교육공무원인 대학 교원의 단결권을 침해한다.

③ 노조전임자의 급여를 지원하는 행위를 금지하는 노동조합 및 노동관계조정법 제81조는 과잉금지원칙에 위배된다고 할 수 없다.

④ 단체행동권을 제한이 불가능한 절대적 기본권으로 인정할 수는 없으나 단체행동권 역시 헌법 제37조 제2항의 일반적 법률유보조항에 따른 기본권 제한의 대상이 되므로, 그 제한의 위헌 여부는 과잉금지원칙을 준수하였는지 여부에 따라 판단되어야 한다.

문 19. 신체의 자유에 관한 설명으로 옳지 <u>않은</u> 것을 모두 고른 것은? (다툼이 있는 경우 판례에 의함)

ㄱ. 피고인이 정식재판을 청구한 사건에 대하여 약식명령의 형보다 '중한 형'을 선고하지 못하도록 하던 구 형사소송법 제457조의2가 '중한 종류의 형'을 선고하지 못하도록 규정하는 형사소송법 제457조의2로 개정되면서, 형종상향금지조항의 시행 전에 정식재판을 청구한 사건에 대해서는 종전의 불이익변경금지조항에 따르도록 규정한 형사소송법 부칙 제2조는 형벌불소급원칙에 위배된다.

ㄴ. 주거침입강제추행죄와 주거침입준강제추행죄에 대하여 무기징역 또는 7년 이상의 징역에 처하도록 한 '성폭력범죄의 처벌 등에 관한 특례법' 제3조 제1항은 책임과 형벌 간의 비례원칙에 위배된다.

ㄷ. 폭력범죄를 목적으로 한 단체 또는 집단의 구성원으로 활동한 사람을 처벌하는 구 '폭력행위 등 처벌에 관한 법률' 제4조 제1항 제3호에서 어떤 행위가 '활동'에 해당하는지 여부는 법관의 통상적인 해석작용에 의하여 충분히 보완될 수 있고, 건전한 상식과 통상적인 법감정을 가진 일반인으로서 금지되는 행위가 무엇인지를 예측하는 것이 현저히 곤란하다고는 보기 어렵다. 따라서 죄형법정주의 명확성원칙에 위배되지 않는다.

ㄹ. 정보통신망을 통하여 음란한 화상 또는 영상을 공공연하게 전시하여 유통하는 것을 금지하고 이를 위반하는 자를 처벌하도록 정한 정보통신망 이용촉진 및 정보보호 등에 관한 법률은 죄형법정주의의 명확성원칙에 위배된다.

ㅁ. 야간주거침입절도죄의 미수범이 준강제추행죄를 범한 경우 무기징역 또는 7년 이상의 징역에 처하도록 한 성폭력범죄의 처벌 등에 관한 특례법 제3조 제1항은 지나치게 높은 형벌을 규정하기 때문에, 법관은 범행별로 책임에 상응하는 형벌을 선고할 수 없어 책임과 형벌 사이의 비례원칙에 위배된다.

① ㄱ, ㄴ, ㄷ   ② ㄱ, ㄹ, ㅁ
③ ㄴ, ㄷ, ㄹ   ④ ㄷ, ㄹ, ㅁ

문 20. 재산권에 관한 설명으로 가장 적절하지 <u>않은</u> 것은?
(다툼이 있는 경우 판례에 의함)

① '감염병의 예방 및 관리에 관한 법률'상 집합제한 조치로 발생한 손실을 보상하는 규정을 두지 않은 '감염병의 예방 및 관리에 관한 법률' 제70조 제1항이 재산권을 제한한다고 할 수 없다.

② 변호사에 대한 징계결정정보를 인터넷 홈페이지에 공개하도록 한 변호사법 제98조의5 제3항과 징계결정정보의 공개범위와 시행방법을 정한 변호사법 시행령은 재산권을 제한한다고 할 수 없다.

③ 요양기관이 의료법 제33조 제2항을 위반하였다는 사실을 수사기관의 수사 결과로 확인한 경우 공단으로 하여금 해당 요양기관이 청구한 요양급여비용의 지급을 보류할 수 있도록 규정한 구 국민건강보험법 제47조의2 제1항은 의료기관 개설자의 재산권을 침해한다.

④ 요양기관이 의료법 제33조 제2항을 위반하였다는 사실을 수사기관의 수사 결과로 확인한 경우 공단으로 하여금 해당 요양기관이 청구한 요양급여비용의 지급을 보류할 수 있도록 규정한 구 국민건강보험법 제47조의2 제1항은 무죄추정의 원칙에 위반된다.

문 1. 헌정사에 관한 설명으로 가장 적절하지 <u>않은</u> 것은?

① 1954년 개정헌법(제2차 개정헌법)은 같은 헌법 공포 당시의 대통령에 한하여 중임 제한을 철폐하고, 대통령의 궐위시에는 국무총리가 그 지위를 계승하도록 하였다.

② 제헌헌법(1948년)에서 대통령과 부통령은 국회에서 무기명투표로 각각 선거하였다.

③ 제헌헌법에서는 의결기관인 국무원을 두었으며, 대통령이 국무원의 의장이었다.

④ 1952년 제1차 개정헌법은 대통령과 부통령을 직선제로 선출하였고 국회를 양원제로 구성하도록 규정하였다.

문 2. 조약에 관한 설명으로 가장 적절하지 <u>않은</u> 것은? (다툼이 있는 경우 판례에 의함)

① 조약과는 달리 법적 효력 내지 구속력이 없는 합의는 대체적으로 조약체결의 형식적 절차를 거치지 않는다.

② 국제법적으로 조약은 국제법 주체들이 일정한 법률효과를 발생시키기 위하여 체결한 국제법의 규율을 받는 국제적 합의를 말하며 서면에 의한 경우가 대부분이지만 예외적으로 구두합의도 조약의 성격을 가질 수 있다.

③ 자유권규약위원회는 자유권규약의 이행을 위해 만들어진 조약상의 기구이므로 규약의 당사국은 그 견해를 존중하여야 하며, 우리 입법자는 자유권규약위원회의 견해의 구체적인 내용에 구속되어 그 모든 내용을 그대로 따라야 하는 의무를 부담한다.

④ 자기집행조약은 법률의 입법이 없이 국내에서 효력을 발생하지만, 비자기집행조약은 이를 집행하기 위한 법률의 제정이 있어야 비로소 국내에서 적용할 수 있다.

문 3. 근로의 권리에 관한 설명으로 가장 적절한 것은? (다툼이 있는 경우 판례에 의함)

① 대통령이 구 '고용보험 및 산업재해보상보험의 보험료징수 등에 관한 법률' 제49조의3 제2항 단서에 따라 특수형태근로종사자의 산재보험료를 사업주에게 부담시키는 대통령령을 제정할 작위의무가 인정된다.

② 대통령이 구 '고용보험 및 산업재해보상보험의 보험료징수 등에 관한 법률' 제49조의3 제2항 단서에 따라 특수형태근로종사자의 산재보험료를 사업주에게 부담시키는 대통령령 입법부작위는 청구인들의 근로의 권리를 침해한 것으로 헌법에 위반된다.

③ 특수경비원의 파업·태업 그 밖에 경비업무의 정상적인 운영을 저해하는 일체의 쟁의행위를 금지하는 경비업법 제15조 제3항은 헌법에 위반된다.

④ 동물의 사육 사업 근로자에 대하여 근로기준법 제4장에서 정한 근로시간 및 휴일 규정의 적용을 제외하도록 한 구 근로기준법은 축산업 사업장을 근로기준법 적용 제한의 기준으로 삼고 있어 축산업 근로자들의 근로 환경 개선과 산업의 발전을 저해하고 있다. 따라서 이 조항은 인간의 존엄을 보장하기 위한 최소한의 근로조건 마련에 미흡하여 청구인의 근로의 권리를 침해한다.

문 4. 헌법 제10조에 관한 설명으로 옳고 그름의 표시(O, ×)가 바르게 된 것은? (다툼이 있는 경우 판례에 의함)

> ㄱ. 헌법 제10조로부터 도출되는 일반적 인격권에는 개인의 명예에 관한 권리도 포함되며, 여기서 말하는 '명예'는 사람이나 그 인격에 대한 '사회적 평가', 즉 객관적·외부적 가치평가뿐만 아니라 단순히 주관적·내면적인 명예감정까지 포함한다.
>
> ㄴ. 자동차 운전 중 휴대용 전화를 사용하는 것을 금지하고, 이를 위반 시 처벌하도록 규정한 것은 운전자의 일반적 행동자유권을 침해하는 것이다.
>
> ㄷ. 버스전용차로로 통행할 수 있는 차가 아닌 차의 버스전용차로로 통행을 원칙적으로 금지하고 대통령령으로 정하는 예외적인 경우에만 이를 허용하도록 규정한 것은 일반승용차 소유자의 일반적 행동자유권의 일환인 통행의 자유를 침해한다.
>
> ㄹ. 거짓이나 그 밖의 부정한 수단으로 운전면허를 받은 경우 모든 범위의 운전면허를 필요적으로 취소하도록 규정하여 부정 취득하지 않은 운전면허까지 필요적으로 취소하도록 한 것은 운전면허 소유자의 일반적 행동의 자유를 침해한다.
>
> ㅁ. 일반적 행동자유권은 개인에게 가치있는 행동을 그 보호영역으로 하는 것이므로, 여기에는 위험한 스포츠를 즐길 권리와 같이 위험한 생활방식으로 살아갈 권리가 포함되지 않는다.

① ㄱ(×), ㄴ(×), ㄷ(×), ㄹ(O), ㅁ(×)
② ㄱ(×), ㄴ(O), ㄷ(O), ㄹ(×), ㅁ(O)
③ ㄱ(O), ㄴ(×), ㄷ(O), ㄹ(O), ㅁ(×)
④ ㄱ(O), ㄴ(O), ㄷ(×), ㄹ(×), ㅁ(O)

문 5. 변호인의 조력을 받을 권리에 관한 설명으로 가장 적절하지 않은 것은? (다툼이 있는 경우 판례에 의함)

① 법원이 열람·등사 허용 결정을 하였음에도 검사가 열람·등사를 거부한 행위는 청구인의 신속·공정한 재판을 받을 권리 및 변호인의 조력을 받을 권리를 침해한다.

② 헌법 제12조 제4항 본문과 단서의 논리적 관계를 고려할 때 '국선변호인의 조력을 받을 권리'는 피의자가 아닌 피고인에게만 보장되는 기본권이다.

③ 미결수용자와 같은 지위에 있는 수형자는 서신 이외에도 접견 또는 전화통화에 의해서도 변호사와 접촉하여 형사소송을 준비할 수 있다. 이 사건 서신개봉행위와 같이 금지물품이 들어 있는지를 확인하기 위하여 서신을 개봉하는 것만으로는 미결수용자와 같은 지위에 있는 수형자가 변호인의 조력을 받을 권리를 침해하지 아니한다.

④ 헌법 제12조 제4항으로부터 70세 이상인 불구속 피의자에 대하여 국선변호인의 조력을 받을 권리를 보장하기 위한 입법의무가 인정된다.

문 6. 청구권에 관한 설명으로 가장 적절하지 <u>않은</u> 것은? (다툼이 있는 경우 판례에 의함)

① 위원회의 보상금 지급결정에 동의하면 재판상 화해 성립으로 인정하는 광주민주화운동 관련자 보상 등에 관한 법률이 보상금 등의 성격과 중첩되지 않는 정신적 손해에 대한 국가배상청구권의 행사까지 금지하는 것은 국가배상청구권을 침해한다.

② 촬영한 영상물에 수록된 피해자의 진술은 공판준비기일 또는 공판기일에 피해자나 조사 과정에 동석하였던 신뢰관계에 있는 사람 또는 진술조력인의 진술에 의하여 그 성립의 진정함이 인정된 경우에 증거로 할 수 있도록 한 성폭력범죄의 처벌 등에 관한 특례법은 과잉금지원칙을 위반하여 청구인의 공정한 재판을 받을 권리를 침해한다.

③ 원판결의 근거가 된 가중처벌규정에 대하여 헌법재판소의 위헌결정이 있었음을 이유로 개시된 재심절차에서, 공소장의 교환적 변경을 통해 위헌결정된 가중처벌규정보다 법정형이 가벼운 처벌규정으로 적용법조가 변경되어 피고인이 무죄판결을 받지는 않았으나 원판결보다 가벼운 형으로 유죄판결이 확정됨에 따라 원판결에 따른 구금형 집행이 재심판결에서 선고된 형을 초과하게 된 경우, 재심판결에서 선고된 형을 초과하여 집행된 구금에 대하여 보상요건을 규정하지 아니한 '형사보상 및 명예회복에 관한 법률' 제26조 제1항은 평등원칙을 위반하여 청구인들의 평등권을 침해한다고 할 수 없다.

④ 비용보상청구권의 제척기간을 무죄판결이 확정된 날부터 6개월 이내로 규정한 구 군사법원법 제227조의12 제2항은 헌법에 위반된다.

문 7. 기본권의 경합과 충돌에 관한 설명으로 가장 적절한 것은? (다툼이 있는 경우 판례에 의함)

① 경찰공무원 A는 공무원보수규정의 해당 부분이 자신의 평등권, 재산권, 직업선택의 자유 및 행복추구권 등을 침해한다고 주장하는바, 이는 기본권 충돌에 해당한다.

② 예술적 표현수단을 사용하여 상업적 광고를 하는 경우 영업의 자유, 예술의 자유 등 복합적인 기본권 충돌의 문제가 발생한다.

③ 형제·자매에게 가족관계등록부 등의 기록사항에 관한 증명서 교부청구권을 부여하는 것은 본인의 개인정보자기결정권을 제한하는 것으로 개인정보자기결정권 침해 여부를 판단한 이상 인간의 존엄과 가치 및 행복추구권, 사생활의 비밀과 자유는 판단하지 않는다.

④ 평화주의사상을 가진 화가 甲이 국민들에게 반전의식을 계도할 목적의 전시회를 기획하고 이를 위하여 대학병원에 보관된 시신을 훔쳐서 전쟁의 참상을 상징하는 전시물을 제작·전시하였다면 기본권 충돌의 사례로 다루어야 하고, 또한 甲이 자신의 사상을 강연해 주도록 초청받은 집회에 참석하러 갔다가 경찰의 제지로 입장하지 못했다면 예술의 자유와 집회의 자유 간 기본권 경합의 사례로 다루어야 할 것이다.

문 8. 평등권에 관한 설명으로 옳지 않은 것을 모두 고른 것은? (다툼이 있는 경우 판례에 의함)

> ㄱ. 주민등록법상 재외국민으로 등록·관리되고 있는 영유아를 보육료·양육수당의 지원대상에서 제외한 규정은 국가의 재정능력에 비추어 보았을 때 국내에 거주하면서 재외국민인 영유아를 양육하는 부모를 차별하고 있더라도 평등권을 침해하지는 않는다.
>
> ㄴ. 애국지사 본인과 순국선열의 유족은 본질적으로 다른 집단이므로, 구 독립유공자예우에 관한 법률 시행령 조항이 같은 서훈 등급임에도 순국선열의 유족보다 애국지사 본인에게 높은 보상금 지급액 기준을 두고 있다 하여 곧 순국선열의 유족의 평등권이 침해되었다고 볼 수 없다.
>
> ㄷ. 가구별 인원 수만을 기준으로 최저생계비를 결정한 2002년도 최저생계비고시는 장애인가구를 비장애인가구에 비하여 차별취급하여 평등권을 침해한다.
>
> ㄹ. 행정관서요원으로 근무한 공익근무요원과는 달리, 국제협력요원으로 근무한 공익근무요원을 국가유공자 등 예우 및 지원에 관한 법률에 의한 보상에서 제외한 것은 병역의무의 이행이라는 동일한 취지로 소집된 요원임에도 불구하고 합리적인 이유 없이 양자를 차별하고 있어 평등권을 침해한다.
>
> ㅁ. A형 혈우병 환자들의 출생시기에 따라 이들에 대한 유전자재조합제제의 요양급여 허용 여부를 달리 취급하는 것은 합리적 근거 없는 차별이다.

① ㄱ, ㄷ, ㄹ
② ㄱ, ㄷ, ㅁ
③ ㄴ, ㄹ, ㅁ
④ ㄷ, ㄹ, ㅁ

문 9. 변호사와 수형자 접견에 관한 설명으로 가장 적절한 것은? (다툼이 있는 경우 판례에 의함)

① 소송계속 사실 소명자료를 제출하지 못하는 경우 변호사접견이 아니라 일반접견만 가능하도록 규정한 것은 변호사인 청구인의 직업수행의 자유를 제한은 그 입법목적의 정당성이 인정되지 아니한다.

② 소송사건의 대리인인 변호사가 수형자를 접견하고자 하는 경우 소송계속 사실을 소명할 수 있는 자료를 제출하도록 규정하고 있는 '형의 집행 및 수용자의 처우에 관한 법률 시행규칙' 제29조의2 제1항 제2호는 직업수행의 자유제한이나 접견의 상대방인 수형자의 재판청구권이 제한되는 효과도 함께 고려되어야 하므로, 그 심사의 강도는 일반적인 경우보다 엄격하게 해야 할 것이다.

③ 민사재판, 행정재판, 헌법재판 등에서 소송사건의 대리인이 되려고 하는 변호사는 아직 소송대리인으로 선임되기 전이라는 이유로 접촉차단시설이 설치된 장소에서 일반접견의 형태로 수용자를 접견하도록 한 '형의 집행 및 수용자의 처우에 관한 법률 시행령' 제58조 제4항 제2호는 과잉금지원칙에 반하여 변호사인 청구인의 직업수행의 자유를 침해한다.

④ 소송사건의 대리인인 변호사가 수형자를 접견하고자 하는 경우 소송계속 사실을 소명할 수 있는 자료를 제출하도록 규정하고 있는 '형의 집행 및 수용자의 처우에 관한 법률 시행규칙' 제29조의2 제1항 제2호 중 '수형자 접견'에 관한 부분은 과잉금지원칙에 위배되어 변호사인 청구인의 직업수행의 자유를 침해한다고 할 수 없다.

문 10. 5억원 이상 50억원 미만의 벌금형을 선고하는 경우 500일 이상의 노역장유치기간을 정하도록 한 형법 제70조 제2항(이하 '노역장유치조항'이라 함)과 위 조항의 시행일 이후 최초로 공소가 제기되는 경우부터 적용하도록 한 형법 부칙 제2조 제1항(이하 '부칙조항'이라 함)에 관한 설명으로 옳고 그름의 표시(○, ×)가 바르게 된 것은? (다툼이 있는 경우 판례에 의함)

〈참조 조문〉

형법(1953.9.18. 법률 제293호로 제정된 것)
제69조【벌금과 과료】② 벌금을 납입하지 아니한 자는 1일 이상 3년 이하, 과료를 납입하지 아니한 자는 1일 이상 30일 미만의 기간 노역장에 유치하여 작업에 복무하게 한다.

형법(2014.5.14. 법률 제12575호로 개정된 것)
제70조【노역장유치】② 선고하는 벌금이 1억원 이상 5억원 미만인 경우에는 300일 이상, 5억원 이상 50억원 미만인 경우에는 500일 이상, 50억원 이상인 경우에는 1,000일 이상의 유치기간을 정하여야 한다.

부칙 제2조【적용례 및 경과조치】① 제70조 제2항의 개정규정은 이 법 시행 후 최초로 공소가 제기되는 경우부터 적용한다.

ㄱ. 노역장유치조항은 1억원 이상의 벌금형을 규정한 특별법상 범죄들에 대하여 주로 적용되는데, 특별법상 범죄들의 노역장유치기간의 하한을 형법에서 규정한 것은 체계정당성에 위반되므로 비례원칙 등 헌법의 규정이나 원칙 위반 여부와 관계없이 그 자체로 헌법에 위반된다.
ㄴ. 노역장유치조항은 벌금을 납입할 자력이 있는 자와 없는 자를 합리적인 이유 없이 차별대우하므로 평등원칙에 위반된다.
ㄷ. 노역장유치조항은 1억원 이상의 벌금을 부과받고 이를 납입하지 않은 경우 반드시 일정기간 이상 노역장에 유치되도록 하고 있으므로 과잉금지원칙에 반하여 신체의 자유를 침해한다.
ㄹ. 부칙조항은 노역장유치조항의 시행 전에 행해진 범죄행위에 대해서도 공소제기의 시기가 노역장유치조항의 시행 이후이면 이를 적용하도록 하고 있으므로 헌법상 형벌불소급원칙에 위반된다.
ㅁ. 노역장유치는 벌금을 납입하지 않는 경우를 대비한 것으로 벌금을 납입한 때에는 집행될 여지가 없고, 노역장유치로 벌금형이 대체되는 점 등을 고려하면, 불이익이 노역장유치조항으로 달성하고자 하는 공익에 비하여 크다고 할 수 없다.

① ㄱ(×), ㄴ(×), ㄷ(×), ㄹ(○), ㅁ(○)
② ㄱ(○), ㄴ(○), ㄷ(×), ㄹ(○), ㅁ(×)
③ ㄱ(×), ㄴ(○), ㄷ(×), ㄹ(○), ㅁ(×)
④ ㄱ(○), ㄴ(○), ㄷ(○), ㄹ(×), ㅁ(○)

문 11. 인터넷언론사는 선거운동기간 중 당해 홈페이지 게시판 등에 정당·후보자에 대한 지지·반대 등의 정보를 게시하는 경우 실명을 확인받는 기술적 조치를 하도록 정한 공직선거법 조항에 대해 헌법소원이 청구되었다. 이에 관한 설명으로 가장 적절하지 <u>않은</u> 것은? (다툼이 있는 경우 판례에 의함)

① 표현의 자유를 규제하는 법률은 규제되는 표현의 개념을 세밀하고 명확하게 규정할 것이 헌법적으로 요구된다.
② 인터넷언론사는 선거운동기간 중 당해 홈페이지 게시판 등에 정당·후보자에 대한 지지·반대 등의 정보를 게시하는 경우 실명을 확인받는 기술적 조치를 하도록 정한 공직선거법 조항 중 "인터넷언론사" 및 "지지·반대" 부분이 명확성원칙에 위배된다.
③ 실명확인 조항은 인터넷언론사에게 인터넷홈페이지 게시판 등을 운영함에 있어서 선거운동기간 중 이용자의 실명확인 조치의무, 실명인증표시 조치의무 및 실명인증표시가 없는 게시물에 대한 삭제의무를 부과하여 인터넷언론사의 직업의 자유도 제한하나, 이 사건과 가장 밀접한 관계에 있으며 또 침해의 정도가 큰 주된 기본권은 실명확인 조항에 의하여 제한되는 언론의 자유라고 할 것이므로 직업의 자유 제한의 정당성 여부에 관하여는 따로 판단하지 않는다.
④ 인터넷언론사는 선거운동기간 중 당해 홈페이지 게시판 등에 정당·후보자에 대한 지지·반대 등의 정보를 게시하는 경우 실명을 확인받는 기술적 조치를 하도록 정한 공직선거법 조항은 과잉금지원칙에 반하여 인터넷언론사 홈페이지 게시판 등 이용자의 익명표현의 자유와 개인정보자기결정권, 인터넷언론사의 언론의 자유를 침해한다.

문 12. 식품의약품안전처장이 식품의 사용기준을 정하여 고시하고, 고시된 사용기준에 맞지 아니하는 식품을 판매하는 행위를 금지·처벌하는 구 식품위생법에 대해 헌법재판소법 제68조 제2항의 헌법소원이 청구되었다. 이에 관한 설명으로 가장 적절하지 <u>않은</u> 것은? (다툼이 있는 경우 판례에 의함)

① 고시에 규정될 내용을 정하고 있는 부분의 불명확성을 다투는 것으로 포괄위임금지원칙 위반의 문제로 포섭되는바, 명확성원칙 위배 여부에 대해서는 별도로 판단하지 않는다.

② 죄형법정주의는 무엇이 범죄이며 그에 대한 형벌이 어떠한 것인가는 반드시 국민의 대표로 구성된 입법부가 제정한 법률로써 정하여야 한다는 원칙을 의미하나 합리적인 이유가 있으면 예외적으로 이를 행정부에 위임하는 것이 허용된다.

③ 국회가 입법으로 행정기관에게 구체적인 범위를 정하여 위임한 사항에 관하여는 당해 행정기관이 법정립의 권한을 갖게 되고, 이때 입법자는 그 규율의 형식도 선택할 수 있으므로, 헌법이 인정하고 있는 위임입법의 형식은 예시적인 것으로 보아야 한다.

④ 행정규칙은 법규명령과 같은 엄격한 제정 및 개정절차를 필요로 하지 아니하므로, 기본권을 제한하는 내용의 입법을 위임할 때에는 법규명령에 위임해야 하므로 고시에 위임하는 것은 허용되지 않는다.

문 13. 국가정보원장은 법원으로부터 인터넷회선에 대한 통신제한조치를 허가받아 집행하자 헌법소원이 청구되었다. 이에 관한 설명으로 가장 적절한 것은? (다툼이 있는 경우 판례에 의함)

〈심판대상법률조항〉

통신비밀보호법(1993.12.27. 법률 제4650호로 제정된 것) 제5조 ② 통신제한조치는 제1항의 요건에 해당하는 자가 발송·수취하거나 송·수신하는 특정한 우편물이나 전기통신 또는 그 해당자가 일정한 기간에 걸쳐 발송·수취하거나 송·수신하는 우편물이나 전기통신을 대상으로 허가될 수 있다.

① 인터넷회선을 통하여 송·수신하는 전기통신의 감청을 대상으로 하는 법원의 통신제한조치 허가에 대한 헌법소원 심판청구는 부적법하다.

② 인터넷회선 감청은 통신의 비밀과 자유, 사생활비밀과 자유를 제한하는데 그중 일차적으로 헌법 제17조의 사생활의 비밀과 자유를 제한한다.

③ 헌법 제12조 제3항이 정한 영장주의가 수사기관이 강제처분을 함에 있어 중립적 기관인 법원의 허가를 얻어야 함을 의미하는 것 외에 법원에 의한 사후 통제까지 마련되어야 함을 의미하므로 이 사건 법률조항이 영장주의 위반 여부에 대해서 판단할 필요가 있다.

④ 인터넷회선 감청은 인터넷상에서 발신되어 수신되기까지의 과정 중에 수집되는 정보, 즉 전송 중인 정보의 수집을 위한 수사이므로, 압수·수색에 해당한다.

문 14. 직업의 자유에 관한 설명으로 가장 적절한 것은? (다툼이 있는 경우 판례에 의함)

① 경비업자가 시설경비업무 또는 신변보호업무 중 집단민원현장에 일반경비원을 배치하는 경우 경비원을 배치하기 48시간 전까지 배치허가를 신청하고 허가를 받도록 정한 경비업법 제18조 제2항은 과잉금지원칙을 위반하여 경비업자의 직업수행의 자유를 침해한다.

② 법무부장관이 2020.11.23.에 한 '코로나19 관련 제10회 변호사시험 응시자 유의사항 등 알림' 중 고위험자를 의료기관에 이송하도록 한 부분이 청구인들의 직업선택의 자유를 침해한다.

③ 시설경비업을 허가받은 경비업자로 하여금 허가받은 경비업무 외의 업무에 경비원을 종사하게 하는 것을 금지하고, 이를 위반한 경비업자에 대한 허가를 취소하도록 정하고 있는 경비업법 제7조 제5항은 과잉금지원칙에 반하여 시설경비업을 수행하는 경비업자의 직업의 자유를 침해하지 아니한다.

④ 집단급식소에 근무하는 영양사의 직무를 규정한 조항인 식품위생법 제52조 제2항을 위반한 자를 처벌하는, 식품위생법 제96조는 직무를 수행하지 아니한 행위 일체를 처벌대상으로 하는 것이 아니라 집단급식소의 위생과 안전을 침해할 위험이 있는 행위로 한정하여 처벌대상으로 하고 있다. 그러므로 처벌조항은 과잉금지원칙에 위반되지 않는다.

문 15. 양심적 병역거부에 관한 헌법재판소 결정으로 가장 적절한 것은?

① 양심적 병역거부자인 청구인은 입법자가 병역의 종류에 관하여 병역종류조항에 입법은 하였으나 그 내용이 대체복무제를 포함하지 아니하여 불충분하다는 진정입법부작위를 다투는 것이라고 봄이 상당하다.

② 양심적 병역거부는 '양심에 따른' 병역거부이므로 병역거부가 '도덕적이고 정당하다'는 의미이다.

③ 대체복무를 규정하지 않은 병역종류조항에 대하여 헌법불합치 결정을 하는 이상, 처벌조항 중 양심적 병역거부자를 처벌하는 병역법 제88조에 대하여도 위헌결정을 해야 한다.

④ 대체복무제를 규정하고 있지 않은 병역법 제5조는 정당한 입법목적을 달성하기 위한 적합한 수단으로 볼 수 있으나 최소성원칙에 위배되어 과잉금지원칙에 위반되어 양심의 자유를 침해한다.

문 16. 표현의 자유에 관한 설명으로 옳고 그름의 표시(○, ×)가 바르게 된 것은? (다툼이 있는 경우 판례에 의함)

ㄱ. 전단등 살포를 극도로 경계하는 북한 당국 입장에서는 전단등 살포의 억제를 위해서라도 남북합의서를 준수할 이익이 있고, 북한이 이를 준수하면 접경지역 주민의 안전은 물론, 한반도 전체의 평화가 유지될 수 있다. 따라서 심판대상조항은 과잉금지원칙에 위배되어 표현의 자유를 침해한다고 볼 수 없다.

ㄴ. 북한 쪽으로의 전단등 살포금지한 남북관계발전법은 한반도 군사분계선 이남 지역에 거주하고 있는 청구인들의 알 권리를 침해한다.

ㄷ. 집회 또는 시위를 하기 위하여 인천애(愛)뜰 중 잔디마당과 그 경계 내 부지에 대한 사용허가 신청을 한 경우 인천광역시장이 이를 허가할 수 없도록 제한하는 인천애(愛)뜰의 사용 및 관리에 관한 조례는 잔디마당에서 집회 또는 시위를 하려고 하는 경우 시장이 그 사용허가를 할 수 없도록 전면적·일률적으로 불허하고 있으므로 헌법 제21조 제2항의 허가제금지에 위반된다.

ㄹ. 집회 또는 시위를 하기 위하여 인천애(愛)뜰 중 잔디마당과 그 경계 내 부지에 대한 사용허가 신청을 한 경우 인천광역시장이 이를 허가할 수 없도록 제한하는 인천애(愛)뜰의 사용 및 관리에 관한 조례는 과잉금지원칙에 위배되어 청구인들의 집회의 자유를 침해한다고 할 수 없다.

ㅁ. 외교기관 인근의 옥외집회 또는 시위를 예외적으로 허용하는 구 집회 및 시위에 관한 법률은 헌법 제21조 제2항의 허가제 금지에 위배된다.

① ㄱ(○), ㄴ(○), ㄷ(×), ㄹ(○), ㅁ(○)
② ㄱ(×), ㄴ(×), ㄷ(○), ㄹ(×), ㅁ(○)
③ ㄱ(×), ㄴ(×), ㄷ(×), ㄹ(×), ㅁ(×)
④ ㄱ(×), ㄴ(○), ㄷ(○), ㄹ(○), ㅁ(×)

문 17. 연명치료 중단에 관한 설명으로 옳고 그름의 표시 (○, ×)가 바르게 된 것은? (다툼이 있는 경우 판례에 의함)

> ㄱ. 비록 연명치료 중단에 관한 결정 및 그 실행이 환자의 생명단축을 초래한다 하더라도 이를 생명에 대한 임의적 처분으로서 자살이라고 평가할 수 없고, 오히려 이는 생명권의 한 내용으로서 보장된다.
> ㄴ. 연명치료 중단에 관한 자기결정권은 헌법상 보장된 기본권이지만, 헌법해석상 '연명치료 중단 등에 관한 법률'을 제정할 국가의 입법의무가 명백하다고 볼 수 없으므로 환자 본인이 그러한 입법부작위의 위헌확인에 관하여 헌법소원심판청구를 제기한 것은 부적법하다.
> ㄷ. 연명치료 중단에 관한 환자의 의사 추정은 주관적으로 이루어져야 한다. 따라서 환자가 평소 일상생활을 통하여 가족, 친구 등에 대하여 한 의사표현, 타인에 대한 치료를 보고 환자가 보인 반응, 환자의 종교, 평소의 생활태도 등을 통해 그 의사를 추정할 수 있다.
> ㄹ. 환자가 회복불가능한 사망의 단계에 이르렀을 경우에 대비하여 '사전의료지시'를 한 후에는 특별한 사정이 없는 한 사전의료지시에 의하여 자기결정권을 행사한 것으로 인정할 수 있다.
> ㅁ. 의식의 회복가능성을 상실하여 더 이상 인격체로서의 활동을 기대할 수 없고 회복불가능한 사망의 단계에 이른 후에는 의학적으로 무의미한 연명치료를 환자에게 강요하는 것이 오히려 인간의 존엄과 가치를 해한다.

① ㄱ(×), ㄴ(○), ㄷ(×), ㄹ(○), ㅁ(○)
② ㄱ(×), ㄴ(×), ㄷ(○), ㄹ(×), ㅁ(○)
③ ㄱ(○), ㄴ(×), ㄷ(×), ㄹ(×), ㅁ(×)
④ ㄱ(×), ㄴ(○), ㄷ(○), ㄹ(○), ㅁ(×)

문 18. 공무원에 관한 설명으로 가장 적절한 것은? (다툼이 있는 경우 판례에 의함)

① 초중고 교사의 그 밖의 정치단체의 결성에 관여하거나 이에 가입할 수 없도록 한 국가공무원법 제65조 중 '그 밖의 정치단체'는 불명확한 개념을 사용하여, 수범자에 대한 위축효과와 법 집행 공무원의 자의적 판단 위험을 야기하고 있어 명확성원칙에 위배된다.
② 교원이 사인으로서 정치적 자유권을 행사하게 되면 직무수행에 있어서도 정치적 중립성을 훼손하게 된다고 볼 수 없는 점은 대학 교원과 동일하다. 학생들을 민주시민으로 양성하기 위한 교육과 훈련은 초·중등학교에서부터 이루어지는 것이므로, 직무의 본질이나 내용을 고려하더라도 정당의 설립·가입과 관련하여 대학 교원과 교원을 달리 취급할 합리적인 이유가 있다고 보기 어렵다. 따라서 정당법조항 및 국가공무원법조항 중 정당가입금지는 평등권을 침해한다.
③ 법학전문대학원 졸업연도에 실시된 변호사시험에 불합격하고 그 후 변호사자격을 취득하고 2021년 사회복무요원 소집해제 예정인 사람을 신규 검사임용 대상자에서 제외한 2021년도 검사신규임용계획 공고는 과잉금지원칙에 반하여 사회복무요원 소집해제 예정 변호사인 청구인의 공무담임권을 침해한다.
④ 단과대학장의 선출에 참여할 권리는 대학의 자율에 포함된다고 볼 수 있으므로 대학의 장이 단과대학장을 지명하도록 하고 있는 교육공무원임용령 조항은 공무담임권 침해가능성이 있다.

문 19. 국회 100미터 이내 옥외집회 전면금지에 관한 설명으로 가장 적절하지 <u>않은</u> 것은? (다툼이 있는 경우 판례에 의함)

① 집회를 통해 반대하고자 하는 대상물이 위치하거나 집회의 계기를 제공한 사건이 발생한 장소 등에서 행해져야 이를 통해 다수의 의견표명이 효과적으로 이루어질 수 있으므로, 집회의 장소를 선택할 자유는 집회의 자유의 한 실질을 형성한다고 할 수 있다.

② 국회의사당 경계지점으로부터 100미터 이내의 장소에서의 옥외집회를 전면적으로 금지하는 것은 국회의 기능을 보호하는 데 기여할 수 있으나 수단의 적합성은 인정되지 않는다.

③ 옥외집회에 의한 국회의 헌법적 기능이 침해될 가능성이 부인되거나 또는 현저히 낮은 경우에는, 그 금지에 대한 예외를 인정하여야 한다.

④ 국회의사당 인근에서의 옥외집회를 금지하는 집시법은 위헌적인 부분과 합헌적인 부분이 공존하고 있다. 이에 대하여 헌법불합치결정을 한다.

문 20. 개인정보자기결정권에 관한 설명으로 가장 적절한 것은? (다툼이 있는 경우 판례에 의함)

① 성폭력범죄의 처벌 등에 관한 특례법위반(카메라 등 이용촬영, 카메라 등 이용촬영미수)죄로 유죄판결이 확정된 자는 신상정보 등록대상자가 되도록 규정한 '성폭력범죄의 처벌 등에 관한 특례법'은 카메라 등 이용촬영죄의 재범 방지를 주요한 입법목적으로 삼고 있음에도 등록대상자의 선정에 있어 '재범의 위험성'을 전혀 요구하지 않고 있어 재범의 위험성이 인정되지 않는 등록대상자에게 불필요한 제한을 부과할 수 있으므로 개인정보자기결정권을 침해한다.

② 형제자매에게 가족관계등록부 등의 기록사항에 관한 증명서 교부청구권을 부여하는 '가족관계의 등록 등에 관한 법률'은 형제자매가 본인을 위하여서만 아니라 형제자매 자신의 가족법상 권리를 행사하기 위하여 간편하게 증명서를 발급받을 수 있도록 허용한 것인데, 부당한 목적에 의한 것이 분명하다고 인정되는 때에는 증명서의 교부를 거부할 수 있게 하는 등, 개인정보보호를 위한 안전장치를 두고 있으므로 청구인의 개인정보자기결정권을 침해하지 않는다.

③ 통신매체이용음란죄로 유죄판결이 확정된 자는 신상정보 등록대상자가 된다고 규정한 '성폭력범죄의 처벌 등에 관한 특례법'은 등록대상자의 사회복귀가 저해되거나 전과자라는 사회적 낙인이 찍히는 것은 아니라는 점에서 침해되는 사익은 크지 않은 반면, 달성되는 성범죄자의 재범 방지 및 사회 방위의 공익은 매우 중요하므로 법익의 균형성도 인정된다.

④ 이미 공개된 개인정보를 정보주체의 동의가 있었다고 객관적으로 인정되는 범위 내에서 수집·이용·제공 등 처리를 할 때는 정보주체의 별도의 동의는 불필요하다.

MEMO

해커스경찰
police.Hackers.com

2025 해커스경찰 황남기 경찰헌법 Season 3 전범위 모의고사 1차 대비

전범위 모의고사
정답 및 해설

전범위 모의고사 **1**회

전범위 모의고사 **2**회

전범위 모의고사 **3**회

전범위 모의고사 **4**회

전범위 모의고사 **5**회

전범위 모의고사 **6**회

전범위 모의고사 **7**회

전범위 모의고사 **8**회

전범위 모의고사 **9**회

전범위 모의고사 **10**회

정답 p.8

01	①	02	②	03	③	04	③	05	④
06	④	07	③	08	②	09	③	10	④
11	④	12	②	13	④	14	①	15	③
16	②	17	③	18	③	19	②	20	④

01
정답 ①

❶ [O] 우리나라는 성문헌법을 가진 나라로서 기본적으로 우리 헌법전(憲法典)이 헌법의 법원(法源)이 된다. 그러나 성문헌법이라고 하여도 그 속에 모든 헌법사항을 빠짐없이 완전히 규율하는 것은 불가능하고 또한 헌법은 국가의 기본법으로서 간결성과 함축성을 추구하기 때문에 형식적 헌법전에는 기재되지 아니한 사항이라도 이를 불문헌법 내지 관습헌법으로 인정할 소지가 있다. 특히 헌법제정 당시 자명하거나 전제된 사항 및 보편적 헌법원리와 같은 것은 반드시 명문의 규정을 두지 아니하는 경우도 있다. 그렇다고 해서 헌법사항에 관하여 형성되는 관행 내지 관례가 전부 관습헌법이 되는 것은 아니고 강제력이 있는 헌법규범으로서 인정되려면 엄격한 요건들이 충족되어야만 하며, 이러한 요건이 충족된 관습만이 관습헌법으로서 성문의 헌법과 동일한 법적 효력을 가진다(헌재 2004.10.21. 2004헌마554 등).

② [X] 그렇다고 해서 헌법사항에 관하여 형성되는 관행 내지 관례가 전부 관습헌법이 되는 것은 아니고 강제력이 있는 헌법규범으로서 인정되려면 엄격한 요건들이 충족되어야만 하며, 이러한 요건이 충족된 관습만이 관습헌법으로서 성문의 헌법과 동일한 법적 효력을 가진다(헌재 2004.10.21. 2004헌마554 등).

③ [X] 수도 서울의 관습헌법 여부: 관습헌법이 성립하기 위해서는 관습이 성립하는 사항이 헌법적으로 중요한 기본적 사항이어야 하고 어떤 사항이 헌법에 기본적 사항이냐의 여부는 일반적·추상적 기준으로 재단할 수 없고, 헌법적 원칙성과 중요성 및 헌법원리를 통하여 평가하는 구체적 판단에 의해서 확정되어야 한다. 수도 서울은 국민의 승인을 얻은 국가생활의 기본사항이므로 관습헌법이라 할 수 있다(헌재 2004.10.21. 2004헌마554 등).

④ [X] 관습헌법의 성립에 국민의 합의는 요건이나 국가의 승인은 요건이 아니다. 추상성이 아니라 구체성이다.

02
정답 ②

① [X] 헌법의 기본원리는 헌법의 이념적 기초인 동시에 헌법을 지배하는 지도원리로서 입법이나 정책결정의 방향을 제시하며 공무원을 비롯한 모든 국민·국가기관이 헌법을 존중하고 수호하도록 하는 지침이 되며, 구체적 기본권을 도출하는 근거로 될 수는 없으나 기본권의 해석 및 기본권 제한입법의 합헌성 심사에 있어 해석기준의 하나로서 작용한다(헌재 1996.4.25. 92헌바47).

❷ [O] 일간신문을 구매하는 소비자의 입장에서 볼 때, 해당 신문의 정치적 입장이나 보도논조는 신문에 실리는 정보 또는 지식의 품질이나 구매력과 밀접한 연관성이 있어서 신문의 구매 여부를 결정하는 중요한 요소로서 신문이라는 상품의 품질이나 가격의 핵심적 부분을 차지하고 있다는 점에 비추어 볼 때, 청구인들이 문제삼고 있는 조중동 일간신문의 정치적 입장이나 보도논조의 편향성은 '소비자의 권익'과 관련되는 문제로서 불매운동의 목표가 될 수 있다 할 것이다(헌재 2011.12.29. 2010헌바54 등).

③ [X]

> 헌법 제121조 ① 국가는 농지에 관하여 경자유전의 원칙이 달성될 수 있도록 노력하여야 하며, 농지의 소작제도는 금지된다.
> ② 농업생산성의 제고와 농지의 합리적인 이용을 위하거나 불가피한 사정으로 발생하는 농지의 임대차와 위탁경영은 법률이 정하는 바에 의하여 인정된다.

④ [X] 도시개발사업의 경우에는 개발계획에 따른 도시개발사업의 원활한 추진을 위하여 도시개발구역에 있는 국·공유지를 일괄하여 시행자에게 처분할 필요성이 강하게 요청된다고 할 것이다. 그렇다면, 도시 및 주거환경정비법 제66조 제4항이 정비구역 안에 있는 국·공유지의 점유자에게 수의계약에 의한 우선매수 또는 임차자격을 부여함에 대하여 이 사건 법률조항이 도시개발구역에 있는 국·공유지의 점유자에게 우선매수자격을 부여하지 않고 있다고 하더라도, … 시장경제질서를 규정한 헌법 제119조 제1항에도 위반되지 아니한다(헌재 2009.11.26. 2008헌마711).

03 정답 ③

① [O] 일반귀화는 국내주소 5년, 간이귀화는 국내주소 3년, 특별귀화는 국내주소가 있을 것을 요하므로 귀화허가를 받으려면 반드시 국내주소가 있어야 한다. 그러나 일반귀화와 간이귀화는 성인을 전제로 하나, 특별귀화는 미성년도 가능하므로 귀화허가가 반드시 성년을 전제로 하는 것은 아니다.

② [O]

> **국적법 제5조【일반귀화 요건】** 외국인이 귀화허가를 받기 위하여서는 제6조나 제7조에 해당하는 경우 외에는 다음 각 호의 요건을 갖추어야 한다.
> 1. 5년 이상 계속하여 대한민국에 주소가 있을 것
> 2. 대한민국의 민법상 성년일 것
> 3. 품행이 단정할 것
> 4. 자신의 자산(資産)이나 기능(技能)에 의하거나 생계를 같이하는 가족에 의존하여 생계를 유지할 능력이 있을 것
> 5. 국어능력과 대한민국의 풍습에 대한 이해 등 대한민국 국민으로서의 기본 소양(素養)을 갖추고 있을 것

❸ [×]

> **국적법 제2조【출생에 의한 국적취득】** ② 대한민국에서 발견된 기아는 대한민국에서 출생한 것으로 추정한다.

④ [O]

> **국적법 제2조【출생에 의한 국적취득】** ① 다음 각 호의 어느 하나에 해당하는 자는 출생과 동시에 대한민국의 국적을 취득한다.
> 1. 출생한 당시에 부 또는 모가 대한민국의 국민인 자
> 2. 출생하기 전에 부가 사망한 경우에는 그 사망 당시에 부가 대한민국의 국민이었던 자
> 3. 부모가 모두 분명하지 아니한 경우나 국적이 없는 경우에는 대한민국에서 출생한 자 ➜ 속지주의

04 정답 ③

① [O] 제재를 받지 않기 위하여 어쩔 수 없이 좌석안전띠를 매었다 하여 청구인이 내면적으로 구축한 인간양심이 왜곡·굴절되고 청구인의 인격적인 존재가치가 허물어진다고 할 수는 없어 양심의 자유의 보호영역에 속하지 아니하므로, 운전 중 운전자가 좌석안전띠를 착용할 의무는 청구인의 양심의 자유를 침해하는 것이라 할 수 없다(헌재 2003.10.30. 2002헌마518).

② [O] ❸ [×] 양심의 자유에서 현실적으로 문제가 되는 것은 국가의 법질서나 사회의 도덕률에서 벗어나려는 소수의 양심이다. 따라서 양심상의 결정이 <u>어떠한 종교관·세계관 또는 그 외의 가치체계에 기초하고 있는가와 관계없이, 모든 내용의 양심상의 결정이 양심의 자유에 의하여 보장된다</u>(헌재 2004.8.26. 2002헌가1).

④ [O] 양심상의 결정이란 선과 악의 기준에 따른 모든 진지한 윤리적 결정으로서 구체적인 상황에서 개인이 이러한 결정을 자신을 구속하고 무조건적으로 따라야 하는 것으로 받아들이기 때문에 양심상의 심각한 갈등 없이는 그에 반하여 행동할 수 없는 것을 말한다. 그러나 유언자가 자신의 재산권을 처분하는 단독행위로서 유증을 하는 경우에 있어서 유언자의 의사표시는 <u>재산적 처분행위로서 재산권과 밀접한 관련을 갖는</u> <u>것일 뿐이고, 인간의 윤리적 내심영역에서의 가치적·윤리적 판단과는 직접적인 관계가 없다 할 것이므로 헌법 제19조에서 규정하는 양심의 자유의 보호대상은 아니라고 할 것이다.</u> 따라서 위 민법 조항이 유언자에게 그 의사표시를 함에 있어서 엄격하게 '날인' 및 '주소'의 자서를 형식적 요건으로 요구한다고 하더라도 이로써 <u>유언자의 양심의 자유를 침해한다고 볼 수는 없다</u>(헌재 2008.12.26. 2007헌바128).

05 정답 ④

① [×] 금융위원회위원장이 2019.12.16. 시중 은행을 상대로 투기지역·투기과열지구 내 초고가 아파트(시가 15억원 초과)에 대한 주택구입용 주택담보대출을 2019.12.17.부터 금지한 조치가 법률유보원칙에 반하여 청구인의 재산권 및 계약의 자유를 침해하는지 여부(소극)

피청구인은 언제든 은행업감독규정〈별표6〉을 개정하여 이 사건 조치와 동일한 내용의 규제를 할 수 있는 권한이 있고, 은행업감독규정〈별표6〉에 근거한 주택담보대출의 규제에는 은행법 제34조와 은행법 시행령 제20조 제1항 등 법률적 근거가 있다. 또한 피청구인은 해당 권한을 행사하여 이 사건 조치를 통해 은행업감독규정〈별표6〉을 개정할 것임을 예고하고 개정될 때까지 당분간 개정될 내용을 준수해 줄 것을 요청한 것이고, 이 사건 조치에 불응하더라도 불이익한 조치가 이루어지지 않을 것임이 명시적으로 고지되었으므로 이 사건 조치로 인한 기본권 제한의 정도는 은행업감독규정의 기본권 제한 정도에는 미치지 않는다. 결국 <u>행정지도로 이루어진 이 사건 조치는 금융위원회에 적법하게 부여된 규제권한을 벗어나지 않았으므로, 법률유보원칙에 반하여 청구인의 재산권 및 계약의 자유를 침해하지 아니한다</u>(헌재 2023.3.23. 2019헌마1399).

법률유보원칙 위반 여부에 관한 반대의견(재판관 이선애, 이은애, 이종석): 이 사건 조치가 법률유보원칙을 준수하려면, 그 시행일인 2019.12.17. 당시 이 사건 조치에 따른 주택담보대출 금지가 '금융위원회고시'에 규정되어 있어야 한다. 그러나 2019.12.17. 당시 금융위원회고시인 '은행업감독규정〈별표6〉'에는 '투기지역·투기과열지구 내 초고가 아파트에 대한 주택구입용 주택담보대출 금지'에 관한 내용은 물론, '초고가 아파트(시가 15억원 초과)'에 대한 정의규정조차 존재하지 않았다. 오히려 이 사건 조치로부터 1년 후인 2020.12.3.에 이르러서야 관련 내용이 '은행업감독규정〈별표6〉'에 신설되었음이 확인된다. 그렇다면 <u>피청구인이 주장하는 법령은 권력적 사실행위인 이 사건 조치의 시행일(2019.12.17.) 당시 그 법적 근거가 될 수 없었음이 명백하므로, 결국 이 사건 조치는 법률유보원칙에 반하여 청구인의 재산권 및 계약의 자유를 침해한다.</u>

② [×] 이 사건 조치는, '특정 금융거래정보의 보고 및 이용 등에 관한 법률' 등에 따라 자금세탁 방지의무 등을 부담하고 있는 금융기관에 대하여, 종전 가상계좌가 목적 외 용도로 남용되는 과정에서 자금세탁 우려가 상당하다는 점을 주지시키면서 그 우려를 불식시킬 수 있는 감시·감독체계와 새로운 거래체계, 소위 '실명확인 가상계좌 시스템'이 정착되도록, 금융기관에 방향을 제시하고 자발적 호응을 유도하려는 일종의 '단

계적 가이드라인'에 불과하다. 은행들이 이에 응하지 아니하더라도 행정상, 재정상 불이익이 따를 것이라는 내용은 확인할 수 없는 점, 이 사건 조치 이전부터 금융기관들이 상당수 거래소에는 자발적으로 비실명가상계좌를 제공하지 아니하여 왔고 이를 제공해오던 거래소라 하더라도 위험성이 노정되면 자발적으로 제공을 중단해 왔던 점, 이 사건 조치 이전부터 '국제자금세탁방지기구'를 중심으로 가상통화 거래에 관한 자금세탁 방지규제가 계속 강화되어 왔는데 금융기관들이 이를 고려하지 않을 수 없었던 점, 다른 나라에 비견하여 특히 가상통화의 거래가액이 이례적으로 높고 급등과 급락을 거듭해 왔던 대한민국의 현실까지 살핀다면, 가상통화 거래의 위험성을 줄여 제도화하기 위한 전제로 이루어지는 단계적 가이드라인의 일환인 이 사건 조치를 금융기관들이 존중하지 아니할 이유를 달리 확인하기 어렵다. 이 사건 조치는 당국의 우월적인 지위에 따라 일방적으로 강제된 것으로 볼 수 없으므로 헌법소원의 대상이 되는 공권력의 행사에 해당한다고 볼 수 없다[헌재 2021.11.25. 2017헌마1384, 2018헌마90, 145, 391(병합)].

③ [X] 청구인은 심판대상조항이 영유아보육법 제36조, 같은 법 시행령 제24조의 위임범위를 일탈하였다고 주장한다. 그런데 위 주장은 심판대상조항이 법률의 근거 없이 청구인의 기본권을 제한하고 있다는 주장으로 이해되는바, 심판대상조항은 국공립어린이집 등에 보육교직원 인건비를 지원하는 수혜적 내용을 규정하고 있을 뿐이므로 기본권 제한의 경우 문제되는 법률유보원칙이 아니라 수혜대상의 범위를 정함에 있어 그 혜택에서 배제된 자를 자의적으로 차별하고 있는지 여부가 문제된다. 따라서 이 사건의 쟁점은 심판대상조항이 민간어린이집을 운영하는 청구인의 평등권을 침해하는지 여부이다(헌재 2022.2.24. 2020헌마177).

❹ [O] 의료기관의 장으로 하여금 보건복지부장관에게 비급여 진료비용에 관한 사항을 보고하도록 한 의료법 제45조의2 제1항 중 '비급여 진료비용'에 관한 부분이 법률유보원칙에 반하여 의사의 직업수행의 자유와 환자의 개인정보자기결정권을 침해하는지 여부(소극)
보고의무조항은 '비급여 진료비용의 항목, 기준, 금액, 진료내역'을 보고하도록 함으로써 보고의무에 관한 기본적이고 본질적인 사항을 법률에서 직접 정하고 있으므로, 법률유보원칙에 반하여 청구인들의 기본권을 침해하지 아니한다(헌재 2023. 2.23. 2021헌마93).
의료기관 개설자로 하여금 보건복지부장관이 정하여 고시하는 비급여 대상을 제공하려는 경우 환자 또는 환자의 보호자에게 진료 전 해당 비급여 대상의 항목과 가격을 직접 설명하도록 한 의료법 시행규칙 제42조의2 제2항 본문이 법률유보원칙에 반하여 의사의 직업수행의 자유를 침해하는지 여부(소극)
설명의무조항은 의료법 제45조 제1항에 명시된 '의료기관 개설자의 비급여 진료비용 고지의무'의 이행방법을 구체화한 것으로서 법률상 '고지'에는 '서면'고지뿐 아니라 '구두'고지인 설명도 포함된다. 따라서 설명의무조항은 상위법령의 위임범위 내에서 규정한 것이므로 법률유보원칙에 반하여 청구인들의 기본권을 침해하지 아니한다(헌재 2023.2.23. 2021헌마93).

① [O] 교육의 자주성이나 대학의 자율성은 헌법 제22조 제1항이 보장하고 있는 학문의 자유의 확실한 보장수단으로 꼭 필요한 것으로서 이는 대학에게 부여된 헌법상의 기본권이다(헌재 1992.10.1. 92헌마68 등).

② [O] 대학의 자율권도 헌법상의 기본권이므로 헌법 제37조 제2항의 법률유보의 대상이 된다. 이에 따라 국가안전보장·질서유지·공공복리 등을 이유로 제한될 수 있다.

③ [O] 헌법 제31조 제4항이 보장하는 대학의 자율성이란 대학의 운영에 관한 모든 사항을 외부의 간섭 없이 자율적으로 결정할 수 있는 자유를 말한다. 국립대학인 세무대학은 공법인으로서 사립대학과 마찬가지로 대학의 자율권이라는 기본권의 보호를 받으므로, 세무대학은 국가의 간섭 없이 인사·학사·시설·재정 등 대학과 관련된 사항들을 자주적으로 결정하고 운영할 자유를 갖는다(헌재 2001.2.22. 99헌마613).

❹ [X] 교육의 자주성이나 대학의 자율성은 헌법 제22조 제1항이 보장하고 있는 학문의 자유의 확실한 보장수단으로 꼭 필요한 것으로서 이는 대학에게 부여된 헌법상의 기본권이다. 여기서 대학의 자율은 대학시설의 관리·운영만이 아니라 전반적인 것이라야 하므로 연구와 교육의 내용, 그 방법과 대상, 교과과정의 편성, 학생의 선발과 전형 및 특히 교원의 임면에 관한 사항도 자율의 범위에 속한다(헌재 1998.7.16. 96헌바33 등).

ㄱ. [O] 지방공무원법 제58조 제1항이 근로3권이 보장되는 공무원의 범위를 사실상 노무에 종사하는 공무원에 한정하고 있는 것은 근로3권의 향유주체가 될 수 있는 공무원의 범위를 법률로 정하도록 위임하고 있는 헌법 제33조 제2항에 근거한 것으로 입법자에게 부여하고 있는 형성적 재량권의 범위를 벗어난 것이라고는 볼 수 없으므로, 위 법률조항이 근로3권을 침해한 것으로 위헌이라 할 수 없다(헌재 2005.10.27. 2003헌바50).

ㄴ. [X] 소방공무원은 특정직공무원으로서 소방공무원법에 의하여 신분보장이나 대우 등 근로조건의 면에서 일반직공무원에 비하여 두텁게 보호받고 있다. 따라서 심판대상조항이 헌법 제33조 제2항의 입법형성권의 한계를 일탈하여 소방공무원인 청구인의 단결권을 침해한다고 볼 수 없다(헌재 2008.12.26. 2006헌마462).

ㄷ. [O] 정책결정에 관한 사항이나 기관의 관리·운영 사항이 근무조건과 직접 관련되지 않을 때 이를 교섭대상에서 제외하도록 한 이유는, 이 사항들은 모두 국가 또는 지방자치단체가 행정 책임주의 및 법치주의원칙에 따라 자신의 권한과 책임하에 전권을 행사하여야 할 사항으로서 이를 교섭대상으로 한다면 행정책임주의 및 법치주의원칙에 반하게 되고, 설령 교섭대상으로 삼아 단체협약을 체결한다 하더라도 무효가 되어 교섭대상으로서의 의미를 가지지 못하기 때문이다. 이러한 상황이 발생하는 것을 방지하기 위해서는 위 사항들을 교섭대상에서 제외하는 것이 부득이하므로 이 사건 규정이 과잉금지원칙에 위반된다고 볼 수 없다(헌재 2013.6.27. 2012헌바169).

ㄹ. [O] 헌법은 공무원인 근로자는 법률에 정하는 자에 한하여 단결권·단체교섭권 및 단체행동권을 가진다고 규정하고(헌법 제33조 제2항), 주요방위산업체에 종사하는 근로자의 단체행동권을 법률이 정하는 바에 의해 제한하거나 인정하지 아니할 수 있다고 규정할 뿐(헌법 제33조 제3항), 사립학교 교원의 단체행동권을 제한하는 명문규정을 두고 있지 않다.

> 교원의 노동조합 설립 및 운영 등에 관한 법률 제8조【쟁의 행위의 금지】노동조합과 그 조합원은 파업, 태업 또는 그 밖에 업무의 정상적인 운영을 방해하는 일체의 쟁의행위를 하여서는 아니 된다.

08   정답 ②

① [X] 심판대상조항은 가중요건이 되는 과거의 위반행위와 처벌대상이 되는 재범 음주운항 사이에 시간적 제한을 두지 않고 있다. 그런데 과거의 위반행위가 상당히 오래전에 이루어져 그 이후 행해진 음주운항을 '해상교통법규에 대한 준법정신이나 안전의식이 현저히 부족한 상태에서 이루어진 반규범적 행위' 또는 '반복적으로 사회구성원에 대한 생명·신체 등을 위협하는 행위'라고 평가하기 어렵다면, 이를 가중처벌할 필요성이 인정된다고 보기 어렵다. 또한 심판대상조항은 과거 위반 전력의 시기 및 내용이나 음주운항 당시의 혈중알코올농도 수준 등을 고려할 때 비난가능성이 상대적으로 낮은 재범행위까지도 법정형의 하한인 2년 이상의 징역 또는 2천만원 이상의 벌금을 기준으로 처벌하도록 하고 있어, 책임과 형벌 사이의 비례성을 인정하기 어렵다. 따라서 심판대상조항은 책임과 형벌 간의 비례원칙에 위반된다(헌재 2022.8.31. 2022헌가10).

❷ [O] 형사정책적인 면에서 볼 때, 중한 형벌이 일시적으로 범죄 억지력을 발휘할 수 있으나 결국에는 중벌에 대한 면역성과 무감각이 생기게 되어, 범죄예방과 법질서 수호에 아무런 기여도 하지 못하는 상황이 발생할 수 있다. 특히 음주운전이 적발되거나 사고가 나지 않을 것이라고 전망하는 음주운전자에게 형벌의 강화는 효과가 없고, 그러한 낙관을 교정할 수 있는 확실한 단속이나 교정수단이 더 중요하며, 설령 효과가 있더라도 형벌의 강화는 최후의 수단이 되어야 한다. 반복적인 음주운전이나 음주측정거부에 대해서는 음주치료와 교육프로그램을 강화하고 혈중알코올농도가 일정 수치 이상이 되면 시동 자체가 걸리지 않도록 하는 음주운전 방지장치를 차량에 부착하게 하는 등의 방안도 형벌강화에 대한 대안으로 충분히 고려할 수 있고, 형벌의 강화에 앞서 일차적으로 검토되어야 할 수단이다.
위와 같은 비형벌적인 방지 수단에 대한 충분한 고려 없이, 가중처벌의 요건이 되는 과거의 음주운전 금지규정 위반 전력과 관련하여 아무런 시간적 또는 유형적 제한을 두지 않음으로써, 가중처벌할 필요가 없거나 죄질이 비교적 가벼운 유형의 재범으로 분류되는 음주측정거부행위에 대해서까지 일률적으로 가중처벌하도록 한 심판대상조항은 형벌 본래의 기능에 필요한 정도를 현저히 일탈하는 과도한 법정형을 정하고 있다. 그러므로 심판대상조항은 책임과 형벌 사이의 비례원칙에 위반된다(헌재 2022.5.26. 2021헌가32).

③ [X] 나목 향정신성의약품은 오용하거나 남용할 경우 심한 신체적 또는 정신적 의존성을 일으키는 약물 또는 이를 함유하는 물질이다. 인체에 심각한 위해를 가하는 이러한 향정신성의약품에 대한 접근을 원칙적으로 차단하기 위해서는 그 유통 및 확산에 작용하는 일체의 행위를 중한 법정형으로 처벌할 필요성이 인정된다. 마약류관리법은 나목 향정신성의약품과 관련하여 금지되는 행위유형이 가지는 사회적 위험성 내지 불법성의 정도, 영리 목적 또는 상습성 유무 등 여러 기준을 고려하여 법정형을 차등적으로 정하고 있다. 심판대상조항도 나목 향정신성의약품의 매수 등 일정한 행위유형에 관하여 제조나 수출입 등의 경우에 비해서는 낮고 장소·시설 제공 등의 경우에 비해서는 높은 법정형을 규정하는 등 불법과 책임에 상응하는 처벌이 이루어질 수 있도록 하고 있다. 심판대상조항은 징역형과 벌금형을 선택형으로 규정하고 있고, 법정형 하한에 제한이 없다. 이와 같은 점을 종합하여 보면, 심판대상조항의 법정형이 지나치게 가혹하다거나 필요한 정도를 벗어나 책임과 형벌의 비례원칙에 위배된다고 볼 수 없다(헌재 2021.10.28. 2019헌바414).

④ [X] 건전한 상식과 통상적인 법감정을 가진 사람이라면 심판대상조항이 가중처벌하는 행위의 내용, 즉 상해죄의 구성요건행위를 2명 이상이 그 현장에서 함께 분담하여 실행하였는지 여부를 일의적으로 파악할 수 있을 것이고, 법원의 확립된 해석에 비추어 법 집행기관의 자의적인 해석이나 적용 가능성이 있다고 보기도 어렵다. 따라서 심판대상조항이 죄형법정주의의 명확성원칙에 위반된다고 할 수 없다(헌재 2022.6.30. 2019헌바185).

09   정답 ③

① [O] 선거운동의 자유는 널리 선거과정에서 자유로이 의사를 표현할 자유의 일환이므로 표현의 자유의 한 태양이기도 하다. 표현의 자유, 특히 정치적 표현의 자유는 선거과정에서의 선거운동을 통하여 국민이 정치적 의견을 자유로이 발표·교환함으로써 비로소 그 기능을 다하게 된다 할 것이므로 선거운동의 자유는 헌법에 정한 언론·출판·집회·결사의 자유 보장규정에 의한 보호를 받는다(헌재 1994.7.29. 93헌가4).

② [O] 언론·출판의 자유에는 사상 내지 의견의 자유로운 표명과 전파의 자유가 포함되고 전파의 자유에는 보급(普及)의 자유가 포함된다(헌재 1992.11.12. 89헌마88).

❸ [X] 헌법상의 언론의 자유는 어디까지나 언론·출판자유의 내재적 본질적 표현의 방법과 내용을 보장하는 것을 말하는 것이지 그를 객관화하는 수단으로 필요한 객체적인 시설이나 언론기업의 주체인 기업인으로서의 활동까지 포함되는 것으로 볼 수는 없는 것이다. 다시 말해서 이는 정기간행물의 발행인이나 언론·출판기업이 표현의 자유를 누리는 주관적인 기본권과 사회일반의 권리주체 또는 기업으로서 규제받아야 하는 객관적인 사회구성원으로서의 책임을 엄연히 구분되어야 하며 기업경영주체로서는 일반 사회법질서의 규율에서 제외될 수 없는 사회조직현상의 하나로 보아야 한다는 것을 의미한다. 따라서 정기간행물 발행인에게 법률로써 언론의 건전한 발전과 그 기능의 보장을 위하여 일정한 시설을 갖추어 등록하게 하는 것은 언론자유의 본질적 내용의 간섭과는 엄연히

구분하여 이해하고 검토하여야 하는 것이다(헌재 1992.6.26. 90헌가23).
④ [O] 광고성 정보인 스팸메일도 언론의 자유에서 보호된다. 다만, 개인 간의 이메일은 통신의 자유에서 보호된다.

의 근거규정으로서, '정당설립의 자유'를 규정한 헌법 제8조 제1항과 '결사의 자유'를 보장하는 제21조 제1항에 의하여 보장된 기본권이라 할 것이다(헌재 1999.12.23. 99헌마135 전원재판부).

10 정답 ④

① [O] 재외선거인등이 재외투표기간 개시일 전에 귀국하는 것이 불가능하거나 현저히 곤란한 경우에는 사실상 재외선거인등의 선거권을 부정하는 것과 다름없는 결과를 초래할 수 있다. 따라서 심판대상조항이 재외선거인등의 선거권을 침해하는지 여부는 과잉금지원칙에 따라 심사한다(헌재 2022.1.27. 2020헌마895).

② [O] 재외투표기간 개시일에 임박하여 또는 재외투표기간 중에 재외선거사무 중지결정이 있었고 그에 대한 재개결정이 없었던 예외적인 상황에서 재외투표기간 개시일 이후에 귀국한 재외선거인등이 국내에서 선거일에 투표할 수 있도록 하는 절차를 마련하지 아니한 것은 과잉금지원칙을 위반하여 청구인의 선거권을 침해한다(헌재 2022.1.27. 2020헌마895).

③ [O] 결국 이 사건 선거운동기간조항 중 선거운동기간 전에 개별적으로 대면하여 말로 하는 선거운동에 관한 부분, 이 사건 처벌조항 중 '그 밖의 방법'에 관한 부분 가운데 개별적으로 대면하여 말로 하는 선거운동을 한 자에 관한 부분은 과잉금지원칙에 반하여 선거운동 등 정치적 표현의 자유를 침해한다(헌재 2022.2.24. 2018헌바146).

❹ [X] 영내 기거하는 현역병은 보다 밀접한 이해관계를 가지는 그가 속한 세대의 거주지 선거에서 선거권을 행사할 수 있고, 영내 기거하는 현역병을 병영이 소재하는 지역의 주민에 해당한다고 보기 어려운 이상, 위 법률조항은 영내 기거 현역병의 선거권을 제한하지 않는다(헌재 2011.6.30. 2009헌마59).

11 정답 ④

① [O] 정당의 명칭은 그 정당의 정책과 정치적 신념을 나타내는 대표적인 표지에 해당하므로, 정당설립의 자유는 자신들이 원하는 명칭을 사용하여 정당을 설립하거나 정당활동을 할 자유도 포함한다(헌재 2014.1.28. 2012헌마431).

② [O] 오늘날 대의민주주의에서 차지하는 정당의 의의와 기능을 고려하여, 헌법 제8조 제1항은 국민 누구나가 원칙적으로 국가의 간섭을 받지 아니하고 정당을 설립할 권리를 기본권으로 보장함과 아울러 복수정당제를 제도적으로 보장하고 있다. 따라서 입법자는 정당설립의 자유를 최대한 보장하는 방향으로 입법하여야 하고, 헌법재판소는 정당설립의 자유를 제한하는 법률의 합헌성을 심사할 때에 헌법 제37조 제2항에 따라 엄격한 비례심사를 하여야 한다(헌재 2014.1.28. 2012헌마431·2012헌가19).

③ [O] 헌재 1992.3.13. 92헌마37

❹ [X] 정당의 자유를 규정하는 헌법 제8조 제1항이 기본권의 규정형식을 취하고 있지 아니하고 또한 '국민의 기본권에 관한 장'인 제2장에 위치하고 있지 아니하므로, 이 사건 법률조항으로 말미암아 침해된 기본권은 '정당의 설립과 가입의 자유'

12 정답 ②

① [O] 수시모집에서 검정고시 출신자에게 수학능력이 있는지 여부를 평가받을 기회를 부여하지 아니하고 이를 박탈한다는 것은 수학능력에 따른 합리적인 차별이라고 보기 어렵다. 피청구인들은 정규 고등학교 학교생활기록부가 있는지 여부, 공교육 정상화, 비교내신 문제 등을 차별의 이유로 제시하고 있으나 이러한 사유가 차별취급에 대한 합리적인 이유가 된다고 보기 어렵다. 그렇다면 이 사건 수시모집요강은 검정고시 출신자인 청구인들을 합리적인 이유 없이 차별함으로써 청구인들의 균등하게 교육을 받을 권리를 침해한다(헌재 2017.12.28. 2016헌마649).

❷ [X] 이 사건 계획은 대학수학능력시험(이하 '수능'이라 한다)의 개편으로 수능 응시자들이 선택할 수 있는 탐구과목의 조합이 크게 늘어나게 되자, 수능 성적과 아울러 고등학교 교육과정을 충실히 이수하였는지도 입학전형에서 전형요소로 반영하고자 한 것이다.
이 사건 계획에 따르더라도 서울대학교 2023학년도 정시모집 일반전형에서 수학능력시험 성적은 여전히 가장 중요한 전형요소이고, 교과평가를 전형요소로 도입한 것은 서울대학교에 입학하고자 하는 수험생이 해당 모집단위 관련 학문 분야에 필요한 수학능력을 지니고 있는지를 평가할 만한 합리적인 지표를 반영하고자 한 것이어서 그 합리성이 인정되며, 2단계 전형에서 수험생 사이의 교과평가 점수 차이는 최대 5점에 그치고, 학생생활기록부가 없는 수험생의 경우 대체서류 등을 통하여 교과평가가 이루어진다는 점을 종합하여 보면, 이 사건 계획이 불합리하다거나 자의적이라고 볼 수 없고, 따라서 청구인들의 균등하게 교육을 받을 권리를 침해하지 않는다(헌재 2022.5.26. 2021헌마527).

③ [O] 헌법 제31조 제1항의 교육을 받을 권리는, 국민이 능력에 따라 균등하게 교육받을 것을 공권력에 의하여 부당하게 침해받지 않을 권리와, 국민이 능력에 따라 균등하게 교육받을 수 있도록 국가가 적극적으로 배려하여 줄 것을 요구할 수 있는 권리로 구성되는바, 전자는 자유권적 기본권의 성격이, 후자는 사회권적 기본권의 성격이 강하다고 할 수 있다. 그런데 이 사건 규칙조항과 같이 검정고시응시자격을 제한하는 것은, 국민의 교육받을 권리 중 그 의사와 능력에 따라 균등하게 교육받을 것을 국가로부터 방해받지 않을 권리, 즉 자유권적 기본권을 제한하는 것이므로, 그 제한에 대하여는 헌법 제37조 제2항의 비례원칙에 의한 심사, 즉 과잉금지원칙에 따른 심사를 받아야 할 것이다(헌재 2008.4.24. 2007헌마1456).

④ [O] 현행 대입입시제도 중 수시모집은 대학수학능력시험 점수를 기준으로 획일적으로 학생을 선발하는 것을 지양하고, 각 대학별로 다양한 전형방법을 통하여 대학의 독자적 특성이나 목표 등에 맞추어 다양한 경력과 소질 등이 있는 자를 선발하고자 하는 것이다. 수시모집은 과거 정시모집의 예외로서 그 비중이 그리 크지 않았으나 점차 그 비중이 확대되어, 정시모

집과 같거나 오히려 더 큰 비중을 차지하는 입시전형의 형태로 자리 잡고 있다. 이러한 상황에서는 수시모집의 경우라 하더라도 응시자들에게 동등한 입학 기회가 주어질 필요가 있다. 그런데 이 사건 수시모집요강은 기초생활수급자·차상위계층, 장애인 등을 대상으로 하는 일부 특별전형에만 검정고시 출신자의 지원을 허용하고 있을 뿐 수시모집에서의 검정고시 출신자의 지원을 일률적으로 제한함으로써 실질적으로 검정고시 출신자의 대학입학 기회의 박탈이라는 결과를 초래하고 있다. 수시모집의 학생선발방법이 정시모집과 동일할 수는 없으나, 이는 수시모집에서 응시자의 수학능력이나 그 정도를 평가하는 방법이 정시모집과 다른 것을 의미할 뿐, 수학능력이 있는 자들에게 동등한 기회를 주고 합리적인 선발 기준에 따라 학생을 선발하여야 한다는 점은 정시모집과 다르지 않다. 따라서 수시모집에서 검정고시 출신자에게 수학능력이 있는지 여부를 평가받을 기회를 부여하지 아니하고 이를 박탈한다는 것은 수학능력에 따른 합리적인 차별이라고 보기 어렵다. 피청구인들은 정규 고등학교 학교생활기록부가 있는지 여부, 공교육 정상화, 비교내신 문제 등을 차별의 이유로 제시하고 있으나 이러한 사유가 차별취급에 대한 합리적인 이유가 된다고 보기 어렵다.

그렇다면 이 사건 수시모집요강은 검정고시 출신자인 청구인들을 합리적인 이유 없이 차별함으로써 청구인들의 균등하게 교육을 받을 권리를 침해한다(헌재 2017.12.28. 2016헌마649).

13
정답 ④

① [O] 보호감호의 집행 등에 관하여 행형법을 준용한다는 종전 사회보호법 규정(제42조)의 취지는 보호감호 처분이나 자유형의 집행이 다 같이 신체의 자유를 박탈하는 수용처분이고 사회로부터 일정기간 격리하여 사회에 복귀할 수 있도록 교정·교화하는 것을 목적으로 하는 점에서 차이가 없으므로, 보호감호 처분의 성질에 반하지 않는 범위 내에서 그 집행 절차에 형사소송법과 행형 관련 법률의 규정을 준용한다는 것이지, 보호감호 처분을 형벌과 똑같이 집행한다는 취지가 아니므로 헌법상의 거듭처벌 내지 과잉처벌금지원칙에 위배되지 아니한다(헌재 2009.3.26. 2007헌바50).

② [O] 보안처분이라 하더라도 형벌적 성격이 강하여 신체의 자유를 박탈하거나 박탈에 준하는 정도로 신체의 자유를 제한하는 경우에는 형벌불소급원칙이 적용된다(헌재 2017.10.26. 2015헌바239).

③ [O] 헌법 제12조 제1항의 적법절차원칙은 형사소송절차에 국한되지 않고 모든 국가작용 전반에 대하여 적용되므로, 전투경찰순경의 인신구금을 내용으로 하는 영창처분에 있어서도 적법절차원칙이 준수되어야 한다(헌재 2016.3.31. 2013헌바190).

❹ [×] 헌법 제12조 제4항 본문의 문언 및 헌법 제12조의 조문 체계, 변호인 조력권의 속성, 헌법이 신체의 자유를 보장하는 취지를 종합하여 보면 헌법 제12조 제4항 본문에 규정된 "구속"은 사법절차에서 이루어진 구속뿐 아니라, 행정절차에서 이루어진 구속까지 포함하는 개념이다. 따라서 헌법 제12조 제4항 본문에 규정된 변호인의 조력을 받을 권리는 행정절차에서 구속을 당한 사람에게도 즉시 보장된다(헌재 2018.5.31. 2014헌마346).

14
정답 ①

❶ [×] 수사기관 등이 전기통신사업자에게 이용자의 성명 등 통신자료의 열람이나 제출을 요청할 수 있도록 한 전기통신사업법 제83조 제3항에는 영장주의가 적용되지 않는다(헌재 2022.7.21. 2016헌마388).

② [O] 사형·무기 또는 장기 3년 이상의 징역이나 금고에 해당하는 죄를 범하였다고 의심할 만한 상당한 이유가 있는 경우에 피의자를 긴급체포할 수 있도록 한 형사소송법 제200조의3 제1항은 헌법상 영장주의에 위반되지 아니한다(헌재 2021.3.25. 2018헌바212).

③ [O] 영장신청권자로서의 '검사'는 '검찰권을 행사하는 국가기관'인 검사로서 공익의 대표자이자 인권옹호기관으로서의 지위에서 그에 부합하는 직무를 수행하는 자를 의미하는 것이지, 검찰청법상 검사만을 지칭하는 것으로 보기 어렵다. 수사처검사는 변호사 자격을 일정 기간 보유한 사람 중에서 임명하도록 되어 있으므로, 법률전문가로서의 자격도 충분히 갖추었다. 따라서 공수처법 제8조 제4항은 영장주의원칙을 위반하여 청구인들의 신체의 자유 등을 침해하지 않는다(헌재 2021.1.28. 2020헌마264).

④ [O] 수사권 및 소추권은 입법부·사법부가 아닌 '대통령을 수반으로 하는 행정부'에 부여된 '헌법상 권한'이라 할 것이다. 검사의 영장신청권은 제5차 개정헌법(1962.12.26. 헌법 제6호)에서 처음 도입되었다. 검사의 영장신청권 조항에서 검사에게 헌법상 수사권까지 부여한다는 내용까지 논리 필연적으로 도출된다고 보기 어렵다. 피청구인의 이 사건 법률개정행위로 인해 검사의 '헌법상 권한'(영장신청권)이 침해될 가능성은 존재하지 아니하고, 국회의 구체적인 입법행위를 통해 비로소 그 내용과 범위가 형성되어 부여된 검사의 '법률상 권한'(수사권 및 소추권)은 그 자체로 국회의 법률개정행위로 인해 침해될 가능성이 없으므로, 피청구인의 이 사건 법률개정행위로 인한 청구인 검사들의 헌법상 권한 침해가능성은 인정되지 아니한다(헌재 2023.3.23. 2022헌라4).

15
정답 ③

① [×] 국가작용에 있어서 취해진 어떠한 조치나 선택된 수단은 그것이 달성하려는 사안의 목적에 적합하여야 함은 당연하지만, 조치나 수단이 목적달성을 위하여 유일무이한 것일 필요는 없는 것이다. 국가가 어떠한 목적을 달성함에 있어 다른 여러 가지의 조치나 수단을 병과하여야 가능하다고 판단하는 경우도 있을 수 있으므로 과잉금지의 원칙이라는 것이 목적달성에 필요한 유일의 수단선택을 요건으로 하는 것이라고 할 수는 없는 것이다. 물론 여러가지의 조치나 수단을 병행하는 경우에도 그 모두가 목적에 적합하고 필요한 정도내의 것이어야 함은 말할 필요조차 없다(헌재 1989.12.22. 88헌가13).

② [×] 입법자가 임의적 규정으로도 법의 목적을 실현할 수 있는 경우에 구체적 사안의 개별성과 특수성을 고려할 수 있는 가능성을 일체 배제하는 필요적 규정을 둔다면, 이는 비례의 원칙의 한 요소인 '최소침해의 원칙'에 위배된다(헌재 1998.5.28. 96헌가12).

❸ [O] 헌법의 기본정신(헌법 제37조 제2항의 규정은 기본권 제한입법의 수권규정인 성질과 아울러 기본권 제한입법의 한계규정의 성질을 지니고 있다)에 비추어 볼 때 기본권의 본질적인 내용의 침해가 설사 없다고 하더라도 과잉금지의 원칙에 위반되면 역시 위헌임을 면하지 못한다고 할 것인데, 과잉금지의 원칙은 국가작용의 한계를 명시하는 것인데 목적의 정당성, 방법의 적정성, 피해의 최소성, 법익의 균형성을 의미하는 것으로서 그 어느 하나에라도 저촉되면 위헌이 된다는 헌법상의 원칙이다(헌재 1989.12.22. 88헌가13).

④ [X] 국가작용에 있어서 취해진 어떠한 조치나 선택된 수단은 그 것이 달성하려는 사안의 목적에 적합하여야 함은 당연하지만 그 조치나 수단이 목적달성을 위하여 유일무이한 것일 필요는 없는 것이다. 국가가 어떠한 목적을 달성함에 있어서는 어떠한 조치나 수단 하나만으로서 가능하다고 판단할 경우도 있고 다른 여러 가지의 조치나 수단을 병과하여야 가능하다고 판단하는 경우도 있을 수 있으므로 과잉금지의 원칙이라는 것이 목적달성에 필요한 유일의 수단선택을 요건으로 하는 것이라고 할 수는 없는 것이다(헌재 1989.12.22. 88헌가13).

16   정답 ②

① [O] 논산훈련소장이 개인의 자율적이고 자발적인 신앙생활이나 종교활동을 보장하는 것을 넘어, 개인의 의사에 반하여 종교행사에 참석하도록 강제하는 방법으로 군인의 정신적 전력을 제고하는 것은, 국가와 종교의 상호 분리를 요청하는 정교분리원칙에 정면으로 위배하여 종교의 자유를 침해한다(헌재 2022.11.24. 2019헌마941).

❷ [X] 논산훈련소장이 이 사건 종교행사 참석조치를 통하여 궁극적으로는 군인의 정신적 전력을 강화하고자 하였다고 볼 수 있는바, 일응 그 목적의 정당성을 인정할 여지가 있다. 그러나 이 사건 종교행사 참석조치는 그 수단의 적합성을 인정할 수 없다(헌재 2022.11.24. 2019헌마941).

③ [O] 독학학위 취득시험의 시험일을 일요일로 정한 2021년도 독학에 의한 학위취득시험 시행 계획 공고는 청구인의 종교의 자유를 침해하지 아니한다(헌재 2022.12.22. 2021헌마271).

④ [O] 연 2회 실시하는 2021년도 간호조무사 국가시험의 시행일시를 모두 토요일 일몰 전으로 정한 2021년도 간호조무사 국가시험 시행계획 공고가 청구인의 종교의 자유를 침해하지 아니한다(헌재 2023.6.29. 2021헌마171).

17   정답 ③

① [O] 이동전화번호를 구성하는 숫자가 개인의 인격 내지 인간의 존엄성과 어떠한 관련을 가져 이러한 숫자의 변경이 개인의 인격 내지 인간의 존엄성에 영향을 미친다고 보기는 어렵다. 따라서 위 이행명령에 의하여 청구인들의 인격권이 제한된다고 볼 수 없다. 또한 위 이행명령으로 인해 청구인들의 의사에 반해서 개인정보를 수집하거나 이용할 가능성이 발생하는 것은 아니다. 따라서 자신에 관한 정보가 언제 누구에게 어느 범위까지 알려지고 또 이용되도록 할 것인지를 그 정보주체가 스스로 결정할 수 있는 권리가 위 이행명령에 의하여 제한

된다고 볼 수도 없다. 나아가 이동전화번호는 유한한 국가자원으로서, 청구인들이 오랜 기간 같은 이동전화번호를 사용해 왔다 하더라도 이는 국가의 이동전화번호 관련 정책 및 이동전화 사업자와의 서비스 이용계약 관계에 의한 것일 뿐, 청구인들이 이동전화번호에 대하여 사적 유용성 및 그에 대한 원칙적 처분권을 내포하는 재산가치 있는 구체적 권리인 재산권을 가진다고 볼 수 없다. 따라서 위 이행명령에 의하여 청구인들의 재산권이 제한된다고 할 수도 없다. 청구인들은 오랜 기간 동일한 이동전화번호를 사용하여 온 사람들로서 개인별로 특별한 의미와 사연이 있는 이동전화번호를 계속하여 사용하기를 원하고 있다. 이러한 번호를 바꾸게 하는 것은 청구인들의 행복추구권을 침해한다고 볼 수 있는 여지가 있다. 그런데 전기통신번호는 국가와 전기통신사업자가 관리하는 유한한 국가자원으로서 이동전화번호의 관리에 있어 피청구인에게 넓은 범위의 형성의 자유가 부여되어 있다. 그러므로 이 사건에서는 피청구인이 자신에게 부여된 형성의 범위를 벗어나 자의적으로 이행명령을 함으로써 청구인들의 행복추구권을 침해하였는지 여부가 문제된다(헌재 2013.7.25. 2011헌마63).

② [O] 구 통신위원회의 2006.4.17.자 의결 및 방송통신위원회의 2010.9.15.자 의결은 이동전화의 번호 통합과 번호이동에 관한 사항을 내부적으로 결정한 행위이고, 방송통신위원회의 홈페이지 게시는 번호통합정책 및 번호이동제도를 국민들에게 널리 알리고자 한 것일 뿐이어서, 모두 청구인들의 법적 지위에 영향을 미치지 아니하는 것이므로 공권력 행사에 해당한다고 볼 수 없다(헌재 2013.7.25. 2011헌마63).

❸ [X] 지문은 각하의견을 가진 반대의견이다. 헌법재판소는 행복추구권을 침해하였는지 여부를 심사하여 기각하였다.
반대의견: 2006.6.경부터 010 번호를 사용하는 이용자에 한하여만 기존 번호를 그대로 유지한 채 2세대 서비스에서 3세대 서비스로의, 이른바 '번호이동'이 허용되었고, 청구인들과 같이 010 이외의 번호 사용자들에게는 번호이동이 허용되지 않았다. 그런데 이 사건 이행명령은 010 이외의 번호를 사용하는 2세대 서비스 이용자의 경우에도 한시적으로 기존번호를 그대로 유지하면서 3세대 서비스를 이용할 수 있도록 번호이동을 허용하는 것이므로, 이는 010 이외의 번호 이용자에게 편의를 제공해 주는 수혜적인 조치이다. 따라서 이 사건 이행명령으로 인하여, 청구인들의 기본권이 침해될 가능성이나 위험성이 없다(헌재 2013.7.25. 2011헌마63).

④ [O] 번호 통합은 충분한 번호자원을 확보하고, 식별번호의 브랜드화 문제를 해결하기 위한 것으로서 그 필요성을 인정할 수 있고, 그 목적 달성을 위하여 번호이동의 제한은 불가피하다. 또 이 사건 이행명령은 사용자의 의사에 반하는 번호의 변경을 강제하는 것은 아니고, 번호변경에 따르는 사용자의 불편을 줄이기 위한 여러 방편도 마련하고 있다는 점에서 청구인들에게 수인하기 어려운 부담을 지우는 것이라 보기도 어렵다. 따라서 이 사건 이행명령이 합리적 이유 없이 청구인들의 행복추구권을 침해한다고 볼 수 없다(헌재 2013.7.25. 2011헌마63).

① [O] 변호사의 공공성이나 공정한 수임질서를 해치거나 소비자에게 피해를 줄 우려가 있는 광고에 '참여 또는 협조하여서는 아니 된다'는 변호사 광고에 관한 규정은 법률유보원칙에 위배되지 아니한다(헌재 2022.5.26. 2021헌마619).

② [O] '공정한 수임질서를 저해할 우려가 있는 무료 또는 부당한 염가' 법률상담 방식에 의한 광고를 금지하는 변호사 광고에 관한 규정이 법률유보원칙에 위배되지 아니한다(헌재 2022.5.26. 2021헌마619).

❸ [X] 변호사 또는 소비자로부터 금전·기타 경제적 대가(알선료, 중개료, 수수료, 회비, 가입비, 광고비 등 명칭과 정기·비정기 형식을 불문한다)를 받고 법률상담 또는 사건 등을 소개·알선·유인하기 위하여 변호사등과 소비자를 연결하거나 변호사등을 광고·홍보·소개하는 행위를 금지하는 변호사 광고에 관한 규정 중 '변호사등과 소비자를 연결하거나' 부분이 과잉금지원칙에 위반되지 아니한다(헌재 2022.5.26. 2021헌마619).

④ [O] 수사기관과 행정기관의 처분·법원 판결 등의 결과 예측을 표방하는 광고와 변호사등이 아님에도 수사기관과 행정기관의 처분·법원 판결 등의 결과 예측을 표방하는 서비스를 취급·제공하는 행위를 금지하는 변호사 광고에 관한 규정은 과잉금지원칙에 위반되지 아니한다(헌재 2022.5.26. 2021헌마619).

① [O] 디엔에이신원확인정보의 수집·이용은 수형인등에게 심리적 압박으로 인한 범죄예방효과를 가진다는 점에서 보안처분의 성격을 지니지만, 처벌적인 효과가 없는 비형벌적 보안처분으로서 소급입법금지원칙(형벌불소급원칙을 의미함)이 적용되지 않는다. 이 사건 법률의 소급적용으로 인한 공익적 목적이 당사자의 손실보다 더 크므로, 이 사건 부칙조항이 법률 시행 당시 디엔에이감식시료 채취 대상범죄로 실형이 확정되어 수용 중인 사람들까지 이 사건 법률을 적용한다고 하여 소급입법금지원칙에 위배되는 것은 아니다(헌재 2014.8.28. 2011헌마28).

❷ [X] 보안처분은 형벌과는 달리 행위자의 장래 재범위험성에 근거하는 것으로서, 행위시가 아닌 재판시의 재범위험성 여부에 대한 판단에 따라 보안처분 선고를 결정하므로 원칙적으로 재판 당시 현행법을 소급적용할 수 있다고 보는 것이 타당하고 합리적이다. 그러나 보안처분의 범주가 넓고 그 모습이 다양한 이상, 보안처분에 속한다는 이유만으로 일률적으로 소급효금지원칙이 적용된다거나 그렇지 않다고 단정해서는 안되고, 보안처분이라는 우회적인 방법으로 형벌불소급의 원칙을 유명무실하게 하는 것을 허용해서도 안 된다. 따라서 보안처분이라 하더라도 형벌적 성격이 강하여 신체의 자유를 박탈하거나 박탈에 준하는 정도로 신체의 자유를 제한하는 경우에는 소급효금지원칙을 적용하는 것이 법치주의 및 죄형법정주의에 부합한다(헌재 2012.12.27. 2010헌가82).

③ [O] 보호관찰은 형벌이 아니라 보안처분의 성격을 갖는 것으로 그에 대하여 반드시 행위이전에 규정되어 있어야 하는 것은 아니며 재판시의 규정에 의하여 보호관찰을 받을 것을 명할 수 있다고 보아야 할 것이고 이러한 해석이 형벌불소급의 원칙에 위배되는 것은 아니다(대판 1997.6.13. 97도703).

④ [O] 전자감시제도는 범죄행위를 한 자에 대한 응보를 주된 목적으로 그 책임을 추궁하는 사후적 처분인 형벌과 구별되어 그 본질을 달리하는 것으로서 형벌에 관한 소급입법금지의 원칙이 그대로 적용되지 않으므로, 위 법률이 개정되어 부착명령 기간을 연장하도록 규정하고 있더라도 그것이 소급입법금지의 원칙에 반한다고 볼 수 없다(대판 2010.12.23. 2010도11996).

① [O] 심판대상조항에 규정된 '도로 외의 곳'이란 '도로 외의 모든 곳 가운데 자동차등을 그 본래의 사용방법에 따라 사용할 수 있는 공간'으로 해석할 수 있다. 따라서 심판대상조항이 죄형법정주의의 명확성원칙에 위배된다고 할 수 없다(헌재 2016.2.25. 2015헌가11).

② [O] 심판대상조항은 비방할 목적으로 정보통신망을 통하여 공공연하게 사실을 드러내어 다른 사람의 명예를 훼손한 자를 형사처벌하도록 함으로써 표현의 자유를 제한하고 있으므로, 죄형법정주의 원칙에서 파생되는 명확성원칙뿐만 아니라 표현의 자유를 규제하는 입법에 있어서 요구되는 엄격한 의미의 명확성원칙을 충족하여야 한다. 사람의 사회적 평가를 훼손하려는 '비방할 목적'은 공공의 이익을 위하여 '비판할 목적'과 충분히 구별될 수 있으며, 법 집행기관의 자의적인 해석이나 적용 가능성이 있는 불명확한 개념이라고 보기 어려우므로 심판대상조항은 명확성원칙에 위배되지 아니한다(헌재 2016.2.25. 2013헌바105).

③ [O] 이는 건전한 상식과 통상적인 법감정을 가진 일반인이라면 이 사건 처벌조항의 문언을 통하여 충분히 파악할 수 있다. 이와 같이 '성적 욕망 또는 수치심을 유발할 수 있는 다른 사람의 신체'는 구체적, 개별적, 상대적으로 판단할 수밖에 없는 개념이고, 사회와 시대의 문화, 풍속 및 가치관의 변화에 따라 수시로 변화하는 개념이므로, 이 사건 처벌조항이 다소 개방적이거나 추상적인 표현을 사용하면서 그 의미를 법관의 보충적 해석에 맡긴 것은 어느 정도 불가피하다. 법원은 이에 대해 합리적인 해석기준을 제시하고 그 기준에 따라 이 사건 처벌조항의 해당 여부를 판단하고 있으므로, 법 집행기관이 이 사건 처벌조항을 자의적으로 해석할 염려가 있다고 보기도 어렵다. 따라서 이 사건 처벌조항은 죄형법정주의의 명확성원칙에 위배되지 아니한다(헌재 2016.12.29. 2016헌바153).

❹ [X] 정당방위 규정은 한편으로는 위법성을 조각시켜 범죄의 성립을 부정하는 기능을 하지만, 다른 한편으로는 정당방위가 인정되지 않는 경우 위법한 행위로서 범죄의 성립을 인정하게 하는 기능을 하므로 적극적으로 범죄 성립을 정하는 구성요건 규정은 아니라 하더라도 죄형법정주의가 요구하는 명확성원칙의 적용이 완전히 배제된다고는 할 수 없다(헌재 2001.6.28. 99헌바31).

정답

p.16

01	④	02	②	03	③	04	①	05	①
06	④	07	①	08	③	09	④	10	③
11	①	12	④	13	②	14	①	15	①
16	①	17	④	18	②	19	③	20	②

---

01   정답 ④

① [×] 저항권이 비록 존재한다고 인정하더라도 그 저항권이 실정법에 근거를 두지 못하고 자연법에만 근거하고 있는 한, 법관은 이를 재판규범으로 원용할 수 없다(대판 1980.5.20. 80도306).

② [×] 저항권은 헌법의 기본질서와 가치의 위협에 대해서만 행사될 수 있으나, 시민불복종은 개별 법령에 위반된 경우에도 행사될 수 있다.

③ [×] 국민, 법인, 정당 그리고 예외적으로 외국인도 될 수 있다.

❹ [O] 저항권 행사의 주체는 모든 국민이고, 개개인으로서의 국민은 물론 단체나 정당 등도 포함된다. 하지만, 국가기관이나 지방자치단체는 그 주체가 되지 못한다.

---

02   정답 ②

① [×] 우리 헌법은 신체의 자유를 명문으로 규정하여 보장하는 헌법 제12조 제1항 제1문에 이어 제12조 제1항 제2문, 제2항 내지 제7항에서 신체의 자유가 제한될 우려가 있는 특별한 상황들을 열거하면서, 각각의 상황별로 신체의 자유의 보장 방법을 구체적으로 규정한다. 따라서 형사절차를 특히 염두에 둔 것이 아닌 헌법 제12조 제1항 제1문과의 체계적 해석의 관점에서 볼 때, 헌법 제12조 제1항 제2문, 제2항 내지 제7항은 당해 헌법조항의 문언상 혹은 당해 헌법조항에 규정된 구체적인 신체의 자유 보장 방법의 속성상 형사절차에만 적용됨이 분명한 경우가 아니라면, 형사절차에 한정되지 않는 것으로 해석하는 것이 타당하다(헌재 2018.5.31. 2014헌마346).

❷ [O] 헌법 제12조 제4항 본문에 규정된 변호인의 조력을 받을 권리가 행정절차에서 구속된 사람에게도 즉시 보장되는지 여부 (적극)
헌법 제12조 제4항 본문의 문언 및 헌법 제12조의 조문 체계, 변호인 조력권의 속성, 헌법이 신체의 자유를 보장하는 취지를 종합하여 보면 헌법 제12조 제4항 본문에 규정된 "구속"은 사법절차에서 이루어진 구속뿐 아니라, 행정절차에서 이루어진 구속까지 포함하는 개념이다. 따라서 헌법 제12조 제4항 본문에 규정된 변호인의 조력을 받을 권리는 행정절차에서

구속을 당한 사람에게도 즉시 보장된다. 종래 이와 견해를 달리하여 헌법 제12조 제4항 본문에 규정된 변호인의 조력을 받을 권리는 형사절차에서 피의자 또는 피고인의 방어권을 보장하기 위한 것으로서 출입국관리법상 보호 또는 강제퇴거의 절차에도 적용된다고 보기 어렵다고 판시한 우리 재판소 결정(헌재 2012.8.23. 2008헌마430)은, 이 결정 취지와 저촉되는 범위 안에서 변경한다(헌재 2018.5.31. 2014헌마346).

③ [×] 별개의견이다. 헌재의 법정의견은 변호인의 조력을 받을 권리 침해로 보았다(헌재 2018.5.31. 2014헌마346).

④ [×] 헌법 제12조 제4항 본문에 규정된 "구속"이란 강제로 사람을 일정한 범위의 폐쇄된 공간에 가두어 둠으로써, 가두어 둔 공간 밖으로의 신체의 자유로운 이동을 금지하는 행위를 의미한다. 이 사건 변호인 접견신청 거부가 있었던 2014.4.25. 청구인이 헌법 제12조 제4항 본문상 "구속"되었다고 인정하려면, 당시 피청구인이 강제로 송환대기실에 갇혀 있었음이 인정되어야 한다. 이 사건에 관하여 보건대, 변호인 접견신청 거부일인 2014.4.25. 청구인이 수용되어 있었던 송환대기실은 출입문이 철문으로 되어 있는 폐쇄된 공간이고, 인천국제공항 항공사운영협의회에 의해 출입이 통제되었다. 청구인은 송환대기실 밖 환승구역으로 나갈 수 없었으며, 공중전화 외에는 외부와의 소통 수단이 없었다. 청구인은 이 사건 변호인 접견신청 거부 당시 약 5개월째 송환대기실에 수용되어 있었고, 적어도 난민인정심사불회부 결정 취소소송이 종료될 때까지는 임의로 송환대기실 밖으로 나갈 것을 기대할 수 없었다. 청구인은 이 사건 변호인 접견신청 거부 당시 자신에 대한 송환대기실 수용을 해제해 달라는 취지의 인신보호청구의 소를 제기해 둔 상태였으므로 자신의 의사에 따라 송환대기실에 머무르고 있었다고 볼 수도 없다.
위와 같은 사정을 종합하면, 청구인은 이 사건 변호인 접견신청 거부 당시 자신의 의사에 반하여 강제로 송환대기실에 갇혀 있었다고 인정된다. 따라서 청구인은 이 사건 변호인 접견신청 거부일인 2014.4.25. 헌법 제12조 제4항 본문에 규정된 "구속을 당한" 상태였다(헌재 2018.5.31. 2014헌마346).

ㄱ.[✕] 법인의 행위는 법인을 대표하는 **자연인인 대표기관의 의사결**정에 따른 행위에 의하여 실현되므로, 자연인인 대표기관의 의사결정 및 행위에 따라 법인의 책임 유무를 판단할 수 있다. 즉, 법인은 기관을 통하여 행위하므로 법인이 대표자를 선임한 이상 그의 행위로 인한 법률효과는 법인에게 귀속되어야 하고, 법인 대표자의 범죄행위에 대하여는 법인 자신이 자신의 행위에 대한 책임을 부담하는 것이다. 이 사건에서 문제되고 있는 사용자의 부당노동행위와 관련하여서도 법인인 사용자는 이 사건 지배개입금지조항과 이 사건 급여지원금지조항에 따라 부당노동행위를 하여서는 아니 될 의무를 부담하지만, 이 경우 법인은 직접 범행의 주체가 될 수 없고 대표자의 행위를 매개로 하여서만 범행을 실현할 수 있으므로 대표자의 행위를 곧 법인의 행위로 볼 수밖에 없다. 더 이상의 감독기관이 없는 대표자의 행위에 대하여는 누군가의 감독상 과실을 인정할 수도 없고, 달리 대표자의 책임과 분리된 법인만의 책임을 상정하기도 어려운 것이다.
결국 법인 대표자의 법규위반행위에 대한 법인의 책임은 법인 자신의 법규위반행위로 평가될 수 있는 행위에 대한 법인의 직접책임이므로, 대표자의 고의에 의한 위반행위에 대하여는 법인이 고의 책임을, 대표자의 과실에 의한 위반행위에 대하여는 법인이 과실 책임을 부담한다. 따라서 이 사건 양벌조항은 법인의 직접책임을 근거로 하여 법인을 처벌하므로 책임주의원칙에 위배되지 않는다(헌재 2022.5.26. 2019헌바341).

ㄴ.[○] 심판대상조항의 입법 목적, '못된 장난'의 사전적 의미, '경범죄 처벌법'의 예방적·보충적·도덕적 성격 등을 종합하면, 심판대상조항의 '못된 장난 등'은 타인의 업무에 방해가 될 수 있을 만큼 남을 괴롭고 귀찮게 하는 행동으로 일반적인 수인한도를 넘어 비난가능성이 있으나 형법상 업무방해죄, 공무집행방해죄에 이르지 않을 정도의 불법성을 가진 행위를 의미한다고 할 것이다. 형법상 업무방해죄, 공무집행방해죄에 이르지 아니하나 업무나 공무를 방해하거나 그러한 위험이 있는 행위의 유형은 매우 다양하므로 심판대상조항에서는 '못된 장난 등'이라는 다소 포괄적인 규정으로 개별 사안에서 법관이 그 적용 여부를 판단할 수 있도록 하고 있으나, '경범죄 처벌법'은 제2조에서 남용금지 규정을 둠으로써 심판대상조항이 광범위하게 자의적으로 적용될 수 있는 가능성을 차단하고 있다. 따라서 심판대상조항은 죄형법정주의의 명확성원칙을 위반하여 청구인의 일반적 행동자유권을 침해하지 않는다(헌재 2022.11.24. 2021헌마426).

ㄷ.[✕] 이 사건 이용아동규정의 취지는 지역아동센터 이용에 있어서 돌봄취약아동과 일반아동을 분리하려는 것이 아니라 돌봄취약아동에게 우선권을 부여하려는 것이다. 돌봄취약아동이 일반아동과 함께 초·중등학교를 다니고 방과 후에도 다른 돌봄기관을 이용할 선택권이 보장되고 있는 이상, 설령 이 사건 이용아동규정에 따라 돌봄취약아동이 일반아동과 교류할 기회가 다소 제한된다고 하더라도 그것만으로 청구인 아동들의 인격 형성에 중대한 영향을 미친다고 보기는 어렵다.
이 사건 이용아동규정은 과잉금지원칙에 위반하여 청구인 운영자들의 직업수행의 자유 및 청구인 아동들의 인격권을 침해하지 않는다(헌재 2022.1.27. 2019헌마583).

ㄹ.[○] 미결수용자는 적법하게 구속되어 외부와의 접촉이 차단된 상태이므로 미결수용자의 가족이 접견교통권을 행사하려면 국가가 별도로 접견교통의 수단과 절차를 마련해 주어야 한다. 그런데 입법자는 '형의 집행 및 수용자의 처우에 관한 법률'에 대면(제41조), 편지수수(제43조), 전화통화(제44조)만을 접견교통의 수단으로 규정하였을 뿐이고, 미결수용자의 가족이 인터넷화상접견이나 스마트접견과 같이 **영상통화를 이용하여 접견할 권리가 접견교통권의 핵심적 내용에 해당되어 헌법에 의해 직접 보장된다고 보기도 어렵다.** 이와 같이 영상통화를 이용한 접견이 접견교통권의 보호영역에 포함되지 않는 이상, 인터넷화상접견 대상자 지침조항 및 스마트접견 대상자 지침조항에 의한 접견교통권 제한이나 행복추구권 또는 일반적 행동자유권의 제한 역시 인정하기 어렵다(헌재 2021.11.25. 2018헌마598).

❶ [○] 헌법 제18조는 "모든 국민은 통신의 비밀을 침해받지 아니한다."고 규정하여 통신의 비밀을 침해받지 아니할 권리를 기본권으로 보장하고 있다. 따라서 통신의 중요한 수단인 서신의 당사자나 내용은 본인의 의사에 반하여 공개될 수 없으므로 서신의 검열은 원칙으로 금지된다고 할 것이다.
그러나 위와 같은 기본권도 절대적인 것은 아니므로 헌법 제37조 제2항에 따라 국가안전보장·질서유지 또는 공공복리를 위하여 필요한 경우에는 법률로써 제한할 수 있고, 다만 제한하는 경우에도 그 본질적인 내용은 침해할 수 없다(헌재 1995.7.21. 92헌마144).

② [✕] 발신자가 변호사로 표시되어 있다고 하더라도 실제 변호사인지 여부 및 수용자의 변호인에 해당하는지 여부를 확인하는 것은 불가능하거나 지나친 행정적 부담을 초래한다. 미결수용자와 같은 지위에 있는 수형자는 서신 이외에도 접견 또는 전화통화에 의해서도 변호사와 접촉하여 형사소송을 준비할 수 있다. 이 사건 서신개봉행위와 같이 **금지물품이 들어 있는지를 확인하기 위하여 서신을 개봉하는 것만으로는 미결수용자와 같은 지위에 있는 수형자가 변호인의 조력을 받을 권리를 침해하지 아니한다**(헌재 2021.10.28. 2019헌마973).

③ [✕] 미결수용자와 변호인 사이의 서신으로서 그 비밀을 보장받기 위하여는, 첫째, 교도소 측에서 상대방이 변호인이라는 사실을 확인할 수 있어야 하고, 둘째, 서신을 통하여 마약 등 소지금지품의 반입을 도모한다든가 그 내용에 도주·증거인멸·수용시설의 규율과 질서의 파괴·기타 형벌법령에 저촉되는 내용이 기재되어 있다고 의심할 만한 합리적인 이유가 있는 경우가 아니어야 한다(헌재 1995.7.21. 92헌마144).

④ [✕] 청구인은 이 사건 서신개봉행위가 통신비밀의 자유를 침해한다고도 주장한다. 그러나 그 내용을 살펴보면 청구인은 미결수용자의 일반 서신 개봉 문제를 다투는 것이 아니라 미결수용자와 변호인 사이의 서신 개봉 문제를 쟁점으로 하고 있다. 변호인의 조력을 받을 권리의 주요 내용은 신체구속을 당한 사람과 변호인 사이의 충분한 접견교통을 허용하여야 한다는 것으로, 이는 교통 내용에 대한 비밀보장과 부당한 간섭의 배제를 포괄하며(헌재 1995.7.21. 92헌마144 참조), 청구인의 주장은 위와 같은 의미의 **변호인의 조력을 받을 권리 침해에 관**

한 것이라고 볼 수 있으므로 통신비밀의 자유 침해 여부에 대하여는 별도로 판단하지 아니한다(헌재 2021.10.28. 2019헌마973).

05   정답 ①

❶ [×] 신상정보 등록대상자가 된다고 하여 그 자체로 사회복귀가 저해되거나 전과자라는 사회적 낙인이 찍히는 것은 아니므로 침해되는 사익은 크지 않은 반면 이 사건 등록조항을 통해 달성되는 공익은 매우 중요하다. 따라서 이 사건 등록조항은 개인정보자기결정권을 침해하지 않는다(헌재 2015.7.30. 2014헌마340).

② [○] 이 사건 관리조항이 추구하는 공익이 중요하더라도, 모든 등록대상자에게 20년 동안 신상정보를 등록하게 하고 위 기간 동안 각종 의무를 부과하는 것은 비교적 경미한 등록대상 성범죄를 저지르고 재범의 위험성도 많지 않은 자들에 대해서는 달성되는 공익과 침해되는 사익 사이의 불균형이 발생할 수 있으므로 이 사건 관리조항은 개인정보자기결정권을 침해한다(헌재 2015.7.30. 2014헌마340).

③ [○] 청구인이 스스로 타인에게 메시지를 전송한 이상, 청구인의 의사에 반하여 청구인의 사적인 생활영역이 공개된 것은 아니므로 사생활의 비밀이 침해되었다고 보기 어렵고, 위 조항으로 인하여 청구인의 사생활을 스스로 형성할 수 없도록 국가가 간섭한다고 보기 어려우므로 사생활의 자유가 침해되었다고 보기 어렵다(헌재 2016.3.31. 2014헌바397).

④ [○] 심판대상조항으로 인하여 비교적 불법성이 경미한 통신매체이용음란죄를 저지르고 재범의 위험성이 인정되지 않는 이들에 대하여는 달성되는 공익과 침해되는 사익 사이에 불균형이 발생할 수 있다는 점에서 법익의 균형성도 인정하기 어렵다(헌재 2016.3.31. 2015헌마688).

06   정답 ④

① [○] 거주·이전의 자유는 거주지나 체류지라고 볼 만한 정도로 생활과 밀접한 연관을 갖는 장소를 선택하고 변경하는 행위를 보호하는 기본권인바, 이 사건에서 서울광장이 청구인들의 생활형성의 중심지인 거주지나 체류지에 해당한다고 할 수 없고, 서울광장에 출입하고 통행하는 행위가 그 장소를 중심으로 생활을 형성해 나가는 행위에 속한다고 볼 수도 없으므로 청구인들의 거주·이전의 자유가 제한되었다고 할 수 없다(헌재 2011.6.30. 2009헌마406).

② [○] 거주·이전의 자유가 국민에게 그가 선택할 직업 내지 그가 취임할 공직을 그가 선택하는 임의의 장소에서 자유롭게 행사할 수 있는 권리까지 보장하는 것은 아니다. 물론 직업에 관한 규정이나 공직취임의 자격에 관한 제한규정에 의하여 헌법 제15조의 직업의 자유 내지 헌법 제25조의 공무담임권이 제한될 수는 있어도 헌법 제14조의 거주·이전의 자유가 제한되었다고 볼 수 없다(헌재 1996.6.26. 96헌마200).

③ [○] 거주·이전의 자유는 국가의 간섭 없이 자유롭게 거주와 체류지를 정할 수 있는 자유로서 정치·경제·사회·문화 등 모든 생활영역에서 개성신장을 촉진함으로써 헌법상 보장되고

있는 다른 기본권들의 실효성을 증대시켜주는 기능을 한다. 구체적으로는 국내에서 체류지와 거주지를 자유롭게 정할 수 있는 자유영역뿐 아니라 나아가 국외에서 체류지와 거주지를 자유롭게 정할 수 있는 '해외여행 및 해외 이주의 자유'를 포함하고 덧붙여 대한민국의 국적을 이탈할 수 있는 '국적변경의 자유' 등도 그 내용에 포섭된다고 보아야 한다. 따라서 해외여행 및 해외이주의 자유는 필연적으로 외국에서 체류 또는 거주하기 위해서 대한민국을 떠날 수 있는 '출국의 자유'와 외국체류 또는 거주를 중단하고 다시 대한민국으로 돌아올 수 있는 '입국의 자유'를 포함한다(헌재 2004.10.28. 2003헌가18).

❹ [×] 거주·이전의 자유는 다른 나라로 이주할 수 있는 국외이주의 자유를 포함한다. 해외이주법이 국외이주를 신고사항으로 규정하고 있는 것은 위헌이 아니다. 만일 허가사항으로 하는 것은 자유권의 본질에 반하는 것으로서 위헌이다.

07   정답 ①

ㄱ. [○] 입법자는 외국에서 형의 집행을 받은 자에게 어떠한 요건 아래, 어느 정도의 혜택을 줄 것인지에 대하여 일정 부분 재량권을 가지고 있으나, 신체의 자유는 정신적 자유와 더불어 헌법이념의 핵심인 인간의 존엄과 가치를 구현하기 위한 가장 기본적인 자유로서 모든 기본권 보장의 전제조건이므로 최대한 보장되어야 하는바, 외국에서 실제로 형의 집행을 받았음에도 불구하고 우리 형법에 의한 처벌 시 이를 전혀 고려하지 않는다면 신체의 자유에 대한 과도한 제한이 될 수 있으므로 그와 같은 사정은 어느 범위에서든 반드시 반영되어야 하고, 이러한 점에서 입법형성권의 범위는 다소 축소될 수 있다. 입법자는 국가형벌권의 실현과 국민의 기본권 보장의 요구를 조화시키기 위하여 형을 필요적으로 감면하거나 외국에서 집행된 형의 전부 또는 일부를 필요적으로 산입하는 등의 방법을 선택하여 청구인의 신체의 자유를 덜 침해할 수 있음에도, 이 사건 법률조항과 같이 우리 형법에 의한 처벌 시 외국에서 받은 형의 집행을 전혀 반영하지 아니할 수도 있도록 한 것은 과잉금지원칙에 위배되어 신체의 자유를 침해한다(헌재 2015.5.28. 2013헌바129).

ㄴ. [○] 형벌불소급원칙에서 의미하는 '처벌'은 형법에 규정되어 있는 형식적 의미의 형벌 유형에 국한되지 않으며, 범죄행위에 따른 제재의 내용이나 실제적 효과가 형벌적 성격이 강하여 신체의 자유를 박탈하거나 이에 준하는 정도로 신체의 자유를 제한하는 경우에는 형벌불소급원칙이 적용되어야 한다. 노역장유치는 그 실질이 신체의 자유를 박탈하는 것으로서 징역형과 유사한 형벌적 성격을 가지고 있으므로 형벌불소급원칙의 적용대상이 된다(헌재 2017.10.26. 2015헌바239).

ㄷ. [×] 출입국관리법에 따라 보호된 청구인들은 각 보호의 원인이 되는 강제퇴거명령에 대하여 취소소송을 제기함으로써 그 원인관계를 다투는 것 이외에, 보호명령 자체의 취소를 구하는 행정소송이나 그 집행의 정지를 구하는 집행정지신청을 할 수 있으므로, 헌법 제12조 제6항이 요구하는 체포·구속 자체에 대한 적법 여부를 법원에 심사청구할 수 있는 절차가 있다. 또한, 출입국관리법은 보호기간의 제한, 보호명령서의 제시, 보호의 일시·장소 및 이유의 서면 통지 등 엄격한 사전

적 절차규정을 마련하고 있고, 법무부장관에게 보호에 대한 이의신청을 할 수 있도록 하여 행정소송절차를 통한 구제가 가지는 한계를 충분히 보완하고 있다. 따라서 심판대상조항은 헌법 제12조 제6항의 요청을 충족한 것으로 청구인들의 신체의 자유를 침해하지 아니한다(헌재 2014.8.28. 2012헌마686).

ㄹ. [O] 보호기간의 상한을 두지 아니함으로써 강제퇴거대상자를 무기한 보호하는 것을 가능하게 하는 것은 보호의 일시적·잠정적 강제조치로서의 한계를 벗어나는 것이라는 점, 보호기간의 상한을 법에 명시함으로써 보호기간의 비합리적인 장기화 내지 불확실성에서 야기되는 피해를 방지할 수 있어야 하는데, 단지 강제퇴거명령의 효율적 집행이라는 행정목적 때문에 기간의 제한이 없는 보호를 가능하게 하는 것은 행정의 편의성과 획일성만을 강조한 것으로 피보호자의 신체의 자유를 과도하게 제한하는 것인 점, 강제퇴거명령을 받은 사람을 보호함에 있어 그 기간의 상한을 두고 있는 국제적 기준이나 외국의 입법례에 비추어 볼 때 보호기간의 상한을 정하는 것이 불가능하다고 볼 수 없는 점, 강제퇴거명령의 집행 확보는 심판대상조항에 의한 보호 외에 주거지 제한이나 보고, 신원보증인의 지정, 적정한 보증금의 납부, 감독관 등을 통한 지속적인 관찰 등 다양한 수단으로도 가능한 점, 현행 보호일시해제제도나 보호명령에 대한 이의신청, 보호기간 연장에 대한 법무부장관의 승인제도만으로는 보호기간의 상한을 두지 않은 문제가 보완된다고 보기 어려운 점 등을 고려하면, 심판대상조항은 침해의 최소성과 법익균형성을 충족하지 못한다. 따라서 심판대상조항은 과잉금지원칙을 위반하여 피보호자의 신체의 자유를 침해한다(헌재 2023.3.23. 2020헌가1).

ㅁ. [×] '변호인이 되려는 자'의 접견교통권은 피의자 등을 조력하기 위한 핵심적인 부분으로서, 피의자 등이 가지는 헌법상의 기본권인 '변호인이 되려는 자'와의 접견교통권과 표리의 관계에 있다. 따라서 피의자 등이 가지는 '변호인이 되려는 자'의 조력을 받을 권리가 실질적으로 확보되기 위해서는 '변호인이 되려는 자'의 접견교통권 역시 헌법상 기본권으로서 보장되어야 한다(헌재 2019.2.28. 2015헌마1204).

08

정답 ③

ㄱ. [×] 국민의 교육을 받을 권리를 적극적으로 보호하고, 능력에 따라 균등한 교육기회를 제공하고, 지속성과 안전을 확보하고, 수업료 등에 있어서 적정한 교육운영을 유지하게 하기 위하여, 종교교육이 학교나 학원 형태로 시행될 때 필요한 시설기준과 교육과정 등에 대한 최소한의 기준을 국가가 마련하여 학교설립인가 등을 받게 하는 것은 헌법 제31조 제6항의 입법자의 입법재량의 범위 안에 포함된다고 할 것이다(헌재 2000.3.30. 99헌바14).

ㄴ. [O] '형의 집행 및 수용자의 처우에 관한 법률' 제45조는 종교행사 등에의 참석 대상을 "수용자"로 규정하고 있어 수형자와 미결수용자를 구분하고 있지도 아니하고, 무죄추정의 원칙이 적용되는 미결수용자들에 대한 기본권 제한은 징역형 등의 선고를 받아 그 형이 확정된 수형자의 경우보다는 더 완화되어야 할 것임에도, 피청구인이 수용자 중 미결수용자에 대하여만 일률적으로 종교행사 등에의 참석을 불허한 것은 미결수용자의 종교의 자유를 나머지 수용자의 종교의 자유보다

더욱 엄격하게 제한한 것이다(헌재 2011.12.29. 2009헌마527).

ㄷ. [×]
> 헌법 제20조 ② 국교는 인정되지 아니하며, 종교와 정치는 분리된다.

ㄹ. [×] 종교의 자유에서 종교에 대한 적극적 우대조치를 요구할 권리가 직접 도출되거나 우대할 국가의 의무가 발생하지 아니한다. 종교시설의 건축행위에만 기반시설부담금을 면제한다면 국가가 종교를 지원하여 종교를 승인하거나 우대하는 것으로 비칠 소지가 있어 헌법 제20조 제2항의 국교금지·정교분리에 위배될 수도 있다고 할 것이므로 종교시설의 건축행위에 대하여 기반시설부담금 부과를 제외하거나 감경하지 아니하였더라도, 종교의 자유를 침해하는 것이 아니다(헌재 2010.2.25. 2007헌바31).

ㅁ. [×] 공군참모총장이 전 공군을 지휘·감독할 지위에서 수하의 장병들을 상대로 단결심의 함양과 조직의 유지·관리를 위하여 계몽적인 차원에서 군종장교로 하여금 교계에 널리 알려진 특정 종교에 대한 비판적 정보를 담은 책자를 발행·배포하게 한 행위가 특별한 사정이 없는 한 정교분리의 원칙에 위반하는 위법한 직무집행에 해당하지 않는다(대판 2007.4.26. 2006다87903).

정답 ④

① [O] 노동조합이 근로자의 근로조건과 경제조건의 개선이라는 목적을 위하여 활동하는 한, 헌법 제33조의 단결권의 보호를 받지만, 단결권에 의하여 보호받는 고유한 활동영역을 떠나서 개인이나 다른 사회단체와 마찬가지로 정치적 의사를 표명하거나 정치적으로 활동하는 경우에는 모든 개인과 단체를 똑같이 보호하는 일반적인 기본권인 의사표현의 자유 등의 보호를 받을 뿐이다(헌재 1999.11.25. 95헌마154).

② [O] 정보통신망의 발달로 선거기간 중 인터넷언론사의 선거와 관련한 게시판·대화방 등도 정치적 의사를 형성·전파하는 매체로서 역할을 담당하고 있으므로, 의사의 표현·전파의 형식의 하나로 인정되고 따라서 언론·출판의 자유에 의하여 보호된다고 할 것이다(헌재 2010.2.25. 2008헌마324).

③ [O] 선거운동은 정치적 의사표현이므로 헌법 제21조의 표현의 자유에서 보호된다. 선거운동의 자유는 자유선거원칙의 하나이다.

❹ [×] 노동조합이 근로자의 근로조건과 경제조건의 개선이라는 목적을 위하여 활동하는 한, 헌법 제33조의 단결권의 보호를 받지만, 단결권에 의하여 보호받는 고유한 활동영역을 떠나서 개인이나 다른 사회단체와 마찬가지로 정치적 의사를 표명하거나 정치적으로 활동하는 경우에는 모든 개인과 단체를 똑같이 보호하는 일반적인 기본권인 의사표현의 자유 등의 보호를 받을 뿐이다(헌재 1999.11.25. 95헌마154).

정답 ③

① [×] 재판청구권 침해 여부는 입법형성권을 일탈했는지 여부를 심사하여야 하고, 국가배상청구권 침해 여부는 과잉금지원칙 위반 여부를 심사해야 한다.

(1) 재판절차가 국민에게 개설되어 있다 하더라도, 절차적 규정들에 의하여 법원에의 접근이 합리적인 이유로 정당화될 수 없는 방법으로 어렵게 된다면, 재판청구권은 사실상 형해화될 수 있으므로, 바로 여기에 <u>입법형성권의 한계가</u> 있다.
(2) 심판대상조항은 신청인이 위원회의 보상금 등 지급결정에 동의한 때 민주화운동과 관련하여 입은 피해 일체에 대해 재판상 화해가 성립된 것으로 간주함으로써, 향후 민주화운동과 관련된 모든 손해에 대한 국가배상청구권 행사를 금지하고 있는바, 이는 국가배상청구권의 내용을 구체적으로 형성하는 것이 아니라, 국가배상법의 제정을 통해 이미 형성된 국가배상청구권의 행사를 제한하는 것에 해당한다. 그러므로 심판대상조항의 국가배상청구권 침해 여부를 판단함에 있어서는, 심판대상조항이 기본권 제한 입법의 한계인 헌법 제37조 제2항을 준수하였는지 여부, 즉 <u>과잉금지원칙을 준수하고 있는지 여부를 살펴보아야</u> 한다(헌재 2017.6.29. 2015헌마654).

② [×] (1) 민주화보상법상 보상금 등에는 적극적·소극적 손해에 대한 배상의 성격이 포함되어 있는바, 관련자와 유족이 위원회의 보상금 등 지급결정이 일응 적절한 배상에 해당된다고 판단하여 이에 동의하고 보상금 등을 수령한 경우 보상금 등의 성격과 중첩되는 적극적·소극적 손해에 대한 국가배상청구권의 추가적 행사를 제한하는 것은, 동일한 사실관계와 손해를 바탕으로 이미 적절한 배상을 받았음에도 불구하고 다시 동일한 내용의 손해배상청구를 금지하는 것이므로, 이를 지나치게 과도한 제한으로 볼 수 없다.
(2) 민주화보상법상 보상금 등에는 <u>정신적 손해에 대한 배상이 포함되어 있지 않은바,</u> 이처럼 정신적 손해에 대해 적절한 배상이 이루어지지 않은 상태에서 적극적·소극적 손해에 상응하는 배상이 이루어졌다는 사정만으로 정신적 손해에 대한 국가배상청구권마저 금지하는 것은, 해당 손해에 대한 적절한 배상이 이루어졌음을 전제로 하여 국가배상청구권 행사를 제한하려 한 민주화보상법의 입법목적에도 부합하지 않으며, 국가의 기본권 보호의무를 규정한 헌법 제10조 제2문의 취지에도 반하는 것으로서, 국가배상청구권에 대한 지나치게 과도한 제한에 해당한다. 따라서 심판대상조항 중 정신적 손해에 관한 부분은 민주화운동 관련자와 유족의 국가배상청구권을 침해한다(헌재 2017.6.29. 2015헌마654).

❸ [○] 민주화보상법은 관련규정을 통하여 보상금 등을 심의·결정하는 위원회의 중립성과 독립성을 보장하고 있고, 심의절차의 전문성과 공정성을 제고하기 위한 장치를 마련하고 있으며, 신청인으로 하여금 그에 대한 동의 여부를 자유롭게 선택하도록 정하고 있다. 따라서 심판대상조항은 관련자 및 유족의 재판청구권을 침해하지 아니한다(헌재 2017.6.29. 2015헌마654).

④ [×] 재판청구권 침해가 아니라 국가배상청구권 침해이므로 틀린 선지다.
정신적 손해에 대한 <u>국가배상청구권 침해</u> 여부에 대하여 살펴본다. 앞서 살펴본 바와 같이 민주화보상법상 보상금 등에는 정신적 손해에 대한 배상이 포함되어 있지 않음을 알 수 있다. 이처럼 정신적 손해에 대해 적절한 배상이 이루어지지 않은 상태에서 적극적·소극적 손해 내지 손실에 상응하는 배·보상이 이루어졌다는 사정만으로 정신적 손해에 관한 국가배상청구권마저 금지하는 것은, 관련자와 유족의 국가배상청구권을 침해한다. 그렇다면 심판대상조항의 '민주화운동과 관

련하여 입은 피해' 중 불법행위로 인한 <u>정신적 손해에 관한 부분은 헌법에 위반된다</u>(헌재 2017.6.29. 2015헌마654).
✎ 재판청구권 침해는 국가배상법에서의 침해밖에 없다.

11   정답 ①

❶ [○] 헌법 제21조 제2항에서 규정한 검열 금지의 원칙은 모든 형태의 사전적인 규제를 금지하는 것이 아니고 단지 의사표현의 발표 여부가 오로지 행정권의 허가에 달려있는 사전심사만을 금지하는 것을 뜻하므로, 이 사건 법률조항에 의한 <u>방영금지가처분은 행정권에 의한 사전심사나 금지처분이 아니라 개별 당사자 간의 분쟁에 관하여 사법부가 사법절차에 의하여 심리, 결정하는 것이어서 헌법에서 금지하는 사전검열에 해당하지 아니한다</u>(헌재 2001.8.30. 2000헌바36).

② [×] 대한의사협회, 대한치과의사협회, 대한한의사협회나 그 산하의 각 심의위원회가 의료광고의 사전심의업무를 수행함에 있어서 보건복지부장관 등 행정권의 영향력에서 완전히 벗어나 독립적이고 자율적으로 사전심의를 하고 있다고 보기 어렵고, 결국 심의기관인 대한의사협회, 대한치과의사협회, 대한한의사협회의 행정기관성은 이를 부인할 수 없다(헌재 2015.12.23. 2015헌바75).
✎ 검열기관으로서 행정기관인지 여부는 형식이 아니라 실질을 기준으로 한다. <u>공연윤리위원회, 한국공연예술진흥협의회, 등급위원회, 한국광고자율심의기구, 의사협회는 형식적으로는 민간단체이어서 행정기관이 아니라 실질적으로는 인적·물적으로 행정권의 지배하에 있으므로 검열기관인 행정기관에 해당한다.</u>

③ [×] 영상물등급위원회는 위원을 대통령이 위촉하고, 구성방법 및 절차에 관하여 필요한 사항을 대통령령으로 정하도록 하고 있으며, 국가예산으로 그 운영에 필요한 경비의 보조를 받을 수 있도록 하고 있는 점 등에 비추어 볼 때, 행정권이 심의기관의 구성에 지속적인 영향을 미칠 수 있고 행정권이 주체가 되어 검열절차를 형성하고 있다(헌재 2001.8.30. 2000헌가9).

④ [×] 검열을 행정기관이 아닌 독립적인 위원회에서 행한다 하더라도 행정권이 주체가 되어 검열절차를 형성하고 검열기관의 구성에 지속적인 영향을 미칠 수 있는 경우라면 실질적으로 검열기관은 행정기관이라고 보아야 한다(헌재 1996.10.4. 93헌가13).

12   정답 ④

① [○] 청구인이 주장하는 입법부작위는 진정입법부작위로서, 특별재판부를 설치하도록 하는 헌법상 명시적 입법위임이 존재하지 않음은 물론, 재판부의 설치 여부 등은 입법자가 광범위한 형성의 자유를 가지므로 헌법 해석상으로도 입법의무가 도출된다고 보기 어려우므로 헌법소원의 대상이 된다고 보기 어렵다. 따라서 입법부작위에 대한 심판청구는 부적법하다(헌재 2021.10.28. 2020헌마433).

② [○] 미합중국 대통령의 이동경로, 집회 참가자와의 거리, 질서유지에 필요한 시간 등을 고려하여 경호 목적 달성을 위한 최소한의 범위에서 행해진 것으로 침해의 최소성을 갖추었다. 또

한, 이 사건 공권력행사로 인해 제한된 사익은 집회 또는 시위의 자유 일부에 대한 제한으로서 국가 간 신뢰를 공고히 하고 발전적인 외교관계를 맺으려는 공익이 위 제한되는 사익보다 덜 중요하다고 할 수 없다. 따라서 이 사건 공권력 행사는 과잉금지원칙을 위반하여 청구인들의 집회의 자유 등을 침해하였다고 할 수 없다(헌재 2021.10.28. 2019헌마1091).

③ [○] 사회복무요원은 그 복무기간에 한하여 정당가입이 금지될 뿐 복무를 완료하면 다시 정당가입이 허용되므로, 이 부분으로 인하여 청구인의 기본권이 과도하게 침해된다고 볼 수 없고, 이로 인해 제한되는 사회복무요원의 사익보다 사회복무요원의 정치적 중립성 유지 및 업무전념성이라는 공익이 더 크므로 법익의 균형성에도 위배되지 않는다(헌재 2021.11.25. 2019헌마534).

❹ [✕] '정치적 목적을 지닌 행위'의 의미를 개별화·유형화하지 않으며, 앞서 보았듯 '그 밖의 정치단체'의 의미가 불명확하므로 이를 예시로 규정하여도 '정치적 목적을 지닌 행위'의 불명확성은 해소되지 않는다. 그렇다면 이 부분은 명확성원칙에 위배된다(헌재 2021.11.25. 2019헌마534).

13   정답 ②

① [✕] 헌법 전문은 제5차·제7차·제8차·제9차 개정헌법에서 개정된 바 있다.

❷ [○] 헌법 전문 등에 비추어 볼 때, 피청구인(외무부장관)의 이 사건 의무는 일본국에 의해 자행된 조직적이고 지속적인 불법행위에 의하여 인간의 존엄과 가치를 심각하게 훼손당한 자국민들이 배상청구권을 실현하도록 협력하고 보호하여야 할 헌법적 요청에 의한 것으로서, 그 의무의 이행이 없으면 청구인들의 기본권이 중대하게 침해될 가능성이 있으므로, 헌법에서 유래하는 작위의무로서 그것이 법령에 구체적으로 규정되어 있는 경우라고 할 것이다(헌재 2011.8.30. 2006헌마788).

③ [✕] 현행헌법은 전문에서 '1948.7.12.에 제정되고 8차에 걸쳐 개정된 헌법을 이제 국회의 의결을 거쳐 국민투표에 의하여 개정한다.'라고 하여, 제헌헌법 이래 현행헌법에 이르기까지 헌법의 동일성과 연속성을 선언하고 있으므로 헌법으로서의 규범적 효력을 가지고 있는 것은 **오로지 현행헌법뿐**이라고 할 것이다(헌재 2013.3.21. 2010헌바132).

④ [✕] 헌법은 전문(前文)에서 "3·1운동으로 건립된 대한민국임시정부의 법통을 계승"한다고 선언하고 있다. 이는 대한민국이 일제에 항거한 독립운동가의 공헌과 희생을 바탕으로 이룩된 것임을 선언한 것이고, 그렇다면 국가는 일제로부터 조국의 자주독립을 위하여 공헌한 독립유공자와 그 유족에 대하여는 응분의 예우를 하여야 할 헌법적 의무를 지닌다고 보아야 할 것이다. 다만, 그러한 의무는 국가가 독립유공자의 인정절차를 합리적으로 마련하고 독립유공자에 대한 기본적 예우를 해주어야 한다는 것을 뜻할 뿐이며, 당사자가 주장하는 특정인을 반드시 독립유공자로 인정하여야 하는 것을 뜻할 수는 없다(헌재 2005.6.30. 2004헌마859).

14   정답 ①

ㄱ. [✕] 교사의 수업권과 학생의 수학권이 충돌한 경우 수업권을 내세워 수학권을 침해할 수 없다(헌재 1992.11.12. 1989헌마88).

ㄴ. [○] 이 사건 심판대상조항들은 헌법 제10조 및 제34조 제5항에 의한 헌법적 요청에 따라 시각장애인 복지정책의 일환으로 규정된 것인바, 기본권 충돌시의 법익형량의 원칙에 따르면 시각장애인의 '생존권'이 비시각장애인의 '직업의 자유'보다 우선한다(헌재 2010.7.29. 2008헌마664).

ㄷ. [✕] 정보주체의 동의 없이 개인정보를 공개함으로써 침해되는 인격적 법익과 정보주체의 동의 없이 자유롭게 개인정보를 공개하는 표현행위로서 보호받을 수 있는 법적 이익이 하나의 법률관계를 둘러싸고 충돌하는 경우에는 개인정보에 관한 인격권 보호에 의하여 얻을 수 있는 이익(비공개 이익)과 표현행위에 의하여 얻을 수 있는 이익(공개 이익)을 구체적으로 비교 형량하여, 어느 쪽 이익이 더욱 우월한 것으로 평가할 수 있는지에 따라 그 행위의 최종적인 위법성 여부를 판단하여야 한다(대판 2011.9.2. 2008다42430).

ㄹ. [○] 고등학교 평준화정책에 따른 학교 강제배정제도가 위헌이 아니라고 하더라도 여전히 종립학교(종교단체가 설립한 사립학교)가 가지는 종교교육의 자유 및 운영의 자유와 학생들이 가지는 소극적 종교행위의 자유 및 소극적 신앙고백의 자유 사이에 충돌이 생기게 되는데, 이와 같이 하나의 법률관계를 둘러싸고 두 기본권이 충돌하는 경우에는 구체적인 사안에서의 사정을 종합적으로 고려한 이익형량과 함께 양 기본권 사이의 실제적인 조화를 꾀하는 해석 등을 통하여 이를 해결하여야 하고, 그 결과에 따라 정해지는 양 기본권 행사의 한계 등을 감안하여 그 행위의 최종적인 위법성 여부를 판단하여야 한다(대판 2010.4.22. 2008다38288).

ㅁ. [○] 이 사안은 국가가 태아의 생명 보호를 위해 확정적으로 만들어 놓은 자기낙태죄 조항이 임신한 여성의 자기결정권을 제한하고 있는 것이 과잉금지원칙에 위배되어 위헌인지 여부에 대한 것이다. 자기낙태죄 조항의 존재와 역할을 간과한 채 임신한 여성의 자기결정권과 태아의 생명권의 직접적인 충돌을 해결해야 하는 사안으로 보는 것은 적절하지 않다. … 낙태갈등 상황이 전개된다는 것은 '가해자 대 피해자'의 관계로 임신한 여성과 태아의 관계를 고정시켜서는 태아의 생명 보호를 위한 바람직한 해법을 찾기 어렵다는 것을 시사해 준다. 이러한 특성은 추상적인 형량에 의하여 양자택일 방식으로 선택된 어느 하나의 법익을 위해 다른 법익을 희생할 것이 아니라, 실제적 조화의 원칙에 따라 양 기본권의 실현을 최적화할 수 있는 해법을 모색하고 마련할 것을 국가에 요청하고 있다(헌재 2019.4.11. 2017헌바127).

15   정답 ①

ㄱ. [○] 보호감호의 집행 등에 관하여 행형법을 준용한다는 종전 사회보호법 규정(제42조)의 취지는 보호감호 처분이나 자유형의 집행이 다 같이 신체의 자유를 박탈하는 수용처분이고 사회로부터 일정기간 격리하여 사회에 복귀할 수 있도록 교정·교화하는 것을 목적으로 하는 점에서 차이가 없으므로, 보호감호 처분의 성질에 반하지 않는 범위 내에서 그 집행 절

차에 형사소송법과 행형 관련 법률의 규정을 준용한다는 것이지, 보호감호 처분을 형벌과 똑같이 집행한다는 취지가 아니므로 헌법상의 거듭처벌 내지 과잉처벌금지원칙에 위배되지 아니한다(헌재 2009.3.26. 2007헌바50).

ㄴ. [O] 심판대상조항은 체포영장을 발부받아 피의자를 체포하는 경우에 필요한 때에는 영장 없이 타인의 주거 등 내에서 피의자 수사를 할 수 있다고 규정함으로써, 앞서 본 바와 같이 별도로 영장을 발부받기 어려운 긴급한 사정이 있는지 여부를 구별하지 아니하고 피의자가 소재할 개연성만 소명되면 영장 없이 타인의 주거 등을 수색할 수 있도록 허용하고 있다. 이는 체포영장이 발부된 피의자가 타인의 주거 등에 소재할 개연성은 소명되나, 수색에 앞서 영장을 발부받기 어려운 긴급한 사정이 인정되지 않는 경우에도 영장 없이 피의자 수색을 할 수 있다는 것이므로, 헌법 제16조의 영장주의 예외 요건을 벗어나는 것으로서 영장주의에 위반된다(헌재 2018.4.26. 2015헌바370).

ㄷ. [×] 형벌불소급원칙에서 의미하는 '처벌'은 단지 형법에 규정되어 있는 형식적 의미의 형벌 유형에 국한되지 않는다. 노역장유치는 벌금형에 부수적으로 부과되는 환형처분으로서, 그 실질은 신체의 자유를 박탈하여 징역형과 유사한 형벌적 성격을 가지고 있으므로, 형벌불소급원칙의 적용대상이 된다. 부칙조항은 노역장유치조항의 시행 전에 행해진 범죄행위에 대해서도 공소제기의 시기가 노역장유치조항의 시행 이후이면 이를 적용하도록 하고 있는바, 부칙조항은 범죄행위 당시보다 불이익한 법률을 소급하여 적용하도록 하는 것이라고 할 수 있으므로, 헌법상 형벌불소급원칙에 위반된다(헌재 2017.10.26. 2015헌바239).

ㄹ. [O] 디엔에이감식시료 채취의 구체적인 방법은 구강점막 또는 모근을 포함한 모발을 채취하는 방법으로 하고, 위 방법들에 의한 채취가 불가능하거나 현저히 곤란한 경우에는 분비물, 체액을 채취하는 방법으로 한다(디엔에이법 시행령 제8조 제1항). 그러므로 디엔에이감식시료의 채취행위는 신체의 안정성을 해한다고 볼 수 있으므로 이 사건 채취 조항은 신체의 자유를 제한한다(헌재 2018.8.30. 2016헌마344등).

ㅁ. [O] (1) … 심판대상조항은 과잉금지원칙을 위반하여 피보호자의 신체의 자유를 침해한다.
(2) … 심판대상조항은 적법절차원칙에 위배되어 피보호자의 신체의 자유를 침해한다(헌재 2023.3.23. 2020헌가1).

16   정답 ①

❶ [×] 추징금을 납부하지 않는 자에 대한 출국금지로 국가형벌권 실현을 확보하고자 하는 국가의 이익은 형벌집행을 회피하고 재산을 국외로 도피시키려는 자가 받게 되는 출국금지의 불이익에 비하여 현저히 크다. 이처럼 고액 추징금 미납자에게 하는 출국금지 조치는 정당한 목적실현을 위해 상당한 비례관계가 유지되는 합헌적 근거 법조항에 따라 시행되는 제도이다(헌재 2004.10.28. 2003헌가18).

② [O] 직업에 관한 규정이나 공직취임의 자격에 관한 제한규정이 그 직업 또는 공직을 선택하거나 행사하려는 자의 거주·이전의 자유를 간접적으로 어렵게 하거나 불가능하게 하거나 원하지 않는 지역으로 이주할 것을 강요하게 될 수 있다 하더

라도, 그와 같은 조치가 특정한 직업 내지 공직의 선택 또는 행사에 있어서의 필요와 관련되어 있는 것인 한, 그러한 조치에 의하여 직업의 자유 내지 공무담임권이 제한될 수는 있어도 거주·이전의 자유가 제한되었다고 볼 수는 없다. 그러므로 선거일 현재 계속하여 90일 이상 당해 지방자치단체의 관할구역 안에 주민등록이 되어 있을 것을 입후보의 요건으로 하는 이 사건 법률조항으로 인하여 청구인이 그 체류지와 거주지의 자유로운 결정과 선택에 사실상 제약을 받는다고 하더라도 청구인의 공무담임권에 대한 위와 같은 제한이 있는 것은 별론으로 하고 거주·이전의 자유가 침해되었다고 할 수는 없다(헌재 1996.6.26. 96헌마200).

③ [O] 거주·이전의 자유는 거주지나 체류지라고 볼 만한 정도로 생활과 밀접한 연관을 갖는 장소를 선택하고 변경하는 행위를 보호하는 기본권인바, 이 사건에서 서울광장이 청구인들의 생활형성의 중심지인 거주지나 체류지에 해당한다고 할 수 없고, 서울광장에 출입하고 통행하는 행위가 그 장소를 중심으로 생활을 형성해 나가는 행위에 속한다고 볼 수도 없으므로 청구인들의 거주·이전의 자유가 제한되었다고 할 수 없다(헌재 2011.6.30. 2009헌마406).

④ [O] 병역준비역에 편입된 자는 편입된 때부터 3개월 이내에 하나의 국적을 선택하거나 제3항 각 호의 어느 하나에 해당하는 때부터 2년 이내에 하나의 국적을 선택하도록 한 국적법 제12조의 존재로 인하여 복수국적을 유지하게 됨으로써 대상자가 겪어야 하는 실질적 불이익은 구체적 사정에 따라 상당히 클 수 있다. 국가에 따라서는 복수국적자가 공직 또는 국가안보와 직결되는 업무나 다른 국적국과 이익충돌 여지가 있는 업무를 담당하는 것이 제한될 가능성이 있다. 현실적으로 이러한 제한이 존재하는 경우, 특정 직업의 선택이나 업무 담당이 제한되는 데 따르는 사익 침해를 가볍게 볼 수 없다. 심판대상 법률조항은 과잉금지원칙에 위배되어 청구인의 국적이탈의 자유를 침해한다(헌재 2020.9.24. 2016헌마889).

17   정답 ④

ㄱ. [O] 헌법은 제23조 제1항에서 국민의 재산권을 일반적으로 규정하고 있으나, 제28조와 제29조 제1항에서 그 특칙으로 형사보상청구권 및 국가배상청구권을 규정함으로써, 형사피의자·피고인으로 구금되어있었으나 불기소처분·무죄판결을 받은 경우 및 공무원의 직무상 불법행위로 손해를 받은 경우에 국민이 국가에 대하여 물질적·정신적 피해에 대한 정당한 보상 및 배상을 청구할 수 있는 권리를 보장하고 있다. 이러한 형사보상청구권과 국가배상청구권은 일반적인 재산권으로서의 보호 필요성뿐만 아니라, 국가의 형사사법작용 및 공권력행사로 인하여 신체의 자유 등이 침해된 국민의 구제를 헌법상 권리로 인정함으로써 관련 기본권의 보호를 강화하는 데 그 목적이 있다(헌재 2018.8.30. 2014헌바148).

ㄴ. [×] 헌법 제28조, 제29조 제1항은 형사보상청구권 및 국가배상청구권의 내용을 법률에 의해 구체화하도록 규정하고 있으므로, 그 구체적인 내용은 입법자가 형성할 수 있다. 그러나 국가의 형사사법절차 및 공권력행사에 내재하는 불가피한 위험에 의해 국민의 신체의 자유 등에 피해가 발생한 경우 국가가 이에 대하여 보상 및 배상을 할 것을 헌법에서 명문으로 선언하고

있으므로, 형사보상 및 국가배상의 구체적 절차에 관한 입법은 단지 그 보상 및 배상을 청구할 수 있는 형식적인 권리나 이론적인 가능성만을 허용하는 것이어서는 아니되고, 권리구제의 실효성이 상당한 정도로 보장되도록 하여야 한다(헌재 2018.8.30. 2014헌바148).

ㄷ. [O] 불법행위의 피해자가 '손해 및 가해자를 인식하게 된 때'로부터 3년 이내에 손해배상을 청구하도록 하는 것은 불법행위로 인한 손해배상청구에 있어 피해자와 가해자 보호의 균형을 도모하기 위한 것이므로, 과거사정리법 제2조 제1항 제3, 4호에 규정된 사건에 민법 제766조 제1항의 '주관적 기산점'이 적용되도록 하는 것은 합리적 이유가 인정된다. 그러나, 국가가 소속 공무원들의 조직적 관여를 통해 불법적으로 민간인을 집단 희생시키거나 장기간의 불법구금·고문 등에 의한 허위자백으로 유죄판결을 하고 사후에도 조작·은폐를 통해 진상규명을 저해하였음에도 불구하고, 그 불법행위 시점을 소멸시효의 기산점으로 삼는 것은 피해자와 가해자 보호의 균형을 도모하는 것으로 보기 어렵고, 발생한 손해의 공평·타당한 분담이라는 손해배상제도의 지도원리에도 부합하지 않는다. 그러므로 과거사정리법 제2조 제1항 제3, 4호에 규정된 사건에 민법 제166조 제1항, 제766조 제2항의 '객관적 기산점'이 적용되도록 하는 것은 합리적 이유가 인정되지 않는다(헌재 2018.8.30. 2014헌바148).

ㄹ. [O] 민법 제166조 제1항, 제766조 제2항의 객관적 기산점을 과거사정리법 제2조 제1항 제3, 4호의 민간인 집단희생사건, 중대한 인권침해·조작의혹사건에 적용하도록 규정하는 것은, 소멸시효제도를 통한 법적 안정성과 가해자 보호만을 지나치게 중시한 나머지 합리적 이유 없이 위 사건 유형에 관한 국가배상청구권 보장 필요성을 외면한 것으로서 입법형성의 한계를 일탈하여 청구인들의 국가배상청구권을 침해한다(헌재 2018.8.30. 2014헌바148).

18   정답 ②

① [O] 헌법 제10조는 "모든 국민은 인간으로서의 존엄과 가치를 가지며, 행복을 추구할 권리를 가진다. 국가는 개인이 가지는 불가침의 기본적 인권을 확인하고 이를 보장할 의무를 진다."고 규정함으로써 모든 기본권의 종국적 목적(기본이념)이라 할 수 있고 인간의 본질이며 고유한 가치인 개인의 인격권과 행복추구권을 보장하고 있다. 그리고 이러한 개인의 인격권·행복추구권은 개인의 자기운명결정권을 그 전제로 하고 있으며, 이 자기운명결정권에는 성적(性的)자기결정권 특히 혼인의 자유와 혼인에 있어서 상대방을 결정할 수 있는 자유가 포함되어 있다(헌재 1997.7.16. 95헌가6등).

❷ [×] 이 사건 무효조항은 이 사건 금혼조항의 실효성을 보장하기 위한 것으로서 정당한 입법목적 달성을 위한 적합한 수단에 해당한다. 이 사건 무효조항의 입법목적은 근친혼이 가까운 혈족 사이의 신분관계 등에 현저한 혼란을 초래하고 가족제도의 기능을 심각하게 훼손하는 경우에 한정하여 무효로 하더라도 충분히 달성 가능하고, 위와 같은 경우에 해당하는지 여부가 명백하지 않다면 혼인의 취소를 통해 장래를 향하여 혼인을 해소할 수 있도록 규정함으로써 가족의 기능을 보호하는 것이 가능하므로, 이 사건 무효조항은 입법목적 달성에

필요한 범위를 넘는 과도한 제한으로서 침해의 최소성을 충족하지 못한다. 나아가 이 사건 무효조항을 통하여 달성되는 공익은 결코 적지 아니하나, 이 사건 무효조항으로 인하여 제한되는 사익 역시 중대함을 고려하면, 이 사건 무효조항은 법익균형성을 충족하지 못한다. 그렇다면 이 사건 무효조항은 과잉금지원칙에 위배하여 혼인의 자유를 침해한다(헌재 2022.10.27. 2018헌바115).

③ [O] 심판대상조항은 8촌 이내의 혈족 사이의 혼인을 금지하고, 이에 위반한 혼인은 무효로 하여 '혼인과 가족생활을 스스로 결정하고 형성할 수 있는 자유'(혼인의 자유)를 제한하고 있다. 이러한 제한이 헌법 제37조 제2항이 정한 기본권 제한의 한계 원리 내의 것인지 살펴본다(헌재 2022.10.27. 2018헌바115).

④ [O] 동성동본금혼제도는 그 입법목적이 이제는 혼인에 관한 국민의 자유와 권리를 제한할 '사회질서'나 '공공복리'에 해당될 수 없다는 점에서 헌법 제37조 제2항에도 위반된다(헌재 1997.7.16. 95헌가6). 8촌 이내의 혈족 사이에서는 혼인할 수 없도록 하는 민법 제809조 제1항은 근친혼으로 인하여 가까운 혈족 사이의 상호관계 및 역할, 지위와 관련하여 발생할 수 있는 혼란을 방지하고 가족제도의 기능을 유지하기 위한 것으로서 정당한 입법목적 달성을 위한 적합한 수단에 해당한다(헌재 2022.10.27. 2018헌바115).

19   정답 ③

① [×] 변호사 등록이 단순히 변협과 그 소속 변호사 사이의 내부 법률문제라거나, 변협의 고유사무라고 할 수 없다. 이와 같은 점을 고려할 때, 변협은 변호사 등록에 관한 한 공법인으로서 공권력 행사의 주체라고 할 것이다(헌재 2019.11.28. 2017헌마759).

② [×] 변호사 등록에 관한 한 공법인 성격을 가지는 변협이 등록사무의 수행과 관련하여 정립한 규범을 단순히 내부 기준이라거나 사법적인 성질을 지니는 것이라 볼 수는 없고, 변호사 등록을 하려는 자와의 관계에서 대외적 구속력을 가지는 공권력 행사에 해당한다고 할 것이다. 따라서 변협이 변호사 등록사무의 수행과 관련하여 정립한 규범인 심판대상조항들은 헌법소원 대상인 공권력의 행사에 해당한다(헌재 2019.11.28. 2017헌마759).

❸ [O] 변협이 등록료를 쉽게 인상할 수 있어 침해의 반복가능성이 인정되며, 변호사 등록료는 변호사로 등록하고자 하는 자 모두에게 적용되는 것으로 청구인에 대한 개별적 사안의 성격을 넘어 일반적으로 헌법적 해명의 필요성이 있으므로, 예외적으로 심판대상조항들에 대한 심판의 이익이 인정된다(헌재 2019.11.28. 2017헌마759).

④ [×] 법정단체에 가입이 강제되는 유사직역의 입회비 등을 고려했을 때 금 1,000,000원이라는 돈이 신규가입을 제한할 정도로 현저하게 과도한 금액이라고 할 수는 없다. 따라서 심판대상조항들은 과잉금지원칙에 위반하여 청구인의 직업의 자유를 침해하지 않는다(헌재 2019.11.28. 2017헌마759).

① [×] 구 집회시위법 제6조 제1항은, 옥외집회·시위를 주최하려는 자는 그에 관한 신고서를 옥외집회·시위를 시작하기 720시간 전부터 48시간 전에 관할 경찰서장에게 제출하도록 하고 있다. 이러한 사전신고는 경찰관청 등 행정관청으로 하여금 집회의 순조로운 개최와 공공의 안전보호를 위하여 필요한 준비를 할 수 있는 시간적 여유를 주기 위한 것으로서, 협력의무로서의 신고이다. 결국 구 집회시위법 전체의 규정 체제에서 보면 법은 일정한 신고절차만 밟으면 일반적·원칙적으로 옥외집회 및 시위를 할 수 있도록 보장하고 있으므로, 집회에 대한 사전신고제도는 헌법 제21조 제2항의 사전허가금지에 위배되지 않는다(헌재 2014.1.28. 2012헌바39).

❷ [O] 구 집회시위법 제6조 제1항은, 옥외집회·시위를 주최하려는 자는 그에 관한 신고서를 옥외집회·시위를 시작하기 720시간 전부터 48시간 전에 관할 경찰서장에게 제출하도록 하고 있다. 이러한 사전신고는 경찰관청 등 행정관청으로 하여금 집회의 순조로운 개최와 공공의 안전보호를 위하여 필요한 준비를 할 수 있는 시간적 여유를 주기 위한 것으로서, 협력의무로서의 신고이다(헌재 2014.1.28. 2012헌바39).

③ [×] 구 집회 및 시위에 관한 법률의 관련 조항 등에 의하면, 옥외집회 또는 시위를 신고한 주최자가 그 주도 아래 행사를 진행하는 과정에서 신고한 목적·일시·장소·방법 등의 범위를 현저히 일탈하는 행위에 이르렀다고 하더라도, 이를 신고 없이 옥외집회 또는 시위를 주최한 행위로 볼 수는 없다(대판 2008.7.10. 2006도9471).

④ [×] 옥외집회와 시위에 신고제가 적용된다. 옥내집회는 신고제가 적용되지 않는다.

3회 전범위 모의고사 정답 및 해설

정답 p.26

정답

01	④	02	③	03	③	04	③	05	①
06	④	07	②	08	①	09	③	10	③
11	①	12	①	13	③	14	①	15	③
16	③	17	②	18	②	19	④	20	②

01

정답 ④

① [O] '북한의 남침 가능성의 증대'라는 추상적이고 주관적인 상황 인식만으로는 긴급조치를 발령할 만한 국가적 위기상황이 존재한다고 보기 부족하고, 주권자이자 헌법개정권력자인 국민이 유신헌법의 문제점을 지적하고 그 개정을 주장하거나 청원하는 활동을 금지하고 처벌하는 긴급조치 제9호는 국민주권주의에 비추어 목적의 정당성을 인정할 수 없다. 다원화된 민주주의 사회에서는 표현의 자유를 보장하고 자유로운 토론을 통해 사회적 합의를 도출하는 것이야말로 국민총화를 공고히 하고 국론을 통일하는 진정한 수단이라는 점에서 긴급조치 제9호는 국민총화와 국론통일이라는 목적에 적합한 수단이라고 보기도 어렵다(헌재 2013.3.21. 2010헌바70).

② [O] 심판대상조항의 보호법익은 일부일처제에 기초한 혼인제도이다. 따라서 목적은 정당하다. 그러나 일단 간통행위가 발생한 이후에는 심판대상조항이 혼인생활 유지에 전혀 도움을 주지 못한다. 간통죄는 친고죄이고, 고소권의 행사는 혼인이 해소되거나 이혼소송을 제기한 후에라야 가능하므로, 고소권의 발동으로 기존의 가정은 파탄을 맞게 된다. 설사 나중에 고소가 취소된다고 하더라도 부부감정이 원상태로 회복되기를 기대하기 어려우므로, 간통죄는 혼인제도 내지 가정질서의 보호에 기여할 수 없다. 더구나 간통죄로 처벌받은 사람이 고소를 한 배우자와 재결합할 가능성은 거의 없으며, 간통에 대한 형사처벌과정에서 부부갈등이 심화되어 원만한 가정질서를 보호할 수도 없다. 결국, 간통행위를 처벌함으로써 혼인제도를 보호한다는 의미는, 일방 배우자로 하여금, 만일 간통을 하면 형사적으로 처벌된다는 두려움 때문에 간통행위에 이르지 못하게 하여 혼인관계가 유지되게 하는 효과가 있다는 것이다. 그러나 이러한 심리적 사전억제수단에 실효성이 있는지는 의문이다(헌재 2015.2.26. 2009헌바17).

③ [O] 변호사시험 성적의 비공개는 기존 대학의 서열화를 고착시키는 등의 부작용을 낳고 있으므로 수단의 적절성이 인정되지 않는다. 또한 법학교육의 정상화나 교육 등을 통한 우수 인재 배출, 대학원 간의 과다경쟁 및 서열화 방지라는 입법목적은 법학전문대학원 내의 충실하고 다양한 교과과정 및 엄정한 학사관리 등과 같이 알 권리를 제한하지 않는 수단을 통해서 달성될 수 있고, 변호사시험 응시자들은 자신의 변호사시험 성적을 알 수 없게 되므로, 심판대상조항은 침해의 최소성 및 법익의 균형성 요건도 갖추지 못하였다(헌재 2015.6.25. 2011헌마769).

❹ [×] 목적과 수단은 적정하다. 그러나 심판대상조항은 집행유예자와 수형자에 대하여 전면적·획일적으로 선거권을 제한하고 있다. 심판대상조항의 입법목적에 비추어 보더라도, 구체적인 범죄의 종류나 내용 및 불법성의 정도 등과 관계없이 일률적으로 선거권을 제한하여야 할 필요성이 있다고 보기는 어렵다. 범죄자가 저지른 범죄의 경중을 전혀 고려하지 않고 수형자와 집행유예자 모두의 선거권을 제한하는 것은 침해의 최소성원칙에 어긋난다(헌재 2014.1.28. 2012헌마409).

02

정답 ③

ㄱ. [O] 집행유예자는 3년 이하의 징역 또는 금고의 형을 선고받으면서 정상에 참작할 만한 사유가 있어 1년 이상 5년 이하의 기간 그 형의 집행을 유예받아 사회의 구성원으로 생활하고 있는 사람이다. 집행유예선고가 실효되거나 취소되지 않는 한, 집행유예자는 교정시설에 구금되지 않고 일반인과 동일한 사회생활을 하고 있으므로, 그들의 선거권을 제한해야 할 필요성이 크지 않다. 따라서 심판대상조항은 청구인들의 선거권을 침해하고, 보통선거원칙에도 위반하여 집행유예자를 차별취급하는 것이므로 평등원칙에도 어긋난다(헌재 2014.1.28. 2013헌마105).

> **공직선거법 제18조【선거권이 없는 자】**① 선거일 현재 다음 각 호의 어느 하나에 해당하는 사람은 선거권이 없다.
> 2. 1년 이상의 징역 또는 금고의 형의 선고를 받고 그 집행이 종료되지 아니하거나 그 집행을 받지 아니하기로 확정되지 아니한 사람. 다만, 그 형의 집행유예를 선고받고 유예기간 중에 있는 사람은 제외한다.

ㄴ. [O] 수형자에 관한 부분의 위헌성은 지나치게 전면적·획일적으로 수형자의 선거권을 제한한다는 데 있다. 그런데 그 위헌성을 제거하고 수형자에게 헌법합치적으로 선거권을 부여하는

것은 입법자의 형성재량에 속하므로 심판대상조항 중 수형자에 관한 부분에 대하여 헌법불합치결정을 선고한다(헌재 2014.1.28. 2012헌마409 등).

> **공직선거법 제18조【선거권이 없는 자】** ① 선거일 현재 다음 각 호의 어느 하나에 해당하는 사람은 선거권이 없다.
> 2. 1년 이상의 징역 또는 금고의 형의 선고를 받고 그 집행이 종료되지 아니하거나 그 집행을 받지 아니하기로 확정되지 아니한 사람. 다만, 그 형의 집행유예를 선고받고 유예기간 중에 있는 사람은 제외한다.

ㄷ. [×] 범죄자의 선거권을 제한할 필요가 있다 하더라도 그가 저지른 범죄의 경중을 전혀 고려하지 않고 수형자와 집행유예자 모두의 선거권을 제한하는 것은 침해의 최소성원칙에 어긋난다. 이와 같이 심판대상조항은 입법목적의 정당성과 수단의 적합성은 인정할 수 있지만 침해의 최소성과 법익의 균형성이 인정되지 않으므로, 헌법 제37조 제2항에 위반하여 청구인들의 선거권을 침해한 것이다(헌재 2014.1.28. 2012헌마409 등).

ㄹ. [×] '유기징역 또는 유기금고의 선고를 받고 그 집행유예기간 중인 자' 부분은 위헌결정을, '유기징역 또는 유기금고의 선고를 받고 그 집행이 종료되지 아니한 자(수형자)'에 관한 부분은 헌법불합치결정을 하였다.

관련판례

> 범죄자가 저지른 범죄의 경중을 전혀 고려하지 않고 수형자와 집행유예자 모두의 선거권을 제한하는 것은 침해의 최소성원칙에 어긋난다. 특히 집행유예자는 집행유예 선고가 실효되거나 취소되지 않는 한 교정시설에 구금되지 않고 일반인과 동일한 사회생활을 하고 있으므로, 그들의 선거권을 제한해야 할 필요성이 크지 않다. 따라서 심판대상조항은 청구인들의 선거권을 침해하고, 보통선거원칙에 위반하여 집행유예자와 수형자를 차별취급하는 것이므로 평등원칙에도 어긋난다. 심판대상조항 중 수형자에 관한 부분의 위헌성은 지나치게 전면적·획일적으로 수형자의 선거권을 제한한다는 데 있다. 그런데 그 위헌성을 제거하고 수형자에게 헌법합치적으로 선거권을 부여하는 것은 입법자의 형성재량에 속하므로 심판대상조항 중 수형자에 관한 부분에 대하여 헌법불합치결정을 선고한다(헌재 2014.1.28. 2012헌마409 등).

ㅁ. [×] 공직선거법 제18조 제1항 제2호 단서에 따라 집행유예선고를 받은 자의 선거권은 제한되지 않는다.

> **공직선거법 제18조【선거권이 없는 자】** ① 선거일 현재 다음 각 호의 어느 하나에 해당하는 사람은 선거권이 없다.
> 1. 금치산선고를 받은 자
> 2. 1년 이상의 징역 또는 금고의 형의 선고를 받고 그 집행이 종료되지 아니하거나 그 집행을 받지 아니하기로 확정되지 아니한 사람. 다만, 그 형의 집행유예를 선고받고 유예기간 중에 있는 사람은 제외한다.

① [×]

> **국적법 제22조【국적심의위원회】** ① 국적에 관한 다음 각 호의 사항을 심의하기 위하여 **법무부장관 소속으로** 국적심의위원회(이하 "위원회"라 한다)를 둔다.
> 1. 제7조 제1항 제3호에 해당하는 특별귀화 허가에 관한 사항
> 2. 제14조의2에 따른 대한민국 국적의 이탈 허가에 관한 사항
> 3. 제14조의4에 따른 대한민국 국적의 상실 결정에 관한 사항
> 4. 그 밖에 국적업무와 관련하여 법무부장관이 심의를 요청하는 사항

② [×]

> **국적법 제23조【위원회의 구성 및 운영】** ① **위원회는 위원장 1명을 포함하여 30명 이내의 위원으로 구성한다.**
> ② **위원장은 법무부차관으로 하고**, 위원은 다음 각 호의 사람으로 한다.
> 1. 법무부 소속 고위공무원단에 속하는 공무원으로서 법무부장관이 지명하는 사람 1명
> 2. 대통령령으로 정하는 관계 행정기관의 국장급 또는 이에 상당하는 공무원 중에서 법무부장관이 지명하는 사람
> 3. 국적 업무와 관련하여 학식과 경험이 풍부한 사람으로서 법무부장관이 위촉하는 사람

❸ [O]

> **국적법 제14조의2【대한민국 국적의 이탈에 관한 특례】** ① 제12조 제2항 본문 및 제14조 제1항 단서에도 불구하고 다음 각 호의 요건을 모두 충족하는 복수국적자는 병역법 제8조에 따라 병역준비역에 편입된 때부터 3개월 이내에 대한민국 국적을 이탈한다는 뜻을 신고하지 못한 경우 법무부장관에게 대한민국 국적의 이탈 허가를 신청할 수 있다.
> 1. 다음 각 목의 어느 하나에 해당하는 사람일 것
>   가. 외국에서 출생한 사람(직계존속이 외국에서 영주할 목적 없이 체류한 상태에서 출생한 사람은 제외한다)으로서 출생 이후 계속하여 외국에 주된 생활의 근거를 두고 있는 사람
>   나. 6세 미만의 아동일 때 외국으로 이주한 이후 계속하여 외국에 주된 생활의 근거를 두고 있는 사람

④ [×]

> **국적법 제11조의2【복수국적자의 법적 지위 등】** ① 출생이나 그 밖에 이 법에 따라 대한민국 국적과 외국 국적을 함께 가지게 된 자는 대한민국의 법령 적용에서 **대한민국 국민으로만** 처우한다.

04 정답 ③

① [O] 청구인들은 보충역에서 대체역으로 편입된 경우, 자녀가 있는 대체역의 경우에도 교정시설에서 36개월 간 합숙복무를 강제하는 것이 평등권을 침해한다고 주장하나, 이는 대체역 복무가 과도하다는 취지이므로 양심의 자유 침해 여부 판단에서 함께 살펴본다(헌재 2024.5.30. 2021헌마117).

② [O] 국제규약 위반 주장에 대해, 비준동의한 조약은 국내법과 같은 효력을 가질 뿐 헌법재판규범이 되지 않으며, 이러한 주장들은 기본권 침해 주장을 보충하는 것이므로 별도로 판단하지 않는다(헌재 2024.5.30. 2021헌마117).

❸ [×] 대체복무기간을 현역병보다 길게 설정한 것은 병역기피자를 방지하기 위한 수단으로서, 합리적이다. 다만, 과도한 기간은 대체복무제를 유명무실하게 할 수 있지만, 현역 육군 복무기간의 1.5배인 36개월은 징벌적이라고 보기 어렵다. 이는 국가의 안전보장과 국토방위의 중대성을 고려한 것이다(헌재 2024.5.30. 2021헌마117).

④ [O] 합숙복무는 현역병과의 형평성을 고려한 것이며, 대체복무요원이 여러 제한을 받는 것은 특정 대체복무기관에서 함께 생활하기 위한 필요성 때문이다. 사회복무요원 등 보충역과 비교해 무겁게 보일 수 있지만, 입법자는 병역회피 방지를 위해 엄격한 기준을 두었다. 따라서, 이를 징벌적 처우로 볼 수 없다(헌재 2024.5.30. 2021헌마117).

05 정답 ①

❶ [×] 현행헌법 제12조 제1항 후문과 제3항 본문은 위에서 본 바와 같이 적법절차의 원칙을 헌법상 명문규정으로 두고 있는데, 이는 개정 전의 헌법 제11조 제1항의 "누구든지 법률에 의하지 아니하고는 체포·구금·압수·수색·처벌·보안처분 또는 강제노역을 당하지 아니한다."라는 규정을 제9차 개정한 현행헌법에서 처음으로 영미법계의 국가에서 국민의 인권을 보장하기 위한 기본원리의 하나로 발달되어 온 적법절차의 원칙을 도입하여 헌법에 명문화한 것이며, 이 적법절차의 원칙은 역사적으로 볼 때 영국의 마그나카르타(대헌장) 제39조, 1335년의 에드워드 3세 제정법률, 1628년 권리청원 제4조를 거쳐 1791년 미국 수정헌법 제5조 제3문과 1868년 미국 수정헌법 제14조에 명문화되어 미국헌법의 기본원리의 하나로 자리잡고 모든 국가작용을 지배하는 일반원리로 해석·적용되는 중요한 원칙으로서, 오늘날에는 독일 등 대륙법계의 국가에서도 이에 상응하여 일반적인 법치국가 원리 또는 기본권 제한의 법률유보 원리로 정립되게 되었다(헌재 1992.12.24. 92헌가8).

② [O] 구 산업단지 인·허가 절차 간소화를 위한 특례법은 지정권자가 환경영향평가 대상지역 주민들에게 환경영향평가서 초안에 대하여 적절한 고지를 하고, 이에 따라 주민 등이 환경영향평가서 초안을 산업단지계획안과 종합적·유기적으로 파악하여 그에 대한 의견을 제출할 기회를 부여함으로써 주민의 절차적 참여를 보장해 주고 있으므로, 의견청취동시진행조항이 환경영향평가서 초안에 대한 주민의견청취를 산업단지계획안에 대한 주민의견청취와 동시에 진행하도록 규정하고 있다고 하더라도, 헌법상의 적법절차원칙에 위배된다고 할 수

없다(헌재 2016.12.29. 2015헌바280).

③ [O] 헌법 제12조 제1항이 '처벌, 보안처분 또는 강제노역'을 나란히 열거하고 있는 규정형식에 비추어 보면 처벌 또는 강제노역에 버금가는 심대한 기본권의 제한을 수반하는 보안처분에는 위에서 본 좁은 의미의 적법절차의 원칙이 엄격히 적용되어야 할 것이나, 보안처분의 종류에는 사회보호법상의 보호감호처분이나 구 사회안전법상의 보안감호처분과 같이 피감호자를 일정한 감호시설에 수용하는 전면적인 자유박탈적인 조치부터 이 법상의 보안관찰처분과 같이 단순히 피보안관찰자에게 신고의무를 부과하는 자유 제한적인 조치까지 다양한 형태와 내용의 것이 존재하므로 각 보안처분에 적용되어야 할 적법절차의 원리의 적용범위 내지 한계에도 차이가 있어야 함은 당연하다 할 것이어서, 결국 각 보안처분의 구체적 자유박탈 내지 제한의 정도를 고려하여 그 보안처분의 심의·결정에 법관의 판단을 필요로 하는지 여부를 결정하여야 한다고 할 것이다(헌재 1997.11.27. 92헌바28).

④ [O] 이 사건 법률조항은 피의자의 신원확인을 원활하게 하고 수사활동에 지장이 없도록 하기 위한 것으로, 수사상 피의자의 신원확인은 피의자를 특정하고 범죄경력을 조회함으로써 타인의 인적 사항 도용과 범죄 및 전과사실의 은폐 등을 차단하고 형사사법제도를 적정하게 운영하기 위해 필수적이라는 점에서 그 목적은 정당하고, 지문채취는 신원확인을 위한 경제적이고 간편하면서도 확실성이 높은 적절한 방법이다. 또한 이 사건 법률조항은 형벌에 의한 불이익을 부과함으로써 심리적·간접적으로 지문채취를 강제하고 그것도 보충적으로만 적용하도록 하고 있어 피의자에 대한 피해를 최소화하기 위한 고려를 하고 있으며, 지문채취 그 자체가 피의자에게 주는 피해는 그리 크지 않은 반면 일단 채취된 지문은 피의자의 신원을 확인하는 효과적인 수단이 될 뿐 아니라 수사절차에서 범인을 검거하는 데에 중요한 역할을 한다. 한편, 이 사건 법률조항에 규정되어 있는 법정형은 형법상의 제재로서는 최소한에 해당되므로 지나치게 가혹하여 범죄에 대한 형벌 본래의 목적과 기능을 달성함에 필요한 정도를 일탈하였다고 볼 수도 없다(헌재 2004.9.23. 2002헌가17 등).

06 정답 ④

ㄱ. [×] "교원의 지위에 관한 기본적인 사항은 법률로 정한다"고 규정한 헌법 제31조 제6항은 국·공립대학의 교원뿐만 아니라, 사립대학의 교원도 포함하여 교원의 신분보장에 관한 기본적인 사항을 법률로 정하라는 의미이다(헌재 1991.7.22. 89헌가106).

ㄴ. [O] 헌법 제31조 제6항은 국민의 교육을 받을 기본적 권리를 보다 효과적으로 보장하기 위하여 교원의 보수 및 근무조건 등을 포함하는 개념인 '교원의 지위'에 관한 기본적인 사항을 법률로써 정하도록 한 것이므로 교원의 지위에 관련된 사항에 관한 한 위 헌법조항이 근로기본권에 관한 헌법 제33조 제1항에 우선하여 적용된다(헌재 1991.7.22. 89헌가106).

ㄷ. [×] 대학교육기관의 교원에 대한 기간임용제와 정년보장제는 국가가 문화국가의 실현을 위한 학문진흥의 의무를 이행함에 있어서나 국민의 교육권의 실현·방법 면에서 각각 장단점이 있어서, 그 판단·선택은 헌법재판소에서 이를 가늠하기보다

는 입법자의 입법정책에 맡겨 두는 것이 옳다(헌재 1998.7.16. 96헌바33).

ㄹ. [O] 객관적인 기준의 재임용 거부사유와 재임용에서 탈락하게 되는 교원이 자신의 입장을 진술할 수 있는 기회 그리고 재임용 거부를 사전에 통지하는 규정 등이 없으며, 나아가 재임용이 거부되었을 경우 사후에 그에 대해 다툴 수 있는 제도적 장치를 전혀 마련하지 않고 있는 이 사건 법률조항은, 현대사회에서 대학교육이 갖는 중요한 기능과 그 교육을 담당하고 있는 대학교원의 신분의 부당한 박탈에 대한 최소한의 보호요청에 비추어 볼 때 헌법 제31조 제6항에서 정하고 있는 교원지위 법정주의에 위반된다고 볼 수밖에 없다(헌재 2003.2.27. 2000헌바26).

ㅁ. [O] 이 사건 법률조항이 대학의 자유를 제한하고 있다고 하더라도 그 위헌 여부는 입법자가 기본권을 제한함에 있어 헌법 제37조 제2항에 의한 합리적인 입법한계를 벗어나 자의적으로 그 본질적 내용을 침해하였는지 여부에 따라 판단되어야 할 것이고 … (헌재 2006.4.27. 2005헌마1047).

07
정답 ②

① [O] 법무부장관으로 하여금 피고인의 출국을 금지할 수 있도록 하는 것일 뿐 피고인의 공격·방어권 행사와 직접 관련이 있다고 할 수 없고, 공정한 재판을 받을 권리에 외국에 나가 증거를 수집할 권리가 포함된다고 보기도 어렵다. 따라서 공정한 재판을 받을 권리를 침해한다고 볼 수 없다(헌재 2015. 9.24. 2012헌바302).

❷ [×] 헌법에 '공정한 재판'에 관한 명문의 규정은 없지만 재판청구권이 국민에게 효율적인 권리 보호를 제공하기 위해서는, 법원에 의한 재판이 공정하여야만 할 것은 당연한 전제이므로 '공정한 재판을 받을 권리'는 헌법 제27조의 재판청구권에 의하여 함께 보장된다. 그리고 헌법 제27조 제1항에서 명시적으로 규정하고 있는 바와 같이, 헌법상 재판을 받을 권리라 함은 '법관에 의하여' 재판을 받을 권리를 의미한다(헌재 2013. 3.21. 2011헌바219).

③ [O] 공정한 재판을 받을 권리 속에는 신속하고 공개된 법정의 법관의 면전에서 모든 증거자료가 조사·진술되고 이에 대하여 피고인이 공격·방어할 수 있는 기회가 보장되는 재판, 즉 원칙적으로 당사자주의와 구두변론주의가 보장되어 당사자가 공소사실에 대한 답변과 입증 및 반증하는 등 공격·방어권이 충분히 보장되는 재판을 받을 권리가 포함되어 있다(헌재 1994.4.28. 93헌바26).

④ [O] 헌법은 피고인의 반대신문권을 헌법상의 기본권으로까지 규정하지는 않았으나, 형사소송법은 제161조의2에서 피고인의 반대신문권을 포함한 교호신문권을 명문으로 규정하여 피고인에게 불리한 증거에 대하여 반대신문할 수 있는 권리를 원칙적으로 보장하고 있는바, 이는 헌법 제12조 제1항, 제27조 제1항·제3항 및 제4항에 의한 공정한 재판을 받을 권리를 구현한 것이다(헌재 2012.7.26. 2010헌바62).

08
정답 ①

❶ [×] 수사기관 등이 전기통신사업자에게 이용자의 성명 등 통신자료의 열람이나 제출을 요청할 수 있도록 한 전기통신사업법 제83조 제3항에는 영장주의가 적용되지 않는다(헌재 2022.7.21. 2016헌마388).

② [O] 사형·무기 또는 장기 3년 이상의 징역이나 금고에 해당하는 죄를 범하였다고 의심할 만한 상당한 이유가 있는 경우에 피의자를 긴급체포할 수 있도록 한 형사소송법 제200조의3 제1항은 헌법상 영장주의에 위반되지 아니한다(헌재 2021.3.25. 2018헌바212).

③ [O] 영장신청권자로서의 '검사'는 '검찰권을 행사하는 국가기관'인 검사로서 공익의 대표자이자 인권옹호기관으로서의 지위에서 그에 부합하는 직무를 수행하는 자를 의미하는 것이지, 검찰청법상 검사만을 지칭하는 것으로 보기 어렵다. 수사처검사는 변호사 자격을 일정 기간 보유한 사람 중에서 임명하도록 되어 있으므로, 법률전문가로서의 자격도 충분히 갖추었다. 따라서 공수처법 제8조 제4항은 영장주의원칙을 위반하여 청구인들의 신체의 자유 등을 침해하지 않는다(헌재 2021.1.28. 2020헌마264).

④ [O] 수사권 및 소추권은 입법부·사법부가 아닌 '대통령을 수반으로 하는 행정부'에 부여된 '헌법상 권한'이라 할 것이다. 검사의 영장신청권은 제5차 개정헌법(1962.12.26. 헌법 제6호)에서 처음 도입되었다. 검사의 영장신청권 조항에서 검사에게 헌법상 수사권까지 부여한다는 내용까지 논리 필연적으로 도출된다고 보기 어렵다. 피청구인의 이 사건 법률개정행위로 인해 검사의 '헌법상 권한'(영장신청권)이 침해될 가능성은 존재하지 아니하고, 국회의 구체적인 입법행위를 통해 비로소 그 내용과 범위가 형성되어 부여된 검사의 '법률상 권한'(수사권 및 소추권)은 그 자체로 국회의 법률개정행위로 인해 침해될 가능성이 없으므로, 피청구인의 이 사건 법률개정행위로 인한 청구인 검사들의 헌법상 권한 침해가능성은 인정되지 아니한다(헌재 2023.3.23. 2022헌라4).

09
정답 ③

① [O] 학교법인의 사립학교 교원에 대한 인사권의 행사로서 징계 등 불리한 처분 또한 사법적 법률행위로서의 성격을 가진다. 대법원도 일관하여 이들의 관계가 사법관계에 있음을 확인(대판 1995.11.24. 95누12934)하고, 그 결과 학교법인의 교원에 대한 징계 등 불리한 처분에 대하여 직접 그 취소를 구하는 행정소송을 제기할 수 없고 민사소송으로 그 효력 유무를 다투어야 한다고 한다(헌재 2006.2.23. 2005헌가7 등).

② [O] 교원의 지위 향상 및 교육활동 보호를 위한 특별법 재심위원회를 교육인적자원부 산하의 행정기관으로 설치하고(제7조), 그 결정에 처분권자가 기속되도록 하며(제10조 제2항), 교원만이 재심결정에 불복하여 행정소송을 제기할 수 있게 한 취지로 보아 입법자는 재심위원회에 특별행정심판기관 또는 특별행정쟁송기관으로서의 성격을 부여하였고, 그 결과 재심결정은 행정심판의 재결에 해당한다고 볼 여지도 없지 아니하다(국·공립학교 교원이 당사자인 재심절차와 재심결정이 행정심판과 행정심판의 재결에 해당하다는 데는 이론이 없다)

(헌재 2006.2.23. 2005헌가7 등).

❸ [×] 재심절차는 학교법인과 그 교원 사이의 사법적 분쟁을 해결하기 위한 간이분쟁해결절차로서의 성격을 갖는다고 할 것이므로, 재심결정은 특정한 법률관계에 대하여 의문이 있거나 다툼이 있는 경우에 행정청이 공적 권위를 가지고 판단·확정하는 행정처분에 해당한다고 봄이 상당하다(헌재 2006.2.23. 2005헌가7 등).

④ [○] 학교법인은 그 소속 교원과 사법상의 고용계약관계에 있고 재심절차에서 그 결정의 효력을 받는 일방 당사자의 지위에 있음에도 불구하고 이 사건 법률조항은 합리적인 이유 없이 학교법인의 제소권한을 부인함으로써 헌법 제11조의 평등원칙에 위배되고, 사립학교 교원에 대한 징계 등 불리한 처분의 적법 여부에 관하여 재심위원회의 재심결정이 최종적인 것이 되는 결과 일체의 법률적 쟁송에 대한 재판권능을 법원에 부여한 헌법 제101조 제1항에도 위배되며, 행정처분인 재심결정의 적법 여부에 관하여 대법원을 최종심으로 하는 법원의 심사를 박탈함으로써 헌법 제107조 제2항에도 아울러 위배된다(헌재 2006.2.23. 2005헌가7 등).

10 정답 ③

① [○]
> **국민의 형사재판 참여에 관한 법률 제9조【배제결정】** ① 법원은 공소제기 후부터 공판준비기일이 종결된 다음날까지 다음 각 호의 어느 하나에 해당하는 경우 국민참여재판을 하지 아니하기로 하는 결정을 할 수 있다.
> 1. 배심원·예비배심원·배심원후보자 또는 그 친족의 생명·신체·재산에 대한 침해 또는 침해의 우려가 있어서 출석의 어려움이 있거나 이 법에 따른 직무를 공정하게 수행하지 못할 염려가 있다고 인정되는 경우
> 2. 공범관계에 있는 피고인들 중 일부가 국민참여재판을 원하지 아니하여 국민참여재판의 진행에 어려움이 있다고 인정되는 경우
> 3. 성폭력범죄의 처벌 등에 관한 특례법 제2조의 범죄로 인한 피해자(이하 '성폭력범죄 피해자'라 한다) 또는 법정대리인이 국민참여재판을 원하지 아니하는 경우
> 4. 그 밖에 국민참여재판으로 진행하는 것이 적절하지 아니하다고 인정되는 경우
> ③ 제1항의 결정에 대하여는 즉시항고를 할 수 있다.

② [○]
> **국민의 형사재판 참여에 관한 법률 제11조【통상절차 회부】**
> ① 법원은 피고인의 질병 등으로 공판절차가 장기간 정지되거나 피고인에 대한 구속기간의 만료, 성폭력범죄 피해자의 보호, 그 밖에 심리의 제반 사정에 비추어 국민참여재판을 계속 진행하는 것이 부적절하다고 인정하는 경우에는 직권 또는 검사·피고인·변호인이나 성폭력범죄 피해자 또는 법정대리인의 신청에 따라 결정으로 사건을 지방법원 본원 합의부가 국민참여재판에 의하지 아니하고 심판하게 할 수 있다.
> ② 법원은 제1항의 결정을 하기 전에 검사·피고인 또는 변호인의 의견을 들어야 한다.
> ③ 제1항의 결정에 대하여는 불복할 수 없다.

❸ [×] 국민참여재판을 받을 권리는 헌법상 기본권으로서 보호될 수는 없지만, 국민의 형사재판 참여에 관한 법률에서 정하는 대상사건에 해당하는 한 피고인은 원칙적으로 국민참여재판으로 재판을 받을 법률상 권리를 가진다고 할 것이고, 이러한 형사소송절차상의 권리를 배제함에 있어서는 헌법에서 정한 적법절차원칙을 따라야 한다(헌재 2014.1.28. 2012헌바298).

④ [○] 국민의 형사재판 참여에 관한 법률에 따르면, 배심원은 원칙적으로 법관의 관여없이 평결하지만(배심제적 요소), 만장일치에 이르지 못한 경우 반드시 판사의 의견을 들어야 하고(참심제적 요소), 심리에 관여한 판사와 양형에 관하여도 토의하지만(참심제적 요소), 표결은 하지 않고 양형에 관한 의견만을 개진한다(배심제적 요소). 또한 배심원의 평결이 법원을 기속하지 않는다(배심제의 수정).

11 정답 ①

ㄱ. [×] 이 사건 법률조항이 규정하고 있는 '소송비용'의 보상은 형사사법절차에 내재된 위험에 의해 발생되는 손해를 국가가 보상한다는 취지에서 비롯된 것이다. 그러나 구금되었음을 전제로 하는 헌법 제28조의 형사보상청구권과는 달리 소송비용의 보상을 청구할 수 있는 권리는 헌법적 차원의 권리라고 볼 수는 없고, 입법자가 입법의 목적, 국가의 경제적·사회적·정책적 사정들을 참작하여 제정하는 법률에 적용요건, 적용대상, 범위 등 구체적인 사항이 규정될 때 비로소 형성되는 법률상의 권리에 불과하다(헌재 2012.3.29. 2011헌바19).

ㄴ. [○] 형사소송법 제194조의2 내지 제194조의5에 따른 비용보상청구 제도는 형사사법절차에 내재하는 불가피한 위험성으로 인해 손해를 입은 사람에게 그 위험에 관한 부담을 덜어주기 위해 국가의 고의나 과실 여부를 불문하고 그 손해를 보상해주는 것이다. 이는 구금되었음을 전제로 하는 헌법 제28조의 형사보상청구권이나 국가의 귀책사유를 전제로 하는 헌법 제29조의 국가배상청구권이 헌법적 차원에서 명시적으로 규정되어 보호되고 있는 것과 달리, 입법자가 입법의 목적, 국가의 경제적·사회적·정책적 사정들을 참작하여 제정하는 법률에 적용요건, 적용대상, 범위 등 구체적인 사항이 규정될 때 비로소 형성되는 권리이다(헌재 2015.4.30. 2014헌바408 등).

ㄷ. [○]
> **형사보상 및 명예회복에 관한 법률 제6조【손해배상과의 관계】** ① 이 법은 보상을 받을 자가 다른 법률에 따라 손해배상을 청구하는 것을 금지하지 아니한다.

ㄹ. [○] 형사사법절차에서는 범죄의 혐의를 받은 피의자가 수사기관의 조사를 받고 법원에 기소되었다 하더라도 심리결과 무죄로 판명되는 경우가 발생할 수 있고, 이는 형사사법절차에 불가피하게 내재되어 있는 위험이다. 형사사법절차를 운영하는 국가는 그로 인한 부담을 무죄판결을 선고받은 자 개인에게 모두 지워서는 아니 되고, 이러한 위험에 의하여 발생되는 손해에 대응한 보상을 하지 않으면 안 된다(헌재 2010.10.28. 2008헌마514 참조). 이에 따라 일찍부터 헌법은 구금되었던 자의 형사보상청구권을 기본권으로 인정해왔다(헌재 2012.3.29. 2011헌바19).

❶ [O] 혼인한 남성 등록의무자와 달리 혼인한 여성 등록의무자의 경우에만 본인이 아닌 배우자의 직계존·비속의 재산을 등록하도록 하는 것은 여성의 사회적 지위에 대한 그릇된 인식을 양산하고, 가족관계에 있어 시가와 친정이라는 이분법적 차별구조를 정착시킬 수 있으며, 이것이 사회적 관계로 확장될 경우에는 남성우위·여성비하의 사회적 풍토를 조성하게 될 우려가 있다. 이는 성별에 의한 차별금지 및 혼인과 가족생활에서의 양성의 평등을 천명하고 있는 헌법에 정면으로 위배되는 것으로 그 목적의 정당성을 인정할 수 없다. 따라서 이 사건 부칙조항은 평등원칙에 위배된다(헌재 2021.9.30. 2019헌가3).

② [X] 위 조항은 부부간 증여의 경우 일정한 혜택을 부여한 규정이고, 남녀를 구별하지 않고 적용되는 규정이므로, 헌법상 혼인과 가족생활 보장 및 양성의 평등원칙에 반하지 않는다(헌재 2012.12.27. 2011헌바132).

③ [X] 이 사건 법률조항은 헌법 제10조, 제11조 제1항, 제36조 제1항에 위반될 뿐만 아니라 그 입법목적이 이제는 혼인에 관한 국민의 자유와 권리를 제한할 "사회질서"나 "공공복리"에 해당될 수 없다는 점에서 헌법 제37조 제2항에도 위반된다 할 것이다(헌재 1997.7.16. 95헌가6).

④ [X] 이 사건 금혼조항으로 인하여 법률상의 배우자 선택이 제한되는 범위는 친족관계 내에서도 8촌 이내의 혈족으로, 넓다고 보기 어렵다. 그에 비하여 8촌 이내 혈족 사이의 혼인을 금지함으로써 가족질서를 보호하고 유지한다는 공익은 매우 중요하므로 이 사건 금혼조항은 법익균형성에 위반되지 아니한다. 그렇다면 이 사건 금혼조항은 과잉금지원칙에 위배하여 혼인의 자유를 침해하지 않는다(헌재 2022.10.27. 2018헌바115).

ㄱ. [X] 그 보호기준에 따라 일정한 생계보호를 받게 된다는 점에서 직접 대외적 효력을 가지며, 공무원의 생계보호급여 지급이라는 집행행위는 위 생계보호기준에 따른 단순한 사실적 집행행위에 불과하므로, 위 생계보호기준은 그 지급대상자인 청구인들에 대하여 직접적인 효력을 갖는 규정이다(헌재 1997.5.29. 94헌마33).

ㄴ. [O] 현행 행정소송법상 이를 다툴 방법이 있다고 볼 수 없으므로 이 사건은 다른 법적 구제수단이 없는 경우에 해당하여 보충성 요건을 갖춘 것이라 볼 수 있다(헌재 1997.5.29. 94헌마33).

ㄷ. [O] 이 법에 의한 보호는 보호대상자가 자신의 생활의 유지·향상을 위하여 그 자산·근로능력 등을 활용하여 최대한 노력하는 것을 전제로 이를 보충발전시키는 것을 기본원칙으로 하며 또 부양의무자의 부양과 기타 다른 법령에 의한 보호는 이 법에 의한 보호에 우선하여 행하여 지는 것으로 한다고 규정함으로써(제4조), 이 법에 의한 보호가 어디까지나 '보충적인 것'임을 명언하고 있다(헌재 1997.5.29. 94헌마33).

ㄹ. [X] 헌법의 규정이, 입법부나 행정부에 대하여는 국민소득, 국가의 재정능력과 정책 등을 고려하여 가능한 범위 안에서 최대한으로 모든 국민이 물질적인 최저생활을 넘어서 인간의 존엄성에 맞는 건강하고 문화적인 생활을 누릴 수 있도록 하여야 한다는 행위의 지침, 즉 행위규범으로서 작용하지만, 헌법

재판에 있어서는 다른 국가기관, 즉 입법부나 행정부가 국민으로 하여금 인간다운 생활을 영위하도록 하기 위하여 객관적으로 필요한 최소한의 조치를 취할 의무를 다하였는지를 기준으로 국가기관의 행위의 합헌성을 심사하여야 한다는 통제규범으로 작용하는 것이다(헌재 1997.5.29. 94헌마33).

ㅁ. [X] 생계보호의 구체적 수준을 결정하는 것은 입법부 또는 입법에 의하여 다시 위임을 받은 행정부 등 해당기관의 광범위한 재량에 맡겨져 있다고 보아야 한다. 그러므로 국가가 인간다운 생활을 보장하기 위한 헌법적 의무를 다하였는지의 여부가 사법적 심사의 대상이 된 경우에는, 국가가 생계보호에 관한 입법을 전혀 하지 아니하였다든가 그 내용이 현저히 불합리하여 헌법상 용인될 수 있는 재량의 범위를 명백히 일탈한 경우에 한하여 헌법에 위반된다고 할 수 있다(헌재 1997.5.29. 94헌마33).

ㅂ. [X] 인간다운 생활을 보장하기 위한 객관적 내용의 최소한을 보장하고 있는지의 여부는 생활보호법에 의한 생계보호급여만을 가지고 판단하여서는 아니되고 그 외의 법령에 의거하여 국가가 생계보호를 위하여 지급하는 각종 급여나 각종 부담의 감면 등을 총괄한 수준을 가지고 판단하여야 한다(헌재 1997.5.29. 94헌마33).

❶ [X] 이 사건 법률조항은 성폭력범죄자의 재범을 억제하고 효율적인 수사를 위한 것으로 정당한 목적을 달성하기 위한 적합한 수단이다. 신상정보 등록제도는 국가기관이 성범죄자의 관리를 목적으로 신상정보를 내부적으로만 보존·관리하는 것으로, 성범죄자의 신상정보를 일반에게 공개하는 신상정보 공개 및 고지제도와는 달리 법익침해의 정도가 크지 않다. 공중밀집장소추행죄의 경우, 비록 개별 사안에서 행위태양이나 불법성의 경중이 다르게 나타날 수도 있겠으나, 일반에 공개되어 있으면서 피해자와의 접근이 용이한 공중이 밀집하는 장소에서 피해자가 미처 저항하거나 회피하기 곤란한 상태를 이용하여 성적 수치심이나 혐오감을 일으키는 행위를 할 때에 성립한다는 점에서 피해자의 성적 자기결정권을 침해하는 성폭력범죄로서의 본질이 달라지는 것은 아니므로, 이 사건 법률조항은 침해의 최소성을 갖추었다. 이 사건 법률조항으로 인하여 제한되는 사익에 비하여 성폭력범죄자의 재범 방지 및 사회 방위의 공익이 더 크므로 법익의 균형성도 인정된다. 따라서 이 사건 법률조항은 청구인의 개인정보자기결정권을 침해하지 아니한다(헌재 2017.12.28. 2016헌마1124).

② [O] 재범의 위험성이 높은 범죄를 범한 수형인등은 생존하는 동안 재범의 가능성이 있으므로, 디엔에이신원확인정보를 수형인등이 사망할 때까지 관리하여 범죄 수사 및 예방에 이바지하고자 하는 이 사건 삭제조항은 입법목적의 정당성과 수단의 적절성이 인정된다. 디엔에이신원확인정보는 개인식별을 위한 최소한의 정보인 단순한 숫자에 불과하여 이로부터 개인의 유전정보를 확인할 수 없는 것이어서 개인의 존엄과 인격권에 심대한 영향을 미칠 수 있는 민감한 정보라고 보기 어렵고, 디엔에이신원확인정보의 수록 후 디엔에이감식시료와 디엔에이의 즉시 폐기, 무죄 등의 판결이 확정된 경우 디엔에이신원확인정보의 삭제, 디엔에이인적관리자와 디엔에이신원확인정보담당자의 분리, 디엔에이신원확인정보데이터베이스

관리위원회의 설치, 업무목적 외 디엔에이신원확인정보의 사용·제공·누설 금지 및 위반시 처벌, 데이터베이스 보안장치 등 개인정보보호에 관한 규정을 두고 있으므로 이 사건 삭제조항은 침해최소성 원칙에 위배되지 않는다. 디엔에이신원확인정보를 범죄수사 등에 이용함으로써 달성할 수 있는 공익의 중요성에 비하여 청구인의 불이익이 크다고 보기 어려워 법익균형성도 갖추었다. 따라서 이 사건 삭제조항이 과도하게 개인정보자기결정권을 침해한다고 볼 수 없다(헌재 2014.8.28. 2011헌마28).

③ [○] 수사경력자료는 불처분결정의 효력을 뒤집고 다시 형사처벌을 할 필요성이 인정되는 경우 재수사에 대비한 기초자료 또는 소년이 이후 다른 사건으로 수사나 재판을 받는 경우 기소 여부의 판단자료나 양형 자료가 되므로, 해당 수사경력자료의 보존은 목적의 정당성과 수단의 적합성이 인정된다. 하지만 반사회성이 있는 소년의 환경 조정과 품행 교정을 통해 소년이 우리 사회의 건전한 구성원으로 성장할 수 있도록, 죄를 범한 소년에 대하여 형사재판이 아닌 보호사건으로 심리하여 보호처분을 할 수 있는 절차를 마련한 소년법의 취지에 비추어, 법원에서 소년부송치된 사건을 심리하여 보호처분을 할 수 없거나 할 필요가 없다고 인정하여 불처분결정을 하는 경우 소년부송치 및 불처분결정된 사실이 소년의 장래 신상에 불이익한 영향을 미치지 않는 것이 마땅하다. 또한 어떤 범죄가 행해진 후 시간이 흐를수록 수사의 단서로서나 상습성 판단자료, 양형자료로서의 가치는 감소하므로, 모든 소년부송치 사건의 수사경력자료를 해당 사건의 경중이나 결정 이후 경과한 시간 등에 대한 고려 없이 일률적으로 당사자가 사망할 때까지 보존할 필요가 있다고 보기는 어렵고, 불처분결정된 소년부송치 사건의 수사경력자료가 조회 및 회보되는 경우에도 이를 통해 추구하는 실체적 진실발견과 형사사법의 정의 구현이라는 공익에 비해, 당사자가 입을 수 있는 실질적 또는 심리적 불이익과 그로 인한 재사회화 및 사회복귀의 어려움이 더 크다. 따라서 심판대상조항은 과잉금지원칙을 위반하여 소년부송치 후 불처분결정을 받은 자의 개인정보자기결정권을 침해한다(헌재 2021.6.24. 2018헌가2).

④ [○] 영유아보육법에 따라 어린이집 설치·운영자에게 지급되는 보조금은 영유아를 건강하고 안전하게 보호·양육하고 영유아의 발달 특성에 맞는 교육을 제공할 수 있도록 그 비용을 국가나 지방자치단체가 지원하는 것이다. 이러한 보조금을 부정수급하거나 유용하는 부패행위는 영유아보육의 질과 직결되어 그로 인한 불이익이 고스란히 영유아들에게 전가되므로 이를 근절할 필요가 크다. 어린이집의 투명한 운영을 담보하고 영유아 보호자의 보육기관 선택권을 실질적으로 보장하기 위해서는 보조금을 부정수급하거나 유용한 어린이집의 명단 등을 공표하여야 할 필요성이 있으며, 심판대상조항은 공표대상이나 공표정보, 공표기간 등을 제한적으로 규정하고 공표 전에 의견진술의 기회를 부여하여 공표대상자의 절차적 권리도 보장하고 있다. 나아가 심판대상조항을 통하여 추구하는 영유아의 건강한 성장 도모 및 영유아 보호자들의 보육기관 선택권 보장이라는 공익이 공표대상자의 법 위반사실이 일정 기간 외부에 공표되는 불이익보다 크다. 따라서 심판대상조항은 과잉금지원칙을 위반하여 인격권 및 개인정보자기결정권을 침해하지 아니한다(헌재 2022.3.31. 2019헌바520).

15 정답 ③

① [○] 정보위원회 회의는 공개하지 아니한다고 정하고 있는 국회법 제54조의2 제1항 본문은 의사공개원칙에 위배되어 청구인들의 알 권리를 침해를 침해한다(헌재 2022.1.27. 2018헌마1162).

② [○] 변호사 광고에 관한 규정, 협회의 회규, 유권해석에 위반되는 행위를 목적 또는 수단으로 하여 행하는 법률상담 광고를 금지하는 변호사 광고에 관한 규정은 법률유보원칙 위반을 위반하여 청구인들의 표현의 자유, 직업의 자유를 침해한다(헌재 2022.5.26. 2021헌마619).

❸ [×] 대통령관저, 국회의장 공관의 경계 지점으로부터 100미터 이내의 장소에서의 옥외집회 또는 시위를 일률적으로 금지하고, 이를 위반한 집회·시위의 참가자를 처벌하는 구 '집회 및 시위에 관한 법률'은 입법목적 달성을 위한 적합한 수단이다. 피해의 최소성에 반하여 집회의 자유를 침해한다(헌재 2022. 12.22. 2018헌바48; 헌재 2023.3.23. 2021헌가1).

④ [○] 집회 또는 시위를 하기 위하여 인천애(愛)뜰 중 잔디마당과 그 경계 내 부지에 대한 사용허가 신청을 한 경우 인천광역시장이 이를 허가할 수 없도록 제한하는 인천애(愛)뜰의 사용 및 관리에 관한 조례는 과잉금지원칙에 위배되어 청구인들의 집회의 자유를 침해한다(헌재 2023.9.26. 2019헌마417).
✎ 다만, 법률유보원칙에 위배되지 않는다.

16 정답 ③

ㄱ. [○] 타인과의 사용종속관계하에서 근로를 제공하고 그 대가로 임금 등을 받아 생활하는 사람은 노동조합 및 노동관계조정법(이하 '노동조합법'이라 한다)상 근로자에 해당하고, 노동조합법상의 근로자성이 인정되는 한, 그러한 근로자가 외국인인지 여부나 취업자격의 유무에 따라 노동조합법상 근로자의 범위에 포함되지 아니한다고 볼 수는 없다(대판 전합체 2015.6.25. 2007두4995).

ㄴ. [×] 근로자가 퇴직급여를 청구할 수 있는 권리도 헌법상 바로 도출되는 것이 아니라 근로자퇴직급여 보장법 등 관련 법률이 구체적으로 정하는 바에 따라 비로소 인정될 수 있는 것이므로 계속근로기간 1년 미만인 근로자가 퇴직급여를 청구할 수 있는 권리가 헌법 제32조 제1항에 의하여 보장된다고 보기는 어렵다(헌재 2011.7.28. 2009헌마408).

ㄷ. [×] 헌법 제15조의 직업의 자유 또는 헌법 제32조의 근로의 권리, 사회국가원리 등에 근거하여 실업방지 및 부당한 해고로부터 근로자를 보호하여야 할 국가의 의무를 도출할 수는 있을 것이나, 국가에 대한 직접적인 직장존속보장청구권을 근로자에게 인정할 헌법상의 근거는 없다. 이와 같이 우리 헌법상 국가에 대한 직접적인 직장존속보장청구권을 인정할 근거는 없으므로 근로관계의 당연승계를 보장하는 입법을 반드시 하여야 할 헌법상의 의무를 인정할 수 없다. 따라서 한국보건산업진흥원법 부칙 제3조가 기존 연구기관의 재산상의 권리·의무만을 새로이 설립되는 한국보건산업진흥원에 승계시키고, 직원들의 근로관계가 당연히 승계되는 것으로 규정하지 않았다 하여 위헌이라 할 수 없다(헌재 2002.11.28. 2001헌바50).

ㄹ. [○] 근로의 권리는 사회적 기본권으로서, 국가에 대하여 직접 일자리(직장)를 청구하거나 일자리에 갈음하는 생계비의 지급청

구권을 의미하는 것이 아니라, 고용증진을 위한 사회적·경제적 정책을 요구할 수 있는 권리에 그친다. 헌법 제15조의 직업의 자유 또는 헌법 제32조의 근로의 권리, 사회국가원리 등에 근거하여 실업방지 및 부당한 해고로부터 근로자를 보호하여야 할 국가의 의무를 도출할 수는 있을 것이나, 국가에 대한 직접적인 직장존속보장청구권을 근로자에게 인정할 헌법상의 근거는 없다(헌재 2002.11.28. 2001헌바50).

17   정답 ②

① [O] 소음에 의하여 침해되는 법익과 관련하여 건강권 및 신체를 훼손당하지 않을 권리도 침해되는 것인지 문제될 수 있으나 이에 관한 판단은 환경권 침해 여부의 판단에 포함되므로 건강권 및 신체를 훼손당하지 않을 권리 침해 여부에 대해서는 별도로 판단하지 아니한다(헌재 2019.12.27. 2018헌마730).

❷ [×] 일정한 경우 국가에 대하여 건강하고 쾌적한 환경에서 생활할 수 있도록 요구할 수 있는 권리가 인정되기도 하는바, 환경권은 그 자체 종합적 기본권으로서의 성격을 지닌다. 환경권의 내용과 행사는 법률에 의해 구체적으로 정해지는 것이기는 하나(헌법 제35조 제2항), 이 헌법조항의 취지는 특별히 명문으로 헌법에서 정한 환경권을 입법자가 그 취지에 부합하도록 법률로써 내용을 구체화하도록 한 것이지 환경권이 완전히 무의미하게 되는데도 그에 대한 입법을 전혀 하지 아니하거나, 어떠한 내용이든 법률로써 정하기만 하면 된다는 것은 아니다. 그러므로 일정한 요건이 충족될 때 환경권 보호를 위한 입법이 없거나 현저히 불충분하여 국민의 환경권을 침해하고 있다면 헌법재판소에 그 구제를 구할 수 있다고 해야 할 것이다(헌재 2019.12.27. 2018헌마730).

③ [O] '건강하고 쾌적한 환경에서 생활할 권리'를 보장하는 환경권의 보호대상이 되는 환경에는 자연환경뿐만 아니라 인공적 환경과 같은 생활환경도 포함되므로(환경정책기본법 제3조), 일상생활에서 소음을 제거·방지하여 '정온한 환경에서 생활할 권리'는 환경권의 한 내용을 구성한다(헌재 2019.12.27. 2018헌마730).

④ [O] 헌법 제10조의 규정에 의하면, 국가는 개인이 가지는 불가침의 기본적 인권을 확인하고 이를 보장할 의무를 지고 기본권은 공동체의 객관적 가치질서로서의 성격을 가지므로, 적어도 생명·신체의 보호와 같은 중요한 기본권적 법익 침해에 대해서는 그것이 국가가 아닌 제3자로서의 사인에 의해서 유발된 것이라고 하더라도 국가가 적극적인 보호의 의무를 진다(헌재 2019.12.27. 2018헌마730).

18   정답 ②

① [O] 헌법 제21조 제2항의 검열금지원칙은 검열을 절대적으로 금지하는 원칙이다(헌재 2002.8.30. 2000헌가9).

❷ [×] 헌법 제21조 제2항의 검열금지원칙은 헌법 제37조 제2항의 과잉금지원칙보다 1차적 심사기준이다. 표현의 자유를 규제하는 법률이 검열금지원칙에 위배되지 않아도 과잉금지원칙에 위반될 수 있다.

③ [O] 진정소급입법은 예외적으로 허용한다.

④ [O] 국가보안법 위반죄 등 일부 범죄혐의자를 법관의 영장 없이 구속, 압수, 수색할 수 있도록 규정하고 있던 구 인신구속 등에 관한 임시 특례법 제2조 제1항 우리 헌법제정권자가 제헌헌법(제9조) 이래 현행헌법(제12조 제3항)에 이르기까지 채택하여 온 영장주의의 본질은 신체의 자유를 침해하는 강제처분을 함에 있어서는 인적·물적 독립을 보장받는 제3자인 법관이 구체적 판단을 거쳐 발부한 영장에 의하여야만 한다는 데에 있으므로, 우선 형식적으로 영장주의에 위배되는 법률은 곧바로 헌법에 위반되고, 나아가 형식적으로는 영장주의를 준수하였더라도 실질적인 측면에서 입법자가 합리적인 선택범위를 일탈하는 등 그 입법형성권을 남용하였다면 그러한 법률은 자의금지원칙에 위배되어 헌법에 위반된다고 보아야 한다(헌재 2012.12.27. 2011헌가5).

19   정답 ④

ㄱ. [O] 대통령 기탁금 5억원에 대하여 헌법재판소가 헌법불합치결정을 하였고(헌재 2008.11.27. 2007헌마1024), 이에 따라 3억원으로 법이 개정되었다. 대통령 예비후보자로 등록하려면 기탁금의 20%를 등록시 납부하여야 하므로 6천만원을 납부하여야 한다.

ㄴ. [O] 기탁금은 후보자의 난립방지를 목적으로 하지 정당 보호라는 측면은 없다. 따라서 헌법재판소는 국회의원 선거에서 정당후보자 1,000만원, 무소속후보자 2,000만원으로 기탁금을 달리하는 것에 대하여 보통·평등선거원칙에 반한다 하여 헌법불합치결정을 한 바 있다.

ㄷ. [×] 지역구국회의원 기탁금 1,500만원은 합헌이었으나, 비례대표 국회의원 기탁금 1500만원은 위헌이었다.
후보자등록신청시에 후보자 1명마다 1,500만원의 기탁금을 납부하도록 규정한 공직선거법 제56조 제1항 제2호 중 비례대표국회의원 선거에 관한 부분은 지나치게 과다하여 공무담임권 등을 침해한다(헌재 2016.12.29. 2015헌마509 등).

ㄹ. [O] 대통령 선거에서의 기탁금은 3억원이다(공직선거법 제56조 제1항 제1호).

ㅁ. [×] 시·도지사 선거에서 무분별한 후보난립을 방지하기 위한 제재금 예납의 의미와 함께, 공직선거 및 선거부정방지법 위반행위에 대한 과태료 및 불법시설물 등에 대한 대집행비용과 부분적으로 선전벽보 및 선거공보의 작성비용에 대한 예납의 의미도 아울러 가지고 있는 기탁금제도는 그 기탁금액이 지나치게 많지 않은 한 이를 위헌이라고 할 수는 없다(헌재 1996.8.29. 95헌마108).
/ 기탁금제도 자체는 합헌이다.

ㅂ. [×] 일정한 범위의 이 허용된 예비후보자의 기탁금 액수를 해당 선거의 후보자등록시 납부해야 하는 기탁금의 100분의 20으로 설정한 것은 입법재량의 범위를 벗어난 것으로 볼 수 없다(헌재 2010.12.28. 2010헌마79).

ㅅ. [O] 이 사건 기탁금조항으로 인하여 기탁금을 납입할 자력이 없는 교원 등 학내 인사 및 일반 국민들은 총장후보자에 지원하는 것 자체를 단념하게 되므로, 이 사건 기탁금조항으로 제약되는 공무담임권의 정도는 결코 과소평가될 수 없다. 이 사건 기탁금조항으로 달성하려는 공익이 제한되는 공무담임권 정도보다 크다고 단정할 수 없으므로, 이 사건 기탁금조항은 법

익의 균형성에도 반한다. 따라서, 이 사건 기탁금조항은 과잉금지원칙에 반하여 청구인의 공무담임권을 침해한다(헌재 2018.4.26. 2014헌마274).

ㅇ. [×] 이 사건 기탁금납부조항은 후보자 난립에 따른 선거의 과열을 방지하고 후보자의 성실성을 확보하기 위한 것이다. 대구교육대학교는 총장임용후보자 선거에서 과거 간선제를 채택하였을 때 어떤 홍보수단도 활용할 수 없도록 하였던 것과 달리 직선제를 채택하면서 다양한 방법의 선거운동을 허용하고 있으므로, 선거가 과열되거나 혼탁해질 위험성이 증대되었다. 기탁금제도를 두는 대신에 피선거권자의 자격요건을 강화하면 공무담임권이 오히려 더 제한될 소지가 있고, 추천인 요건을 강화하는 경우 사전 선거운동이 과열될 수 있으며, 선거운동방법의 제한 및 이에 관한 제재를 강화하면 선거운동이 위축될 염려도 있다. 이 사건 기탁금납부조항이 규정하는 1,000만원이라는 기탁금액이 후보자가 되려는 사람이 납부할 수 없을 정도로 과다하다거나 입후보 의사를 단념케 할 정도로 과다하다고 할 수도 없다. 따라서 이 사건 기탁금납부조항은 청구인의 공무담임권을 침해하지 아니한다(헌재 2022.1.27. 2019헌바161).

ㅈ. [○] 이 사건 기탁금귀속조항에 따르면, 선거를 완주하여 성실성을 충분히 검증받은 후보자는 물론, 최다득표를 하여 총장임용후보자로 선정된 사람조차도 기탁금의 반액은 반환받지 못하게 된다. 이는 난립후보라고 할 수 없는 성실한 후보자들을 상대로도 기탁금의 발전기금 귀속을 일률적으로 강요함으로써 대학의 재정을 확충하는 것과 다름없다. 기탁금반환조건을 현재보다 완화하더라도 충분히 후보자의 난립을 방지하고 후보자의 성실성을 확보할 수 있음에도, 이 사건 기탁금귀속조항은 후보자의 성실성이나 노력 여하를 막론하고 기탁금의 절반은 반드시 대학 발전기금에 귀속되도록 하고 나머지 금액의 반환 조건조차 지나치게 까다롭게 규정하고 있다. 그러므로 이 사건 기탁금귀속조항은 과잉금지원칙에 위반되어 청구인의 재산권을 침해한다(헌재 2018.4.26. 2014헌마274).

20 정답 ②

① [×] 구 노동조합법 제46조의3은 그 구성요건을 '단체협약에 … 위반한 자'라고만 규정함으로써 범죄구성요건의 외피(外皮)만 설정하였을 뿐 구성요건의 실질적 내용을 직접 규정하지 아니하고 모두 단체협약에 위임하고 있어 죄형법정주의의 기본적 요청인 '법률주의'에 위배되고, 그 구성요건도 지나치게 애매하고 광범위하여 죄형법정주의의 명확성의 원칙에 위배된다(헌재 1998.3.26. 96헌가20).

❷ [○] 규정될 사항이 다양한 사실관계일 때는 명확성 요건은 완화된다(헌재 2000.2.24. 98헌바37).

③ [×] 명확성의 원칙은 모든 법률에 있어서 동일한 정도로 요구되는 것은 아니고 개개의 법률이나 법조항의 성격에 따라 요구되는 정도에 차이가 있을 수 있으며, 각각의 구성요건의 특수성과 그러한 법률이 제정되게 된 배경이나 상황에 따라 달라질 수 있지만, 일반론으로는 어떤 규정이 부담적 성격을 가지는 경우에는 수익적 성질을 가지는 경우에 비하여 명확성의 원칙이 더욱 엄격하게 요구된다(헌재 1992.2.25. 89헌가104).

④ [×] 명확성의 원칙은 모든 법률에서 동일한 정도로 요구되는 것은 아니고 개개의 법률이나 법조항의 성격에 따라 요구되는 정도에 차이가 있을 수 있고, 각 구성요건의 특수성과 그러한 법률이 제정되게 된 배경이나 상황에 따라 달라질 수 있다. 일반적으로 어떠한 규정이 수익적 성격을 가지는 경우에는 부담적 성격을 가지는 경우에 비하여 명확성의 요구가 완화되어 요구된다(헌재 2009.3.26. 2007헌마327).

정답

p.34

01	④	02	④	03	②	04	②	05	①
06	③	07	④	08	②	09	④	10	②
11	④	12	③	13	④	14	②	15	②
16	②	17	③	18	①	19	③	20	②

01

정답 ④

① [×] 마약거래범죄자라는 이유로 보호대상자로 결정되지 못한 북한이탈주민도 북한이탈주민의 보호 및 정착지원에 관한 법률에 따른 정착지원시설 보호, 거주지 보호, 학력 및 자격인정, 국민연금 특례 등의 보호 및 지원을 받을 수 있고, 일정한 요건 아래 국민기초생활 보장법에 따른 급여 등을 받을 수 있는 등으로 인간다운 생활을 위한 객관적인 최소한의 보장을 받고 있으므로, 이 사건 법률조항이 마약거래범죄자인 북한이탈주민의 인간다운 생활을 할 권리를 침해한다고 볼 수 없다(헌재 2014.3.27. 2012헌바92).

② [×] 우리 헌법이 '대한민국의 영토는 한반도와 그 부속도서로 한다'는 영토조항(제3조)을 두고 있는 이상 대한민국의 헌법은 북한지역을 포함한 한반도 전체에 그 효력이 미치고 따라서 북한지역은 당연히 대한민국의 영토가 되므로, 북한을 법 소정의 '외국'으로, 북한의 주민 또는 법인 등을 '비거주자'로 바로 인정하기는 어렵지만, 개별 법률의 적용 내지 준용에 있어서는 남북한의 특수관계적 성격을 고려하여 북한지역을 외국에 준하는 지역으로, 북한주민 등을 외국인에 준하는 지위에 있는 자로 규정할 수 있다고 할 것이다(헌재 2005.6.30. 2003헌바114).

③ [×] 독도 등을 중간수역으로 정한 대한민국과 일본국 간의 어업에 관한 협정은 배타적 경제수역을 직접 규정한 것이 아니고, 독도의 영유권 문제나 영해 문제와는 직접적인 관련을 가지지 아니하므로 헌법상 영토조항에 위반되지 않는다(헌재 2001.3.21. 99헌마139).

❹ [○] 북한 주민은 대일항쟁기 강제동원 피해조사 및 국외강제동원 희생자 등 지원에 관한 특별법상 위로금 지급 제외대상인 '대한민국 국적을 갖지 아니한 사람'에 해당하지 않는다(대판 2016.1.28. 2011두24675).

02

정답 ④

① [×] 신뢰보호원칙은 법률의 개정에도 적용된다.

관련판례

> 위 법률조항은 종전의 규정에 의한 폐기물재생처리신고업자가 법 개정으로 인한 상황 변화에 적절히 대처할 수 있도록 상당한 유예기간을 두고 있고, 그 기간은 2000.7.1. 대통령령 제16891호로 개정된 도시계획법 시행령 부칙 제3조에 의하여 도시계획결정에 관한 새로운 유예기간이 추가된 점에 비추어 볼 때 지나치게 짧은 것이라고 할 수 없으므로, 위 법률조항은 종전의 규정에 의한 폐기물재생처리신고업자의 신뢰이익을 충분히 보호하고 있는 것으로서 과잉금지의 원칙에 위반하여 청구인들의 직업결정의 자유를 침해하는 것이라고 볼 수 없다(헌재 2000.7.20. 99헌마452).

② [×] 자사고는 초·중등교육법 제61조에 따른 학교인데 위 조항은 신입생 선발시기에 관하여 자사고에 특별한 신뢰를 부여하였다고 볼 수 없다. 또한 입학전형에 관한 사항은 고등학교 교육에 대한 수요 및 공급의 상황과 각종 고등학교별 특성 등을 고려하여 정할 필요성이 있고, 전기학교로 규정할 것인지 여부는 특정 분야에 재능이나 소질을 가진 학생을 후기학교보다 먼저 선발할 필요성이 인정되는지에 따라 달라질 수 있는 가변적인 성격을 가지고 있다. 자사고가 당초 도입취지와 달리 운영되고 있음은 앞서 본 바와 같고 자사고가 전기학교로 유지되리라는 기대 내지 신뢰는 자사고의 교육과정을 도입취지에 충실하게 운영할 것을 전제로 한 것이므로 그 전제가 충족되지 않은 이상 청구인 학교법인의 신뢰를 보호하여야 할 가치나 필요성은 그만큼 약하다. 고교서열화 및 입시경쟁 완화라는 공익은 매우 중대하고, 자사고를 전기학교로 유지할 경우 우수학생 선점 문제를 해결하기 곤란하여 고교서열화 현상을 완화시키기 어렵다는 점, 청구인 학교법인의 신뢰의 보호가치가 작다는 점을 고려하면 이 사건 동시선발조항은 신뢰보호원칙에 위배되지 아니한다(헌재 2019.4.11. 2018헌마221).

③ [×] 이 사건에서 개인의 신뢰이익에 대비되는 공익은 적정한 전투력을 구비한 국군의 편성, 유지라고 하는 중요한 문제에 직접적으로 관련되어 있다. 입법자는 병무행정에서의 형평성 논란 등을 불식시키고 궁극적으로 국군의 적정한 전투력 유지에 악영향을 미칠 수 있는 요소를 제거하기 위하여 위와 같이 법률을 개정한 것으로 보이고, 따라서 <u>법률의 개정으로 인하여 달성하려는 공익은 이로 인하여 받을 청구인의 불이익에 비하여 훨씬 더 크다고 할 것이다. 따라서 이 사건 법률조항은 헌법상의 신뢰보호원칙에 위배된다고 볼 수 없다</u>(헌재 2002.11.28. 2002헌바45).

❹ [O] 법률의 개정시 구법질서에 대한 당사자의 신뢰가 합리적이고도 정당하며 법률의 개정으로 야기되는 당사자의 손해가 극심하여 새로운 입법으로 달성하고자 하는 공익적 목적이 그러한 당사자의 신뢰의 파괴를 정당화할 수 없다면 그러한 새 입법은 신뢰보호의 원칙상 허용될 수 없다. 그러나 사회환경이나 경제여건의 변화에 따른 필요성에 의하여 법률은 신축적으로 변할 수밖에 없고, 변경된 새로운 법질서와 기존의 법질서 사이에는 이해관계의 상충이 불가피하다. 따라서 <u>국민이 가지는 모든 기대 내지 신뢰가 헌법상 권리로서 보호될 것은 아니고, 신뢰의 근거 및 종류, 상실된 이익의 중요성, 침해의 방법 등에 의하여 개정된 법규·제도의 존속에 대한 개인의 신뢰가 합리적이어서 권리로서 보호할 필요성이 인정되어야 한다</u>(헌재 1992.10.1. 92헌마68).

03

정답 ②

① [×] 위 조항은 1990년 개정 민법 시행일 이후에 비로소 완성되는 법률관계를 규율대상으로 하는 것일 뿐 1990년 개정 민법 시행 이전에 이미 완성된 법률관계인 계모의 사망에 따른 상속관계를 규율하여 이전의 지위를 박탈하는 것이 아니므로, 헌법 제13조 제2항이 금하는 소급입법에 해당하지 아니한다. 따라서 위 조항은 소급입법금지원칙에 위배되어 재산권을 침해하지 아니한다(헌재 2020.2.27. 2017헌바249).

❷ [O] 부진정소급입법에 속하는 입법에 대해서는 일반적으로 과거에 시작된 구성요건 사항에 대한 신뢰는 더 보호될 가치가 있다고 할 것이기 때문에 신뢰보호의 원칙에 대한 심사가 장래입법에 비해서보다는 일반적으로 더 강화되어야 할 것이다(헌재 1995.10.26. 94헌마12).

③ [×] 과거의 사실관계 또는 법률관계를 규율하기 위한 소급입법의 태양에는 이미 과거에 완성된 사실·법률관계를 규율의 대상으로 하는 이른바 진정소급효의 입법과 이미 과거에 시작하였으나 아직 완성되지 아니하고 진행과정에 있는 사실·법률관계를 규율의 대상으로 하는 이른바 부진정소급효의 입법이 있다. 헌법 제13조 제2항이 금하고 있는 <u>소급입법은 전자, 즉 진정소급효를 가지는 법률만을 의미하는</u> 것으로서, 이에 반하여 후자, 즉 부진정소급효의 입법은 원칙적으로 허용되는 것이다. 다만, 이 경우에 있어서도 소급효를 요구하는 공익상의 사유와 신뢰보호의 요청 사이의 비교형량과정에서 신뢰보호의 관점이 입법자의 형성권에 제한을 가하게 된다(헌재 1999.4.29. 94헌바37 등).

④ [×] 입법자가 징병검사의무 등의 상한연령을 규정함으로써 구체적인 징집대상자의 범위를 정하는 입법을 하는 경우, 이를 과

거에 시작되거나 완성된 사실관계 등을 규율의 대상으로 하는 법률이라고 보기 어렵다. 우리 헌법상 국방의 의무는 우리 국민의 자격을 유지하고 있는 이상 지속적으로 부담하는 것이고 입법자는 이러한 국방의무의 내용을 법률로써 구체적으로 형성할 수 있으므로, 입법자가 새로운 입법을 하면서 그 시점 이후의 징집대상자의 범위를 정하는 것은 그 입법당시를 기준으로 하여 국민들 중 군복무에 적합한 사람을 선정하는 것일 뿐이고, 과거에 시작되거나 완성된 사실관계 등을 규율대상으로 하는 것이 아니기 때문이다. 따라서 법률개정을 통하여 징집면제연령을 상향조정하더라도, 신뢰보호의 문제는 별론으로 하고 헌법상 소급입법의 문제는 발생하지 않는다(헌재 2002.11.28. 2002헌바45)

04

정답 ②

① [×] 조례안재의결 무효확인소송에서의 심리대상은 지방의회에 재의를 요구할 당시 이의사항으로 지적되어 재의결에서 심의의 대상이 된 것에 국한된다(대판 2007.12.13. 2006추52).

❷ [O] 의결의 일부에 대한 효력배제는 결과적으로 전체적인 의결의 내용을 변경하는 것에 다름 아니어서 의결기관인 지방의회의 고유권한을 침해하는 것이 될 뿐 아니라, 그 일부만의 효력배제는 자칫 전체적인 의결 내용을 지방의회의 당초 의도와는 다른 내용으로 변질시킬 우려가 있으며, 또 재의요구가 있는 때에는 재의요구에서 지적한 이의사항이 의결의 일부에 관한 것이라고 하여도 의결 전체가 실효되고 재의결만이 의결로서 효력을 발생하는 것이어서 의결의 일부에 대한 재의요구나 수정재의요구가 허용되지 않는 점에 비추어 보아도 재의결의 내용 전부가 아니라 그 일부만이 위법한 경우에도 <u>대법원은 의결 전부의 효력을 부인할 수밖에 없다</u>(대판 1992.7.28. 92추31).

③ [×] 조례에 대한 무효확인소송을 제기함에 있어서 행정소송법 제38조 제1항, 제13조에 의하여 피고적격이 있는 처분 등을 행한 행정청은, 행정주체인 지방자치단체 또는 지방자치단체의 내부적 의결기관으로서 지방자치단체의 의사를 외부에 표시한 권한이 없는 지방의회가 아니라, 구 지방자치법 제19조 제2항, 제92조에 의하여 지방자치단체의 집행기관으로서 조례로서의 효력을 발생시키는 공포권이 있는 지방자치단체의 장이다(대판 1996.9.20. 95누8003).

④ [×] 조례는 지방자치단체가 그 자치입법권에 근거하여 자주적으로 지방의회의 의결을 거쳐 제정한 법규이기 때문에 조례 자체로 인하여 직접 그리고 현재 자기의 기본권을 침해받은 자는 그 권리구제의 수단으로서 조례에 대한 헌법소원을 제기할 수 있다(헌재 1995.4.20. 92헌마264).

05

정답 ①

❶ [×] 명확성의 원칙에서 **명확성의 정도는 모든 법률에 있어서 동일한 정도로 요구되는 것은 아니고** 개개의 법률이나 법조항의 성격에 따라 요구되는 정도에 차이가 있을 수 있으며 각각의 구성요건의 특수성과 그러한 법률이 제정되게 된 배경이나 상황에 따라 달라질 수 있다고 할 것이다(헌재 2000.2.24. 98헌바37).

② [O] 형벌규정에 대한 그 예측가능성의 유무는 당해 특정 조항 하나만을 가지고 판단할 것이 아니고, 관련 법조항 전체를 유기적 체계적으로 종합 판단하여야 하며, 각 대상법률의 성질에 따라 구체적 개별적으로 검토하여야 한다는 것은 확립된 우리의 선례이다(헌재 1996.2.29. 94헌마13, 판례집 8-1, 126, 137).

③ [O] 법문언이 법관의 보충적인 가치판단을 통해서 그 의미내용을 확인할 수 있고, 그러한 보충적 해석이 해석자의 개인적인 취향에 따라 좌우될 가능성이 없다면 명확성의 원칙에 반한다고 할 수 없다(헌재 2010.6.24. 2007헌바101).

④ [O] 헌법 제12조 및 제13조를 통하여 보장되고 있는 죄형법정주의 원칙은 범죄와 형벌이 법률로 정하여져야 함을 의미하며, 이러한 죄형법정주의에서 파생되는 명확성의 원칙은 법률이 처벌하고자 하는 행위가 무엇이며 그에 대한 형벌이 어떠한 것인지를 누구나 예견할 수 있고, 그에 따라 자신의 행위를 결정할 수 있도록 구성요건을 명확하게 규정할 것을 요구하고 있다(헌재 2000.6.29. 98헌가10).

06 정답 ③

① [O] 심판대상조항은, 일단 훼손되면 다른 구제수단을 통해 완전한 회복이 어렵다는 '외적 명예'라는 보호법익의 특성과 익명성·비대면성·전파성이 크다는 '정보통신망'이란 매체의 특성을 고려하여, '비방할 목적'이란 초과주관적 구성요건과 '공공연한 거짓사실의 적시'라는 행위태양이 충족되는 범위에서 명예훼손적 표현행위를 한정적으로 규제하고 있으므로, 과잉금지원칙에 반하여 표현의 자유를 침해하지 아니한다(헌재 2021.3.25. 2015헌바438).

② [O] 일반적으로 집회는 일정한 장소를 전제로 하여 특정 목적을 가진 다수인이 일시적으로 회합하는 것을 말하는 것으로 일컬어지고 있고, 그 공동의 목적은 '내적인 유대관계'로 족하다. 건전한 상식과 통상적인 법감정을 가진 사람이면 위와 같은 의미에서 집시법상 '집회'가 무엇을 의미하는지를 추론할 수 있으므로, '집회'의 개념이 불명확하다고 볼 수 없다. 따라서 심판대상조항은 죄형법정주의의 명확성원칙에 위배되지 않는다(헌재 2021.6.24. 2018헌마663).

❸ [X] 당내경선은 공직선거 자체와는 구별되는 정당 내부의 자발적인 의사결정에 해당하고, 경선운동은 원칙적으로 공직선거에서의 당선 또는 낙선을 위한 행위인 선거운동에 해당하지 않는다(헌재 2021.4.29. 2019헌가11).

④ [O] **이 사건 공단의 상근직원의 경선운동을 일률적으로 금지·처벌하는 것은 정치적 표현의 자유를 과도하게 제한하는 것이다. 정치적 표현의 자유의 중대한 제한에 비하여, 이 사건 공단의 상근직원이 당내경선에서 공무원에 준하는 영향력이 있다고 볼 수 없는 점 등을 고려하면 심판대상조항이 당내경선의 형평성과 공정성의 확보라는 공익에 기여하는 바가 크다고 보기 어렵다. 따라서 심판대상조항은 과잉금지원칙에 반하여 정치적 표현의 자유를 침해한다**(헌재 2021.4.29. 2019헌가11).

07 정답 ④

ㄱ. [X] '혐의없음' 불기소처분에 관한 이 사건 개인정보를 보존함으로써 얻고자 하는 공익은 크다고 보아야 할 것이므로, 이 사건 법률조항이 법익의 균형성을 상실하였다고 볼 수도 없다. 따라서 이 사건 법률조항이 과잉금지의 원칙에 위반하여 청구인의 개인정보자기결정권을 침해한다고 볼 수 없다(헌재 2009.10.29. 2008헌마257).

ㄴ. [O] 보존카메라이용 촬영죄 등으로 유죄판결이 확정된 자에 대한 등록정보를 최초등록일부터 20년간 보존·관리하여야 한다고 규정한 성폭력범죄의 처벌 등에 관한 특례법은 비교적 경미한 등록대상 성범죄를 저지르고 재범의 위험성도 많지 않은 자들에 대해서는 달성되는 공익과 침해되는 사익 사이의 불균형이 발생할 수 있으므로 이 사건 관리조항은 개인정보자기결정권을 침해한다(헌재 2015.7.30. 2014헌마340 등).
▶ 헌법불합치결정

ㄷ. [X] 범죄경력자료를 범인 추적과 실체적 진실 발견, 각종 결격사유 판단 등을 위한 자료로 사용하기 위해 보존하는 것은 그 목적에 있어 정당하고 수단의 적합성을 갖추고 있다. 범죄경력자료의 삭제를 규정하지 않은 것이 청구인의 개인정보자기결정권을 침해한다고 볼 수 없다(헌재 2012.7.26. 2010헌마446).

ㄹ. [X] 심판대상조항은 성범죄의 재범을 억제하고 재범이 현실적으로 이루어진 경우 수사의 효율성과 신속성을 높이기 위하여, 법무부장관이 이 사건 범죄로 3년 이하의 징역형을 선고받은 사람의 등록정보를 최초등록일부터 15년 동안 보존·관리하도록 규정한 것으로, 입법목적의 정당성 및 수단의 적합성이 인정된다. 성폭력범죄의 처벌 등에 관한 특례법은 신상정보 등록 면제제도를 도입하여, 재범의 위험성이 낮아진 경우 신상정보의 등록을 면할 수 있는 수단도 마련되어 있으므로 침해의 최소성이 인정된다. 심판대상조항으로 인하여 침해되는 사익보다 성범죄자의 재범 방지 및 사회 방위의 공익이 우월하므로, 법익의 균형성도 인정된다. 그렇다면, 심판대상조항은 청구인의 개인정보자기결정권을 침해하지 않는다(헌재 2018. 3.29. 2017헌마396).

ㅁ. [O] 관리조항은 그 관리기간이 형사책임의 경중에 따라 세분화되어 있고 일정한 경우 그 기간을 단축할 수 있도록 하고 있으며, 그 자체로 등록대상자의 생활에 장애를 주는 것은 아니다(헌재 2019.11.28. 2017헌마399).

08 정답 ②

① [X] 사전허가금지의 대상은 어디까지나 언론·출판 자유의 내재적 본질인 표현의 내용을 보장하는 것을 말하는 것이지, 언론·출판을 위해 필요한 물적 시설이나 언론기업의 주체인 기업인으로서의 활동까지 포함되는 것으로 볼 수는 없다. 즉, 언론·출판에 대한 허가·검열금지의 취지는 정부가 표현의 내용에 관한 가치판단에 입각해서 특정 표현의 자유로운 공개와 유통을 사전봉쇄하는 것을 금지하는 데 있으므로, 내용 규제 그 자체가 아니거나 내용 규제효과를 초래하는 것이 아니라면 헌법이 금지하는 '허가'에는 해당되지 않는다(헌재 2016.10.27. 2015헌마1206 등).

❷ [O] 현행 헌법상 사전검열은 표현의 자유 보호대상이면 예외 없이 금지된다. 의료기기에 대한 광고는 의료기기의 성능이나 효능 및 효과 또는 그 원리 등에 관한 정보를 널리 알려 해당 의료기기의 소비를 촉진시키기 위한 상업광고로서 헌법 제21조 제1항의 표현의 자유의 보호대상이 됨과 동시에 같은 조 제2항의 사전검열금지원칙의 적용대상이 된다(헌재 2020.8.28. 2017헌가35 등).

③ [×] 등록조항은 인터넷신문의 명칭, 발행인과 편집인의 인적사항 등 인터넷신문의 외형적이고 객관적 사항을 제한적으로 등록하도록 하고 있고, 고용조항 및 확인조항은 5인 이상 취재 및 편집 인력을 고용하되, 그 확인을 위해 등록시 서류를 제출하도록 하고 있다. 이런 조항들은 인터넷신문에 대한 인적 요건의 규제 및 확인에 관한 것으로, 인터넷신문의 내용을 심사·선별하여 사전에 통제하기 위한 규정이 아님이 명백하다. 따라서 등록조항은 사전허가금지원칙에도 위배되지 않는다(헌재 2016.10.27. 2015헌마1206 등).
✎ 다만, 과잉금지원칙 위반으로서 표현의 자유를 침해한다.

④ [×] 헌법 제21조 제2항의 '허가'는 '행정청이 주체가 되어 집회의 허용 여부를 사전에 결정하는 것'으로서 행정청에 의한 사전허가는 헌법상 금지되지만, 입법자가 법률로써 일반적으로 집회를 제한하는 것은 헌법상 '사전허가금지'에 해당하지 않는다(헌재 2014.4.24. 2011헌가29).

09　　　　　　　　　　　　　　　　　　정답 ④

① [×] 사관생도는 군 장교를 배출하기 위하여 국가가 모든 재정을 부담하는 특수교육기관인 육군3사관학교의 구성원으로서, 학교에 입학한 날에 육군 사관생도의 병적에 편입하고 준사관에 준하는 대우를 받는 특수한 신분관계에 있다(육군3사관학교 설치법 시행령 제3조). 따라서 그 존립목적을 달성하기 위하여 필요한 한도 내에서 **일반 국민보다 상대적으로 기본권이 더 제한될 수 있으나**, 그러한 경우에도 법률유보원칙, 과잉금지원칙 등 기본권 제한의 헌법상 원칙들을 지켜야 한다(대판 2018.8.30. 2016두60591).

② [×] 육군3사관학교 사관생도인 甲이 4회에 걸쳐 학교 밖에서 음주를 하여 '사관생도 행정예규' 제12조에서 정한 품위유지의무를 위반하였다는 이유로 육군3사관학교장이 교육운영위원회의 의결에 따라 갑에게 퇴학처분을 한 사안에서, 첫째 사관학교의 설치목적과 교육목표를 달성하기 위하여 사관학교는 사관생도에게 교내 음주행위, 교육·훈련 및 공무수행 중의 음주행위, 사적 활동이더라도 신분을 나타내는 생도 복장을 착용한 상태에서 음주하는 행위, 생도 복장을 착용하지 않은 상태에서 사적 활동을 하는 때에도 이로 인하여 사회적 물의를 일으킴으로써 품위를 손상한 경우 등에는 이러한 행위들을 금지하거나 제한할 필요가 있으나 여기에 그치지 않고 나아가 사관생도의 모든 사적 생활에서까지 예외 없이 금주의무를 이행할 것을 요구하는 것은 사관생도의 일반적 행동자유권은 물론 사생활의 비밀과 자유를 지나치게 제한하는 것이고, 둘째 구 예규 및 예규 제12조에서 사관생도의 모든 사적 생활에서까지 예외 없이 금주의무를 이행할 것을 요구하면서 제61조에서 사관생도의 음주가 교육 및 훈련 중에 이루어졌는지 여부나 음주량, 음주 장소, 음주행위에 이르게 된 경위 등을 묻지 않고 일률적으로 2회 위반시 원칙으로 퇴학 조치하도록 정한 것은 사관학교가 금주제도를 시행하는 취지에 비추어 보더라도 사관생도의 기본권을 지나치게 침해하는 것이므로, **위 금주조항은 사관생도의 일반적 행동자유권, 사생활의 비밀과 자유 등 기본권을 과도하게 제한하는 것으로서 무효인데도 위 금주조항을 적용하여 내린 퇴학처분이 적법하다고 본 원심판결에 법리를 오해한 잘못이 있다**(대판 2018.8.30. 2016두60591).

③ [×] 상명하복에 의한 지휘통솔체계의 확립이 필수적인 군의 특수성에 비추어 군인은 상관의 명령에 복종하여야 한다. 구 군인복무규율 제23조 제1항은 그와 같은 취지를 규정하고 있다. 군인이 일반적인 복종의무가 있는 상관의 지시나 명령에 대하여 재판청구권을 행사하는 경우에는 재판청구권이 군인의 복종의무와 외견상 충돌하는 모습으로 나타날 수 있다. 그러나 상관의 지시나 명령 그 자체를 따르지 않는 행위와 상관의 지시나 명령은 준수하면서도 그것이 위법·위헌이라는 이유로 재판청구권을 행사하는 행위는 구별되어야 한다. 법원이나 헌법재판소에 법적 판단을 청구하는 것 자체로는 상관의 지시나 명령에 직접 위반되는 결과가 초래되지 않으며, 재판절차가 개시되더라도 종국적으로는 사법적 판단에 따라 위법·위헌 여부가 판가름 나므로 재판청구권 행사가 곧바로 군에 대한 심각한 위해나 혼란을 야기한다고 상정하기도 어렵다. 상관의 지시나 명령을 준수하는 이상 그에 대하여 소를 제기하거나 헌법소원을 청구하였다는 사실만으로 상관의 지시나 명령을 따르지 않겠다는 의사를 표명한 것으로 간주할 수도 없다. 종래 군인이 상관의 지시나 명령에 대하여 사법심사를 청구하는 행위를 무조건 하극상이나 항명으로 여겨 극도의 거부감을 보이는 태도 역시 모든 국가권력에 대하여 사법심사를 허용하는 법치국가의 원리에 반하는 것으로 마땅히 배격되어야 한다. 따라서 군인이 상관의 지시나 명령에 대하여 **재판청구권을 행사하는 경우에 그것이 위법·위헌인 지시와 명령을 시정하려는 데 목적이 있을 뿐, 군 내부의 상명하복관계를 파괴하고 명령불복종수단으로서 재판청구권의 외형만을 빌리거나 그 밖에 다른 불순한 의도가 있지 않다면, 정당한 기본권의 행사이므로 군인의 복종의무를 위반하였다고 볼 수 없다**(대판 전합체 2018.3.22. 2012두26401).

❹ [O] 구 군인복무규율 제13조 제1항은 "군인은 군무 외의 일을 위한 집단행위를 하여서는 아니 된다."라고 규정하고 있다. 여기에서 '군무 외의 일을 위한 집단행위'란 군인으로서 군복무에 관한 기강을 저해하거나 기타 본분에 배치되는 등 군무의 본질을 해치는 특정 목적을 위한 다수인의 행위를 말한다. 법령에 군인의 기본권 행사에 해당하는 행위를 금지하거나 제한하는 규정이 없는 이상, 그러한 행위가 군인으로서 군복무에 관한 기강을 저해하거나 기타 본분에 배치되는 등 군무의 본질을 해치는 특정 목적이 있다고 하기 위해서는 권리 행사로서의 실질을 부인하고 이를 규범위반행위로 보기에 충분한 구체적·객관적 사정이 인정되어야 한다. 즉, 군인으로서 허용된 권리 행사를 함부로 집단행위에 해당하는 것이라고 단정하여서는 아니 된다(대판 전합체 2018.3.22. 2012두26401).

① [○] 지방병무청장으로 하여금 병역준비역에 대하여 27세를 초과
하지 않는 범위에서 단기 국외여행을 허가하도록 한 구 '병역
의무자 국외여행 업무처리 규정' 제5조가 27세가 넘은 병역
준비역인 청구인의 거주·이전의 자유를 침해하지 않는다
(헌재 2023.2.23. 2019헌마157).

❷ [×] 생활의 근거지에 이르지 않는 일시적 이동을 위한 장소의 선
택·변경은 거주·이전의 자유에 의하여 보호되는 것이 아니
므로 집회 또는 시위를 하기 위하여 인천애(愛)뜰 중 잔디마
당과 그 경계 내 부지에 대한 사용허가 신청을 한 경우 인천
광역시장이 이를 허가할 수 없도록 제한하는 인천애(愛)뜰의
사용 및 관리에 관한 조례에 의한 기본권 제한으로 볼 수 없
다(헌재 2023.9.26. 2019헌마417).

③ [○] 방송통신심의위원회가 2019.2.11. 주식회사 ○○ 외 9개 정보
통신서비스제공자 등에 대하여 895개 웹사이트에 대한 접속
차단의 시정을 요구한 행위가 청구인들의 통신의 비밀과 자유
및 알 권리를 침해하지 아니한다(헌재 2023.10.26. 2019헌마
158).

④ [○] 피청구인 교도소장이 수용자에게 온 서신을 개봉한 행위가
청구인의 통신의 자유를 침해하지 아니한다(헌재 2021.9.30.
2019헌마919).

① [×] 이 사건 법률조항은 가석방되었으나 가석방기간 중에 있어
형의 집행 중에 있는 사람의 선거권을 제한하고 있다. 그런데
가석방은 수형자의 사회복귀를 촉진하기 위하여 형 집행 중
에 있는 자 가운데 행상이 양호하고 개전의 정이 현저한 자를
그 형의 집행종료 전에 석방함으로써 수형자에 대한 무용한
구금의 연장을 피하고 수형자의 윤리적 자기형성을 촉진하고
자 하는 의미에서 취해지는 형사정책적 행정처분으로서(헌재
1995.3.23. 93헌마12 참조), 수형자의 개별적 요청이나 희망
에 따라 행하여지는 것이 아니라 교정기관의 교정정책 혹은
형사정책적 판단에 따라 이루어지는 재량적 조치이다. 형 집
행 중에 가석방을 받았다고 하여, 형의 선고 당시 법관에 의
하여 인정된 범죄의 중대성이 감쇄되었다고 보기 어려운 점
을 고려하면, 입법자가 가석방 처분을 받았다는 후발적 사유
를 고려하지 아니하고 1년 이상 징역의 형을 선고받은 사람의
선거권을 일률적으로 제한하였다고 하여 불필요한 제한이라
고 보기는 어렵다(헌재 2017.5.25. 2016헌마292).

② [×] 기술적인 대체수단이 있음에도 불구하고 선거권을 과도하게
제한하고 있어 '피해의 최소성' 원칙에 위배되며, 원양의 해상
업무에 종사하는 선원들은 아무런 귀책사유도 없이 헌법상의
선거권을 행사할 수 없게 되는 반면, 이와 관련하여 추구되는
공익은 불분명한 것이어서 '법익의 균형성' 원칙에도 위배된
다(헌재 2007.6.28. 2005헌마772).

③ [×] 지방의회의원 선거권은 헌법상 기본권이다(헌재 2013.2.28.
2012헌마131).

❹ [○] 사법인적인 성격을 지니는 농협의 조합장선거에서 조합장을
선출하거나 선거운동을 하는 것은 헌법에 의하여 보호되는
선거권의 범위에 포함되지 않으며, 차기 조합장선거의 시기가

늦춰졌다고 하여 조합원들의 표현의 자유와 관련된 어떠한
법적 이익이 침해된다고 보기도 어려우므로, 이 사건 부칙조
항이 청구인들의 선거권이나 표현의 자유를 제한한다고 할
수는 없다(헌재 2012.12.27. 2011헌마562).

① [○] 이미 의식의 회복가능성을 상실하여 더 이상 인격체로서의
활동을 기대할 수 없고 자연적으로는 이미 죽음의 과정이 시
작되었다고 볼 수 있는 회복불가능한 사망의 단계에 이른 후
에는, 의학적으로 무의미한 신체 침해행위에 해당하는 연명치
료를 환자에게 강요하는 것이 오히려 인간의 존엄과 가치를
해하게 된다(대판 전합체 2009.5.21. 2009다17417).

② [○] 환자가 회복불가능한 사망의 단계에 이르렀을 경우에 대비하
여 미리 의료인에게 자신의 연명치료 거부 내지 중단에 관한
의사를 밝힌 경우(이하 '사전의료지시'라 한다)에는, 비록 진
료 중단시점에서 자기결정권을 행사한 것은 아니지만 사전의
료지시를 한 후 환자의 의사가 바뀌었다고 볼 만한 특별한 사
정이 없는 한 사전의료지시에 의하여 자기결정권을 행사한
것으로 인정할 수 있다(대판 전합체 2009.5.21. 2009다17417).

❸ [×] 환자의 평소 가치관이나 신념 등에 비추어 연명치료를 중단
하는 것이 객관적으로 환자의 최선의 이익에 부합한다고 인
정되어 환자에게 자기결정권을 행사할 수 있는 기회가 주어
지더라도 연명치료의 중단을 선택하였을 것이라고 볼 수 있
는 경우에는, 그 연명치료 중단에 관한 환자의 의사를 추정할
수 있다고 인정하는 것이 합리적이고 사회규범에 부합된다.
이러한 환자의 의사 추정은 객관적으로 이루어져야 한다(대
판 전합체 2009.5.21. 2009다17417).

④ [○] 환자 측이 직접 법원에 소를 제기한 경우가 아니라면, 환자가
회복불가능한 사망의 단계에 이르렀는지 여부에 관하여는 전
문의사 등으로 구성된 위원회 등의 판단을 거치는 것이 바람
직하다(대판 전합체 2009.5.21. 2009다17417).

① [×] **학교폭력 가해학생에 내려진 불이익 조치에 대해 보호자의
의견 진술 기회**: 청구인들은 학교폭력과 관련하여 가해학생에
대한 조치 중 전학과 퇴학을 제외한 나머지 조치에 대해 재심
을 제한하는 학교폭력예방법이 행복추구권을 침해한다고 주
장하는데, 가해학생에 내려진 불이익 조치에 대해 재심을 제
한함으로써 가해학생 보호자의 의견 진술 기회가 제한되는
것은 행복추구권 등에 근거한 학부모의 자녀교육권 침해 문
제를 발생시킨다.

② [×] 부모의 자녀교육권은 다른 기본권과는 달리, 기본권의 주체인
부모의 자기결정권이라는 의미에서 보장되는 자유가 아니라,
자녀의 보호와 인격발현을 위하여 부여되는 기본권이다.

③ [×] 한자를 국어과목에서 분리하여 학교 재량에 따라 선택적으로
가르치도록 하고 있으므로, 국어교과의 내용으로 한자를 배우
고 일정 시간 이상 필수적으로 한자교육을 받음으로써 교육
적 성장과 발전을 통해 자아를 실현하고자 하는 학생들의 자
유로운 인격발현권을 제한한다. 또한 학부모의 자녀교육권도
제한할 수 있다.

❹ [O] 부모의 자녀에 대한 교육권은 비록 헌법에 명문으로 규정되어 있지는 아니하지만, 혼인과 가족생활을 보장하는 헌법 제36조 제1항, 행복추구권을 보장하는 헌법 제10조 및 헌법 제37조 제1항에서 나오는 중요한 기본권이다.

14 정답 ②

① [O] 서울대학교가 정보공개의무를 부담하는 경우에 있어서는 국민의 알 권리를 보호 내지 실현시킬 의무를 부담하는 기본권 수범자의 지위에 있다고 보아야 한다(헌재 2023.3.23. 2018헌바385).

❷ [×] 대학은 대학이 보유·관리하는 정보에 대해 공개 청구가 있는 경우 기본권 수범자의 지위에서 공개 여부를 결정하는 것이지, 대학의 자율권 행사의 일환으로 공개 여부를 결정하는 것은 아니다(헌재 2023.3.23. 2018헌바385).

③ [O] 서울대학교가 기본권의 수범자로 기능하면서 그 대표자가 행정심판의 피청구인이 된 경우에 적용되는 심판대상조항의 위헌성을 다투는 이 사건에서 서울대학교는 기본권의 주체가 될 수 없다(헌재 2023.3.23. 2018헌바385).

④ [O] 헌법 제107조 제3항은, 행정심판의 심리절차에서 대심구조적 사법절차가 준용되어야 한다는 취지일 뿐, 심급제에 따른 불복할 권리까지 준용되어야 한다는 의미는 아니다(헌재 2023. 3.23. 2018헌바385).

15 정답 ②

① [O] 학교폭력 가해학생에 내려진 불이익조치에 대해 보호자의 의견 진술 기회: 청구인들은 학교폭력과 관련하여 가해학생에 대한 조치 중 전학과 퇴학을 제외한 나머지 조치에 대해 재심을 제한하는 학교폭력예방 및 대책에 관한 법률이 행복추구권을 침해한다고 주장하는데, 가해학생에 내려진 불이익조치에 대해 재심을 제한함으로써 가해학생 보호자의 의견 진술 기회가 제한되는 것은 행복추구권 등에 근거한 학부모의 자녀교육권 침해 문제를 발생시킨다. 또 피해학생 측과 달리 가해학생 측에는 전학과 퇴학의 경우에만 재심을 허용하고 있다는 점에서 평등권 침해 여부가 문제될 수 있다. 나아가 학교폭력예방 및 대책에 관한 법률 제17조 제9항('특별교육이수 규정')은 가해학생에 취해지는 조치가 특별교육일 경우 그 학생의 보호자에게도 함께 교육을 받도록 의무화하는 규정으로, 이는 행복추구권에서 파생되는 일반적 행동자유권 침해 문제를 발생시킨다(헌재 2013.10.24. 2012헌마832).

❷ [×] 청소년의 인격권은 성인과 마찬가지로 인간의 존엄성 및 행복추구권을 보장하는 헌법 제10조에 의하여 보호되어야 한다. 따라서 청소년은 국가의 교육권한과 부모의 교육권의 범주 내에서 자신의 교육에 관하여 스스로 결정할 권리, 즉 자유롭게 교육을 받을 권리를 가진다. 학교폭력예방 및 대책에 관한 법률 제17조 제1항은 학교폭력 가해학생에 대하여 취할 수 있는 조치로서 이 사건 징계조치조항은 위와 같은 조치를 병과할 수 있도록 하고 출석정지조치에 대해서는 그 기간의 제한을 두지 않음으로써, 청구인들의 자유롭게 교육을 받을 권리, 즉 학습의 자유를 제한한다(헌재 2019.4.11. 2017헌바140 등).

③ [O] 이 사건 법령조항 및 조례조항(광명시를 교육감이 추첨에 의하여 고등학교를 배정하는 지역에 포함시킨 '경기도교육감이 고등학교의 입학전형을 실시하는 지역에 관한 조례')에 의하여 학생인 청구인 임O민, 인O온에 대하여는 헌법 제10조에 의하여 인정되는 자신의 능력과 개성, 적성에 맞는 학교를 선택할 권리가 제한된다(헌재 2012.11.29. 2011헌마827).

④ [O] 이 사건 징계조치조항에서 수개의 조치를 병과하고 출석정지 기간의 상한을 두지 않음으로써 구체적 사정에 따라 다양한 조치를 취할 수 있도록 한 것은 피해학생의 보호 및 가해학생의 선도·교육을 위하여 바람직하다고 할 것이고, 이 사건 징계조치조항이 가해학생에 대하여 수개의 조치를 병과할 수 있도록 하고 출석정지조치를 취함에 있어 기간의 상한을 두고 있지 않다고 하더라도, 가해학생의 학습의 자유에 대한 제한이 입법목적 달성에 필요한 최소한의 정도를 넘는다고 볼 수 없다(헌재 2019.4.11. 2017헌바140 등).

16 정답 ②

① [O] 대법원 판례가 나오기 전에 다양한 법해석이 가능한 상태에서 그중 하나의 해석을 택했는데 그 후 대법원이 다른 법해석을 한 경우에는 과실이 인정되지 않으나, 다양한 법해석이 없는 경우와 대법원의 확립된 법령해석이 나온 후 이에 어긋난 처분을 한 경우 고의·과실이 인정된다.

❷ [×] 공무원이 직무수행 중 불법행위로 타인에게 손해를 입힌 경우에 국가 등이 국가배상책임을 부담하는 외에 공무원 개인도 고의 또는 중과실이 있는 경우에는 불법행위로 인한 손해배상책임을 진다고 할 것이지만, 공무원에게 경과실뿐인 경우에는 공무원 개인은 손해배상책임을 부담하지 아니한다고 해석하는 것이 헌법 제29조 제1항 본문과 단서 및 국가배상법 제2조의 입법취지에 조화되는 올바른 해석이다(대판 1996.2.15. 95다38677).

③ [O] 피고 2는 대한변호사협회의 장으로서 국가로부터 위탁받은 공행정사무인 '변호사등록에 관한 사무'를 수행하는 범위 내에서는 국가배상법 제2조에서 정한 공무원에 해당한다(대판 2021.1.28. 2019다260197).

④ [O] 대한변호사협회는 乙 및 등록심사위원회 위원들이 속한 행정주체의 지위에서 甲에게 변호사등록이 위법하게 지연됨으로 인하여 얻지 못한 수입 상당액의 손해를 배상할 의무가 있는 반면, 乙은 경과실 공무원의 면책법리에 따라 甲에 대한 배상책임을 부담하지 않는다(대판 2021.1.28. 2019다260197).

17 정답 ③

ㄱ. [O] 허가받은 지역 밖에서의 이송업의 영업을 금지하고 처벌하는 '응급의료에 관한 법률은 국민의 생명과 건강에 직결되는 응급이송체계를 적정하게 확립한다는 공익의 중요성에 비추어 영업지역의 제한에 따라 침해되는 이송업자의 사익이 크다고 보기는 어려우므로 법익의 균형성도 인정된다. 따라서 심판대상조항은 과잉금지원칙을 위반하여 직업수행의 자유를 침해한다고 볼 수 없다(헌재 2018.2.22. 2016헌바100).

ㄴ. [×] 청구인들의 신뢰는 입법자에 의하여 꾸준히 축소되어 온 세무사 자격 자동부여 제도에 관한 것으로서 그 보호의 필요성이 크다고 보기 어렵다. 나아가 설령 그것이 보호가치가 있는 신뢰라고 하더라도 변호사인 청구인들은 변호사법 제3조에 따라 변호사의 직무로서 세무대리를 할 수 있으므로 신뢰이익을 침해 받는 정도가 이 사건 부칙조항이 달성하고자 하는 공익에 비하여 크다고 보기 어렵다. 따라서 이 사건 부칙조항은 신뢰보호원칙을 위배하여 청구인들의 직업선택의 자유를 침해하지 않는다(헌재 2021.7.15. 2018헌마27).

ㄷ. [○] 세무사로서 세무대리를 일체 할 수 없게 됨으로써 세무사 자격 보유 변호사가 받게 되는 불이익이 심판대상조항으로 달성하려는 공익보다 경미하다고 보기 어려우므로, 심판대상조항은 법익의 균형성도 갖추지 못하였다. 그렇다면, 심판대상조항은 과잉금지원칙을 위반하여 세무사 자격 보유 변호사의 직업선택의 자유를 침해하므로 헌법에 위반된다(헌재 2018. 4.26. 2015헌가19).

ㄹ. [×] 유사군복이 모방하고 있는 대상인 전투복은 군인의 전투용도로 세심하게 고안되어 제작된 특수한 물품이다. 이를 판매 목적으로 소지하지 못하여 입는 개인의 직업의 자유나 일반적 행동의 자유의 제한 정도는, 국가안전을 보장하고자 하는 공익에 비하여 결코 중하다고 볼 수 없다. 따라서 심판대상조항은 과잉금지원칙을 위반하여 직업의 자유 내지 일반적 행동의 자유를 침해한다고 볼 수 없다(헌재 2019.4.11. 2018헌가14).

ㅁ. [×] 이 사건 법률조항은 의료인으로 하여금 하나의 의료기관에서 책임 있는 의료행위를 하게 하여 의료행위의 질을 유지하고, 지나친 영리추구로 인한 의료의 공공성 훼손 및 의료서비스 수급의 불균형을 방지하며, 소수의 의료인에 의한 의료시장의 독과점 및 의료시장의 양극화를 방지하기 위한 것이다. 국가가 국민의 건강을 보호하고 적정한 의료급여를 보장해야 하는 사회국가적 의무 등을 종합하여 볼 때, 이 사건 법률조항은 과잉금지원칙에 반한다고 할 수 없다(헌재 2019.8.29. 2014헌바212).

❶ [○] 현행 군인사법에 따르면 병과 하사관은 군인이라는 공통점을 제외하고는 그 복무의 내용과 보직, 진급, 전역체계, 보수와 연금 등의 지급에서 상당한 차이가 있으며, 그 징계의 종류도 달리 규율하고 있다. 따라서 병과 하사관은 영창처분의 차별취급을 논할 만한 비교집단이 된다고 보기 어려우므로, 평등원칙 위배 여부는 더 나아가 살피지 아니한다(헌재 2020.9.24. 2017헌바157등).

② [×] 군대 내 지휘명령체계를 확립하고 전투력을 제고한다는 공익은 매우 중요한 공익이나, 심판대상조항으로 과도하게 제한되는 병의 신체의 자유가 위 공익에 비하여 결코 가볍다고 볼 수 없어, 심판대상조항은 법익의 균형성 요건도 충족하지 못한다. 이와 같은 점을 종합할 때, 심판대상조항은 과잉금지원칙에 위배된다(헌재 2020.9.24. 2017헌바157등).

③ [×] 지문은 보충의견이었다. 헌법재판소의 법정의견은 영장주의에 대한 의견이 아니다(헌재 2020.9.24. 2017헌바157등).

④ [×] 지문은 반대의견이었다. 헌법재판소의 법정의견은 영장주의에 대한 의견이 없다. 다만, 전경에 대한 징계 사건에서 영장

주의가 영창에 적용되지 않는다는 것이 헌법재판소 법정의견이다(헌재 2020.9.24. 2017헌바157등).

ㄱ. [○] 정당의 시·도당은 1천인 이상의 당원을 가져야 한다고 규정한 정당법 제18조 제1항(이하 '법정당원수 조항'이라 한다)은 과잉금지원칙을 위반하여 각 시·도당창당준비위원회의 대표자인 청구인들의 정당의 자유를 침해한다고 할 수 없다(헌재 2022.11.24. 2019헌마445).

ㄴ. [×] 국회의원에 대해서는 상시 후원회를 통하여 정치자금을 모금할 수 있도록 한 반면, 국회의원이 아닌 원외 당협위원장 또는 국회의원선거를 준비하는 자 등을 후원회지정권자에서 제외하여 정치자금을 모금할 수 없도록 하고 이를 위반하면 처벌하는 것은 평등원칙에 위배되지 않는다(헌재 2023.10.26. 2020헌바402).

ㄷ. [×] 지방의원 후원회를 금지한 정치자금법은 평등권을 침해한다(헌재 2022.11.24. 2019헌마528).

ㄹ. [×] 정당등록제도는 정당제도의 법적 안정성과 확실성을 확보하기 위하여 정당임을 자처하는 정치적 결사가 일정한 법률상의 요건을 갖추어 관할 행정기관에 등록을 신청하고, 이 요건이 충족된 경우 정당등록부에 등록하여 비로소 그 결사가 정당임을 법적으로 확인시켜 주는 제도이다. 정당법에 명시된 요건이 아닌 다른 사유로 정당등록신청을 거부하는 등으로 정당설립의 자유를 제한할 수 없다(헌재 2023.2.23. 2020헌마275).

ㅁ. [○] 국회의원이 아닌 정당 소속 당원협의회 위원장을 후원회지정권자에서 제외하고 있는 정치자금법 제6조 제2호가 청구인들의 평등권을 침해한다고 할 수 없다(헌재 2022.10.27. 2018헌마972).

① [×] 우리 헌법은 제헌헌법에서부터 형사피고인으로서 구금되었던 자가 무죄판결을 받은 때의 형사보상청구권을 인정하였고, 1987년 헌법 개정으로 피의자에 대하여도 이를 확대 보장하기에 이르렀다.

❷ [○] 형사보상법은 형사보상을 크게 '무죄재판을 받아 확정된 사건의 피고인에 대한 보상'과 '불기소처분 또는 불송치결정을 받은 피의자에 대한 보상'으로 나누어 규율하되, 전자를 중심으로 규정하고 후자에 대하여서는 특별한 규정이 있는 경우를 제외하고는 그 성질에 반하지 아니하는 범위에서 전자에 관한 규정을 준용하는 형태를 취한다. 헌법 제28조의 형사보상청구권이 국가의 형사사법작용에 의하여 신체의 자유가 침해된 국민에게 그 구제를 인정하여 국민의 기본권 보호를 강화하는 데 그 목적이 있는 점에 비추어 보면, 외형상·형식상으로 무죄재판이 없다고 하더라도 형사사법절차에 내재하는 불가피한 위험으로 인하여 국민의 신체의 자유에 관하여 피해가 발생하였다면 형사보상청구권을 인정하는 것이 타당하다. 이에 형사보상법은 무죄재판을 받아 확정된 경우(제2조)뿐만 아니라 소송법상 이유 등으로 무죄재판을 받을 수는 없으나

그러한 사정이 없었더라면 무죄재판을 받을 만한 사유가 있는 경우에도 심판대상조항을 통하여 형사보상청구권을 인정하고 있다(헌재 2022.2.24. 2018헌마998).

③ [×] 헌법 제10조 후문은 "국가는 개인이 가지는 불가침의 기본적 인권을 확인하고 이를 보장할 의무를 진다."고 규정하고 있고, 국가가 그러한 기본권 보호의무를 다하였는지 여부는 국가가 최소한의 보호조치를 취했는가를 기준으로 판단하므로, 이 사건에서 평등권을 침해하는지 여부를 판단하는 이상, 이를 별도로 판단하지 아니한다(헌재 2022.2.24. 2018헌마998).

④ [×] 원판결의 근거가 된 가중처벌규정에 대하여 헌법재판소의 위헌결정이 있었음을 이유로 개시된 재심절차에서, 공소장의 교환적 변경을 통해 위헌결정된 가중처벌규정보다 법정형이 가벼운 처벌규정으로 적용법조가 변경되어 피고인이 무죄판결을 받지는 않았으나 원판결보다 가벼운 형으로 유죄판결이 확정됨에 따라 원판결에 따른 구금형 집행이 재심판결에서 선고된 형을 초과하게 된 이 사건과 같은 경우, 소송법상 이유로 무죄재판을 받을 수는 없으나 그러한 사유가 없었다면 무죄재판을 받았을 것임이 명백하고 원판결의 형 가운데 재심절차에서 선고된 형을 초과하는 부분의 전부 또는 일부에 대해서는 결과적으로 부당한 구금이 이루어진 것으로 볼 수 있다는 점에서 심판대상조항이 형사보상 대상으로 규정하고 있는 경우들과 본질적으로 다르다고 보기 어렵다(헌재 2022. 2.24. 2018헌마998).

정답

p.42

01	③	02	④	03	①	04	④	05	③
06	①	07	④	08	②	09	③	10	④
11	③	12	①	13	④	14	①	15	③
16	③	17	④	18	②	19	①	20	①

01 　　　　　　　　　　　　　　　　　정답 ③

① [O] 헌법과 법률이 보장하고 있는 한계를 넘어선 소비자불매운동은 정당성을 결여한 것으로서 정당행위 기타 다른 이유로 위법성이 조각되지 않는 한 업무방해죄로 형사처벌할 수 있다. 따라서 집단적으로 이루어진 소비자불매운동 중 정당한 헌법적 허용한계를 벗어나 타인의 업무를 방해하는 결과를 가져오기에 충분한 집단적 행위를 처벌하는 형법 제314조 제1항 중 '제313조의 방법 중 기타 위계 또는 위력으로써 사람의 업무를 방해한 자' 부분, 형법 제30조 자체는 소비자 보호운동을 보장하는 헌법의 취지에 반하지 않는다(헌재 2011.12.29. 2010헌바54 등).

② [O] 구매력을 무기로 소비자가 자신의 선호를 시장에 실질적으로 반영하려는 시도인 소비자불매운동은 모든 경우에 있어서 그 정당성이 인정될 수는 없고, 헌법이나 법률의 규정에 비추어 정당하다고 평가되는 범위에 해당 하는 경우에만 형사책임이나 민사책임이 면제된다고 할 수 있다(헌재 2011.12.29. 2010헌바54 등).

❸ [X] 일간신문을 구매하는 소비자의 입장에서 볼 때, 해당 신문의 정치적 입장이나 보도논조는 신문에 실리는 정보 또는 지식의 품질이나 구매력과 밀접한 연관성이 있어서 신문의 구매 여부를 결정하는 중요한 요소로서 신문이라는 상품의 품질이나 가격의 핵심적 부분을 차지하고 있다는 점에 비추어 볼 때, 청구인들이 문제삼고 있는 조중동 일간신문의 정치적 입장이나 보도논조의 편향성은 '소비자의 권익'과 관련되는 문제로서 불매운동의 목표가 될 수 있다 할 것이다(헌재 2011.12.29. 2010헌바54 등).

④ [O] 불매운동이 예정하고 있는 '불매행위'에는, 단순히 불매운동을 검토하고 있다는 취지의 의견을 표현하는 행위뿐만 아니라, 다른 소비자들에게 불매운동을 촉구하는 행위, 불매운동 실행을 위한 조직행위, 직접적으로 불매를 실행하는 행위 등이 모두 포괄될 수 있다(헌재 2011.12.29. 2010헌바54).

02 　　　　　　　　　　　　　　　　　정답 ④

① [O] 헌법은 전문과 단순한 개별조항의 상호관련성이 없는 집합에 지나지 않는 것이 아니고 하나의 통일된 가치체계를 이루고 있으며 헌법의 제규정 가운데는 헌법의 근본가치를 보다 추상적으로 선언한 것도 있고 이를 보다 구체적으로 표현한 것도 있으므로, 이념적·논리적으로는 헌법규범상호간의 가치의 우열을 인정할 수 있을 것이다. 그러나 이때 인정되는 헌법규범상호간의 우열은 추상적 가치규범의 구체화에 따른 것으로서 헌법의 통일적 해석을 위하여 유용한 정도를 넘어 헌법의 어느 특정규정이 다른 규정의 효력을 전면 부인할 수 있는 정도의 효력상의 차등을 의미하는 것이라고는 볼 수 없다(헌재 1996.6.13. 94헌바20).

② [O] 우리나라 헌법재판소는 개정된 조문인 헌법 제29조 2항도 위헌법률심판이나 헌법소원의 대상이 될 수 없다고 한다.

③ [O] ❹ [X] 헌법개정의 한계에 관한 규정을 두지 아니하고 헌법의 개정을 법률의 개정과는 달리 국민투표에 의하여 이를 확정하도록 규정하고 있는(헌법 제130조 제2항) 현행의 우리 헌법상으로는 과연 어떤 규정이 헌법핵 내지는 헌법제정규범으로서 상위규범이고 어떤 규정이 단순한 헌법개정규범으로서 하위규범인지를 구별하는 것이 가능하지 아니 하며, 달리 헌법의 각 개별규정 사이에 그 효력상의 차이를 인정하여야 할 아무런 근거도 찾을 수 없다. 헌법제정권과 헌법개정권의 구별론이나 헌법개정한계론은 그 자체로서의 이론적 타당성 여부와 상관없이 우리 헌법재판소가 헌법의 개별규정에 대하여 위헌심사를 할 수 있다는 논거로 원용될 수 있는 것이 아니며, 나아가 헌법은 그 전체로서 주권자인 국민의 결단내지 국민적 합의의 결과라고 보아야 할 것으로, 헌법의 개별규정을 헌법재판소법 제68조 제1항 소정의 공권력 행사의 결과라고 볼 수도 없다(헌재 1996.6.13. 94헌바20).

03 정답 ①

❶ [×] 청구인은 인터넷회선 감청을 위해 법원의 허가를 얻도록 정하고 있으나, 패킷감청의 기술적 특성으로 해당 인터넷회선을 통하여 흐르는 모든 정보가 감청 대상이 되므로 개별성, 특정성을 전제로 하는 영장주의가 유명무실하게 되고 나아가 집행 단계나 그 종료 후에 법원이나 기타 객관성을 담보할 수 있는 기관에 의한 감독과 통제 수단이 전혀 마련되어 있지 않으므로, 이 사건 법률조항은 헌법상 영장주의 내지 적법절차원칙에 위반된다고 한다. 그러나 헌법 제12조 제3항이 정한 영장주의가 수사기관이 강제처분을 함에 있어 중립적 기관인 법원의 허가를 얻어야 함을 의미하는 것 외에 법원에 의한 사후 통제까지 마련되어야 함을 의미한다고 보기 어렵고, 청구인의 주장은 결국 인터넷회선 감청의 특성상 집행 단계에서 수사기관의 권한 남용을 방지할 만한 별도의 통제 장치를 마련하지 않는 한 통신 및 사생활의 비밀과 자유를 과도하게 침해하게 된다는 주장과 같은 맥락이므로, 이 사건 법률조항이 과잉금지원칙에 반하여 청구인의 기본권을 침해하는지 여부에 대하여 판단하는 이상, 영장주의 위반 여부에 대해서는 별도로 판단하지 아니한다(헌재 2018.8.30. 2016헌마263).

② [O] 인터넷회선 감청은 수사기관이 실제 감청 집행을 하는 단계에서는 해당 인터넷회선을 통하여 흐르는 불특정 다수인의 모든 정보가 패킷 형태로 수집되어 일단 수사기관에 그대로 전송되므로, 다른 통신제한조치에 비하여 감청 집행을 통해 수사기관이 취득하는 자료가 비교할 수 없을 정도로 매우 방대하다는 점에 주목할 필요가 있다. 이 사건 법률조항은 인터넷회선 감청의 특성을 고려하여 그 집행 단계나 집행 이후에 수사기관의 권한 남용을 통제하고 관련 기본권의 침해를 최소화하기 위한 제도적 조치가 제대로 마련되어 있지 않은 상태에서, 범죄수사 목적을 이유로 인터넷회선 감청을 통신제한조치 허가 대상 중 하나로 정하고 있으므로 침해의 최소성 요건을 충족한다고 할 수 없다. 그러므로 이 사건 법률조항은 과잉금지원칙에 위반하는 것으로 청구인의 기본권을 침해한다(헌재 2018.8.30. 2016헌마263).

③ [O] 인터넷회선 감청은 검사가 법원의 허가를 받으면, 피의자 및 피내사자에 해당하는 감청대상자나 해당 인터넷회선의 가입자의 동의나 승낙을 얻지 아니하고도, 전기통신사업자의 협조를 통해 해당 인터넷회선을 통해 송·수신되는 전기통신에 대해 감청을 집행함으로써 정보주체의 기본권을 제한할 수 있으므로, 법이 정한 강제처분에 해당한다. 또한 인터넷회선 감청은 서버에 저장된 정보가 아니라, 인터넷상에서 발신되어 수신되기까지의 과정 중에 수집되는 정보, 즉 전송 중인 정보의 수집을 위한 수사이므로, 압수·수색과 구별된다(헌재 2018.8.30. 2016헌마263).

④ [O] 헌법 제18조는 '모든 국민은 통신의 비밀을 침해받지 아니한다.'라고 규정하여 통신의 비밀 보호를 그 핵심내용으로 하는 통신의 자유를 기본권으로 보장하고 있다. 이 사건 법률조항은 현대 사회에 가장 널리 이용되는 의사소통 수단인 인터넷 통신망을 통해 송·수신하는 전기통신에 대한 감청을 범죄수사를 위한 통신제한조치의 하나로 정하고 있으므로, 일차적으로 헌법 제18조가 보장하는 통신의 비밀과 자유를 제한한다. 헌법 제17조에서 보장하는 사생활의 비밀이란 사생활에 관한 사항으로 일반인에게 아직 알려지지 아니하고 일반인의 감수

성을 기준으로 할 때 공개를 원하지 않을 사항을 말한다. 감시, 도청, 비밀녹음, 비밀촬영 등에 의해 다른 사람의 사생활의 비밀을 탐지하거나 사생활의 평온을 침입하는 행위, 사적 사항의 무단 공개 등은 타인의 사생활의 비밀과 자유의 불가침을 해하는 것이다. 인터넷회선 감청은 해당 인터넷회선을 통하여 흐르는 모든 정보가 감청 대상이 되므로, 이를 통해 드러나게 되는 개인의 사생활 영역은 전화나 우편물 등을 통하여 교환되는 통신의 범위를 넘는다. 더욱이 오늘날 이메일, 메신저, 전화 등 통신뿐 아니라, 각종 구매, 게시물 등록, 금융서비스 이용 등 생활의 전 영역이 인터넷을 기반으로 이루어지기 때문에, 인터넷회선 감청은 타인과의 관계를 전제로 하는 개인의 사적 영역을 보호하려는 헌법 제18조의 통신의 비밀과 자유 외에 헌법 제17조의 사생활의 비밀과 자유도 제한하게 된다(헌재 2018.8.30. 2016헌마263).

04 정답 ④

ㄱ. [×] 의무교육의 무상성에 관한 헌법상 규정은 교육을 받을 권리를 보다 실효성 있게 보장하기 위해 의무교육 비용을 학령아동 보호자의 부담으로부터 공동체 전체의 부담으로 이전하라는 명령일 뿐 의무교육의 모든 비용을 조세로 해결해야 함을 의미하는 것은 아니므로, 학교용지부담금의 부과대상을 수분양자가 아닌 개발사업자로 정하고 있는 이 사건 법률조항은 의무교육의 무상원칙에 위배되지 아니한다(헌재 2008.9.25. 2007헌가1).

ㄴ. [O] 의무교육이 아닌 중등교육에 관한 교육재정과 관련하여 재정조달목적의 부담금을 징수할 수 있다고 하더라도 이는 일반적인 재정조달목적의 부담금이 갖추어야 할 요건을 동일하게 갖춘 경우에 한하여 허용될 수 있다. 그런데, 학교용지부담금은 특정한 공익사업이 아니라 일반적 공익사업이거나 일반적 공익사업으로서의 성격을 함께 가지고 있는 공익사업을 위한 재정확보수단이다. 그리고 학교용지확보 필요성에 있어서 주택건설촉진법상의 수분양자들의 구체적 사정을 거의 고려하지 않은 채 수분양자 모두를 일괄적으로 동일한 의무자집단에 포함시켜 동일한 학교용지부담금을 부과하는 것은 합리적 근거가 없는 차별에 해당하고, 의무자집단 전체의 입장에서 보더라도 일반 국민, 특히 다른 개발사업에 의한 수분양자집단과 사회적으로 구별되는 집단적 동질성을 갖추고 있다고 할 수 없다. 신규 주택의 수분양자들이 위 공익사업에 대하여 일반 국민들에 비하여 밀접한 관련성을 갖는다고 보기 어려움에도 불구하고 신규 주택의 수분양자들에게만 학교용지확보를 위한 부담금을 부과하는 것은 합리적인 이유가 없는 차별에 해당한다(헌재 2005.3.31. 2003헌가20).

ㄷ. [×] 학교용지부담금을 개발사업자에게 부과하는 것은 학교용지확보를 위한 새로운 재원의 마련이라는 정당한 입법목적을 달성하기 위한 적절한 수단으로서 교육의 기회를 균등하게 보장해야 한다는 공익과 개발사업자의 재산적 이익이라는 사익을 적절히 형량하고 있으므로 개발사업자의 재산권을 과도하게 침해하지 아니한다(헌재 2008.9.25. 2007헌가1).

ㄹ. [O] 개발사업이 진행되는 지역에서 단기간에 형성된 취학 수요에 부응하기 위하여 학교를 신설 및 증축하는 것은 개발지역의 기반시설을 확보하려는 것이므로, 그 재정을 충당하기 위하여

학교용지부담금을 개발사업의 시행자에게 부과하는 것은, 개발사업의 시행자가 위와 같은 학교시설 확보의 필요성을 유발하였기 때문이다. 학교시설 확보의 필요성은 개발사업에 따른 인구 유입으로 인한 취학 수요의 증가로 초래되므로, 주택재건축사업의 시행으로 공동주택을 건설하는 경우에는 신규로 주택이 공급되는 개발사업분을 기준으로 학교용지부담금의 부과대상을 정하여야 한다. 이 사건 법률조항이 주택재건축사업의 경우 학교용지부담금 부과대상에서 '기존 거주자와 토지 및 건축물의 소유자에게 분양하는 경우'에 해당하는 개발사업분만 제외하고, 매도나 현금청산의 대상이 되어 제3자에게 분양됨으로써 기존에 비하여 가구 수가 증가하지 아니하는 개발사업분을 제외하지 아니한 것은, 주택재건축사업의 시행자들 사이에 학교시설 확보의 필요성을 유발하는 정도와 무관한 불합리한 기준으로 학교용지부담금의 납부액을 달리 하는 차별을 초래하므로, 이 사건 법률조항은 평등원칙에 위배된다(헌재 2013.7.25. 2011헌가32).

☑ **학교용지 부담금 정리**

- 수분양자에게 학교용지 부담금 부과: 헌법 제31조 제3항에 위반된다(헌재 2005.3.31. 2003헌가20).
- 개발사업자에게 학교용지 부담금 부과: 헌법 제31조 제3항에 위반되지 않는다(헌재 2008.9.25. 2007헌가9).
- 가구 수가 증가하지 아니한 개발사업분을 학교용지 부담금에서 제외하지 않은 것: 평등원칙 위반(헌재 2013.7.25. 2011헌가32)

ㅁ. [O] 학교용지부담금은 300세대 규모 이상의 주택건설로 인하여 늘어나는 공익시설에 대한 수요 중에서 초, 중, 고등학교의 학교용지의 확보에 대한 수요를 충족시키기 위하여 부과되는 것이므로 부과원인에 따른 분류에 의하면 원인자부담금의 하나에 해당한다. 그리고 학교시설의 건립이라는 특정한 공익사업을 시행함으로 인하여 주택수분양자들은 그의 자녀들이 근거리에서 교육을 받을 수 있는 특별한 이익을 얻게 되기 때문에 수익자부담금으로서의 성격도 가지고 있다. 한편 부담금의 성질에 따른 분류에 의하면, 학교용지부담금은 재정조달목적의 부담금이라고 볼 수 있다. 왜냐하면 학교용지부담금은 기본적으로 필요한 학교시설의 확보에 있어서 소요되는 재정을 충당하기 위한 것이고, 부담금을 부과함으로써 택지개발, 주택공급 등을 제한하거나 금지하기 등의 정책적, 유도적 성격은 희박하기 때문이다(헌재 2005.3.31. 2003헌가20).

---

05   정답 ③

① [O] 전국기능경기대회 입상자 중 해당 종목 '1, 2위 상위 득점자'가 아닌 나머지 입상자는 국제기능올림픽 대표선발전에도 출전할 수 없으므로, 전국기능경기대회 입상자의 국내기능경기대회 재도전 금지는 결국 국제기능올림픽 대표선발전에 출전할 기회까지 봉쇄하는 결과가 된다. 따라서 이 사건 시행령조항이 전국기능경기대회 입상자의 국내기능경기대회 참가를 전면적으로 금지하는 것은 입법형성권의 한계를 넘어선 것으로서 청구인들의 행복추구권을 침해한다(헌재 2015.10.21. 2013헌마757).

② [O] 행복추구권은 그 구체적 표현으로서 일반적 행동자유권과 개성의 자유로운 발현권을 포함하는바, 일반적 행동자유권의 보호영역에는 개인의 생활방식과 취미에 관한 사항도 포함된다(헌재 2014.4.24. 2011헌마659).

❸ [X] 헌법 제10조의 행복추구권은 국민이 행복을 추구하기 위하여 급부를 국가에게 적극적으로 요구할 수 있는 것이 아니라 국민이 행복을 추구하기 위한 활동을 국가권력의 간섭 없이 자유롭게 할 수 있다는 포괄적 의미의 자유권으로서의 성격을 가진다(헌재 1995.7.21. 93헌가14).

④ [O] 방언 가운데 특히 지역 방언은 각 지방의 고유한 역사와 문화 등 정서적 요소를 그 배경으로 하기 때문에 같은 지역주민들 간의 원활한 의사소통 및 정서교류의 기초가 되므로, 이와 같은 지역 방언을 자신의 언어로 선택하여 공적 또는 사적인 의사소통과 교육의 수단으로 사용하는 것은 행복추구권에서 파생되는 일반적 행동의 자유 내지 개성의 자유로운 발현의 한 내용이 된다 할 것이다(헌재 2009.5.28. 2006헌마618).

---

06   정답 ①

❶ [X] 재정조달목적뿐만 아니라 부담금의 부과 자체로써 국민의 행위를 특정한 방향으로 유도하거나 특정한 공법적 의무의 이행 또는 공공출연으로부터의 특별한 이익과 관련된 집단 간의 형평성 문제를 조정하여 특정한 사회·경제정책을 실현하기 위한 '정책실현목적 부담금'으로 구분할 수 있다. 전자의 경우에는 공적 과제가 부담금 수입의 지출단계에서 비로소 실현되나, 후자의 경우에는 공적 과제의 전부 혹은 일부가 부담금의 부과단계에서 이미 실현된다(헌재 2019.12.27. 2017헌가21).

② [O] 골프장 부가금은 국민체육의 진흥을 위한 각종 사업에 사용될 국민체육진흥계정의 재원을 마련하는 데에 그 부과의 목적이 있을 뿐, 그 부과 자체로써 골프장 부가금 납부의무자의 행위를 특정한 방향으로 유도하거나 골프장 부가금 납부의무자 이외의 다른 집단과의 형평성 문제를 조정하고자 하는 등의 목적이 있다고 보기 어렵다. 게다가 뒤에서 보는 바와 같이 심판대상조항이 골프장 부가금을 통해 추구하는 공적 과제는 국민체육진흥계정의 집행단계에서 비로소 실현된다고 할 수 있으므로, 골프장 부가금은 재정조달목적 부담금에 해당한다(헌재 2019.12.27. 2017헌가21).

③ [O] 평등원칙의 적용에 있어서 부담금의 문제는 합리성의 문제로서 자의금지원칙에 의한 심사대상인데, 선별적 부담금의 부과라는 차별이 합리성이 있는지 여부는 그것이 행위형식의 남용으로서 앞서 본 부담금의 헌법적 정당화 요건을 갖추었는지 여부와 관련이 있다(헌재 2019.12.27. 2017헌가21).

④ [O] 골프장 부가금은 일반 국민에 비해 특별히 객관적으로 밀접한 관련성을 가진다고 볼 수 없는 골프장 부가금 징수대상 시설 이용자들을 대상으로 하는 것으로서 합리적 이유가 없는 차별을 초래하므로, 헌법상 평등원칙에 위배된다(헌재 2019.12.27. 2017헌가21).

① [O] 이 사건 심판대상조항은 감염병 예방 및 전파 차단을 위해 필요한 경우에만 개인정보를 수집하도록 규정하며, 실질적·절차적 통제 체계를 갖추고 있다. 이 조항은 예외적 상황에서 일시적으로 적용되어 개인정보자기결정권 제한의 효과가 중대하지 않다. 감염병 확산을 신속히 차단하는 공익은 국민의 생명과 건강 보호 및 사회적·경제적 손실 방지를 위해 중요하다. 따라서 개인정보자기결정권의 제한은 달성하고자 하는 공익보다 중하지 않다.이 사건 심판대상조항은 과잉금지원칙을 위반하여 청구인의 개인정보자기결정권을 침해하지 않는다(헌재 2024.4.25. 2020헌마1028).

② [O] '침해를 안 날'은 인지 또는 재판이 확정된 날을 의미하므로, 그로부터 3년의 제척기간은 공동상속인의 권리구제를 실효성 있게 보장하는 것으로 합리적 이유가 있다. 그러나 '침해행위가 있은 날'(상속재산의 분할 또는 처분일)부터 10년 후에 인지 또는 재판이 확정된 경우에도 추가된 공동상속인이 권리구제 실효성을 완전히 박탈하는 결과를 초래한다 결국 상속개시 후 인지 또는 재판의 확정에 의하여 공동상속인이 된 자의 상속분가액지급청구권의 경우에도 '침해행위가 있은 날부터 10년'의 제척기간을 정하고 있는 것은, 법적 안정성만을 지나치게 중시한 나머지 사후에 공동상속인이 된 자의 권리구제 실효성을 외면하는 것이므로, 심판대상조항은 입법형성의 한계를 일탈하여 청구인의 재산권 및 재판청구권을 침해한다(헌재 2024.1.25. 2021헌바17).

③ [O] 심판대상조항은 강도죄와 손괴죄를 제외한 다른 모든 재산범죄에 준용되나, 이러한 재산범죄의 불법성이 경미하거나 피해회복이 용이하다고 단정하기 어렵다. 예를 들어, 횡령이나 업무상 횡령, 폭행이나 협박을 수반한 공갈, 특수절도 등은 중한 범죄로 피해 회복이나 관계 복원이 어렵다. 또한, 피해자가 독립적 의사결정을 할 수 없는 경우 심판대상조항 적용은 경제적 착취를 초래할 수 있다. 심판대상조항은 이러한 사정을 고려하지 않고 획일적으로 형면제를 규정하여 형사피해자가 재판절차에 참여할 기회를 상실하게 하고, 실질적인 형벌권 행사를 어렵게 만든다. 따라서, 심판대상조항은 형사피해자의 재판절차진술권을 침해하여 입법재량을 명백히 일탈한 것이다(헌재 2024.6.27. 2020헌마468등).

❹ [X] 헌법에서 명시적으로 입법자에게 국내에서 난민인정신청을 한 외국인이 강제퇴거명령을 받고 보호처분을 받아 수용되었다가 이후 난민인정을 받은 경우 및 출입국항에서 입국불허결정을 받은 외국인이 법률상 근거 없이 송환대기실에 수용되었던 경우에 대하여 보상을 해주어야 할 입법의무를 부여하고 있다고 볼 수 없다. 국가는 국가배상법 제정을 통해 스스로의 불법행위로 인한 손해를 배상함으로써 그 피해를 회복하여 주는 국가배상제도를 마련하고 있는 점 등에 비추어 보면, 헌법해석상으로도 위와 같은 입법의무가 도출된다고 볼 수 없다(헌재 2024.1.25. 2021헌마703).

ㄱ. [X] 이 사건 법률조항은 조합원에 한하지 않고 모든 국민을 수범자로 하는 형벌조항이며, 또 금지되고 허용되는 선거운동이 무엇인지 여부가 형사처벌의 구성요건에 관련되는 주요사항임에도 불구하고, 그에 대한 결정을 입법자인 국회가 스스로 정하지 않고 헌법이 위임입법의 형식으로 예정하고 있지도 않은 특수법인의 정관에 위임하는 것은 사실상 그 정관 작성권자에게 처벌법규의 내용을 형성할 권한을 준 것이나 다름없으므로, **정관에 구성요건을 위임하고 있는 이 사건 법률조항은 범죄와 형벌에 관하여는 입법부가 제정한 형식적 의미의 법률로써 정하여야 한다는 죄형법정주의원칙에 비추어 허용되기 어렵다**(헌재 2010.7.29. 2008헌바106).

ㄴ. [O] 단체협약에 위반한 자 처벌하는 구 노동조합법 제46조의3은 그 구성요건을 '단체협약에 … 위반한 자'라고만 규정함으로써 범죄구성요건의 외피만 설정하였을 뿐 구성요건의 실질적 내용을 직접 규정하지 아니하고 모두 단체협약에 위임하고 있어 죄형법정주의의 기본적 요청인 '법률주의'에 위배되고, 그 구성요건도 지나치게 애매하고 광범위하여 죄형법정주의의 명확성의 원칙에 위배된다(헌재 1998.3.26. 96헌가20).

ㄷ. [X] 위임입법의 불가피성은 범죄와 형벌에 관한 사항에 있어서도 마찬가지이며, 헌법재판소는 위임입법의 근거와 한계에 관한 헌법 제75조는 처벌법규에도 적용되는 것이고, 다만 법률에 의한 처벌법규의 위임은 헌법이 특히 인권을 최대한 보장하기 위하여 죄형법정주의와 적법절차를 규정하고, 법률에 의한 처벌을 강조하고 있는 기본권보장 우위사상에 비추어 바람직하지 못한 일이므로, 그 요건과 범위가 **보다 엄격하게 제한적으로 적용되어야 한다**(헌재 1997.5.29. 94헌바22).

ㄹ. [X] 식품의약품안전처장이 국민보건을 위하여 필요하면 판매를 목적으로 하는 식품 또는 식품첨가물에 관한 제조·가공·사용·조리·보존방법에 관한 기준을 고시하도록 하고 이를 위반한 경우 처벌하도록 한 식품위생법이 형벌의 구성요건 일부에 해당하는 식품의 제조방법기준을 고시에 위임하고 있는데, 식품의 제조방법기준을 정하는 작업에는 전문적·기술적 지식이 요구되고 식품산업의 발전에 따른 탄력적·기술적 대응과 규율이 필요하므로, 심판대상조항이 이를 식품의약품안전처 고시에 위임하는 것은 불가피하다. 그러므로 심판대상조항이 식품의 제조방법기준을 **식품의약품안전처 고시에 위임한 것이 헌법에서 정한 위임입법의 형식을 갖추지 못하여 헌법에 위반된다고 할 수 없다**(헌재 2019.11.28. 2017헌바449).

ㅁ. [O] 국민의 권리·의무에 관한 사항이라 하여 모두 입법부에서 제정한 법률만으로 정할 수는 없어 불가피하게 예외적으로 하위법령에 위임하는 것이 허용되는바, **위임입법의 형식은 원칙적으로 헌법 제75조, 제95조에서 예정하고 있는 대통령령, 총리령 또는 부령 등의 법규명령의 형식을 벗어나서는 아니된다**(헌재 2020.6.25. 2018헌바278).

ㄱ. [O] 이 사건 규정의 태아 성별고지금지는 낙태, 특히 성별을 이유로 한 낙태를 방지함으로써 성비의 불균형을 해소하고 태아의 생명권을 보호하기 위해 입법된 것이므로 그 목적이 정당하다 할 것이다. 한편, 남아선호사상 내지 그 경향이 완전히 근절되었다고 단언하기 어려운 오늘날의 현실에서 태아의 성별에 대한 고지를 금지하면 성별을 이유로 하는 낙태를 예방할 수 있는 가능성을 배제할 수 없다. 그러므로 이 사건 규정은 성별을 이유로 하는 낙태 방지라는 입법목적에 어느 정도 기여할 수 있을 것으로 예상되므로 수단의 적합성 또한 인정된다고 할 것이다. 낙태를 형사처벌하도록 하고 있는 형법 규정이 현재는 거의 사문화되어 낙태의 근절에 큰 기여를 하지 못하고 있으므로 이러한 상황에서는 성별을 이유로 한 낙태라도 근절시키기 위해서는 이 사건 규정과 같은 입법이 필요하다는 견해가 있을 수 있다. 그러나 이러한 문제는 또 다른 낙태 규제제도를 신설하는 방법으로 해결하기보다는 법 집행을 실효성 있게 하여 제도가 목적에 실질적으로 기여하도록 하는 방법을 통해 해결하여야 할 것이다. 만약 낙태 근절의 확고한 의지를 가지고 형법상의 낙태죄를 엄격하게 집행한다면 성별을 이유로 한 낙태는 물론, 다른 원인으로 인한 낙태도 근절시킬 수 있을 것이다. 그런데 낙태를 범죄로 규정하여 형법으로 처벌하고 있는 마당에 엄중한 법 집행을 통하여 그 실효성을 도모하기보다, 성별을 이유로 한 낙태 근절에 과연 효과가 있는지도 불분명한 태아의 성별고지금지를 임신기간 전 기간에 걸쳐 강제하는 것은 피해의 최소성원칙에 반하는 것이라 할 것이다(헌재 2008.7.31. 2004헌마1010 등).

ㄴ. [O] 국가에 의한 기본권 제한이고 사인에 의한 기본권 침해시 기본권 보호의무의 문제는 아니므로 과잉금지원칙 위반 여부가 심사기준이 된다(헌재 2008.7.31. 2004헌마1010 등).

ㄷ. [O] 이 사건 규정은, 의료인은 태아 또는 임부에 대한 진찰이나 검사를 통하여 알게 된 태아의 성별을 임부 본인, 그 가족 기타 다른 사람이 알 수 있도록 하여서는 아니 된다고 규정하여 의료인이 태아의 성별 정보에 대하여 임부나 그 가족 기타 다른 사람에게 고지하는 것을 금지하고 있다. 그런데 태아의 성별에 관한 정보는 의료인이 산모와 태아의 건강을 위한 의료행위 수행과정에서 알게 되는 정보로서, 의료인이 진료 결과 전반에 관하여 산모나 그 가족에게 이를 고지하는 것은 의료인의 직업수행의 내용에 당연히 포함된다 할 것이므로, 이러한 정보 제공을 금지하는 것은 의료인의 자유로운 직업수행을 제한한다고 할 것이다(헌재 2008.7.31. 2004헌마1010 등).

ㄹ. [X] 낙태 그 자체의 위험성으로 인하여 낙태가 사실상 이루어질 수 없는 임신 후반기에는 태아에 대한 성별고지를 예외적으로 허용하더라도 성별을 이유로 한 낙태가 행해질 가능성은 거의 없다고 할 것이다. 그럼에도 불구하고 성별을 이유로 하는 낙태가 임신기간의 전 기간에 걸쳐 이루어질 것이라는 전제하에, 이 사건 규정이 낙태가 사실상 불가능하게 되는 시기에 이르러서도 태아에 대한 성별 정보를 태아의 부모에게 알려 주지 못하게 하는 것은 의료인과 태아의 부모에 대한 지나친 기본권 제한으로서 피해의 최소성 원칙을 위반하는 것이다(헌재 2008.7.31. 2004헌마1010 등).

ㅁ. [X] 이 사건 구 의료법 제19조의2 제2항 및 개정 의료법 제20조 제2항에 대하여 위헌결정을 하여야 할 것이지만, 만약 단순위

헌결정을 하여 당장 그 효력을 상실시킬 경우에는 태아의 성별고지금지에 대한 근거규정이 사라져 법적 공백상태가 발생하게 될 것이고, 이는 낙태가 불가능하게 되는 시기를 포함하여 임신기간 전 기간에 걸쳐 태아의 성별고지를 금지하는 것이 의료인과 태아 부모의 기본권을 지나치게 침해한다는 이 사건 위헌결정의 취지와는 달리, 임신기간 전 기간에 걸쳐 태아의 성별고지를 가능하게 하는 부당한 결과를 야기하게 될 것이다. 따라서, 이 사건 심판대상규정들에 대하여 단순위헌결정을 하는 대신 헌법불합치결정을 하기로 한다(헌재 2008.7.31. 2004헌마1010 등).

ㅂ. [O] 태아의 성별에 관한 정보는 의료인이 산모와 태아의 건강을 위한 의료행위 수행과정에서 알게 되는 정보로서, 의료인이 진료 결과 전반에 관하여 산모나 그 가족에게 이를 고지하는 것은 의료인의 직업수행의 내용에 당연히 포함된다 할 것이므로, 이러한 정보 제공을 금지하는 것은 의료인의 자유로운 직업수행을 제한한다고 할 것이다. 한편, 헌법 제10조로부터 도출되는 일반적 인격권에는 각 개인이 그 삶을 사적으로 형성할 수 있는 자율영역에 대한 보장이 포함되어 있음을 감안할 때, 장래 가족의 구성원이 될 태아의 성별 정보에 대한 접근을 국가로부터 방해받지 않을 부모의 권리는 이와 같은 일반적 인격권에 의하여 보호된다고 보아야 할 것인바, 이 사건 규정은 일반적 인격권으로부터 나오는 부모의 태아 성별 정보에 대한 접근을 방해받지 않을 권리를 제한하고 있다고 할 것이다(헌재 2008.7.31. 2004헌마1010 등).

ㅅ. [X] 청구인은 부모의 알 권리 침해를 주장했으나, 헌법재판소는 알 권리 문제는 아닌 것으로 보았다(헌재 2008.7.31. 2004헌마1010 등).

① [O] 심판대상조항들의 내용만으로는 금지되는 행위 유형의 실질의 대강조차 파악할 수 없다는 주장은 심판대상조항들 중 하위법령에 규정될 내용을 정하고 있는 부분의 불명확성을 다투는 것으로 결국 포괄위임금지원칙 위반의 문제로 포섭되는 바 명확성원칙 위배 여부에 대해서는 별도로 판단하지 않기로 한다(헌재 2021.2.25. 2017헌바222).

② [O] 죄형법정주의는 자유주의, 권력분립, 법치주의 및 국민주권의 원리에 입각한 것으로서 무엇이 범죄이며 그에 대한 형벌이 어떠한 것인가는 반드시 국민의 대표로 구성된 입법부가 제정한 법률로써 정하여야 한다는 원칙을 의미한다. 그런데 아무리 권력분립이나 법치주의가 민주정치의 원리라 하더라도 현대국가의 사회적 기능증대와 사회현상의 복잡화에 따라 국민의 권리 · 의무에 관한 사항이라 하여 모두 입법부에서 제정한 법률만으로 다 정할 수는 없기 때문에 합리적인 이유가 있으면 예외적으로 이를 위임하는 것이 허용된다(헌재 2021.2.25. 2017헌바222).

③ [O] 헌법 제40조, 제75조, 제95조의 의미를 살펴보면, 국회가 입법으로 행정기관에게 구체적인 범위를 정하여 위임한 사항에 관하여는 당해 행정기관이 법 정립의 권한을 갖게 되고, 이때 입법자는 그 규율의 형식도 선택할 수 있으므로, 헌법이 인정하고 있는 위임입법의 형식은 예시적인 것으로 보아야 한다. 법률이 일정한 사항을 행정규칙에 위임하더라도 그 행정규칙

은 위임된 사항만을 규율할 수 있고, 이는 국회입법의 원칙과 상치되지 않는다. 다만, 행정규칙은 법규명령과 같은 엄격한 제정 및 개정절차를 필요로 하지 아니하므로, <u>기본권을 제한하는 내용의 입법을 위임할 때에는 법규명령에 위임하는 것이 원칙이고, 고시와 같은 형식으로 입법위임을 할 때에는 법령이 전문적·기술적 사항이나 경미한 사항으로서 업무의 성질상 위임이 불가피한 사항에 한정된다</u>(헌재 2021.2.25. 2017헌바222).

❹ [×] 헌법 제40조, 제75조, 제95조의 의미를 살펴보면, 국회가 입법으로 행정기관에게 구체적인 범위를 정하여 위임한 사항에 관하여는 당해 행정기관이 법 정립의 권한을 갖게 되고, 이때 입법자는 그 규율의 형식도 선택할 수 있으므로, 헌법이 인정하고 있는 위임입법의 형식은 예시적인 것으로 보아야 한다. <u>법률이 일정한 사항을 행정규칙에 위임하더라도 그 행정규칙은 위임된 사항만을 규율할 수 있고, 이는 국회입법의 원칙과 상치되지 않는다.</u> 다만, 행정규칙은 법규명령과 같은 엄격한 제정 및 개정절차를 필요로 하지 아니하므로, <u>기본권을 제한하는 내용의 입법을 위임할 때에는 법규명령에 위임하는 것이 원칙이고, 고시와 같은 형식으로 입법위임을 할 때에는 법령이 전문적·기술적 사항이나 경미한 사항으로서 업무의 성질상 위임이 불가피한 사항에 한정된다</u>(헌재 2021.2.25. 2017헌바222).

11 정답 ③

ㄱ. [×] 청구인들은 노역장유치조항이 벌금을 납입할 자력이 있는 자와 없는 자를 차별한다고 주장하나, 이 조항은 경제적 능력의 유무와 상관없이 모든 벌금미납자에게 적용되고, 벌금의 납입능력에 따른 노역장유치가능성의 차이는 이 조항이 예정하고 있는 차별이 아니라 벌금형이라는 재산형이 가지고 있는 본질적인 성격에서 비롯된 것일 뿐이므로, **노역장유치조항이 경제적 능력이 있는 자와 없는 자를 차별한다고 볼 수 없다**(헌재 2017.10.26. 2015헌바239 등).

ㄴ. [×] 노역장유치조항은 주로 특별형법상 경제범죄 등에 적용되는데, 이러한 범죄들은 범죄수익의 박탈과 함께 막대한 경제적 손실을 가하지 않으면 범죄의 발생을 막기 어렵다. 노역장유치조항은 벌금 액수에 따라 유치기간의 하한이 증가하도록 하여 범죄의 경중이나 죄질에 따른 형평성을 도모하고 있고, 노역장유치기간의 상한이 3년인 점과 선고되는 벌금 액수를 고려하면 그 하한이 지나치게 장기라고 보기 어렵다. 또한 노역장유치조항은 유치기간의 하한을 정하고 있을 뿐이므로 법관은 그 범위 내에서 다양한 양형요소들을 고려하여 1일 환형유치금액과 노역장유치기간을 정할 수 있다. 이러한 점들을 종합하면 노역장유치조항은 과잉금지원칙에 반하여 청구인들의 신체의 자유를 침해한다고 볼 수 없다(헌재 2017.10.26. 2015헌바239 등).

ㄷ. [×] 형벌불소급원칙이 적용되는 '처벌'의 범위를 형법이 정한 형벌의 종류에만 한정되는 것으로 보게 되면, 형법이 정한 형벌 외의 형태로 가해질 수 있는 형사적 제재나 불이익은 소급적용이 허용되는 결과가 되어, 법적 안정성과 예측가능성을 보장하여 자의적 처벌로부터 국민을 보호하고자 하는 형벌불소급원칙의 취지가 몰각될 수 있다. 형벌불소급원칙에서 의미하

는 '처벌'은 단지 형법에 규정되어 있는 형식적 의미의 형벌유형에 국한되지 않는다(헌재 2017.10.26. 2015헌바239).

ㄹ. [×] 별개의견으로 제시된 의견이다. 헌법재판소의 법정의견은 형벌불소급원칙 위반이라고 한다(헌재 2017.10.26. 2015헌바239 등).

ㅁ. [×] 형벌불소급원칙에서 의미하는 '처벌'은 형법에 규정되어 있는 형식적 의미의 형벌유형에 국한되지 않으며, 범죄행위에 따른 제재의 내용이나 실제적 효과가 형벌적 성격이 강하여 신체의 자유를 박탈하거나 이에 준하는 정도로 신체의 자유를 제한하는 경우에는 형벌불소급원칙이 적용되어야 한다(헌재 2017.10.26. 2015헌바239 등).

ㅂ. [○] 노역장유치조항은 노역장유치가 고액 벌금의 납입을 회피하는 수단으로 이용되는 것을 막고 1일 환형유치금액에 대한 형평성을 제고하기 위한 것으로, 이러한 입법목적은 정당하다. 1억원 이상의 벌금을 선고하는 경우 노역장유치기간의 하한을 법률에 정해 두게 되면, 벌금의 납입을 심리적으로 강제할 수 있고 1일 환형유치금액 사이의 지나친 차이를 좁혀 형평성을 도모할 수 있으므로, 노역장유치조항은 입법목적 달성에 적절한 수단이다(헌재 2017.10.26. 2015헌바239 등).

ㅅ. [○] 노역장유치조항은 고액 벌금형을 단기의 노역장유치로 무력화시키지 못하도록 하고, 1일 환형유치금액 사이에 지나친 차이가 발생하지 않게 함으로써 노역장유치제도의 공정성과 형평성을 제고하기 위한 것으로, 이러한 공익은 매우 중대하다. 반면, 그로 인하여 청구인들이 입게 되는 불이익은 선고된 벌금을 납입하지 아니한 경우에 일정기간 이상 노역장에 유치되어 신체의 자유를 제한받게 되는 것이다. 노역장유치는 벌금을 납입하지 않는 경우를 대비한 것으로 벌금을 납입한 때에는 집행될 여지가 없고, 노역장유치로 벌금형이 대체되는 점 등을 고려하면, 청구인들이 입게 되는 불이익이 노역장유치조항으로 달성하고자 하는 공익에 비하여 크다고 할 수 없다. 따라서 노역장유치조항은 법익 균형성 요건을 충족한다(헌재 2017.10.26. 2015헌바239 등).

ㅇ. [×] 부칙조항은 노역장유치조항의 시행 전에 행해진 범죄행위에 대해서도 공소제기의 시기가 노역장유치조항의 시행 이후이면 이를 적용하도록 하고 있는바, 부칙조항은 범죄행위 당시보다 불이익한 법률을 소급하여 적용하도록 하는 것이라고 할 수 있으므로, 헌법상 형벌불소급원칙에 위반된다(헌재 2017.10.26. 2015헌바239 등).

12 정답 ①

❶ [×] 학원법 제3조는 대학(원)생을 제외한 일반인이 과외교습을 직업으로 선택하고자 하는 경우에는 학원이나 교습소를 설립하여야 하는 제한을 가하고 있다. 따라서 법 제3조는 개인이 국가의 간섭을 받지 아니하고 원하는 직업을 자유롭게 선택할 수 있는 권리를 보장하는 <u>기본권인 직업선택의 자유(헌법 제15조)를 제한하는 규정이다.</u> 한편, 법 제3조는 학원이나 교습소가 아닌 장소에서 교습비의 유무상 여부 또는 그 액수의 다과를 불문하고 가르치는 행위를 금지하고 있다. 직업의 자유에 의하여 헌법상 보호되는 생활영역인 '직업'은 그 개념상 '어느 정도 지속적인 소득활동'을 그 요건으로 하므로, <u>무상 또는 일회적·일시적으로 가르치는 행위는 헌법 제15조의 직</u>

업의 자유에 의하여 보호되는 생활영역이 아니다. 이러한 성격과 형태의 가르치는 행위는 일반적 행동의 자유에 속하는 것으로서 헌법 제10조의 행복추구권에 의하여 보호된다(헌재 2000.4.27. 98헌가16).

② [O] 헌법 제15조 … 그 뜻은 누구든지 자기가 선택한 직업에 종사하여 이를 영위하고 언제든지 임의로 그것을 바꿀 수 있는 자유와 여러 개의 직업을 선택하여 동시에 함께 행사할 수 있는 자유, 즉 겸직의 자유도 가질 수 있다는 것이다(헌재 1997.4.24. 95헌마90).

③ [O] 위 조항에 의한 사회봉사명령이 직접적으로 청구인에게 직업의 선택 및 수행을 금지 또는 제한하는 것은 아니고, 사회봉사명령 이행기간 중에 직업의 선택 및 수행이 사실상 어려워지는 면이 있다 하더라도 이는 사회봉사명령으로 인하여 일반적 행동의 자유가 제한됨에 따라 부수적으로 발생하는 결과일 뿐이므로 위 조항이 직업의 자유를 제한한다고 볼 수도 없다(헌재 2012.3.29. 2010헌바100).

④ [O] 음주측정거부로 인하여 운전면허가 필요적으로 취소되는 경우, 이는 자동차 등의 운전을 필수불가결한 요건으로 하고 있는 일정한 직업군의 사람들에 대하여 종래에 유지하던 직업을 계속 유지하는 것을 불가능하게 하거나 장래를 향하여 그와 같은 직업을 선택하는 것을 불가능하게 하며 자동차 운행이 필요한 직업을 가진 사람들에 대하여 직업을 수행하는 방법에 제한을 가하게 되므로 위 조항은 좁은 의미의 직업선택의 자유와 직업수행의 자유를 포함하는 직업의 자유를 제한하는 조항이라고 할 것이고, 한편 자동차 등의 운전을 직업으로 하지 않는 자에 대하여는 운전면허가 필요적으로 취소됨으로써 적법하게 자동차 등을 운전하지 못하게 되므로 위 조항은 행복추구권의 보호영역 내에 포함된 일반적 행동의 자유를 제한하는 조항이라고 할 것이다(헌재 2007.12.27. 2005헌바95).

13　　　　　　　　　　　　　　　　　　　　정답 ④

① [O] 구 건축법 제54조 제1항에 의한 형사처벌의 대상이 되는 범죄의 구성요건은 당국의 허가 없이 건축행위 또는 건축물의 용도변경행위를 한 것이고, 동법 제56조의2 제1항에 의한 과태료는 건축법령에 위반되는 위법건축물에 대한 시정명령을 받고도 건축주 등이 이를 시정하지 아니할 때 과하는 것이므로, 양자는 처벌 내지 제재대상이 되는 기본적 사실관계로서의 행위를 달리하는 것이다. … 이러한 점에 비추어 구 건축법 제54조 제1항에 의한 무허가건축행위에 대한 형사처벌과 동법 제56조의2 제1항에 의한 과태료의 부과는 헌법 제13조 제1항이 금지하는 이중처벌에 해당한다고 할 수 없다(헌재 1994. 6.30. 92헌바38).

② [O] 운전면허 취소처분은 형법상에 규정된 형(刑)이 아니고, 그 절차도 일반 형사소송절차와는 다를 뿐만 아니라, 주취 중 운전금지라는 행정상 의무의 존재를 전제하면서 그 이행을 확보하기 위해 마련된 수단이라는 점에서 형벌과는 다른 목적과 기능을 가지고 있다고 할 것이므로, 운전면허 취소처분을 이중처벌금지원칙에서 말하는 '처벌'로 보기 어렵다. 따라서 이 사건 법률조항은 이중처벌금지원칙에 위반되지 아니한다(헌재 2010.3.25. 2009헌바83).

③ [O] 헌법 제13조 제1항 후단의 이중처벌금지원칙은 실체판결이 확정되어 판결의 실체적 확정력(기판력)이 발생하면 그 후 동일한 사건에 대하여 거듭 심판할 수 없다는 '일사부재리의 원칙'이 국가형벌권의 기속원리로 헌법상 선언된 것으로서 약식재판뿐만 아니라 즉결심판에서도 적용되는 원칙이다. 즉, 판결의 기판력은 법관에 의한 재판에서 의해서만 발생하는데, 약식재판도 이러한 재판에 해당함은 물론이고 시·군법원 등의 즉결심판도 헌법과 법률이 정한 법관에 의한 재판이므로 재판이 확정되면 기판력이 발생하여 동 원칙이 적용되는 것이다.

❹ [X] 누범을 가중처벌하는 것은 전범을 다시 처벌하는 것이 아니라 재차 범죄를 범함으로써 행위의 책임이 가중되어 있기 때문이므로 이중처벌금지원칙에 위반되지 아니한다(헌재 1995. 2.23. 93헌바43). 상습범 가중처벌은 이중처벌이 아니다(헌재 1995.3.23. 93헌바59).

14　　　　　　　　　　　　　　　　　　　　정답 ①

❶ [X] 입법자는 외국에서 형의 집행을 받은 자에게 어떠한 요건 아래, 어느 정도의 혜택을 줄 것인지에 대하여, 우리의 역사와 문화, 시대적 상황, 외국에서 처벌받은 자의 실질적인 불이익을 감안하는 것에 대한 국민 일반의 가치관과 법감정, 국가권력의 독점에 의하여 이루어지는 형벌의 특수성 및 국가사법권의 독자성 등 여러 요소를 종합적으로 고려하여 정할 수 있고, 이러한 점에서 입법자에게는 일정 부분 재량권이 인정된다. 그러나 신체의 자유는 정신적 자유와 더불어 헌법이념의 핵심인 인간의 존엄과 가치를 구현하기 위한 가장 기본적인 자유로서 모든 기본권 보장의 전제조건이므로 최대한 보장되어야 하는바, 외국에서 실제로 형의 집행을 받았음에도 불구하고 우리 형법에 의한 처벌시 이를 전혀 고려하지 않는다면 신체의 자유에 대한 과도한 제한이 될 수 있으므로 그와 같은 사정은 어느 범위에서든 반드시 반영되어야 하고, 이러한 점에서 입법형성권의 범위는 다소 축소될 수 있다(헌재 2015.5.28. 2013헌바129).

② [O] '시민적 및 정치적 권리에 관한 국제규약' 제14조 제7항은 "어느 누구도 각국의 법률 및 형사절차에 따라 이미 확정적으로 유죄 또는 무죄선고를 받은 행위에 관하여서는 다시 재판 또는 처벌을 받지 아니한다."라고 규정하고 있다. 유엔 인권이사회(Human Rights Committee)도 위 조항의 일사부재리원칙이 다수 국가의 관할에 대하여 적용되는 것이 아니며, 단지 판결이 내려진 국가에 대한 관계에서 이른바 이중위험(double jeopardy)을 금지하는 것으로 보고 있다(유엔 인권이사회 결정 No. 204/1986 참조). 따라서 헌법상 일사부재리원칙은 외국의 형사판결에 대하여는 적용되지 아니한다고 할 것이므로, 이 사건 법률조항은 헌법 제13조 제1항의 이중처벌금지원칙에 위반되지 아니한다(헌재 2015.5.28. 2013헌바129).

③ [O] 헌법 제13조 제1항의 이중처벌금지원칙은 대한민국 내에서 구속력을 가지므로 이 사건 법률조항은 헌법상 이중처벌금지원칙에 반하지 않는다. 따라서 동일한 범죄로 외국에서 형의 집행을 받고 다시 국내에서 처벌을 받은 자와 국내에서만 형의 집행을 받은 자는 '본질적으로 동일한 비교집단'이라고 할

수 없어 차별취급 여부를 논할 수 없으므로 평등원칙 위반이라는 주장은 이유 없다(헌재 2015.5.28. 2013헌바129).
④ [O] 이 사건 법률조항은 우리 형법에 의한 처벌시 외국에서의 형집행의 반영 여부를 법관의 재량에 맡김으로써 위와 같은 사정이 반영되지 아니한 채 별도로 처벌받을 수 있도록 하고 있으므로, 형의 종류에 따라 청구인의 신체의 자유 내지 재산권 등을 제한한다. 국가형벌권의 행사 및 그 한계는 신체의 자유와 가장 밀접한 관계에 있다고 할 것이므로, 이하에서는 이 사건 법률조항이 신체의 자유를 제한함에 있어 그 헌법적 한계를 지키고 있는지 여부를 판단하기로 한다(헌재 2015.5.28. 2013헌바129).

15   정답 ③

① [×] 적법절차의 원칙에 의하여 그 성질상 보안처분의 범주에 드는 모든 처분의 개시 내지 결정에 법관의 판단을 필요로 한다고 단정할 수 없고, 보안처분의 개시에 있어 그 결정기간 내지 절차와 당해 보안처분으로 인한 자유 침해의 정도와의 사이에 비례의 원칙을 충족하면 적법절차의 원칙은 준수된다고 보아야 할 것이다(헌재 1997.11.27. 92헌바28).
② [×] 수사의 밀행성 확보는 필요하지만, 적법절차원칙을 통하여 수사기관의 권한남용을 방지하고 정보주체의 기본권을 보호하기 위해서는, 위치정보 추적자료 제공과 관련하여 정보주체인 전기통신가입자에게 적절한 고지와 실질적인 의견진술의 기회를 부여해야 한다. 그런데 위 조항은 수사가 장기간 진행되거나 **기소중지결정이 있는 경우에는 정보주체에게 위치정보 추적자료 제공사실을 통지할 의무를 규정하지 아니하고**, 그 밖의 경우에 제공사실을 통지받더라도 그 제공사유가 통지되지 아니하며, 수사목적을 달성한 이후 해당 자료가 파기되었는지 여부도 확인할 수 없게 되어 있어, 정보주체로서는 위치정보 추적자료와 관련된 수사기관의 권한남용에 대해 적절한 대응을 할 수 없게 되었다. 이에 대해서는 수사가 장기간 계속되거나 기소중지된 경우라도 일정 기간이 경과하면 원칙적으로 정보주체에게 그 제공사실을 통지하도록 하되 수사에 지장을 초래하는 경우에는 중립적 기관의 허가를 얻어 통지를 유예하는 방법, 일정한 조건 하에서 정보주체가 그 제공요청 사유의 통지를 신청할 수 있도록 하는 방법, 통지의무를 위반한 수사기관을 제재하는 방법 등의 개선방안이 있다. 이러한 점들을 종합할 때, **위 조항은 적법절차원칙에 위배되어 청구인들의 개인정보자기결정권을 침해한다**(헌재 2018.6.28. 2012헌마191).
❸ [O] 정부는 이 사건 세무대학폐지법률안을 국회에 제출하기에 앞서 행정절차법 제41조와 법제업무 운영규정 제15조에 따라 입법예고를 통해 이해당사자는 물론 전 국민에게 세무대학 폐지의 의사를 미리 공표하였으며, 헌법 제89조에 따라 국무회의의 심의를 거치는 등 헌법과 법률이 정한 절차와 방법을 준수하였다. 따라서 국회가 이 사건 폐지법을 제정하는 과정에서 별도의 청문절차를 거치지 않았다고 해서 그것만으로 곧 헌법 제12조의 적법절차를 위반하였다고 볼 수는 없다(헌재 2001.2.22. 99헌마613).
④ [×] 우리 헌법은 제12조 제3항에서 "체포·구속·압수 또는 수색을 할 때에는 적법한 절차에 따라 검사의 신청에 의하여 법관

이 발부한 영장을 제시하여야 한다."라고 규정하고 있을 뿐, 압수수색에 관한 통지절차 등을 따로 규정하고 있지 않으므로 압수수색의 사전통지나 집행 당시의 참여권의 보장은 압수수색에 있어 국민의 기본권을 보장하고 헌법상 **적법절차 원칙의 실현을 위한 구체적인 방법의 하나일 뿐 헌법상 명문 으로 규정된 권리는 아니다**(헌재 2012.12.27. 2011헌바225).

16   정답 ③

ㄱ. [O] 헌법 제12조 제1항 제1문은 제1문에서 "모든 국민은 신체의 자유를 가진다."고 규정한다. 신체의 자유를 보장하는 헌법 제12조 제1항 제1문은 문언상 형사절차만을 염두에 둔 것이 아님이 분명하다. 또한 신체의 자유는 그에 대한 제한이 형사절차에서 가해졌든 행정절차에서 가해졌든 간에 보장되어야 하는 자연권적 속성의 기본권이므로, 신체의 자유가 제한된 절차가 형사절차인지 아닌지는 신체의 자유의 보장 범위와 방법을 정함에 있어 부차적인 요소에 불과하다. 우리 헌법은 신체의 자유를 명문으로 규정하여 보장하는 헌법 제12조 제1항 제1문에 이어 제12조 제1항 제2문, 제2항 내지 제7항에서 신체의 자유가 제한될 우려가 있는 특별한 상황들을 열거하면서, 각각의 상황별로 신체의 자유의 보장 방법을 구체적으로 규정한다. 따라서 형사절차를 특히 염두에 둔 것이 아닌 헌법 제12조 제1항 제1문과의 체계적 해석의 관점에서 볼 때, 헌법 제12조 제1항 제2문, 제2항 내지 제7항은 당해 헌법조항의 문언상 혹은 당해 헌법조항에 규정된 구체적인 신체의 자유 보장 방법의 속성상 형사절차에만 적용됨이 분명한 경우가 아니라면, 형사절차에 한정되지 않는 것으로 해석하는 것이 타당하다(헌재 2018.5.31. 2014헌마346).
ㄴ. [×] **헌법 제12조 제4항 본문에 규정된 변호인의 조력을 받을 권리가 행정절차에서 구속된 사람에게도 즉시 보장되는지 여부 (적극)**
헌법 제12조 제4항 본문의 문언 및 헌법 제12조의 조문 체계, 변호인 조력권의 속성, 헌법이 신체의 자유를 보장하는 취지를 종합하여 보면 헌법 제12조 제4항 본문에 규정된 "구속"은 사법절차에서 이루어진 구속뿐 아니라, 행정절차에서 이루어진 구속까지 포함하는 개념이다. 따라서 헌법 제12조 제4항 본문에 규정된 변호인의 조력을 받을 권리는 행정절차에서 구속을 당한 사람에게도 즉시 보장된다. 종래 이와 견해를 달리하여 헌법 제12조 제4항 본문에 규정된 변호인의 조력을 받을 권리는 형사절차에서 피의자 또는 피고인의 방어권을 보장하기 위한 것으로서 출입국관리법상 보호 또는 강제퇴거의 절차에도 적용된다고 보기 어렵다고 판시한 우리 재판소 결정(헌재 2012.8.23. 2008헌마430)은, 이 결정 취지와 저촉되는 범위 안에서 변경한다(헌재 2018.5.31. 2014헌마346).
ㄷ. [×] 청구인은 이 사건 변호인 접견신청 거부 당시 약 5개월째 송환대기실에 수용되어 있었고, 적어도 난민인정심사불회부 결정 취소소송이 종료될 때까지는 임의로 송환대기실 밖으로 나갈 것을 기대할 수 없었다. 청구인은 이 사건 변호인 접견 신청 거부 당시 자신에 대한 송환대기실 수용을 해제해 달라는 취지의 인신보호청구의 소를 제기해 둔 상태였으므로 자신의 의사에 따라 송환대기실에 머무르고 있었다고 볼 수도 없다. 위와 같은 사정을 종합하면, 청구인은 이 사건 변호인

접견신청 거부 당시 자신의 의사에 반하여 강제로 송환대기실에 갇혀 있었다고 인정된다. 따라서 청구인은 이 사건 변호인 접견신청 거부일인 2014.4.25. 헌법 제12조 제4항 본문에 규정된 "구속을 당한" 상태였다(헌재 2018.5.31. 2014헌마346).
ㄹ. [×] 별개의견이다. 헌재의 법정의견은 변호인의 조력을 받을 권리 침해로 보았다(헌재 2018.5.31. 2014헌마346).
ㅁ. [×] 행정기관인 피청구인에 의해 송환대기실에 구속된 상태였다면 헌법 제12조 제4항 본문에 따라 변호인의 조력을 받을 권리가 있다고 인정된다(헌재 2018.5.31. 2014헌마346).

17   정답 ④

① [×] 심판대상조항은 피조사자에게 자료제출의무를 부과하고, 허위자료를 제출하는 경우 형사처벌하는 조항으로, 피조사자의 **일반적 행동자유권을 제한한다.** 청구인은 심판대상조항이 인간으로서의 존엄과 가치, 인격권도 침해한다고 주장하나, 심판대상조항과 가장 밀접한 관련이 있는 일반적 행동자유권의 침해 여부를 판단하는 이상 이에 대해서는 별도로 살피지 아니한다(헌재 2019.9.26. 2016헌바381).

② [×] 선거관리위원회의 본질적 기능은 선거의 공정한 관리 등 행정기능이고, 그 효과적인 기능 수행과 집행의 실효성을 확보하기 위한 수단으로서 선거범죄 조사권을 인정하고 있다. 심판대상조항에 의한 자료제출요구는 위와 같은 조사권의 일종으로서 행정조사에 해당하고, 선거범죄 혐의 유무를 명백히 하여 공소의 제기와 유지 여부를 결정하기 위하여 범인을 발견·확보하고 증거를 수집·보전하기 위한 수사기관의 활동인 수사와는 근본적으로 그 성격을 달리한다(헌재 2019.9.26. 2016헌바381).

③ [×] 심판대상조항에 의한 자료제출요구는 그 성질상 대상자의 자발적 협조를 전제로 할 뿐이고 물리적 강제력을 수반하지 아니한다. 심판대상조항은 피조사자로 하여금 자료제출요구에 응할 의무를 부과하고, 허위 자료를 제출한 경우 형사처벌하고 있으나, 이는 형벌에 의한 불이익이라는 심리적, 간접적 강제수단을 통하여 진실한 자료를 제출하도록 함으로써 조사권 행사의 실효성을 확보하기 위한 것이다(헌재 2019.9.26. 2016헌바381).

❹ [○] 헌법 제12조 제3항은 "체포·구속·압수 또는 수색을 할 때에는 적법한 절차에 따라 검사의 신청에 의하여 법관이 발부한 영장을 제시하여야 한다."라고 규정하고, 헌법 제16조는 "주거에 대한 압수나 수색을 할 때에는 검사의 신청에 의하여 법관이 발부한 영장을 제시하여야 한다."라고 규정함으로써 영장주의를 헌법적 차원에서 보장하고 있다. 우리 헌법이 채택하여 온 영장주의는 형사절차와 관련하여 체포·구속·압수·수색 등의 강제처분을 함에 있어서는 사법권 독립에 의하여 신분이 보장되는 법관이 발부한 영장에 의하지 않으면 아니 된다는 원칙이다. 따라서 헌법상 영장주의의 본질은 체포·구속·압수·수색 등 기본권을 제한하는 강제처분을 함에 있어서는 중립적인 법관의 구체적 판단을 거쳐야 한다는 데에 있다(헌재 2019.9.26. 2016헌바381).

18   정답 ②

① [○] 미결수용자와 변호인 사이의 서신으로서 그 비밀을 보장받기 위하여는, 첫째, 교도소 측에서 상대방이 변호인이라는 사실을 확인할 수 있어야 하고, 둘째, 서신을 통하여 마약 등 소지금지품의 반입을 도모한다든가 그 내용에 도주·증거인멸·수용시설의 규율과 질서의 파괴·기타 형벌법령에 저촉되는 내용이 기재되어 있다고 의심할 만한 합리적인 이유가 있는 경우가 아니어야 한다(헌재 1995.7.21. 92헌마44).

❷ [×] 교도소장이 금지물품 동봉 여부를 확인하기 위하여 미결수용자와 같은 지위에 있는 수형자는 변호인의 조력을 받을 권리의 주체가 될 수 있다.

③ [○] 발신자가 변호사로 표시되어 있다고 하더라도 실제 변호사인지 여부 및 수용자의 변호인에 해당하는지 여부를 확인하는 것은 불가능하거나 지나친 행정적 부담을 초래한다. 미결수용자와 같은 지위에 있는 수형자는 서신 이외에도 접견 또는 전화통화에 의해서도 변호사와 접촉하여 형사소송을 준비할 수 있다. 이 사건 서신개봉행위와 같이 금지물품이 들어 있는지를 확인하기 위하여 서신을 개봉하는 것만으로는 미결수용자와 같은 지위에 있는 수형자가 변호인의 조력을 받을 권리를 침해하지 아니한다(헌재 2021.10.28. 2019헌마973).

④ [○] 수용자가 주고받는 서신은 원칙적으로 검열의 대상이 아니고(구 형집행법 제43조 제4항), 미결수용자와 변호인 사이의 서신은 예외 없이 검열의 대상이 아니다(구 형집행법 제84조, 형집행법 제88조). 이 사건 서신개봉행위의 근거가 된 구 형집행법 제43조 제3항 및 같은 법 시행령 제65조 제2항은 금지물품이 들어있는지 서신을 개봉하여 확인할 수 있도록 할 뿐, 변호인과 주고받은 서신 내용의 열람·지득을 포함한 서신의 검열을 허용하는 조항이 아니다. 교도소장은 법원·경찰관서, 그 밖의 관계기관에 수용자에게 보내온 문서는 다른 법령에 특별한 규정이 없으면 열람 후 본인에게 전달하나(형집행법 시행령 제67조), 이 사건에서 문제된 서신은 열람대상 문서가 아니다. 즉, 이 사건 서신개봉행위로 피청구인이 형집행법을 위반하여 서신의 내용을 열람·지득하였으리라는 것은 청구인의 추측에 불과하다(헌재 2021.10.28. 2019헌마973).

19   정답 ①

ㄱ. [×] 헌법재판소는 변호인의 조력을 받을 권리가 수형자의 경우에도 그대로 보장되는지에 대하여, 변호인의 조력을 받을 권리에 대한 헌법과 법률의 규정 및 취지에 비추어 보면 형사절차가 종료되어 교정시설에 수용 중인 수형자는 원칙적으로 변호인의 조력을 받을 권리의 주체가 될 수 없다고 선언한 바 있다. 즉, 변호인의 조력을 받을 권리는 '형사사건'에서의 변호인의 조력을 받을 권리를 의미한다. 따라서 수형자가 형사사건의 변호인이 아닌 민사사건, 행정사건, 헌법소원사건 등에서 변호사와 접견할 경우에는 원칙적으로 헌법상 변호인의 조력을 받을 권리의 주체가 될 수 없다(헌재 2013.9.26. 2011헌마398).

ㄴ. [×] 이 사건 녹음행위는 교정시설 내의 안전과 질서유지에 기여하기 위한 것으로서 그 목적이 정당할 뿐 아니라 수단이 적절하다. 또한, 소장은 미리 접견 내용의 녹음 사실 등을 고지하

며, 접견기록물의 엄격한 관리를 위한 제도적 장치도 마련되어 있는 점 등을 고려할 때 침해의 최소성 요건도 갖추었고, 이 사건 녹음행위는 미리 고지되어 청구인의 접견 내용은 사생활의 비밀로서의 보호가치가 그리 크지 않다고 할 것이므로 법익의 불균형을 인정하기도 어려워, 과잉금지원칙에 위반하여 청구인의 사생활의 비밀과 자유를 침해하였다고 볼 수 없다(헌재 2012.12.27. 2010헌마153).

ㄷ. [O] 이 사건 접견조항에 따르면 수용자는 효율적인 재판준비를 하는 것이 곤란하게 되고, 특히 교정시설 내에서의 처우에 대하여 국가 등을 상대로 소송을 하는 경우에는 소송의 상대방에게 소송자료를 그대로 노출하게 되어 무기대등의 원칙이 훼손될 수 있다. 변호사 직무의 공공성, 윤리성 및 사회적 책임성은 변호사접견권을 이용한 증거인멸, 도주 및 마약 등 금지물품 반입 시도 등의 우려를 최소화시킬 수 있으며, 변호사 접견이라 하더라도 교정시설의 질서 등을 해할 우려가 있는 특별한 사정이 있는 경우에는 예외를 두도록 한다면 악용될 가능성도 방지할 수 있다. 따라서 이 사건 접견조항은 과잉금지원칙에 위배하여 청구인의 재판청구권을 지나치게 제한하고 있으므로, 헌법에 위반된다(헌재 2013.8.29. 2011헌마122).

ㄹ. [X] 수형자와 변호사와의 접견 내용을 녹음, 녹화하게 되면 그로 인해 제3자인 교도소 측에 접견 내용이 그대로 노출되므로 수형자와 변호사는 상담과정에서 상당히 위축될 수밖에 없고, 특히 소송의 상대방이 국가나 교도소 등의 구금시설로서 그 내용이 구금시설 등의 부당처우를 다투는 내용일 경우에 접견 내용에 대한 녹음, 녹화는 실질적으로 당사자대등의 원칙에 따른 무기평등을 무력화시킬 수 있다. 변호사는 다른 전문직에 비하여도 더욱 엄격한 직무의 공공성 등이 강조되고 있는 지위에 있으므로, 소송사건의 변호사가 접견을 통하여 수형자와 모의하는 등으로 법령에 저촉되는 행위를 하거나 이에 가담하는 등의 행위를 할 우려는 거의 없다. 또한, 접견의 내용이 소송준비를 위한 상담 내용일 수밖에 없는 변호사와의 접견에 있어서 수형자의 교화나 건전한 사회복귀를 위해 접견 내용을 녹음, 녹화할 필요성을 생각하는 것도 어렵다. 이 사건에 있어서 청구인과 헌법소원 사건의 국선대리인인 변호사의 접견 내용에 대해서는 접견의 목적이나 접견의 상대방 등을 고려할 때 녹음, 기록이 허용되어서는 아니 될 것임에도, 이를 녹음, 기록한 행위는 청구인의 재판을 받을 권리를 침해한다(헌재 2013.9.26. 2011헌마398).

ㅁ. [O] X-ray 물품검색기나 변호인접견실에 설치된 비상벨만으로는 교정사고를 방지하거나 금지물품을 적발하는 데 한계가 있으므로 CCTV 관찰행위는 그 목적을 달성하기 위하여 필요한 범위 내의 제한이다. 따라서 CCTV 관찰행위는 청구인의 변호인의 조력을 받을 권리를 침해한다고 할 수 없다(헌재 2016.4.28. 2015헌마243).

20   정답 ①

ㄱ. [X] 심판대상조항은 수사기관이 피의자를 체포하기 위하여 필요한 때에는 영장 없이 타인의 주거 등에 들어가 피의자를 찾는 행위를 할 수 있다는 의미로서, 심판대상조항의 '피의자 수사'는 '피의자 수색'을 의미함을 어렵지 않게 해석할 수 있다. 이상을 종합하여 보면, 심판대상조항은 피의자가 소재할 개연성

이 소명되면 타인의 주거 등내에서 수사기관이 피의자를 수색할 수 있음을 의미하는 것으로 누구든지 충분히 알 수 있으므로, 명확성원칙에 위반되지 아니한다(헌재 2018.4.26. 2015헌바370 등).

ㄴ. [O] 헌법 제12조 제3항은 "체포·구속·압수 또는 수색을 할 때에는 적법한 절차에 따라 검사의 신청에 의하여 법관이 발부한 영장을 제시하여야 한다. 다만, 현행범인인 경우와 장기 3년 이상의 형에 해당하는 죄를 범하고 도피 또는 증거인멸의 염려가 있을 때에는 사후에 영장을 청구할 수 있다."라고 규정함으로써 사전영장주의에 대한 예외를 명문으로 인정하고 있다. 이와 달리 헌법 제16조 후단은 "주거에 대한 압수나 수색을 할 때에는 검사의 신청에 의하여 법관이 발부한 영장을 제시하여야 한다."라고 규정하고 있을 뿐 영장주의에 대한 예외를 명문화하고 있지 않다(헌재 2018.4.26. 2015헌바370 등).

ㄷ. [X] 주거 공간에 대한 긴급한 압수·수색의 필요성, 주거의 자유와 관련하여 영장주의를 선언하고 있는 헌법 제16조의 취지 등을 종합하면, 헌법 제16조의 영장주의에 대해서도 그 예외를 인정하되, 이는 ⓐ 그 장소에 범죄혐의 등을 입증할 자료나 피의자가 존재할 개연성이 소명되고, ⓑ 사전에 영장을 발부받기 어려운 긴급한 사정이 있는 경우에만 제한적으로 허용될 수 있다고 보는 것이 타당하다(헌재 2018.4.26. 2015헌바370 등).

ㄹ. [O] 심판대상조항은 체포영장을 발부받아 피의자를 체포하는 경우에 필요한 때에는 영장 없이 타인의 주거 등 내에서 피의자 수사를 할 수 있다고 규정함으로써, 앞서 본 바와 같이 별도로 영장을 발부받기 어려운 긴급한 사정이 있는지 여부를 구별하지 아니하고 피의자가 소재할 개연성만 소명되면 영장 없이 타인의 주거 등을 수색할 수 있도록 허용하고 있다. 이는 체포영장이 발부된 피의자가 타인의 주거 등에 소재할 개연성은 소명되나, 수색에 앞서 영장을 발부받기 어려운 긴급한 사정이 인정되지 않는 경우에도 영장 없이 피의자 수색을 할 수 있다는 것이므로, 헌법 제16조의 영장주의 예외요건을 벗어나는 것으로서 영장주의에 위반된다(헌재 2018.4.26. 2015헌바370 등).

ㅁ. [O] 먼저 현행범인 체포의 경우에 관하여 보건대, 현행범인은 범죄의 실행 중이거나 실행의 즉후인 자를 말하고(형사소송법 제211조 제1항), 범인으로 호창되어 추적되고 있는 등 형사소송법 제211조 제2항 각 호에 해당하는 자는 현행범인으로 간주된다. 현행범인이 수사기관의 추적을 피하여 타인의 주거 등에 들어가는 경우 이를 확인한 수사기관으로서는 현행범인 체포를 위하여 그 장소에 바로 들어가 피의자 수색을 할 수 있어야 한다. 이 경우 현행범인이 타인의 주거 등에 소재할 개연성 및 수색에 앞서 수색영장을 발부받기 어려운 긴급한 사정이 충분히 인정된다. 현행범인 체포의 경우에는 헌법 제16조의 영장주의의 예외를 인정할 수 있다. 다음으로 긴급체포의 경우에 관하여 보건대, 긴급체포는 피의자가 사형·무기 또는 장기 3년 이상의 징역이나 금고에 해당하는 죄를 범하였다고 의심할 만한 상당한 이유가 있고, 피의자가 증거를 인멸할 염려가 있거나 피의자가 도망하거나 도망할 우려가 있는 경우로서 긴급을 요하여 지방법원 판사의 체포영장을 받을 수 없는 때에 영장 없이 피의자를 체포하는 것이다. 이러한 경우에도 피의자가 타인의 주거 등에 소재할 개연성 및 수색에 앞서 수색영장을 발부받기 어려운 긴급한 사정이 충분

히 인정된다. 따라서 <u>긴급체포의 경우 역시 헌법 제16조의 영장주의의 예외를 인정할 수 있다</u>(헌재 2018.4.26. 2015헌바 370 등).

ㅂ. [O] 심판대상조항의 위헌성은 근본적으로 헌법 제16조에서 영장주의를 규정하면서 그 예외를 명시적으로 규정하지 아니한 잘못에서 비롯된 것이다. 늦어도 2020.3.31.까지는 현행범인체포, 긴급체포, 일정 요건하에서의 체포영장에 의한 체포의 경우에 영장주의의 예외를 명시하는 것으로 <u>위 헌법조항이 개정되고, 그에 따라 심판대상조항</u>(심판대상조항과 동일한 내용의 규정이 형사소송법 제137조에도 존재한다)<u>이 개정되는 것이</u> 바람직하며, 위 헌법조항이 개정되지 않는 경우에는 심판대상조항만이라도 이 결정의 취지에 맞게 개정되어야 함을 지적하여 둔다. 위 시한까지 개선입법이 이루어지지 않으면 심판대상조항은 2020.4.1.부터 그 효력을 상실한다(헌재 2018. 4.26. 2015헌바370 등).

정답

p.52

01	④	02	④	03	④	04	③	05	②
06	②	07	④	08	③	09	①	10	①
11	③	12	④	13	③	14	②	15	①
16	①	17	②	18	①	19	①	20	④

01 정답 ④

① [×] 헌법전문이 최초 개정된 것은 제5차 개헌이다(4.19 의거와 5.16 혁명의 이념에 입각).

② [×] 헌법은 국가유공자 인정에 관하여 명문 규정을 두고 있지 않으나 전문(前文)에서 "3.1운동으로 건립된 대한민국임시정부의 법통을 계승"한다고 선언하고 있다. 이는 대한민국이 일제에 항거한 독립운동가의 공헌과 희생을 바탕으로 이룩된 것임을 선언한 것이고, 그렇다면 국가는 일제로부터 조국의 자주독립을 위하여 공헌한 독립유공자와 그 유족에 대하여는 응분의 예우를 하여야 할 헌법적 의무를 지닌다(헌재 2005. 6.30. 2004헌마859).

③ [×] 청구인들은 이 사건 위원회의 설치·운영 및 이 사건 기념사업 추진행위는 헌법전문의 규정에 반하는 것으로서 실질적으로 헌법개정에 해당하는바, 국민투표 없이 헌법개정을 한 것은 헌법 제130조 제2항의 국민투표권을 침해하는 것이라고 주장한다. 그러나 설령 "건국60년"이라는 표현이 적절하지 못한 면이 있고 헌법전문의 취지에 어긋난다고 볼 여지가 있다고 하더라도, 이것만으로 이를 헌법개정에 해당한다고는 볼 수 없으므로 국민들에게는 헌법개정에 관여할 국민투표권 자체가 발생할 여지가 없어 헌법 제130조 제2항이 규정한 청구인들의 국민투표권의 침해가능성은 인정되지 않는다(헌재 2008.11.27. 2008헌마517).

❹ [O] 헌법은 국가유공자 인정에 관하여 명문 규정을 두고 있지 않으나 전문에서 "3·1운동으로 건립된 대한민국 임시정부의 법통을 계승"한다고 선언하고 있다. 이는 대한민국이 일제에 항거한 독립운동가의 공헌과 희생을 바탕으로 이룩된 것임을 선언한 것이고, 그렇다면 국가는 일제로부터 조국의 자주독립을 위하여 공헌한 독립유공 자와 그 유족에 대하여는 응분의 예우를 하여야 할 헌법적 의무를 지닌다(헌재 2005.6.30. 2004헌마859).

02 정답 ④

① [O] 낙선운동도 선거운동이므로 이에 대한 규제는 정당하고, 낙선운동이 선거법에 위반되는 행위일 경우 처벌해야 한다는 것이 대법원 판례이다.

관련판례

> 피고인들이 확성장치 사용, 연설회 개최, 불법행렬, 서명날인운동, 선거운동기간 전 집회 개최 등의 방법으로 특정 후보자에 대한 낙선운동을 함으로써 공직선거법에 의한 선거운동제한 규정을 위반한 피고인들의 같은 법 위반의 각 행위는 위법한 행위로서 허용될 수 없는 것이고, 피고인들의 위 각 행위가 시민불복종운동으로서 헌법상의 기본권 행사범위 내에 속하는 정당행위이거나 형법상 사회상규에 위반되지 아니하는 정당행위 또는 긴급피난의 요건을 갖춘 행위로 볼 수는 없다(대판 2004.4.27. 2002도315).

② [O] 헌법재판소는 저항권이 인정됨을 전제로 입법과정의 하자는 저항권 행사의 대상이 되지 않는다고 판시하고 있다(헌재 1997.9.25. 97헌가4).

③ [O] 저항권 행사는 비례원칙에 따라 평화적 방법에 의하여 달성할 수 없는 예외적 경우에는 폭력적인 방법도 허용된다.

❹ [×] 1996.12.26. 날치기 통과된 노동관계조정법 등이 위헌이라는 이유로 저항권의 수단으로서 불법적인 쟁의행위를 하였다고 주장하는 사건에서 헌법재판소는 저항권이 헌법이나 실정법에 규정이 있는지 여부를 가려볼 필요도 없이 제청법원이 주장하는 국회법 소정의 협의 없는 개의시간의 변경과 회의일시를 통지하지 아니한 입법과정의 하자는 저항권 행사의 대상이 되지 아니한다. 저항권은 국가권력에 의하여 헌법의 기본원리에 대한 중대한 침해가 행하여지고, 그 침해가 헌법의 존재 자체를 부인하는 것으로서 다른 합법적인 구제수단으로서는 목적을 달성할 수 없을 때에, 국민이 자기의 권리와 자유를 지키기 위하여 실력으로 저항하는 권리이기 때문이다(헌재 1997.9.25. 97헌가4 - 노동조합 및 노동관계조정법 등 위헌심판)라고 하여 헌법보호수단으로서 저항권을 간접적으

로 인정하지만, 입법과정의 하자는 저항권 행사의 대상이 아
니라고 본다.

03

ㄱ. [O] 개인정보자기결정권의 한 내용인 자기정보공개청구권은 자신
에 관한 정보가 부정확하거나 불완전한 상태로 보유되고 있
는지 여부를 알기 위하여 정보를 보유하고 있는 자에게 자신
에 관한 정보의 열람을 청구함으로써 개인정보를 보호하고,
개인정보의 수집, 보유, 이용에 관한 통제권을 실질적으로 보
장하기 위하여 인정되는 것이다. 그런데 위 청구인의 변호사
시험 성적 공개 요구는 개인정보의 보호나 개인정보의 수집,
보유, 이용에 관한 통제권을 실질적으로 보장해 달라는 것으
로 보기 어렵고, **변호사시험 성적**이 정보주체의 요구에 따라
수정되거나 삭제되는 등 정보주체의 통제권이 인정되는 성질
을 가진 개인정보라고 보기도 어렵다. 따라서 심판대상조항이
개인정보자기결정권을 제한하고 있다고 보기 어렵다(헌재 2015.
6.25. 2011헌마769).

ㄴ. [O] 특정시험에 대한 응시 및 합격 여부, 합격연도 등도 개인정보
에 포함되고, 그러한 사실이 알려지는 시기, 범위 등을 응시
자 스스로 결정할 권리는 개인정보자기결정권의 보장 범위에
속한다고 할 수 있다(헌재 2020.3.26. 2018헌마77).

ㄷ. [X] 심판대상조항에 따라 합격자 명단이 공고되면, 법학전문대학
원 졸업자 또는 졸업예정자라는 한정된 집단에 속한 사람이
응시하는 변호사시험 특성에 비추어, 특정인의 법학전문대학
원 재학 또는 졸업 사실을 이미 알고 있는 그 주변 사람들은
성명이 공개된 사람의 합격 사실 뿐만 아니라 위 정보를 결합
하여 특정인의 불합격 사실도 알 수 있으므로, 결국 응시자들
의 개인정보자기결정권에 대한 제한이 발생한다(헌재 2020.
3.26. 2018헌마77).

ㄹ. [O] 청구인은 심판대상조항에 따라 합격자 명단이 공개됨으로써
사생활의 비밀과 자유가 침해된다고 주장하나, 변호사라는 전
문자격을 취득하거나 취득하지 못하였다는 사실이 내밀한 사
적 영역에 속하는 것인지 의문일 뿐만 아니라, 설사 이에 속
한다고 하더라도 개인정보자기결정권의 보호영역과 중첩되는
범위 안에서만 관련되어 있으므로, 개인정보자기결정권에 대
한 과잉금지원칙 위배 여부를 심사하는 이상 따로 살펴보지
않는다(헌재 2020.3.26. 2018헌마77).

ㅁ. [X] 더욱이 변호사에게 직접 등록증서를 보여주도록 요청하거나
대한변호사협회 홈페이지를 통하여 검색하는 것은 자격시험
에 합격한 법률전문가가 변호사등록을 한 경우에만 유용한
방법인데, 실무상 변호사 자격이 있는 사람이 법령에 의하여
변호사등록을 하지 않고도 법률서비스를 제공할 수 있는 경
우도 있으므로, 일반 국민의 입장에서 볼 때는 매회 변호사시
험 합격자 명단이 널리 공개되는 것이 변호사 자격 소지에 대
한 신뢰를 형성하는 데 기여하는 바가 적지 않다. 이처럼 심
판대상조항은 변호사 자격 소지에 대한 일반 국민의 신뢰를
형성하고 법률서비스 수요자의 편의를 확보하는 데 도움이
되며, 달리 이를 대체할 만한 수단이 발견되지 않는다(헌재
2020.3.26. 2018헌마77).

ㅂ. [X] 심판대상조항은 법무부장관이 시험 관리 업무를 위하여 수집
한 응시자의 개인정보 중 합격자의 성명을 공개하도록 하는

데 그치므로, 청구인들의 개인정보자기결정권이 제한되는 범
위와 정도는 매우 제한적이다(헌재 2020.3.26. 2018헌마77).

04

① [X] 헌법 제18조로 보장되는 기본권인 통신의 자유란 통신수단을
자유로이 이용하여 의사소통할 권리이다. '통신수단의 자유로
운 이용'에는 자신의 인적 사항을 누구에게도 밝히지 않는 상
태로 통신수단을 이용할 자유, 즉 통신수단의 익명성 보장도
포함된다. 심판대상조항은 휴대전화를 통한 문자 · 전화 · 모
바일 인터넷 등 통신기능을 사용하고자 하는 자에게 반드시
사전에 본인확인 절차를 거치는 데 동의해야만 이를 사용할
수 있도록 하므로, 익명으로 통신하고자 하는 청구인들의 통
신의 자유를 제한한다(헌재 2019.9.26. 2017헌마1209).

② [X] 개인정보자기결정권, 통신의 자유가 제한되는 불이익과 비교
했을 때, 명의도용피해를 막고, 차명휴대전화의 생성을 억제
하여 보이스피싱 등 범죄의 범행도구로 악용될 가능성을 방
지함으로써 잠재적 범죄 피해 방지 및 통신망 질서 유지라는
더욱 중대한 공익의 달성효과가 인정된다. 따라서 심판대상조
항은 청구인들의 개인정보자기결정권 및 통신의 자유를 침해
하지 않는다(헌재 2019.9.26. 2017헌마1209).

❸ [O] 사생활의 비밀과 자유에 포섭될 수 있는 사적 영역에 속하는
통신의 자유는 헌법이 제18조에서 별도의 기본권으로 보장하
고 있고, 개인정보의 제공으로 인한 사생활의 비밀과 자유가
제한되는 측면은 개인정보자기결정권의 보호영역과 중첩되는
범위에서 관련되어 있다. 따라서 심판대상조항이 청구인들의
통신의 자유, 개인정보자기결정권을 침해하는지 여부를 판단
하는 이상 사생활의 비밀과 자유 침해 여부에 관하여는 별도
로 판단하지 아니한다(헌재 2019.9.26. 2017헌마1209).

④ [X] 인터넷 게시판에 글을 작성하기 위해 실명확인절차를 거치는
제도(인터넷 실명제)가 익명에 의한 표현 자체를 제한하는 효
과가 중대한 반면(헌재 2012.8.23. 2010헌마47등 참조), 휴대
전화 가입 본인확인제가 이동통신서비스 이용 여부 자체를
진지하게 고려하게 할 정도라거나, 휴대전화를 통한 개개의
통신내용과 이용 상황에 기한 처벌을 두려워해 통신 자체를
가로막을 정도라고 할 수 없다. 휴대전화 가입 본인확인제로
인하여 통신의 자유에 끼치는 위축효과가 인터넷실명제와 같
은 정도로 심각하다고 볼 근거가 희박하다(헌재 2019.9.26.
2017헌마1209).

05

ㄱ. [X] 비군사적 성격을 갖는 복무도 입법자의 형성에 따라 병역의
무의 내용에 포함될 수 있고, 대체복무제는 그 개념상 병역종
류조항과 밀접한 관련을 갖는다. 따라서 청구인들은 입법자가
병역의 종류에 관하여 병역종류조항에 입법은 하였으나 그
내용이 대체복무제를 포함하지 아니하여 불충분하다는 **부진
정입법부작위를 다투는 것이라고 봄이 상당하다**(헌재 2018.
6.28. 2011헌바379).

/ **6대 입법부작위 위헌 사건을 제외하고 위헌인 것은 진정입
법부작위 사건이 아니다.**

ㄴ. [O] '양심적' 병역 거부라는 말은 병역 거부가 '양심적', 즉 도덕적이고 정당하다는 것을 가리킴으로써, 그 반면으로 병역의무를 이행하는 사람은 '비양심적'이거나 '비도덕적'인 사람으로 치부하게 될 여지가 있다. 하지만 앞에서 살펴 본 양심의 의미에 따를 때, '양심적' 병역 거부는 실상 당사자의 '양심에 따른' 혹은 '양심을 이유로 한' 병역 거부를 가리키는 것일 뿐이지 병역 거부가 '도덕적이고 정당하다'는 의미는 아닌 것이다. 따라서 <u>'양심적' 병역 거부라는 용어를 사용한다고 하여 병역의무 이행은 '비양심적'이 된다거나, 병역을 이행하는 거의 대부분의 병역의무자들과 병역의무 이행이 국민의 숭고한 의무라고 생각하는 대다수 국민들이 '비양심적'인 사람들이 되는 것은 결코 아니다</u>(헌재 2018.6.28. 2011헌바379 등).

ㄷ. [X] 헌법재판소는 2004년 입법자에 대하여 국가안보라는 공익의 실현을 확보하면서도 병역거부자의 양심을 보호할 수 있는 대안이 있는지 검토할 것을 권고하였는데, 그로부터 14년이 경과하도록 이에 관한 입법적 진전이 이루어지지 못하였다. 그사이 국가인권위원회, 국방부, 법무부, 국회 등 국가기관에서 대체복무제 도입을 검토하거나 그 도입을 권고하였으며, 법원에서도 최근 하급심에서 양심적 병역거부에 대해 무죄판결을 선고하는 사례가 증가하고 있다. 이러한 모든 사정을 감안해 볼 때 국가는 이 문제의 해결을 더 이상 미룰 수 없으며, <u>대체복무제를 도입함으로써 병역종류조항으로 인한 기본권 침해 상황을 제거할 의무가 있다</u>(헌재 2018.6.28. 2011헌바379 등).

ㄹ. [X] 병역종류조항은, 병역부담의 형평을 기하고 병역자원을 효과적으로 확보하여 효율적으로 배분함으로써 국가안보를 실현하고자 하는 것이므로 정당한 입법목적을 달성하기 위한 적합한 수단이다. 양심적 병역거부자의 수는 병역자원의 감소를 논할 정도가 아니고, 이들을 처벌한다고 하더라도 교도소에 수감할 수 있을 뿐 병역자원으로 활용할 수는 없으므로, 대체복무제 도입으로 병역자원의 손실이 발생한다고 할 수 없다. 전체 국방력에서 병역자원이 차지하는 중요성이 낮아지고 있는 점을 고려하면, 대체복무제를 도입하더라도 우리나라의 국방력에 의미 있는 수준의 영향을 미친다고 보기는 어렵다. 국가가 관리하는 객관적이고 공정한 사전심사절차와 엄격한 사후관리절차를 갖추고, 현역복무와 대체복무 사이에 복무의 난이도나 기간과 관련하여 형평성을 확보해 현역복무를 회피할 요인을 제거한다면, 심사의 곤란성과 양심을 빙자한 병역기피자의 증가 문제를 해결할 수 있다. 따라서 대체복무제를 도입하면서도 병역의무의 형평을 유지하는 것은 충분히 가능하다. 위와 같이 대체복무제의 도입이 우리나라의 국방력에 유의미한 영향을 미친다거나 병역제도의 실효성을 떨어뜨린다고 보기 어려운 이상, 우리나라의 특수한 안보상황을 이유로 대체복무제를 도입하지 않거나 그 도입을 미루는 것이 정당화된다고 할 수는 없다. 따라서 대체복무제라는 대안이 있음에도 불구하고 군사훈련을 수반하는 병역의무만을 규정한 병역종류조항은, 침해의 최소성 원칙에 어긋난다(헌재 2018.6.28. 2011헌바379).

ㅁ. [X] 이 사건 청구인 등이 자신의 종교관·가치관·세계관 등에 따라 일체의 전쟁과 그에 따른 인간의 살상에 반대하는 진지한 내적 확신을 형성하였다면, 그들이 집총 등 군사훈련을 수반하는 병역의무의 이행을 거부하는 결정은 양심에 반하여 행동할 수 없다는 강력하고 진지한 윤리적 결정이며, 병역의

무를 이행해야 하는 상황은 개인의 윤리적 정체성에 대한 중대한 위기상황에 해당한다. 이와 같이 병역종류조항에 대체복무제가 마련되지 아니한 상황에서, 양심상의 결정에 따라 입영을 거부하거나 소집에 불응하는 이 사건 청구인 등이 현재의 대법원 판례에 따라 처벌조항에 의하여 형벌을 부과받음으로써 양심에 반하는 행동을 강요받고 있으므로, 이 사건 법률조항은 '양심에 반하는 행동을 강요당하지 아니할 자유', 즉, '부작위에 의한 양심실현의 자유'를 제한하고 있다(헌재 2018.6.28. 2011헌바379 등).

ㅂ. [O] 특정한 내적인 확신 또는 신념이 양심으로 형성된 이상 그 내용 여하를 떠나 양심의 자유에 의해 보호되는 양심이 될 수 있으므로, 헌법상 양심의 자유에 의해 보호받는 '양심'으로 인정할 것인지의 판단은 그것이 깊고, 확고하며, 진실된 것인지 여부에 따르게 된다. 그리하여 양심적 병역 거부를 주장하는 사람은 자신의 '양심'을 외부로 표명하여 증명할 최소한의 의무를 진다(헌재 2018.6.28. 2011헌바379 등).

---

06   정답 ②

① [X] 헌법 제37조 제2항의 규정은 기본권 제한입법의 수권규정인 성질과 아울러 기본권 제한입법의 한계규정의 성질을 지니고 있다(헌재 1989.12.22. 88헌가13).

❷ [O] 국가작용에 있어서 취해진 어떠한 조치나 선택된 수단은 그것이 달성하려는 사안의 목적에 적합하여야 함은 당연하지만, 조치나 수단이 목적달성을 위하여 유일무이한 것일 필요는 없는 것이다. 국가가 어떠한 목적을 달성함에 있어 다른 여러 가지의 조치나 수단을 병과하여야 가능하다고 판단하는 경우도 있을 수 있으므로 과잉금지의 원칙이라는 것이 목적달성에 필요한 유일의 수단선택을 요건으로 하는 것이라고 할 수는 없는 것이다. 물론 여러가지의 조치나 수단을 병행하는 경우에도 그 모두가 목적에 적합하고 필요한 정도내의 것이어야 함은 말할 필요조차 없다(헌재 1989.12.22. 88헌가13).

③ [X] 입법목적을 달성하기 위하여 가능한 여러 수단들 가운데 구체적으로 어느 것을 선택할 것인가의 문제가 기본적으로 입법재량에 속하는 것이기는 하다. 그러나 위 입법재량이라는 것도 자유재량을 말하는 것은 아니므로 입법목적을 달성하기 위한 수단으로서 반드시 가장 합리적이며 효율적인 수단을 선택하여야 하는 것은 아니라고 할지라도 적어도 현저하게 불합리하고 불공정한 수단의 선택은 피하여야 할 것이다(헌재 1996.4.25. 92헌바47).

④ [X] 헌법의 기본정신(헌법 제37조 제2항의 규정은 기본권 제한입법의 수권규정인 성질과 아울러 기본권 제한입법의 한계규정의 성질을 지니고 있다)에 비추어 볼 때 기본권의 본질적인 내용의 침해가 설사 없다고 하더라도 과잉금지의 원칙에 위반되면 역시 위헌임을 면하지 못한다고 할 것인데, 과잉금지의 원칙은 국가작용의 한계를 명시하는 것인데 목적의 정당성, 방법의 적정성, 피해의 최소성, 법익의 균형성을 의미하는 것으로서 그 어느 하나에라도 저촉되면 위헌이 된다는 헌법상의 원칙이다(헌재 1989.12.22. 88헌가13).

① [X] 성적 공개조항은 변호사시험법이 개정된 2017.12.12. 이후에 실시하는 변호사시험에 응시한 사람에게 적용되고, 특례조항은 그 이전에 실시된 변호사시험에 합격한 사람에게 적용된다. 청구인은 2015년 실시된 제4회 변호사시험에 합격하였으므로, 성적 공개조항의 수범자가 아닌 제3자에 불과하다. 따라서 성적 공개조항에 대한 심판청구는 기본권 침해의 자기관련성을 인정할 수 없어 부적법하다(헌재 2019.7.25. 2017헌마1329).

② [X] 청구인은 특례조항이 2015.6.25. 2011헌마769 등 결정의 취지에 어긋나므로 신뢰보호원칙에 위배된다고 주장한다. 신뢰보호원칙이란 국민이 어떤 법적 상태가 장래에도 그대로 존속될 것이라는 합리적인 신뢰를 바탕으로 하여 일정한 법적 지위를 형성한 경우, 국가는 국민의 신뢰를 보호하여야 한다는 원칙이다(헌재 2004.12.16. 2003헌마226 등). 그런데 위 결정의 취지는 <u>변호사시험 성적을 공개하라는 것일 뿐, 성적 공개기간에 관해 어떠한 제한도 할 수 없다는 것이 아니다.</u> 위 결정에 따라 기간 제한 없는 성적 공개에 대한 신뢰가 형성될 수 없는 이상, 이에 관한 신뢰보호원칙 위반 여부에 대해서는 따로 판단하지 아니한다(헌재 2019.7.25. 2017헌마1329).

③ [X] 특례조항이 표현의 자유를 침해한다고 주장하나, 표현의 자유는 알 권리와 표리일체의 관계에 있으므로, 정보공개청구권 침해 여부를 판단하면서 함께 살펴보는 것으로 충분하다(헌재 2019.7.25. 2017헌마1329).

❹ [O] 변호사시험 성적은 변호사시험 합격자의 우수성의 징표로 작용할 수 있고, 법조직역의 진출과정에서 객관적 지표로서 기능할 수 있다. 변호사 채용과정에서 변호사시험 성적 제출을 요구하는 경우도 적지 않으며, 구직자 스스로 채용에 유리하다고 판단하여 성적을 제출하는 경우도 있다. 이처럼 변호사시험 합격자는 변호사시험 성적에 관하여 특별한 이해관계를 맺는다. 변호사의 취업난이 가중되고 있다는 점, 이직을 위해서도 변호사시험 성적이 필요할 수 있다는 점 등을 고려하면, 변호사시험 합격자에게 취업 및 이직에 필요한 상당한 기간 동안 자신의 성적을 활용할 기회를 부여할 필요가 있다. 특례조항에서 정하고 있는 '이 법 시행일부터 6개월 내'라는 기간은 변호사시험 합격자가 취업시장에서 성적 정보에 접근하고 이를 활용하기에 지나치게 짧다. <u>변호사시험 합격자는 성적 공개청구기간 내에 열람한 성적 정보를 인쇄하는 등의 방법을 통해 개별적으로 자신의 성적 정보를 보관할 수 있으나, 성적 공개청구기간이 지나치게 짧아 정보에 대한 접근을 과도하게 제한하는 이상, 이러한 점을 들어 기본권 제한이 충분히 완화되어 있다고 보기도 어렵다.</u> 이상을 종합하면, 특례조항은 과잉금지원칙에 위배되어 청구인의 정보공개청구권을 침해한다(헌재 2019.7.25. 2017헌마1329).

ㄱ. [O] 일반적으로 '전단등'에는 남한 등 외부세계의 발전상을 담은 표현물, 북한 정권을 비판하거나 북한의 폐쇄성과 그로 인한 왜곡된 세계관, 북한의 열악한 의료·경제 상황과 인권실태를

고발하는 내용의 표현물, 식량이나 구호 물품, 현금 등이 포함되므로, 결국 심판대상조항의 궁극적인 의도는 북한 주민을 상대로 하여 북한 정권이 용인하지 않는 일정한 내용의 표현을 금지하는 데 있다. 따라서 심판대상조항은 표현의 내용을 제한하는 결과를 가져온다(헌재 2023.9.26. 2020헌마1724).

ㄴ. [X] 청구인들은 심판대상조항이 북한 주민들의 알 권리를 침해한다고 주장하고 있으나, 알 권리는 한반도 군사분계선 이남 지역에 거주하고 있는 청구인들과는 직접적인 관련이 없으므로 살펴보지 않는다(헌재 2023.9.26. 2020헌마1724).

ㄷ. [X] 남북관계발전법상 '살포'는 남북교류협력법 제13조 또는 제20조에 따른 '승인'을 받지 않고 한 행위로 규정되어 있으나(제4조 제6호), 이는 심판대상조항과의 관계에서 통일부장관의 승인을 받은 행위라면 금지·처벌의 대상이 아니라는 점을 명확히 하는 역할을 할 뿐, 표현물의 제출의무나 행정권의 사전심사절차 등을 일반적으로 예정·도입하는 것이 아니므로, 심판대상조항에 따른 규율이 헌법 제21조 제2항이 금지하고 있는 '검열'에 해당한다고 보기는 어렵다(헌재 2023.9.26. 2020헌마1724).

ㄹ. [O] 심판대상조항은 표현의 내용을 제한하는 결과를 가져오는바, 국가가 표현 내용을 규제하는 것은 원칙적으로 중대한 공익의 실현을 위하여 불가피한 경우에 한하여 허용되고, 특히 정치적 표현의 내용 중에서도 특정한 견해, 이념, 관점에 기초한 제한은 과잉금지원칙 준수 여부를 심사할 때 더 엄격한 기준이 적용되어야 한다(헌재 2023.9.26. 2020헌마1724).

ㅁ. [X] 북한이 적대적 조치를 감행하는 데 있어 전단등 살포가 유일한 원인은 아니지만, 이를 전면적으로 금지함으로써 적어도 전단등 살포를 빌미로 하는 북한의 적대적 조치는 억제될 여지가 있으며, 그로 인한 국민의 생명·신체에 대한 위해나 심각한 위험의 발생, 남북 간의 긴장 고조 등을 미연에 방지할 수 있다. **따라서 심판대상조항은 입법목적을 달성하기에 적합한 수단이다.** 접경지역은 군과 경찰 등이 상시 정찰하고 있으므로 전단등 살포 징후가 포착되면 경찰공무원이 출동하여 현장 상황을 파악·통제할 수 있고, 현장의 경찰관이 전단등 살포 시간, 장소나 방법, 전단등의 수량, 살포 당시의 남북 간 긴장 정도, 살포 전 기자회견 등을 하는 경우 이를 통하여 표명된 전단 내용이나 물품 종류 등 개별·구체적 상황을 고려하여 국민의 생명이나 신체에 위해나 위험이 발생할 우려가 있는 경우에는 경고를 하고, 위해 방지를 위하여 필요한 경우에는 전단등 살포를 직접 제지하는 등 상황에 따라 유연한 조치를 할 수 있다. 이와 같은 '경찰관 직무집행법' 제5조 제1항 등에 기한 조치는 심판대상조항의 일률적인 금지 및 처벌과 비교하여 심판대상조항의 입법목적 달성에는 지장을 초래하지 않으면서 덜 침익적인 수단이 될 수 있다. 따라서 **심판대상조항은 침해의 최소성을 충족하지 못한다.** 심판대상조항으로 북한의 적대적 조치가 유의미하게 감소하고 이로써 접경지역 주민의 안전이 확보될 것인지, 나아가 남북 간 평화통일의 분위기가 조성되어 이를 지향하는 국가의 책무 달성에 도움이 될 것인지 단언하기 어려운 반면, 심판대상조항이 초래하는 정치적 표현의 자유에 대한 제한은 매우 중대하다. 그렇다면 심판대상조항은 과잉금지원칙에 위배되어 청구인들의 표현의 자유를 침해한다(헌재 2023.9.26. 2020헌마1724).

정답 ①

❶ [O] 피청구인의 서신개봉행위는 법령상 금지되는 물품을 서신에 동봉하여 반입하는 것을 방지하기 위하여 구 형의 집행 및 수용자의 처우에 관한 법률 제43조 제3항 및 구 형집행법 시행령 제65조 제2항에 근거하여 수용자에게 온 서신의 봉투를 개봉하여 내용물을 확인한 행위로서, 교정시설의 안전과 질서를 유지하고 수용자의 교화 및 사회복귀를 원활하게 하기 위한 것이다. 개봉하는 발신자나 수용자를 한정하거나 엑스레이 기기 등으로 확인하는 방법 등으로는 금지물품 동봉 여부를 정확하게 확인하기 어려워, 입법목적을 같은 정도로 달성하면서, 소장이 서신을 개봉하여 육안으로 확인하는 것보다 덜 침해적인 수단이 있다고 보기 어렵다. 또한 서신을 개봉하더라도 그 내용에 대한 검열은 원칙적으로 금지된다. 따라서 서신개봉행위는 청구인의 통신의 자유를 침해하지 아니한다(헌재 2021.9.30. 2019헌마919).

② [X] 피청구인의 문서열람행위는 형집행법 시행령 제67조에 근거하여 법원 등 관계기관이 수용자에게 보내온 문서를 열람한 행위로서, 문서 전달 업무에 정확성을 기하고 수용자의 편의를 도모하며 법령상의 기간 준수 여부 확인을 위한 공적 자료를 마련하기 위한 것이다. 수용자 스스로 고지하도록 하거나 특별히 엄중한 계호를 요하는 수용자에 한하여 열람하는 등의 방법으로는 목적 달성에 충분하지 않고, 다른 법령에 따라 열람이 금지된 문서는 열람할 수 없으며, 열람한 후에는 본인에게 신속히 전달하여야 하므로, 문서열람행위는 청구인의 통신의 자유를 침해하지 아니한다(헌재 2021.9.30. 2019헌마919).

③ [X] 발신자가 변호사로 표시되어 있다고 하더라도 실제 변호사인지 여부 및 수용자의 변호인에 해당하는지 여부를 확인하는 것은 불가능하거나 지나친 행정적 부담을 초래한다. 미결수용자와 같은 지위에 있는 수형자는 서신 이외에도 접견 또는 전화통화에 의해서도 변호사와 접촉하여 형사소송을 준비할 수 있다. 이 사건 서신개봉행위와 같이 금지물품이 들어 있는지를 확인하기 위하여 서신을 개봉하는 것만으로는 미결수용자와 같은 지위에 있는 수형자가 변호인의 조력을 받을 권리를 침해하지 아니한다(헌재 2021.10.28. 2019헌마973).

④ [X] 이 사건 시행령조항은 교정시설의 안전과 질서유지, 수용자의 교화 및 사회복귀를 원활하게 하기 위해 수용자가 밖으로 내보내는 서신을 봉함하지 않은 상태로 제출하도록 한 것이나, 이와 같은 목적은 교도관이 수용자의 면전에서 서신에 금지물품이 들어 있는지를 확인하고 수용자로 하여금 서신을 봉함하게 하는 방법, 봉함된 상태로 제출된 서신을 X-ray 검색기 등으로 확인한 후 의심이 있는 경우에만 개봉하여 확인하는 방법, 서신에 대한 검열이 허용되는 경우에만 무봉함 상태로 제출하도록 하는 방법 등으로도 얼마든지 달성할 수 있다고 할 것인바, 위 시행령 조항이 수용자가 보내려는 모든 서신에 대해 무봉함 상태의 제출을 강제함으로써 수용자의 발송 서신 모두를 사실상 검열 가능한 상태에 놓이도록 하는 것은 기본권 제한의 최소 침해성 요건을 위반하여 수용자인 청구인의 통신비밀의 자유를 침해하는 것이다(헌재 2012.2.23. 2009헌마333).

재판관 이동흡의 이 사건 시행령조항에 대한 한정위헌의견: 수용자에 대한 자유형의 본질상 외부와의 자유로운 통신에 대한 제한은 불가피한 것으로 이 사건 시행령 조항의 발송서신 무봉함 제출 제도는 수용자의 발송서신에 대하여 우리 법이 취하고 있는 '상대적 검열주의'를 이행하기 위한 효과적 교도행정의 방식일 뿐이어서 수용자의 통신비밀의 자유를 침해한다고 볼 수는 없으나, '미결수용자가 변호인에게 보내는 서신'은 '절대적 검열금지'의 대상으로 이를 무봉함 제출하도록 하는 것은 헌법상 변호인의 조력을 받을 권리를 침해하고, 무죄추정의 원칙에도 위배되므로 이 사건 시행령조항의 무봉함 제출 서신에 미결수용자가 변호인에게 보내는 서신도 포함되는 것으로 해석되는 한도에서 헌법에 위반된다.

정답 ①

❶ [O] 평등위반 여부를 심사함에 있어 엄격한 심사척도에 의할 것인지, 완화된 심사척도에 의할 것인지는 입법자에게 인정되는 입법형성권의 정도에 따라 달라지게 될 것이다(헌재 1999.12.23. 98헌마363).

② [X]

자의금지	비례심사
완화된 심사	엄격한 심사
입법형성의 자유가 넓은 영역에서 적용	입법형성의 자유가 좁은 영역에서 적용
초기 헌법재판소 판례부터 심사기준	제대군인 가산점제도 사건에서부터 본격적으로 도입
일반적 심사기준	차별금지영역에서 차별 또는 차별로 인해 기본권 제한이 발생한 경우

③ [X] 헌법에서 특별히 평등을 요구하고 있는 경우 엄격한 심사척도가 적용될 수 있다. 헌법이 스스로 차별의 근거로 삼아서는 아니 되는 기준을 제시하거나 차별을 특히 금지하고 있는 영역을 제시하고 있다면 그러한 기준을 근거로 한 차별이나 그러한 영역에서의 차별에 대하여 엄격하게 심사하는 것이 정당화된다. 다음으로 차별적 취급으로 인하여 관련 기본권에 대한 중대한 제한을 초래하게 된다면 입법형성권은 축소되어 보다 엄격한 심사척도가 적용되어야 할 것이다 … 엄격한 심사를 한다는 것은 자의금지원칙에 따른 심사, 즉 합리적 이유의 유무를 심사하는 것에 그치지 아니하고 비례성 원칙에 따른 심사, 즉 차별취급의 목적과 수단 간에 엄격한 비례관계가 성립하는지를 기준으로 한 심사를 행함을 의미한다(헌재 1999.12.23. 98헌마363).

④ [X] 자의심사의 경우에는 차별을 정당화하는 합리적인 이유가 있는지만을 심사하기 때문에 그에 해당하는 비교대상 간의 사실상의 차이나 입법목적(차별목적)의 발견·확인에 그치는 반면에, 비례심사의 경우에는 단순히 합리적인 이유의 존부문제가 아니라 차별을 정당화하는 이유와 차별간의 상관관계에 대한 심사, 즉 비교대상 간의 사실상의 차이의 성질과 비중 또는 입법목적(차별목적)의 비중과 차별의 정도에 적정한 균형관계가 이루어져 있는가를 심사한다(헌재 2001.2.22. 2000헌마25).

11

정답 ③

① [O] 정당제 민주주의 하에서 정당에 대한 재정적 후원이 전면적으로 금지됨으로써 정당이 스스로 재정을 충당하고자 하는 정당활동의 자유와 국민의 정치적 표현의 자유에 대한 제한이 매우 크다고 할 것이므로, 이 사건 법률조항은 정당의 정당활동의 자유와 국민의 정치적 표현의 자유를 침해한다(헌재 2015.12.23. 2013헌바168).

② [O] 경선을 포기한 대통령선거경선후보자에 대하여도 정치자금의 적정한 제공이라는 입법목적을 실현할 필요가 있는 것이며, 이들에 대하여 후원회로부터 지원받은 후원금 총액을 회수함으로써 경선에 참여한 대통령선거경선후보자와 차별하는 이 사건 법률조항의 차별은 합리적 이유가 있는 차별이라고 하기 어렵다(헌재 2009.12.29. 2007헌마1412).

❸ [×] 이 사건 법률조항은 정당 후원회를 금지함으로써 불법 정치자금 수수로 인한 정경유착을 막고 정당의 정치자금 조달의 투명성을 확보하여 정당 운영의 투명성과 도덕성을 제고하기 위한 것이다. 정당과 기업의 유착은 필연적으로 민의를 왜곡시키고 정치적 부패를 야기함으로써 헌법이 지향하고 있는 정당제 민주주의를 훼손시킬 우려가 크기 때문에 이를 방지할 필요가 있다는 점에서, 이 사건 법률조항의 목적의 정당성을 인정할 수 있다. 정당에 대한 후원은 이를 전면적으로 금지할 것이 아니라 오히려 일반 국민들의 정당에 대한 소액 다수의 기부를 장려·권장함으로써 국민과 정당 간의 연대를 강화하고, 정당을 통한 국민의 정치참여 기회를 확대하며, 정당 간의 건전한 경쟁을 유도할 필요가 있다. 그것이 진정 정당 정치의 발전 토대를 구축하는 데에 기여하는 것이고, 헌법이 지향하는 정당제 민주주의를 국민 속에 뿌리내리게 하는 것이 될 것이다. 따라서 이 사건 법률조항은 수단의 적합성 요건과 침해최소성 요건을 갖추지 못하였다(헌재 2015.12.23. 2013헌바168).

④ [O] 정치인의 후원회 제도는 각 나라 및 시대의 역사·정치풍토 내지 정치문화에 따라 달리 형성될 수 있는 것이므로, 정치후원회 및 후원금에 대한 구체적인 제도의 내용과 규제의 정도는 원칙적으로 입법정책의 문제로서 입법자의 입법형성의 자유에 속하는 사항이라고 할 것이다. 따라서 후원회 제도의 구체적 규율은 그것이 명백히 재량권의 한계를 벗어난 입법이 아닌 한 입법형성의 자유를 존중하여야 할 것이다(헌재 2001.10.25. 2000헌바5).

12

정답 ④

① [O] 신청인이 피신청인을 상대로 제기한 인신보호법상 수용임시해제청구의 소는 인용되었고, 인신보호청구의 소 역시 항고심에서 인용된 후 재항고심에 계속 중이며, 난민인정심사불회부결정취소의 소 역시 청구를 인용하는 제1심 판결이 선고되었으나, 두 사건 모두 상급심에서 청구가 기각될 가능성을 배제할 수 없다. 신청인이 위 소송 제기 후 5개월 이상 변호인을 접견하지 못하여 공정한 재판을 받을 권리가 심각한 제한을 받고 있는데, 이러한 상황에서 피신청인의 재항고가 인용될 경우 신청인은 변호인 접견을 하지 못한 채 불복의 기회마저 상실하게 되므로 회복하기 어려운 중대한 손해를 입을 수 있

다. 위 인신보호청구의 소는 재항고에 대한 결정이 머지않아 날 것으로 보이므로 손해를 방지할 긴급한 필요 역시 인정되고, 이 사건 신청을 기각한 뒤 본안 청구가 인용 될 경우 발생하게 될 불이익이 크므로 이 사건 신청을 인용함이 상당하다(헌재 2014.6.5. 2014헌사592).

② [O] 헌법 제12조 제4항 본문에 규정된 변호인의 조력을 받을 권리가 행정절차에서 구속된 사람에게도 즉시 보장되는지 여부(적극)
헌법 제12조 제4항 본문의 문언 및 헌법 제12조의 조문 체계, 변호인 조력권의 속성, 헌법이 신체의 자유를 보장하는 취지를 종합하여 보면 헌법 제12조 제4항 본문에 규정된 "구속"은 사법절차에서 이루어진 구속뿐 아니라, 행정절차에서 이루어진 구속까지 포함하는 개념이다. 따라서 헌법 제12조 제4항 본문에 규정된 변호인의 조력을 받을 권리는 행정절차에서 구속을 당한 사람에게도 즉시 보장된다. 종래 이와 견해를 달리하여 헌법 제12조 제4항 본문에 규정된 변호인의 조력을 받을 권리는 형사절차에서 피의자 또는 피고인의 방어권을 보장하기 위한 것으로서 출입국관리법상 보호 또는 강제퇴거의 절차에도 적용된다고 보기 어렵다고 판시한 우리 재판소 결정(헌재 2012.8.23. 2008헌마430)은, 이 결정 취지와 저촉되는 범위 안에서 변경한다(헌재 2018.5.31. 2014헌마346).

③ [O] 청구인에게 변호인 접견신청을 허용한다고 하여 국가안전보장, 질서유지, 공공복리에 어떠한 장애가 생긴다고 보기는 어렵고, 필요한 최소한의 범위 내에서 접견 장소 등을 제한하는 방법을 취한다면 국가안전보장이나 환승구역의 질서유지 등에 별다른 지장을 주지 않으면서도 청구인의 변호인 접견권을 제대로 보장할 수 있다. 따라서 이 사건 변호인 접견신청 거부는 국가안전보장이나 질서유지, 공공복리를 위해 필요한 기본권 제한 조치로 볼 수도 없다. 이 사건 변호인 접견신청 거부는 이러한 측면에서 보아도 청구인의 변호인의 조력을 받을 권리를 침해한 것이다(헌재 2018.5.31. 2014헌마346).

❹ [×] 별개의견이다. 별개의견은 행정절차에서는 변호인 조력을 받을 권리가 보장되지 않으므로 이 사건은 변호인조력이 받을 권리가 적용될 수 없고 재판청구권 문제로 보았다. 헌재의 법정의견은 변호인의 조력을 받을 권리침해로 보았다(헌재 2018.5.31. 2014헌마346).

정답 ③

① [O] 심판대상 중 '현저한 지장'이란 사전적으로는 '뚜렷이 드러난 장애'를 의미하는데, 정보공개제도의 목적, 입법 취지, 인사관리에 관한 정보의 특성 등을 종합하면 어느 정도로 업무에 장애를 가져올 때에 '현저한 지장'이 있다고 할 것인지 예측할 수 있고, '상당한 이유'란 현저한 지장을 초래할 만한 근거로 해석할 수 있으므로 심판대상조항은 명확성원칙에 반한다고 볼 수 없다(헌재 2021.5.27. 2019헌바224).

② [O] 공공기관의 재량을 통제하는 방법으로 정보공개법은 비공개 결정에 대하여 청구인이 이의신청할 수 있는 절차도 마련하고 있다. 공공기관 전체 업무의 적정성을 높이기 위하여 내부적으로 적시에 적절한 인사행정이 가능하도록 보장하는 것이 무엇보다 중요하다는 점을 고려할 때, 심판대상조항으로 인하여 제한되는 사익보다 보호되는 공익이 크다고 할 것이다. 따

라서 심판대상조항은 정보공개청구권을 침해한다고 할 수 없다(헌재 2021.5.27. 2019헌바224).

❸ [×] 짧은 열람기간으로 인해 청구인 신○○는 회계보고된 자료를 충분히 살펴 분석하거나, 문제를 발견할 실질적 기회를 갖지 못하게 되는바, 달성되는 공익과 비교할 때 이러한 사익의 제한은 정치자금의 투명한 공개가 민주주의 발전에 가지는 의미에 비추어 중대하다. 그렇다면 이 사건 열람기간제한 조항은 과잉금지원칙에 위배되어 청구인 신○○의 알권리를 침해한다(헌재 2021.5.27. 2018헌마1168).

④ [O] 알 권리는 일반적으로 접근할 수 있는 정보원으로부터 자유롭게 정보를 수령·수집하거나, 국가기관 등에 대하여 정보의 공개를 청구할 수 있는 권리를 말한다. 알 권리는 표현의 자유와 표리일체의 관계에 있으며, 자유권적 성질과 청구권적 성질을 공유한다. 자유권적 성질은 일반적으로 정보에 접근하고 수집·처리함에 있어서 국가권력의 방해를 받지 아니한다는 것을 말하며, 청구권적 성질은 의사형성이나 여론형성에 필요한 정보를 적극적으로 수집할 권리 등을 의미한다. 정보공개청구권은 정부나 공공기관이 보유하고 있는 정보에 대하여 정당한 이해관계가 있는 자가 그 공개를 요구할 수 있는 권리이며, 알 권리의 당연한 내용으로서 알권리의 청구권적 성질과 밀접하게 관련되어 있고 헌법 제21조에 의하여 직접 보장된다(헌재 2021.5.27. 2019헌바224).

14
정답 ②

ㄱ. [×] 청구인들은 이 사건 자가격리자 신청기한 제한이나 이 사건 확진환자 응시금지가 코로나19에 감염된 응시자들로 하여금 그 감염사실을 숨기고 시험에 응시하도록 유도하므로 청구인들의 **건강권과 생명권을 침해한다고 주장한다. 그러나 이는 이 사건 응시제한을 의도적으로 위반한 자의 행위로 인한 것이지 이 사건 자가격리자 신청기한 제한과 이 사건 확진환자 응시금지의 직접적인 효과라고 보기 어렵다.** 따라서 청구인들의 이 부분 주장은 더 나아가 판단하지 아니한다(헌재 2023.2.23. 2020헌마1736).

ㄴ. [×] 청구인들은 이 사건 응시제한이 확진환자와 자가격리자의 응시를 허용한 대학수학능력시험 응시자와 비교하여 청구인들을 차별한다고 주장하나, 이 사건 변호사시험과 2021학년도 대학수학능력시험은 그 응시 목적, 응시자 수, 응시 장소 및 방법 등이 서로 다르므로 **방역조치의 차별이 문제되는 비교집단이라고 보기 어렵다. 따라서 이와 관련한 청구인들의 주장은 판단하지 아니한다**(헌재 2023.2.23. 2020헌마1736).

ㄷ. [O] 이 사건 응시제한은 확진환자 등의 응시를 제한함으로써 감염병의 확산을 방지하여 공중보건을 확보하고, 이를 통해 피청구인이 주관하는 이 사건 변호사시험을 적절히 운영·관리하기 위한 것으로서 목적의 정당성이 인정된다. 이 사건 응시제한을 통해 확진환자나 감염병의심자의 다른 응시자나 감독관 등과의 접촉을 사전에 차단함으로써 감염병의 전파 가능성을 낮추고 시험의 안정적인 운영 및 관리에 기여할 수 있으므로, **수단의 적합성도 인정된다.**
시험장 개수가 확대됨으로써 응시자들이 분산되고, 시험장 내에서 마스크를 착용하게 함으로써 비말이 전파될 가능성을 최소화할 수 있으며, 자가격리자나 유증상자는 별도의 장소에

서 시험에 응시하도록 하는 등 시험장에서의 감염위험을 예방하기 위한 각종 장치가 마련된 사정을 고려할 때, 피청구인으로서는 응시자들의 응시 제한을 최소화하는 방법을 택하여야 할 것이다. 감염병의 유행은 일률적이고 광범위한 기본권 제한을 허용하는 면죄부가 될 수 없고, 감염병의 확산으로 인하여 의료자원이 부족할 수도 있다는 막연한 우려를 이유로 확진환자 등의 응시를 일률적으로 금지하는 것은 청구인들의 기본권을 과도하게 제한한 것이라고 볼 수밖에 없다. 이러한 측면에서 보더라도 이 사건 응시제한은 피해의 최소성을 충족하지 못한다. 확진환자가 시험장 이외에 의료기관이나 생활치료센터 등 입원치료를 받거나 격리 중인 곳에서 시험을 치를 수 있도록 한다면 감염병 확산 방지라는 목적을 동일하게 달성하면서도 확진환자의 시험 응시 기회를 보장할 수 있다. 따라서 이 사건 알림 중 코로나19 확진환자의 시험 응시를 금지한 부분은 청구인들의 직업선택의 자유를 침해한다(헌재 2023.2.23. 2020헌마1736).

ㄹ. [O] 이 사건 공고 및 이 사건 알림 중 자가격리자의 사전 신청 마감 기한을 '2021.1.3.(일) 18:00'까지로 제한한 부분은 청구인들의 직업선택의 자유를 침해한다(헌재 2023.2.23. 2020헌마1736).

ㅁ. [×] 문제의 선지는 별개의견이었다.
재판관 이선애의 별개의견: 변호사시험의 공고에 필요한 사항, 응시자격 및 응시 결격사유, 응시 제한사유 등에 관하여 정하고 있는 변호사시험법 등 관련 법령의 내용을 고려할 때, 피청구인은 변호사시험의 실시를 공고하면서 법률에서 규정한 응시자격을 구체화하거나 기타 변호사 업무와 관련된 자격을 정할 수는 있다고 하더라도, 그밖에 변호사 업무능력의 검정과 관련성이 없는 전혀 새로운 응시자격이나 결격사유를 창설할 권한을 위임받았다고 볼 수 없다. 또한 감염병예방법 관련 규정은 확진환자나 자가격리자의 입원, 격리나 이동 제한 등에 관한 강제처분을 정하고 있을 뿐, 시험 응시제한과 같이 전혀 새로운 기본권 제한을 초래하는 처분을 예정하고 있지 않다. 결국, 피청구인이 확진환자 등의 응시를 일률적으로 제한할 법률상 근거를 찾아볼 수 없고, 이러한 추가적인 응시결격사유의 창설은 변호사시험법상 응시자격 및 응시결격사유를 열거한 내용에 반하는 것이다. 따라서 피청구인이 한 응시제한은 법률상 근거 없이 기본권을 제한하므로 법률유보원칙에 위배되어 청구인들의 직업선택의 자유를 침해한다(헌재 2023.2.23. 2020헌마1736).

15
정답 ①

❶ [×] 청구인 오○○를 제외한 청구인들은 군사교육소집기간만큼 연장된 복무기간 동안 전공의 또는 전임의 수련을 하지 못하는 직업의 자유 침해도 주장한다. 그런데 **헌법 제15조가 보장하는 직장선택의 자유는 개인이 선택한 직업분야에서 구체적인 취업기회를 가질 수 있도록 하는 것이지 원하는 직장을 제공하여 줄 것을 청구할 권리를 보장하는 것은 아니다**(헌재 2020.9.24. 2019헌마472).

② [O] 심판대상조항에 의하여 폐기물처리업자가 제한받게 되는 사익의 정도가 매우 중대하다고 보기 어려운 반면, 심판대상조항에 의하여 달성되는 환경보전과 국민건강 보호라는 공익은

그보다 더 크다고 할 것이므로, 심판대상조항은 법익의 균형성도 갖추었다(헌재 2023.2.23. 2020헌바504).

③ [O] 심판대상조항은 정기검사 기준에 부적합한 제품의 인증만을 취소하도록 할 뿐 해당 제품의 제조업자가 다른 수도용 제품을 인증 받아 제조·판매하는 데에는 아무런 제한을 두지 않는 등, 직업수행의 자유의 제한을 입법목적 달성에 필요한 범위 내에서 최소화하고 있다. 따라서 심판대상조항은 과잉금지원칙에 위배되어 물에 접촉하는 수도용 제품 제조업자의 직업수행의 자유를 침해하지 아니한다(헌재 2023.2.23. 2021헌바179).

④ [O] 다른 전문자격사에 대해서도 이와 유사한 교육이 의무화되어 있는 사정, 교육에 소요되는 시간이나 이수의 편의성 등을 고려하면 심판대상조항이 행정사에게만 과도한 기준을 설정하였다고 볼 수 없다. 따라서 심판대상조항은 과잉금지원칙에 위배되어 청구인의 직업의 자유를 침해하지 않는다(헌재 2023.3.23. 2021헌마50).

16   정답 ①

ㄱ. [X] 법정당원수 조항은 과잉금지원칙을 위반하여 각 시·도당창당준비위원회의 대표자들의 정당조직의 자유와 정당활동의 자유를 포함한 정당의 자유를 침해하지 아니한다(헌재 2022.11.24. 2019헌마445).

ㄴ. [X] 정당등록제도는 정당제도의 법적 안정성과 확실성을 확보하기 위하여 정당임을 자처하는 정치적 결사가 일정한 법률상의 요건을 갖추어 관할 행정기관에 등록을 신청하고, 이 요건이 충족된 경우 정당등록부에 등록하여 비로소 그 결사가 정당임을 법적으로 확인시켜 주는 제도이다(헌재 2023.2.23. 2020헌마275).

ㄷ. [X] 헌법 제8조가 정당설립의 자유와 복수정당제를 보장하고 있으므로, 정당등록제도는 정당법상의 정당임을 법적으로 확인하는 것을 넘어 정당의 이념적 목적이나 지향성 등을 이유로 정당의 등록 여부를 결정하는 제도로는 볼 수 없다. 정당법 제15조도 "등록신청을 받은 관할 선거관리위원회는 형식적 요건을 구비하는 한 이를 거부하지 못한다."고 규정하여, 정당이 정당법에 정한 형식적 요건을 구비한 경우 피청구인은 이를 반드시 수리하도록 하고, 정당법에 명시된 요건이 아닌 다른 사유로 정당등록신청을 거부하는 등으로 정당설립의 자유를 제한할 수 없도록 하고 있다(헌재 2023.2.23. 2020헌마275).

ㄹ. [O] 정당 관련 헌법과 법률의 규정과 정당의 중요성을 참작하여 볼 때, 한편으로 입법자는 정당조직의 자유, 정당활동의 자유를 내용으로 하는 정당의 자유를 최대한 보장하는 방향으로 입법하여야 하고, 또 다른 한편에서 헌법재판소는 정당조직의 자유, 정당활동의 자유를 내용으로 하는 정당의 자유를 제한하는 법률의 합헌성을 심사할 때에 헌법 제37조 제2항의 과잉금지원칙에 따라 심사를 하여야 한다(헌재 2023.2.23. 2020헌마275).

ㅁ. [O] 헌법은 정당제 민주주의를 채택하여 정당설립의 자유와 국가의 보호를 규정함으로써(제8조 제1항, 제3항) 정당활동의 자유, 정당조직의 자유를 포함한 정당의 자유를 광범위하게 보장하고 있다. 헌법 제8조 제1항이 명시하는 정당설립의 자유

는, 설립할 정당의 조직형태를 어떠한 내용으로 할 것인가에 관한 정당조직 선택의 자유 및 그와 같이 선택된 조직을 결성할 자유를 포괄하는 '정당조직의 자유'를 포함한다(헌재 2023.2.23. 2020헌마275).

17   정답 ②

ㄱ. [X] 법인 아닌 사단·재단이라고 하더라도 대표자의 정함이 있고 독립된 사회적 조직체로서 활동하는 때에는 성질상 법인이 누릴 수 있는 기본권을 침해당하게 되면 그의 이름으로 헌법소원심판을 청구할 수 있다(헌재 1991.6.3. 90헌마56).

ㄴ. [X] 우리 헌법은 법인 내지 단체의 기본권 향유능력에 대하여 명문의 규정을 두고 있지는 않지만 본래 자연인에게 적용되는 기본권이라도 그 성질상 법인이 누릴 수 있는 기본권은 법인에게도 적용된다(헌재 1991.6.3. 90헌마56). … 법인도 법인의 목적과 사회적 기능에 비추어 볼 때 그 성질에 반하지 않는 범위 내에서 인격권의 한 내용인 사회적 신용이나 명예 등의 주체가 될 수 있고 법인이 이러한 사회적 신용이나 명예 유지 내지 법인격의 자유로운 발현을 위하여 의사결정이나 행동을 어떻게 할 것인지를 자율적으로 결정하는 것도 법인의 인격권의 한 내용을 이룬다고 할 것이다. 그렇다면 이 사건 심판대상조항은 방송사업자의 의사에 반한 사과행위를 강제함으로써 방송사업자의 인격권을 제한하는바, 이러한 제한이 그 목적과 방법 등에 있어서 헌법 제37조 제2항에 의한 헌법적 한계 내의 것인지 살펴본다(헌재 2012.8.23. 2009헌가27).

ㄷ. [O] 법인 아닌 사단·재단이라고 하더라도 대표자의 정함이 있고 독립된 사회적 조직체로서 활동하는 때에는 성질상 법인이 누릴 수 있는 기본권을 침해당하게 되면 그의 이름으로 헌법소원심판을 청구할 수 있다(헌재 1991.6.3. 90헌마56).

ㄹ. [X] 국가 및 그 기관 또는 조직의 일부나 공법인은 원칙적으로는 기본권의 '수범자'로서 기본권의 주체가 되지 못하고, 다만 국민의 기본권을 보호 내지 실현하여야 할 책임과 의무를 지니는 데 그칠 뿐이므로, 공직자가 국가기관의 지위에서 순수한 직무상의 권한 행사와 관련하여 기본권 침해를 주장하는 경우에는 기본권의 주체성을 인정하기 어려우나, 그 외의 사적인 영역에 있어서는 기본권의 주체가 될 수 있다. 청구인은 선출직공무원인 하남시장으로서 주민소환투표가 발의된 경우 주민소환 투표대상자의 권한을 정지시키는 이 사건 법률조항으로 인하여 공무담임권 등이 침해된다고 주장하여, 순수하게 직무상의 권한 행사와 관련된 것이라기보다는 공직의 상실이라는 개인적인 불이익과 연관된 공무담임권을 다투고 있으므로, 기본권의 주체성이 인정된다(헌재 2009.3.26. 2007헌마843).

ㅁ. [O] 기본권의 보장에 관한 각 헌법규정의 해석상 국민(또는 국민과 유사한 지위에 있는 외국인과 사법인)만이 기본권의 주체라 할 것이고, 국가나 국가기관 또는 국가조직의 일부나 공법인은 기본권의 '수범자'이지 기본권의 주체로서 그 '소지자'가 아니고 오히려 국민의 기본권을 보호 내지 실현해야 할 책임과 의무를 지니고 있는 지위에 있을 뿐이므로, 공법인인 지방자치단체의 의결기관인 청구인 의회는 기본권의 주체가 될 수 없고 따라서 헌법소원을 제기할 수 있는 적격이 없다(헌재 1998.3.26. 96헌마345).

❶ [×] 청구인들은 본안 심판대상조항들이 근로의 권리를 침해한다고 주장하나, 근로의 권리를 구체화한 근로기준법이나 산업안전보건법 등 법령은 외국인근로자에게도 모두 적용되고, 사용자가 의무를 위반한 경우 외국인근로자가 그에 따른 법정 구제절차를 이용하는 데 아무런 제한이 없다. 나아가 헌법상 근로의 권리에, 열악한 근로환경을 갖춘 사업장을 이탈하여 다른 사업장으로 이직함으로써 사적(私的)으로 근로환경을 개선하거나 해결하는 방법을 보장하는 것까지 포함된다고 볼 수는 없다. 따라서 본안 심판대상조항들은 근로의 권리를 제한하지 않는다(헌재 2021.12.23. 2020헌마395).

② [O] 청구인들은 본안 심판대상조항들이 근로의 권리를 침해한다고 주장하나, 근로의 권리를 구체화한 근로기준법이나 산업안전보건법 등 법령은 외국인근로자에게도 모두 적용되고, 사용자가 의무를 위반한 경우 외국인근로자가 그에 따른 법정 구제절차를 이용하는 데 아무런 제한이 없다. 나아가 헌법상 근로의 권리에, 열악한 근로환경을 갖춘 사업장을 이탈하여 다른 사업장으로 이직함으로써 사적(私的)으로 근로환경을 개선하거나 해결하는 방법을 보장하는 것까지 포함된다고 볼 수는 없다. 따라서 본안 심판대상조항들은 근로의 권리를 제한하지 않는다(헌재 2021.12.23. 2020헌마395).

③ [O] 직장 변경을 제한하거나 특정한 직장에서 계속 근로를 강제하는 것이 곧바로 신체의 안전성을 침해한다거나 신체의 자유로운 이동과 활동을 제한하는 것이라고 볼 수는 없다. 또한 청구인들은 본안 심판대상조항들의 사업장 변경 제한이 법률과 적법한 절차에 따르지 않은 것이라 볼 만한 주장도 하지 않고 있다. 따라서 본안 심판대상조항들은 신체의 자유를 제한하지 아니한다(헌재 2021.12.23. 2020헌마395).

④ [O] 이 사건 사유제한조항 및 이 사건 고시조항은 외국인근로자의 사업장 변경 사유를 제한하고 있는바, 이로 인하여 외국인근로자는 일단 형성된 근로관계를 포기하고 직장을 이탈하는 데 있어 제한을 받게 되므로 이는 직업선택의 자유 중 직장선택의 자유를 제한하고 있다(헌재 2021.12.23. 2020헌마395).

❶ [O] 국내거주 재외국민은 주민등록을 할 수 없을 뿐이지 '국민인 주민'이라는 점에서는 '주민등록이 되어 있는 국민인 주민'과 실질적으로 동일하므로 지방선거 선거권 부여에 있어 양자에 대한 차별을 정당화할 어떠한 사유도 존재하지 않으며, 또한 헌법상의 권리인 국내거주 재외국민의 선거권이 법률상의 권리에 불과한 '영주의 체류자격 취득일로부터 3년이 경과한 19세 이상의 외국인'의 지방선거 선거권에 못 미치는 부당한 결과가 초래되고 있다는 점에서, 국내거주 재외국민에 대해 그 체류기간을 불문하고 지방선거 선거권을 전면적·획일적으로 박탈하는 위 규정들은 국내거주 재외국민의 평등권과 지방의회 의원선거권을 침해한다(헌재 2007.6.28. 2004헌마644).

② [×] 지역구국회의원은 국민의 대표임과 동시에 소속지역구의 이해관계를 대변하는 역할을 하고 있으므로, 전국을 단위로 선거를 실시하는 대통령선거와 비례대표국회의원선거에 투표하기 위해서는 국민이라는 자격만으로 충분한 데 반해, 특정한 지역구의 국회의원선거에 투표하기 위해서는 '해당 지역과의 관련성'이 인정되어야 한다. 따라서 주민등록과 국내거소신고를 기준으로 지역구국회의원선거권을 인정하는 것은 해당 국민의 지역적 관련성을 확인하는 합리적인 방법이므로, 위 조항들이 재외선거인에게 임기만료지역구국회의원선거권을 인정하지 않은 것이 재외선거인의 선거권을 침해하거나 보통선거원칙에 위배된다고 볼 수 없다(헌재 2014.7.24. 2009헌마256).

③ [×] 위 조항은 공동체 구성원으로서 기본적 의무를 저버린 수형자에 대하여 사회적·형사적 제재를 부과하고, 수형자와 일반 국민의 준법의식을 제고하기 위한 것이다. 법원의 양형관행을 고려할 때 1년 이상의 징역형을 선고받은 사람은 공동체에 상당한 위해를 가하였다는 점이 재판과정에서 인정된 자이므로, 이들에 한해서는 사회적·형사적 제재를 가하고 준법의식을 제고할 필요가 있다. 위 조항에 따른 선거권 제한 기간은 각 수형자의 형의 집행이 종료될 때까지이므로, 형사책임의 경중과 선거권 제한 기간은 비례하게 된다. 위 조항이 과실범, 고의범 등 범죄의 종류를 불문하고, 침해된 법익의 내용을 불문하며, 형 집행 중에 이뤄지는 재량적 행정처분인 가석방 여부를 고려하지 않고 선거권을 제한한다고 하여 불필요한 제한을 부과한다고 할 수 없다. 1년 이상의 징역형을 선고받은 사람의 선거권을 제한함으로써 형사적·사회적 제재를 부과하고 준법의식을 강화한다는 공익이, 형 집행기간 동안 선거권을 행사하지 못하는 수형자 개인의 불이익보다 작다고 할 수 없다. 따라서 위 조항은 과잉금지원칙을 위반하여 청구인의 선거권을 침해하지 아니한다(헌재 2017.5.25. 2016헌마292).

④ [×] 헌법 제72조의 중요정책 국민투표와 헌법 제130조의 헌법개정안 국민투표는 대의기관인 국회와 대통령의 의사결정에 대한 국민의 승인절차에 해당한다. 대의기관의 선출주체가 곧 대의기관의 의사결정에 대한 승인주체가 되는 것은 당연한 논리적 귀결이다. 재외선거인은 대의기관을 선출할 권리가 있는 국민으로서 대의기관의 의사결정에 대해 승인할 권리가 있으므로, 국민투표권자에는 재외선거인이 포함된다고 보아야 한다. 또한, 국민투표는 선거와 달리 국민이 직접 국가의 정치에 참여하는 절차이므로, **국민투표권은 대한민국 국민의 자격이 있는 사람에게 반드시 인정되어야 하는 권리이다.** 이처럼 국민의 본질적 지위에서 도출되는 국민투표권을 추상적 위험 내지 선거기술상의 사유로 배제하는 것은 헌법이 부여한 참정권을 사실상 박탈한 것과 다름없다. 따라서 **위 조항은 재외선거인의 국민투표권을 침해한다**(헌재 2014.7.24. 2009헌마256).

① [O] 이 사건 당일 종료된 이 사건 검사의 접견불허행위에 대하여 청구인이 형사소송법 제417조에 따라 그 취소를 구하는 준항고를 제기할 경우 법원이 법률상 이익이 결여되었다고 볼 것인지 아니면 실체 판단에 나아갈 것인지가 객관적으로 불확실하여 청구인으로 하여금 전심절차를 이행할 것을 기대하기 어려우므로, 청구인의 위 접견불허행위에 대한 심판청구에 대해서는 보충성원칙의 예외가 인정된다(헌재 2019.2.28. 2015헌마1204).

② [O] 피의자신문 중 변호인 등의 접견신청이 있는 경우에는 앞서 본 바와 같이 검사 또는 사법경찰관이 그 허가 여부를 결정하여야 하므로, 피의자를 수사기관으로 호송한 교도관에게 이를 허가하거나 제한할 권한은 인정되지 않는다고 할 것이다. 결국 이 사건에 있어서 피청구인 교도관에게 청구인과 피의자 윤O현의 접견 허가 여부를 결정할 권한이 있었다고 볼 수 없으므로, 이 사건 교도관의 접견불허행위는 헌법재판소법 제68조 제1항에서 헌법소원의 대상으로 삼고 있는 '공권력의 행사'에 해당하지 아니한다(헌재 2019.2.28. 2015헌마1204).

③ [O] 수용자에 대한 접견신청이 있는 경우 이는 수용자의 처우에 관한 사항이므로 그 장소가 교도관의 수용자 계호 및 통제가 요구되는 공간이라면 교도소장·구치소장 또는 그 위임을 받은 교도관이 그 허가 여부를 결정하는 것이 원칙이라 할 것이다. 그런데 형사소송법 제34조는 변호인의 접견교통권과 '변호인이 되려는 자'의 접견교통권에 차이를 두지 않고 함께 규정하고 있으므로, '변호인이 되려는 자'가 피의자신문 중에 형사소송법 제34조에 따라 접견신청을 한 경우에도 그 허가 여부를 결정할 주체는 검사 또는 사법경찰관이라고 보아야 할 것이고, 그러한 해석이 형사소송법 제243조의2 제1항의 내용에도 부합한다(헌재 2019.2.28. 2015헌마1204).

❹ [×] 형집행법 제41조 제4항의 위임을 받은 이 사건 접견시간 조항은 수용자의 접견을 '국가공무원 복무규정'에 따른 근무시간 내로 한정함으로써 피의자와 변호인 등의 접견교통을 제한하고 있으나, 앞서 본 바와 같이 위 조항은 교도소장·구치소장이 그 허가 여부를 결정하는 변호인 등의 접견신청의 경우에 적용되는 것으로서, 검사 또는 사법경찰관이 그 허가 여부를 결정하는 피의자신문 중 변호인 등의 접견신청의 경우에는 적용되지 않으므로, 위 조항을 근거로 변호인 등의 접견신청을 불허하거나 제한할 수는 없다고 할 것이다. 따라서 이 사건 검사의 접견불허행위는 헌법이나 법률의 근거 없이 이루어졌다고 할 것이다(헌재 2019.2.28. 2015헌마1204).

01	④	02	④	03	②	04	①	05	④
06	②	07	①	08	②	09	①	10	④
11	②	12	②	13	③	14	③	15	④
16	②	17	②	18	③	19	①	20	③

01
정답 ④

① [×] 헌법 전문으로부터 국민의 주관적 권리와 의무는 도출되지 않으나, 헌법 전문으로부터 헌법의 원리는 도출되고 국가가 이 원리를 준수하거나 실현할 의무를 지므로 국가의 의무는 도출된다.

② [×] 국민주권원리 등은 우리나라 헌법의 연혁적·이념적 기초로서 헌법이나 법률해석에서의 해석기준으로 작용한다고 할 수 있지만 그에 기하여 곧바로 국민의 개별적 기본권성을 도출해내기는 어려우며, 헌법 전문에 기재된 대한민국 임시정부의 법통을 계승하는 부분에 위배된다는 점이 청구인들의 법적 지위에 현실적이고 구체적인 영향을 미친다고 볼 수도 없다. 건국 60년 기념사업 추진행위에 의해 청구인들이 내심의 동요와 혼란을 겪었을지라도 이로써 헌법상 보호되는 명예권이나 행복추구권의 침해가능성 및 법적 관련성이 인정되지 아니한다(헌재 2008.11.27. 2008헌마517).

③ [×] 📋 헌법의 전문과 일반법령의 공포문과의 비교

구분	헌법의 전문	법령의 공포문
의의	제정권자의 근본적인 결단	공포기관에서 붙인 것
본문과의 관계	헌법의 일부	법령의 일부가 아님.
규범적 효력	○	×
위치	표제와 본문 사이	법령의 표제 앞

❹ [○] 헌법 전문은 '… 1948년 7월 12일에 제정되고 8차에 걸쳐 개정된 헌법을 이제 국회의 의결을 거쳐 국민투표에 의하여 개정한다'고 규정하여 헌법개정권자가 국민임을 밝히고 있다.

02
정답 ④

① [○] 이 사건 CCTV 설치행위는 교도관의 육안에 의한 시선계호를 CCTV 장비에 의한 시선계호로 대체한 것에 불과하므로, 이 사건 CCTV 설치행위에 대한 특별한 법적 근거가 없더라도 일반적인 계호활동을 허용하는 법률규정에 의하여 허용된다고 보아야 한다. CCTV는 교도관의 시선에 의한 감시를 대신하는 기술적 장비에 불과하므로, 교도관의 시선에 의한 감시가 허용되는 이상 CCTV에 의한 감시 역시 가능하다고 할 것이다(헌재 2008.5.29. 2005헌마137등).

② [○] **경찰청장이 2009.6.3. 경찰버스들로 서울특별시 서울광장을 둘러싸 통행을 제지한 행위**(헌재 2011.6.30. 2009헌마406)
• 헌법재판소의 법정의견은 과잉금지원칙에 위배되어 일반행동의 자유를 침해했다고 보았다.
• 보충의견: 경찰관직무집행법 제2조 제7호의 일반 수권조항(기타 공공의 안녕과 질서 유지)은 국민의 기본권을 구체적으로 제한 또는 박탈하는 행위의 근거조항으로 삼을 수는 없으므로 위 조항 역시 이 사건 통행제지행위 발동의 법률적 근거가 된다고 할 수 없다. 법률에 근거가 없으므로 법률유보원칙에도 위배된다.
• 반대의견: 경찰 임무의 하나로서 '기타 공공의 안녕과 질서 유지'를 규정한 경찰법 제3조 및 경찰관 직무집행법 제2조는 일반적 수권조항으로서 경찰권 발동의 법적 근거가 될 수 있다고 할 것이므로, 위 조항들에 근거한 이 사건 통행제지행위는 법률유보원칙에 위배된 것이라고 할 수 없다.

③ [○] 교육부장관이 관할 교육감에게, 갑 지방의회가 의결한 학생인권조례안에 대하여 재의요구를 하도록 요청하였으나 교육감이 이를 거절하고 학생인권조례를 공포하자, 조례안 의결에 대한 효력 배제를 구하는 소를 제기한 사안에서, 위 조례안은 전체적으로 헌법과 법률의 테두리 안에서 이미 관련 법령에 의하여 인정되는 학생의 권리를 열거하여 그와 같은 권리가 학생에게 보장되는 것임을 확인하고 학교생활과 학교 교육과정에서 학생의 인권 보호가 실현될 수 있도록 내용을 구체화하고 있는 데 불과할 뿐, 법령에 의하여 인정되지 아니하였던 새로운 권리를 학생에게 부여하거나 학교운영자나 학교의 장, 교사 등에게 새로운 의무를 부과하고 있는 것이 아니고, 정규교과 시간 외 교육활동의 강요 금지, 학생인권 교육의 실시 등의 규정 역시 교육의 주체인 학교의 장이나 교사에게 학생의 인권이 학교 교육과정에서 존중되어야 함을 강조하고 그에 필요한 조치를 권고하고 있는 데 지나지 아니하여, 그 규정들이 교사나 학생의 권리를 새롭게 제한하는 것이라고 볼 수 없으므로, 국민의 기본권이나 주민의 권리 제한에서 요구되는 법률유보원칙에 위배된다고 할 수 없고, 내용이 법령의

규정과 모순·저촉되어 법률우위원칙에 어긋난다고 볼 수 없다(대판 2015.5.14. 2013추98).

❹ [×] 집회·시위 현장에서는 무기나 최루탄 등보다 살수차가 집회 등 해산용으로 더 빈번하게 사용되고 있다. 한편, 신체의 자유는 다른 기본권 행사의 전제가 되는 핵심적 기본권이고, 집회의 자유는 인격 발현에 기여하는 기본권이자 표현의 자유와 함께 대의 민주주의 실현의 기본 요소다. 집회나 시위 해산을 위한 살수차 사용은 이처럼 중요한 기본권에 대한 중대한 제한이므로, 살수차 사용요건이나 기준은 법률에 근거를 두어야 한다. … 집회나 시위 해산을 위한 살수차 사용은 집회의 자유 및 신체의 자유에 대한 중대한 제한을 초래하므로 살수차 사용요건이나 기준은 법률에 근거를 두어야 하고, 살수차와 같은 위해성 경찰장비는 본래의 사용방법에 따라 지정된 용도로 사용되어야 하며 다른 용도나 방법으로 사용하기 위해서는 반드시 법령에 근거가 있어야 한다. 혼합살수방법은 법령에 열거되지 않은 새로운 위해성 경찰장비에 해당하고 이 사건 지침에 혼합살수의 근거 규정을 둘 수 있도록 위임하고 있는 법령이 없으므로, 이 사건 지침은 법률유보원칙에 위배되고 이 사건 지침만을 근거로 한 이 사건 혼합살수행위 역시 법률유보원칙에 위배된다. 따라서 이 사건 혼합살수행위는 청구인들의 신체의 자유와 집회의 자유를 침해한다(헌재 2018.5.31. 2015헌마476).

03 　　　　　　　　　　　　　　　　　　정답 ②

① [×] 청구인들이 이 사건 주택특별공급을 신청할 수 있는 지위에 있었다고 하더라도 이는 그 자체로 어떠한 확정적인 권리를 취득한 것이 아니라, 이 사건 주택특별공급에 당첨될 수 있을 것이라는 단순한 기대이익을 가진 것에 불과하므로, 심판대상조항이 청구인들의 재산권을 침해할 가능성은 인정되지 않는다(헌재 2022.12.22. 2021헌마902).

❷ [O] 택시운송사업자의 영리 획득의 기회나 사업 영위를 위한 사실적·법적 여건은 헌법상 보장되는 재산권에 속하지 아니한다. 따라서 일반택시운송사업에서 운전업무에 종사하는 근로자의 최저임금에 산입되는 임금의 범위는 생산고에 따른 임금을 제외한 대통령령으로 정하는 임금으로 하도록 한 최저임금법이 택시운송사업자의 재산권을 제한한다고 볼 수 없다(헌재 2023.2.23. 2020헌바1).

③ [×] 육아휴직 급여제도는 고용보험료의 납부를 통하여 육아휴직 급여수급권자도 그 재원의 형성에 일부 기여한다는 점에서 후불임금의 성격도 가미되어 있으므로, 고용보험법상 육아휴직 급여수급권은 경제적 가치가 있는 권리로서 헌법 제23조에 의하여 보장되는 재산권의 성격도 가지고 있다(헌재 2023. 2.23. 2018헌바240).

④ [×] 육아휴직 수급권자가 육아휴직이 끝난 날 이후 12개월 이내에 급여를 신청하는 데 큰 부담이 있다고 보기 어렵고, 신청기간의 제한은 최초의 육아휴직 급여 신청 시에만 적용되어 국면이 한정적이며, 고용보험법 시행령에서 신청기간의 예외 사유도 인정하고 있는 등 그 내용이 현저히 불합리하여 헌법상 용인될 수 있는 재량의 범위를 명백히 벗어났다고 볼 수 없다. 따라서 심판대상조항은 육아휴직 급여수급권자의 인간다운 생활을 할 권리나 재산권을 침해한다고 볼 수 없다(헌재 2023.2.23. 2018헌바240).

04 　　　　　　　　　　　　　　　　　　정답 ①

❶ [×] 공직선거법 제65조 제8항은 점자형 선거공보에 핵심적인 내용을 반드시 포함하도록 규정하고 있는 점, 시각장애인이 선거정보를 획득할 수 있는 다양한 수단들이 존재하는 점 등을 종합적으로 고려하면, 이 사건 선거공보조항이 청구인 김○○의 선거권을 침해한다고 보기 어렵다(헌재 2020.8.28. 2017헌마813).

② [O] 이사건 시청금지행위는 보충역을 병력자원으로 육성하고 병영생활에 적응시키기 위한 군사교육의 일환으로 이루어졌다. 대담·토론회가 이루어진 시각을 고려하면 육군훈련소에서 군사교육을 받고 있는 청구인 윤○○이 이를 시청할 경우 교육훈련에 지장을 초래할 가능성이 높았던 점, 육군훈련소 내 훈련병 생활관에는 텔레비전이 설치되어 있지 않았던 점, 청구인 윤○○은 다른 수단들을 통해서 선거정보를 취득할 수 있었던 점 등을 고려하면, 이 사건 시청금지행위가 청구인 윤○○의 선거권을 침해한다고 볼 수 없다(헌재 2020.8.28. 2017헌마813).

③ [O] 군의 장의 선거에서 예비후보자로서 선거운동을 할 수 있는 기간이 최대 60일이라고 하더라도 그 기간이 지나치게 짧다고 보기 어렵다. 군의 장의 선거에 입후보하고자 하는 사람은 문자메시지, 인터넷 홈페이지 등을 이용하여 상시 선거운동을 할 수도 있다. 따라서 심판대상조항은 청구인의 선거운동의 자유를 침해하지 않는다(헌재 2020.11.26. 2018헌마260).

④ [O] 고등교육법상의 교원으로 임용할 수 없도록 한 것은, 성폭력범죄를 범하는 대상과 형의 종류에 따라 성폭력범죄에 관한 교원으로서의 최소한의 자격기준을 설정하였다고 할 것이므로, 과잉금지원칙에 반하여 청구인의 공무담임권을 침해한다고 할 수 없다(헌재 2020.12.23. 2019헌마502).

05 　　　　　　　　　　　　　　　　　　정답 ④

① [×] 관습헌법은 주권자인 국민에 의하여 유효한 헌법규범으로 인정되는 동안에만 존속하는 것이며, 관습법의 존속요건의 하나인 국민적 합의성이 소멸되면 관습헌법으로서의 법적 효력도 상실하게 된다. 관습헌법의 요건들은 그 성립의 요건일 뿐만 아니라 효력 유지의 요건이다(헌재 2004.10.21. 2004헌마554).

② [×] 관습헌법 변경은 헌법개정에 의해야 하고 헌법개정은 헌법 제130조의 국민투표로 확정된다. 따라서 관습헌법을 변경하는 신행정수도법은 헌법 제130조의 국민투표권을 침해한다는 것이 헌법재판소의 법정의견이다. 다만, 김영일 재판관은 소수의견인 별개의견에서 제72조의 국민투표권을 침해한다는 주장을 하였다(헌재 2004.10.21. 2004헌마554).

③ [×] 관습헌법은 성문헌법과 동일한 효력을 가지므로 헌법개정에 의해서만 개정 될 수 있다. 그러나 관습헌법의 효력상실은 헌법개정뿐만 아니라 국민의 합의의 소멸로도 그 효력은 상실한다(헌재 2004.10.21. 2004헌마554).

❹ [O] 헌법재판소는 관습헌법이 성문헌법과 동일한 효력을 가진다고 할 수 있어 관습헌법은 헌법개정으로 변경할 수 있다(헌재 2004.10.21. 2004헌마554).

06

ㄱ. [O] 자기결정권에는 여성이 그의 존엄한 인격권을 바탕으로 하여 자율적으로 자신의 생활영역을 형성해 나갈 수 있는 권리가 포함되고, 여기에는 임신한 여성이 자신의 신체를 임신상태로 유지하여 출산할 것인지 여부에 대하여 결정할 수 있는 권리가 포함되어 있다(헌재 2019.4.11. 2017헌바127).

ㄴ. [X] 헌법불합치결정을 하였다. 문제의 선지는 단순 위헌결정을 주장했던 소수재판관의 논리였다. 법정의견은 사회경제적 사유가 있는 경우 낙태를 허용해야 한다는 의견이었다(헌재 2019.4.11. 2017헌바127).

ㄷ. [X] 자기낙태죄 조항의 존재와 역할을 간과한 채 임신한 여성의 자기결정권과 태아의 생명권의 직접적인 충돌을 해결해야 하는 사안으로 보는 것은 적절하지 않다(헌재 2019.4.11. 2017헌바127).

ㄹ. [X] 자기낙태죄 조항은 태아의 생명을 보호하기 위한 것으로서, 정당한 입법목적을 달성하기 위한 적합한 수단이다. 자기낙태죄 조항은 입법목적을 달성하기 위하여 필요한 최소한의 정도를 넘어 임신한 여성의 자기결정권을 제한하고 있어 침해의 최소성을 갖추지 못하였고, 태아의 생명 보호라는 공익에 대하여만 일방적이고 절대적인 우위를 부여함으로써 법익균형성의 원칙도 위반하였으므로, 과잉금지원칙을 위반하여 임신한 여성의 자기결정권을 침해한다(헌재 2019.4.11. 2017헌바127).

ㅁ. [O] 자기낙태죄 조항과 동일한 목표를 실현하기 위하여 임신한 여성의 촉탁 또는 승낙을 받아 낙태하게 한 의사를 처벌하는 의사낙태죄 조항도 같은 이유에서 위헌이라고 보아야 한다(헌재 2019.4.11. 2017헌바127).

ㅂ. [O] 생명의 전체적 과정에 대해 법질서가 언제나 동일한 법적 보호 내지 효과를 부여하고 있는 것은 아니다. 따라서 국가가 생명을 보호하는 입법적 조치를 취함에 있어 인간생명의 발달단계에 따라 그 보호정도나 보호수단을 달리하는 것은 불가능하지 않다(헌재 2019.4.11. 2017헌바127).

07

❶ [X] 이 사건 정당가입 금지조항이 초·중등학교 교원에 대해서는 정당가입의 자유를 금지하면서 대학의 교원에게 이를 허용한다 하더라도, 이는 기초적인 지식전달, 연구기능 등 양자 간 직무의 본질과 내용, 근무 태양이 다른 점을 고려한 합리적인 차별이므로 평등원칙에 위배되지 않는다.'는 것이다. 위 선례의 판단을 변경할 만한 사정 변경이나 필요성이 인정되지 않고 위 선례의 취지는 이 사건에서도 그대로 타당하므로, 위 선례의 견해를 그대로 유지하기로 한다(헌재 2020.4.23. 2018헌마551).

② [O] 정치단체의 가입 등은 헌법이 보장하는 표현의 자유를 집단적 형태로 구현하는 것이다. 헌법 제21조 제1항은 "모든 국민은 언론·출판의 자유와 집회·결사의 자유를 가진다."라고 규정하여, 타인과의 의견교환을 위한 기본권인 표현의 자유, 집회의 자유, 결사의 자유를 함께 국민의 기본권으로 보장하고 있다. 국가공무원법조항 중 '그 밖의 정치단체'에 관한 부분은 이러한 정치적 표현의 자유, 결사의 자유를 제한한다(헌재 2020.4.23. 2018헌마551).

③ [O] 국가공무원법조항 중 '그 밖의 정치단체'에 관한 부분은 어떤 단체에 가입하는가에 관한 집단적 형태의 '표현의 내용'에 근거한 규제이므로, 더욱 규제되는 표현의 개념을 명확하게 규정할 것이 요구된다. 그럼에도 위 조항은 '그 밖의 정치단체'라는 불명확한 개념을 사용하여, 수범자에 대한 위축효과와 법 집행 공무원의 자의적 판단 위험을 야기하고 있다. 위 조항이 명확성원칙에 위배된다(헌재 2020.4.23. 2018헌마551).

④ [O] 재판관 유남석, 이영진, 문형배는 과잉금지원칙에 위배되어 나머지 청구인들의 정치적 표현의 자유, 결사의 자유를 침해하는지 여부에 대하여는 더 나아가 판단하지 않는다고 하여 과잉금지원칙 위반에 대해 판단하지 않았다(헌재 2020.4.23. 2018헌마551).

08

① [X] 이 사건 복수·부전공 가산점은 헌법이 정하고 있는 차별금지사유나 영역에는 해당하지 아니하므로, 평등실현요청에 위배되는지 여부를 심사하기 위한 기준을 설정함에 있어서는 이 사건 복수·부전공 가산점으로 인한 차별이 공직취임에 대한 중대한 제한인지 여부가 문제된다. 그런데 중등교사 임용시험에서 이 사건 복수·부전공 가산점을 받지 못하는 자가 입을 수 있는 불이익은 공직에 진입하는 것 자체에 대한 제약이라는 점에서 당해 기본권에 대한 중대한 제한이므로 이 사건 복수·부전공 가산점규정의 위헌 여부에 대하여는 **엄격한 심사척도**를 적용함이 상당하다(헌재 2006.6.29. 2005헌가13).

❷ [O] 이 사건 법률조항은 교육위원 선거에서 비경력자를 교육경력자에 비하여 차별취급하고 있고, 이로 인하여 비경력자가 다수득표를 하고도 낙선하게 되는 것은 공무담임권에 대한 중대한 제한을 초래하는 것이므로 평등권에 관한 엄격한 기준인 비례성원칙에 따른 심사를 함이 타당하지만, 엄격한 심사기준에 의하여 살펴보더라도 이 사건 법률조항에 의한 차별은 헌법상 보호되는 교육의 자주성·전문성을 보장하기 위한 것으로서 입법목적이 정당하고, 입법목적을 달성하기 위한 적정한 방법으로서 차별취급의 적합성을 갖고 있으며, 차별취급으로 인한 공익과 침해되는 이익 간의 비례성도 있다고 인정되므로, 이 사건 법률조항이 헌법상의 평등원칙에 위배된다고 볼 수 없다(헌재 2003.3.27. 2002헌마573).

③ [X] 병역의무 이행자들에 대한 보수는 병역의무 이행과 교환적 대가관계에 있는 것이 아니라 병역의무 이행의 원활한 수행을 장려하고 병역의무 이행자들의 처우를 개선하여 병역의무 이행에 전념하게 하려는 정책적 목적으로 지급되는 수혜적인 성격의 보상이므로, 병역의무 이행자들에게 어느 정도의 보상을 지급할 것인지는 전체 병력규모와 보충역 복무인원, 복무환경과 처우, 국가의 재정부담 능력, 물가수준의 변화 등을 고려할 수밖에 없어 이를 정할 때에는 상당한 재량이 인정된다. 따라서 그 내용이 **현저히 불합리하지 않은 한 헌법**에 위반된다고 할 수 없다(헌재 2020.9.24. 2017헌마643).

④ [X] 교육시설 중 '고등학교'의 진학이 문제되는바, 교육부의 2018년 교육기본통계에 의하면 2018년도 우리나라 전체 중학교 졸업자의 약 99.7%가 고등학교 과정에 진학하였다. 비록 고

등학교 교육이 의무교육은 아니지만 매우 보편화된 일반교육임을 알 수 있다. 따라서 고등학교 진학 기회의 제한은 대학 등 고등교육기관에 비하여 당사자에게 미치는 제한의 효과가 더욱 크므로 보다 더 엄격히 심사하여야 한다. 따라서 이 사건 중복지원금지조항의 차별목적과 차별의 정도가 비례원칙을 준수하는지 살펴본다(헌재 2019.4.11. 2018헌마221).

09   정답 ①

❶ [×] 서면사과 조치는 내용에 대한 강제 없이 자신의 행동에 대한 반성과 사과의 기회를 제공하는 교육적 조치로 마련된 것이고, 가해학생에게 의견진술 등 적정한 절차적 기회를 제공한 뒤에 학교폭력 사실이 인정되는 것을 전제로 내려지는 조치이며, 이를 불이행하더라도 추가적인 조치나 불이익이 없다. 또한 이러한 서면사과의 교육적 효과는 가해학생에 대한 주의나 경고 또는 권고적인 조치만으로는 달성하기 어렵다. 따라서 이 사건 서면사과조항이 가해학생의 양심의 자유와 인격권을 과도하게 침해한다고 보기 어렵다(헌재 2023.2.23. 2019헌바93).

② [O] 가해학생의 접촉, 협박이나 보복행위를 금지하는 것은 피해학생과 신고·고발한 학생의 안전한 학교생활을 위한 불가결한 조치이다. 이 사건 접촉 등 금지조항은 가해학생의 의도적인 접촉 등만을 금지하고 통상적인 학교 교육활동 과정에서 의도하지 않은 접촉까지 모두 금지하는 것은 아니며, 학교폭력의 지속성과 은닉성, 가해학생의 접촉, 협박 및 보복행위 가능성, 피해학생의 피해 정도 등을 종합적으로 고려하여 이루어지는 것이므로, 가해학생의 일반적 행동자유권을 침해한다고 보기 어렵다[헌재 2023.2.23. 2019헌바93, 254(병합)].

③ [O] 이 사건 서면사과조항은 가해학생에게 자신의 의사나 신념에 반하여 자신의 행동이 잘못되었다는 윤리적 판단의 형성을 강요하고 이를 서면으로 표명할 것을 강제하므로 양심의 자유를 제한한다. 또한, 사과의 의사를 외부에 표명하도록 강제함으로써 인격의 자유로운 발현을 위한 의사결정이나 행동을 자율적으로 결정할 수 있는 자유도 제한하므로, 인격권 제한도 인정된다. 이 사건 접촉 등 금지조항과 이 사건 학급교체조항은 가해학생의 의사에 반하여 피해학생 등에 대한 접촉 등 행위를 금지하고 학급이 교체되도록 하므로, 가해학생의 일반적 행동자유권을 제한한다. 따라서 위 조항들이 과잉금지원칙을 위반하여 가해학생의 양심의 자유, 인격권 및 일반적 행동자유권을 침해하는지 여부를 살펴본다(헌재 2023.2.23. 2019헌바93).

④ [O] 자치위원회의 가해학생에 대한 조치 요청이나 학교장의 조치는 모두 학교폭력 사실이 인정되는 것을 전제로 의무화된 것이고, 의무화 규정 도입 당시 학교 측의 불합리한 처리나 은폐 가능성을 차단하고 학교폭력에 대한 교사와 학교의 책임을 강화하려는 사회적 요청이 있었으며, 가해학생 측에 의견진술 등 적정한 절차가 보장되고, 가해학생 측이 이에 불복하는 경우 민사소송이나 행정소송 등을 통하여 다툴 수 있다는 점 등을 고려하면, 이 사건 의무화 규정이 가해학생의 양심의 자유와 인격권, 일반적 행동자유권을 침해한다고 보기 어렵다(헌재 2023.2.23. 2019헌바93).

10   정답 ④

① [×] 헌법은 제27조 제1항에서 모든 국민에 대해 원칙적으로 일반법원에서 재판을 받을 권리가 있음을 적극적으로 선언하고 있으므로 설사 동조 제2항에서 군사재판을 받을 경우가 예외적으로 허용되고 있다고 하더라도 헌법 제27조 제2항이 '직접적으로' 군인은 어떤 경우에도 일반법원의 재판을 받는 것을 금지하는 것으로 단정하기는 어렵고 따라서 군인 신분취득 전에 범한 '일반형사범죄'에 대한 군사법원의 재판권이 헌법상 당연히 용인되어야 한다고 보기는 어렵다. 그러므로 이에 관한 군사법원법 제2조 제2항 중 제1항 제1호의 '군형법 제1조 제2항의 현역에 복무하는 병' 부분은 헌법 제110조 제3항의 법률유보에 따라 특별법원인 군사법원의 신분적 재판권한의 범위를 현역병이 그 신분취득 전에 범한 죄에 대하여 미치게 하여, 일반법원에서의 재판의 독립에 관한 제규정들이 적용되지 아니하게 됨으로써 현역병인 청구인의 헌법 제27조 제1항의 재판을 받을 권리를 제한하고 있다(헌재 2009.7.30. 2008헌바162).
✎ 다만, 침해는 아니다.

② [×] 구 군형법 제69조 중 '전투용에 공하는 시설'은 '군사목적에 직접 공용되는 시설'로 항상 '군사시설'에 해당한다. 군용물·군사시설에 관한 죄를 병렬적으로 규정하고 있었던 구 헌법 제26조 제2항에서 '군용물'은 명백히 '군사시설'을 포함하지 않는 개념으로 사용된 점, 군사시설에 관한 죄를 범한 민간인에 대한 군사법원의 재판권을 제외하는 것을 명백히 의도한 헌법 개정 경과 등을 종합하면, 군인 또는 군무원이 아닌 국민에 대한 군사법원의 예외적인 재판권을 정한 헌법 제27조 제2항에 규정된 군용물에는 군사시설이 포함되지 않는다. 그렇다면 '군사시설' 중 '전투용에 공하는 시설'을 손괴한 일반 국민이 항상 군사법원에서 재판받도록 하는 이 사건 법률조항은, 비상계엄이 선포된 경우를 제외하고는 '군사시설'에 관한 죄를 범한 군인 또는 군무원이 아닌 일반 국민은 군사법원의 재판을 받지 아니하도록 규정한 헌법 제27조 제2항에 위반되고, 국민이 헌법과 법률이 정한 법관에 의한 재판을 받을 권리를 침해한다(헌재 2013.11.28. 2012헌가10).

③ [×] 군사시설은 삭제되고, 군용물이 들어가야 옳다. 경비계엄이 아니라 비상계엄이다.

> 헌법 제27조 ② 군인 또는 군무원이 아닌 국민은 대한민국의 영역 안에서는 중대한 군사상 기밀·초병·초소·유독음식물공급·포로·군용물에 관한 죄 중 법률이 정한 경우와 비상계엄이 선포된 경우를 제외하고는 군사법원의 재판을 받지 아니한다.

❹ [O] 헌재 2023.8.31. 2020헌바252 사건에서 재판관 4인은 재판청구권과 재산권을 침해한다고 보았고, 다른 재판관 4인은 평등권을 침해한다고 보았다.

11   정답 ②

ㄱ. [O] 재판이라 함은 구체적 사건에 관하여 사실의 확정과 그에 대한 법률의 해석적용을 그 본질적인 내용으로 하는 일련의 과정이다. 따라서 법관에 의한 재판을 받을 권리를 보장한다고

함은 결국 법관이 사실을 확정하고 법률을 해석·적용하는 재판을 받을 권리를 보장한다는 뜻이고, <u>그와 같은 법관에 의한 사실확정과 법률의 해석적용의 기회에 접근하기 어렵도록 제약이나 장벽을 쌓아서는 아니된다고 할 것이며, 만일 그러한 보장이 제대로 이루어지지 아니한다면 헌법상 보장된 재판을 받을 권리의 본질적 내용을 침해하는 것으로서 우리 헌법상 허용되지 아니한다</u>(헌재 1995.9.28. 92헌가11).

ㄴ. [O] 헌법 제27조 제1항의 법관에 의한 재판을 받을 권리란 법관에 의한 사실확정 및 법률적용을 받을 권리를 의미한다. 그런데 대법원은 법률심으로서 사실관계에 대한 판단을 하지 아니한다. 따라서 특허청의 사실확정을 토대로 재판을 할 수밖에 없어, 특허심판위원회의 결정에 대해 대법원에 상고하도록 한 「특허법」제186조는 법관에 의하여 사실확정을 받을 권리를 보장하는 재판청구권 침해이다(헌재 1995.9.28. 92헌가11).

ㄷ. [X] 대한변호사협회징계위원회에서 징계를 받은 변호사는 법무부변호사징계위원회에서의 이의절차를 밟은 후 곧바로 대법원에 즉시항고토록 하고 있는 「변호사법」제81조 제4항 내지 제6항은 행정심판에 불과한 법무부변호사징계위원회의 결정에 대하여 법원의 사실적 측면과 법률적 측면에 대한 심사를 배제하고 대법원으로 하여금 변호사징계사건의 최종심 및 법률심으로서 단지 법률적 측면의 심사만을 할 수 있도록 하고 재판의 전심절차로서만 기능해야 할 법무부변호사징계위원회를 사실확정에 관한 한 사실상 최종심으로 기능하게 하고 있으므로, <u>일체의 법률적 쟁송에 대한 재판기능을 대법원을 최고법원으로 하는 법원에 속하도록 규정하고 있는 헌법 제101조 제1항 및 재판의 전심절차로서 행정심판을 두도록 하는 헌법 제107조 제3항에 위반된다</u>(헌재 2000.6.29. 99헌가9).

ㄹ. [O] 보상액의 산정에 기초되는 사실인정이나 보상액에 관한 판단에서 오류나 불합리성이 발견되는 경우에도 그 시정을 구하는 불복신청을 할 수 없도록 하는 것은 형사보상청구권 및 그 실현을 위한 기본권으로서의 재판청구권의 본질적 내용을 침해하는 것이라 할 것이고, 나아가 법적 안정성만을 지나치게 강조함으로써 재판의 적정성과 정의를 추구하는 사법제도의 본질에 부합하지 아니하는 것이다. 또한, 불복을 허용하더라도 즉시항고는 절차가 신속히 진행될 수 있고 사건수도 과다하지 아니한 데다 그 재판 내용도 비교적 단순하므로 불복을 허용한다고 하여 상급심에 과도한 부담을 줄 가능성은 별로 없다고 할 것이어서, 이 사건 <u>불복금지조항은 형사보상청구권 및 재판청구권을 침해한다고 할 것이다</u>(헌재 2010.10.28. 2008헌마514 등).

ㅁ. [X] 구 법관징계법 제27조는 법관에 대한 대법원장의 징계처분 취소청구소송을 대법원에 의한 단심재판에 의하도록 규정하고 있는바, 이는 독립적으로 사법권을 행사하는 법관이라는 지위의 특수성과 법관에 대한 징계절차의 특수성을 감안하여 재판의 신속을 도모하기 위한 것으로 그 합리성을 인정할 수 있고, <u>대법원이 법관에 대한 징계처분 취소청구소송을 단심으로 재판하는 경우에는 사실확정도 대법원의 권한에 속하여 법관에 의한 사실확정의 기회가 박탈되었다고 볼 수 없으므로, 헌법 제27조 제1항의 재판청구권을 침해하지 아니한다</u>(헌재 2012.2.23. 2009헌바34).

12
정답 ②

ㄱ. [X] 소위 남북합의서는 남북관계를 '나라와 나라사이의 관계가 아닌 통일을 지향하는 과정에서 잠정적으로 형성되는 특수관계'임을 전제로 하여 이루어진 합의문서인바, 이는 한민족공동체 내부의 특수관계를 바탕으로 한 당국 간의 합의로서 남북당국의 성의 있는 이행을 상호 약속하는 일종의 공동성명 또는 신사협정에 준하는 성격을 가짐에 불과하다(헌재 1997.1.16. 92헌바6 등).

ㄴ. [O] 조약이란 조약, 협약, 협정, 규약 등 명칭을 불문하고 국제법률관계를 설정하기 위하여 체결한 국제법 주체 상호 간의 문서에 의한 합의를 말하는데, 신사협정은 법적 구속력이 없는 정치협정에 불과하기 때문에 조약에 해당되지 않는다.

ㄷ. [X] 중국과의 합의로 그 연장 여부가 최종적으로 결정된 것으로 볼 수 없는 점에 비추어 헌법적으로 정부가 반드시 공포하여 국내법과 같은 효력을 부여해야 한다고 단정할 수 없다. 따라서 공포에 대한 헌법규정의 위반 여부와는 별도로 청구인들의 정보공개청구가 없었던 이 사건의 경우 이 사건 조항을 사전에 마늘재배농가들에게 공개할 정부의 의무가 존재한다고 볼 특별한 사정이 있다고 보기는 어려우므로 이 사건 부작위에 대한 심판청구는 부적법한 것으로 판단된다(헌재 2004.12.16. 2002헌마579).

ㄹ. [O] 미국산 쇠고기 수입위생조건고시는 조약이 아니라 행정규칙이므로 국회의 동의를 받아야 하는 것은 아니다(헌재 2008.12.26. 2008헌마419).

ㅁ. [X] 외교통상부장관이 2006.1.19. 미합중국 국무장관과 발표한 '동맹 동반자 관계를 위한 전략대화 출범에 관한 공동성명'은 공동성명도 조약도 아니다. 국회동의가 필요 없는 '조약'이라고 해서 틀린 지문이다.

13
정답 ③

① [X] 보안관찰해당범죄는 민주주의체제의 수호와 사회질서의 유지, 국민의 생존 및 자유에 중대한 영향을 미치는 범죄인 점, 보안관찰법은 대상자를 파악하고 재범의 위험성 등 보안관찰처분의 필요성 유무의 판단 자료를 확보하기 위하여 위와 같은 신고의무를 규정하고 있다는 점 등에 비추어 출소 후 신고의무 위반에 대한 제재수단으로 형벌을 택한 것이 과도하거나 법정형이 다른 법률들에 비하여 각별히 과중하다고 볼 수도 없다. 따라서 출소 후 신고조항 및 위반시 처벌조항은 과잉금지원칙을 위반하여 청구인의 사생활의 비밀과 자유 및 개인정보자기결정권을 침해하지 아니한다(헌재 2021.6.24. 2017헌바479).

② [X] 청구인은 심판대상조항이 적법절차원칙, 책임과 형벌간의 비례원칙, 실질적 죄형법정주의에도 위배된다고 주장하나, 이는 심판대상조항이 헌법 제37조 제2항의 과잉금지원칙에 위반된다는 주장과 다름없으므로, 별도로 판단하지 아니한다(헌재 2021.6.24. 2017헌바479).
/ 문제의 선지는 반대의견이다.

❸ [O] 변동신고조항 및 법 제6조 제1항에서 정한 신고의무사항은 대상자에게 재범의 위험성이 있는지 판단하기 위한 정보일 것이므로, 법 제6조 제1항에서 대통령령으로 정하도록 위임한

신고사항에는 대상자의 생활환경, 성행 등을 파악하는 데 필요한 직업, 재산, 가족 및 교우관계 등에 관한 정보도 포함될 것임을 충분히 예측할 수 있다(헌재 2021.6.24. 2017헌바479).

④ [×] 변동신고조항은 출소 후 기존에 신고한 거주예정지 등 정보에 변동이 생기기만 하면 신고의무를 부과하는바, 의무기간의 상한이 정해져 있지 아니하여, 대상자로서는 보안관찰처분을 받은 자가 아님에도 무기한의 신고의무를 부담한다. … 그렇다면 변동신고조항 및 위반시 처벌조항은 대상자에게 보안관찰처분의 개시 여부를 결정하기 위함이라는 공익을 위하여 지나치게 장기간 형사처벌의 부담이 있는 신고의무를 지도록 하므로, 이는 과잉금지원칙을 위반하여 청구인의 사생활의 비밀과 자유 및 개인정보자기결정권을 침해한다(헌재 2021.6.24. 2017헌바479).

14 정답 ③

① [×]
> 형사보상 및 명예회복에 관한 법률 제3조【상속인에 의한 보상청구】① 제2조에 따라 보상을 청구할 수 있는 자가 그 청구를 하지 아니하고 사망하였을 때에는 그 **상속인이 이를 청구할 수 있다.**
> ② 사망한 자에 대하여 재심 또는 비상상고의 절차에서 무죄재판이 있었을 때에는 보상의 청구에 관하여는 사망한 때에 무죄재판이 있었던 것으로 본다.

② [×]
> 형사보상 및 명예회복에 관한 법률 제27조【피의자에 대한 보상】① 피의자로서 구금되었던 자 중 검사로부터 불기소처분을 받거나 사법경찰관으로부터 **불송치결정을 받은 자는** 국가에 대하여 그 구금에 대한 보상을 청구할 수 있다. 다만, 구금된 이후 불기소처분 또는 불송치결정의 사유가 있는 경우나 해당 불기소처분 또는 불송치결정이 종국적(終局的)인 것이 아니거나 형사소송법 제247조에 따른 것일 경우에는 그러하지 아니하다.
> 제28조【피의자보상의 청구 등】③ 피의자보상의 청구는 불기소처분 또는 불송치결정의 고지(告知) 또는 통지를 받은 날부터 3년 이내에 하여야 한다.

❸ [O]
> 형사보상 및 명예회복에 관한 법률 제17조【보상 또는 청구기각의 결정】① 보상의 청구가 이유 있을 때에는 보상결정을 하여야 한다.
> 제20조【불복신청】① 제17조 제1항에 따른 보상결정에 대하여는 1주일 이내에 즉시항고(卽時抗告)를 할 수 있다.

④ [×] 헌법 제28조는 '불기소처분을 받거나 무죄판결을 받은 때' 구금에 대한 형사보상을 청구할 수 있는 권리를 헌법상 기본권으로 명시하고 있다. 헌법상 형사보상청구권은 국가의 형사사법절차에 내재하는 불가피한 위험에 의하여 국민의 신체의 자유에 관하여 피해가 발생한 경우 **형사사법기관의 귀책사유를 따지지 않고** 국가에 대하여 정당한 보상을 청구할 수 있는 권리로서, 실질적으로 국민의 신체의 자유와 밀접하게 관련된 중대한 기본권이다(헌재 2022.2.24. 2018헌마998).
✔ 귀책사유를 요건으로 하는지가 배상과의 차이다.

15 정답 ④

① [×]
> 국가배상법 제10조【배상심의회】③ 본부심의회와 특별심의회와 지구심의회는 **법무부장관의** 지휘를 받아야 한다.

② [×]
> 국가배상법 제15조의2【재심신청】① 지구심의회에서 배상신청이 기각(일부기각된 경우를 포함한다) 또는 각하된 신청인은 결정정본이 송달된 날부터 2주일 이내에 그 심의회를 거쳐 본부심의회나 특별심의회에 재심(再審)을 신청할 수 있다.

③ [×] 국가배상법 제7조는 우리나라만이 입을 수 있는 불이익을 방지하고 국제관계에서 형평을 도모하기 위하여 외국인의 국가배상청구권의 발생요건으로 '외국인이 피해자인 경우에는 해당 국가와 상호보증이 있을 것'을 요구하고 있는데, 해당 국가에서 외국인에 대한 국가배상청구권의 발생요건이 우리나라의 그것과 동일하거나 오히려 관대할 것을 요구하는 것은 지나치게 외국인의 국가배상청구권을 제한하는 결과가 되어 국제적인 교류가 빈번한 오늘날의 현실에 맞지 아니할 뿐만 아니라 외국에서 우리나라 국민에 대한 보호를 거부하게 하는 불합리한 결과를 가져올 수 있는 점을 고려할 때, 우리나라와 외국 사이에 국가배상청구권의 발생요건이 현저히 균형을 상실하지 아니하고 외국에서 정한 요건이 우리나라에서 정한 그것보다 전체로서 과중하지 아니하여 중요한 점에서 실질적으로 거의 차이가 없는 정도라면 국가배상법 제7조가 정하는 상호보증의 요건을 구비하였다고 봄이 타당하다. 그리고 상호보증은 외국의 법령, 판례 및 관례 등에 의하여 발생요건을 비교하여 인정되면 충분하고 반드시 당사국과의 조약이 체결되어 있을 필요는 없으며, 당해 외국에서 구체적으로 우리나라 국민에게 국가배상청구를 인정한 사례가 없더라도 실제로 인정될 것이라고 기대할 수 있는 상태이면 충분하다(대판 2015.6.11. 2013다208388).

❹ [O] 원고는 일본인으로서 피고 소속 공무원의 위법한 직무집행으로 인한 피해에 대하여 국가배상법의 적용을 받으려면 일본에서 우리나라 국가배상법 제7조가 정하는 상호보증이 있어야 하는데, 일본 국가배상법 제1조 제1항은 "국가 또는 공공단체의 공권력을 행사하는 공무원이 그 직무를 행함에 있어서 고의 또는 과실로 위법하게 타인에게 손해를 가한 때에는 국가와 공공단체는 이를 배상할 책임이 있다."고 규정하고, 제6조는 "이 법률은 외국인이 피해자인 경우에는 상호보증이 있을 때에만 이를 적용한다."고 규정함으로써 국가배상청구권의 발생요건 및 상호보증에 관하여 우리나라 국가배상법과 동일한 내용을 규정하고 있으므로, 일본에서의 국가배상청구권의 발생요건이 현저히 균형을 상실하지 아니하고 우리나라 국가배상법이 정한 그것보다 전체로서 과중하지 아니하여 중요한 점에서 실질적으로 거의가 차이가 없다고 할 수 있다. 또한 위 규정에 비추어 보면 우리나라 국민이 일본에서 국가배상청구를 할 경우 그 청구가 인정될 것이 기대될 뿐만 아니라 실제로 일본에서 다수의 판례를 통하여 우리나라 국민에 대한 국가배상청구가 인정되고 있으므로, 우리나라와 일본 사이에 국가배상법 제7조가 정하는 상호보증이 있는 것으로 봄이 타당하다(대판 2015.6.11. 2013다208388).

16 정답 ②

① [O] 공로수당은 4·19혁명공로자의 소득수준의 많고 적음에 상관없이 지급되는 금원으로서, 그 지급취지는 공로수당 하나만으로 기존 공공부조체계상으로 마련된 생계급여를 대체할 정도의 지원을 하겠다는 것이라기보다는, 4·19혁명공로자에 대한 예우의 의미로서 그의 생활을 보조하려는 것이다. 국가유공자법상 제공되는 국가유공자에 대한 보훈혜택과 국민기초생활 보장법, 기초연금법에 따른 사회보장 및 생활보장을 고려하면, 이 사건 시행령조항이 공로수당의 지급금액을 월 31만 1천 원으로 정한 것이 지나치게 과소하여 입법재량의 범위를 일탈하여 청구인들의 인간다운 생활을 할 권리를 침해하였다고 볼 수 없다(헌재 2022.2.24. 2019헌마883).

❷ [×] 이 사건 계획은 대학수학능력시험(이하 '수능'이라 한다)의 개편으로 수능 응시자들이 선택할 수 있는 탐구과목의 조합이 크게 늘어나게 되자, 수능 성적과 아울러 고등학교 교육과정을 충실히 이수하였는지도 입학전형에서 전형요소로 반영하고자 한 것이다.
이 사건 계획에 따르더라도 서울대학교 2023학년도 정시모집 일반전형에서 수학능력시험 성적은 여전히 가장 중요한 전형요소이고, 교과평가를 전형요소로 도입한 것은 서울대학교에 입학하고자 하는 수험생이 해당 모집단위 관련 학문 분야에 필요한 수학능력을 지니고 있는지를 평가할 만한 합리적인 지표를 반영하고자 한 것이어서 그 합리성이 인정되며, <u>2단계 전형에서 수험생 사이의 교과평가 점수 차이는 최대 5점에 그치고, 학생생활기록부가 없는 수험생의 경우 대체서류 등을 통하여 교과평가가 이루어진다는 점을 종합하여 보면, 이 사건 계획이 불합리하다거나 자의적이라고 볼 수 없고, 따라서 청구인들의 균등하게 교육을 받을 권리를 침해하지 않는다</u>(헌재 2022.5.26. 2021헌마527).

③ [O] 이 사건 계획은 고등교육법 제34조의5 제3항, 제4항에 따라 매 입학연도의 전 학년도가 개시되는 날의 10개월 전에 공표된 것이고, 피청구인은 여기에서 한발 더 나아가 이로부터 6개월 전에 미리 인터넷 홈페이지에 이 사건 계획을 예고하기도 하였다. 그리고 이 사건 계획은 매년 새로운 내용이 규정될 수 있는 대학입학전형기본사항에 바탕하여 수립된 것이어서 매년 새로운 내용이 규정될 수 있다는 점은 충분히 예측할 수 있고, 청구인들이 주장하는 신뢰는 원칙적으로 사적 위험부담의 범위에 속하는 것이어서 그 신뢰이익의 보호가치가 크다고 보기 어려운 반면, 이 사건 계획이 추구하는 교실 수업의 질적 개선에 따른 고고교육 내실화라는 공익은 이보다 더 크다고 할 것이다. 따라서 이 사건 계획은 **신뢰보호원칙에 위반되지 않으므로**, 청구인들의 균등하게 교육을 받을 권리를 침해하지 않는다.

④ [O] 현행 대입입시제도 중 수시모집은 대학수학능력시험 점수를 기준으로 획일적으로 학생을 선발하는 것을 지양하고, 각 대학별로 다양한 전형방법을 통하여 대학의 독자적 특성이나 목표 등에 맞추어 다양한 경력과 소질 등이 있는 자를 선발하고자 하는 것이다. 수시모집은 과거 정시모집의 예외로서 그 비중이 그리 크지 않았으나 점차 그 비중이 확대되어, 정시모집과 같거나 오히려 더 큰 비중을 차지하는 입시전형의 형태로 자리 잡고 있다. 이러한 상황에서는 수시모집의 경우라 하더라도 응시자들에게 동등한 입학 기회가 주어질 필요가 있

다. 그런데 이 사건 수시모집요강은 기초생활수급자·차상위계층, 장애인 등을 대상으로 하는 일부 특별전형에만 검정고시 출신자의 지원을 허용하고 있을 뿐 수시모집에서의 검정고시 출신자의 지원을 일률적으로 제한함으로써 실질적으로 검정고시 출신자의 대학입학 기회의 박탈이라는 결과를 초래하고 있다. 수시모집의 학생선발방법이 정시모집과 동일할 수는 없으나, 이는 수시모집에서 응시자의 수학능력이나 그 정도를 평가하는 방법이 정시모집과 다른 것을 의미할 뿐, 수학능력이 있는 자들에게 동등한 기회를 주고 합리적인 선발 기준에 따라 학생을 선발하여야 한다는 점은 정시모집과 다르지 않다. 따라서 수시모집에서 검정고시 출신자에게 수학능력이 있는지 여부를 평가받을 기회를 부여하지 아니하고 이를 박탈한다는 것은 수학능력에 따른 합리적인 차별이라고 보기 어렵다. 피청구인들은 정규 고등학교 학교생활기록부가 있는지 여부, 공교육 정상화, 비교내신 문제 등을 차별의 이유로 제시하고 있으나 이러한 사유가 차별취급에 대한 합리적인 이유가 된다고 보기 어렵다.
그렇다면 이 사건 수시모집요강은 검정고시 출신자인 청구인들을 합리적인 이유 없이 차별함으로써 청구인들의 균등하게 교육을 받을 권리를 침해한다(헌재 2017.12.28. 2016헌마649).

17 정답 ②

① [O] 관세직 국가공무원의 업무상 전문성 강화라는 공익과 함께, 위와 같은 가산점 제도가 1993.12.31. 이후 유지되어 온 점, 자격증 없는 자들의 응시기회 자체가 박탈되거나 제한되는 것이 아닌 점, 가산점 부여를 위해서는 일정한 요건을 갖추도록 하고 있는 점 등을 고려하면 법익균형성도 인정된다(헌재 2023.2.23. 2019헌마401).

❷ [×] 아동·청소년이용음란물소지죄로 형을 선고받아 확정된 자에 대하여 일반직공무원에 임용되는 것을 제한하는 것이 입법목적을 달성하는 데 적합한 수단이라고 하더라도, 범죄의 경중이나 재범의 위험성 등 구체적 사정을 고려하지 아니하고 직무의 종류에 상관없이 일반직공무원에 임용되는 것을 영구적으로 제한하고 있는 심판대상조항은 침해의 최소성에 위반된다(헌재 2023.6.29. 2020헌마1605).

③ [O] 모집인원이 적어 공무원 임용시험에 합격할 가능성이 감소하였다는 것은 **단순히 간접적이고 사실적인 불이익에 불과할 뿐, 공무담임권이나 평등권에 대한 제한에 해당한다고 볼 수 없으므로, 이 사건 인원조항은 청구인의 기본권을 침해할 가능성이 없다**(헌재 2023.2.23. 2019헌마401).

④ [O] 심판대상조항은 아동·청소년과 관련이 없는 직무를 포함하여 모든 일반직공무원에 임용될 수 없도록 하므로, 제한의 범위가 지나치게 넓고 포괄적이다. 또한, 심판대상조항은 영구적으로 임용을 제한하고, 결격사유가 해소될 수 있는 어떠한 가능성도 인정하지 않는다. 그런데 아동·청소년이용음란물소지죄로 형을 선고받은 경우라고 하여도 범죄의 종류, 죄질 등은 다양하므로, 개별 범죄의 비난가능성 및 재범 위험성 등을 고려하여 상당한 기간 동안 임용을 제한하는 덜 침해적인 방법으로도 입법목적을 충분히 달성할 수 있다. 따라서 심판대상조항은 과잉금지원칙에 위배되어 청구인들의 공무담임권

을 침해한다. 다만, 이 조항들의 위헌성을 해소하는 구체적인 방법은 입법자가 논의를 거쳐 결정해야 할 사항이므로 이 조항들에 대하여 헌법불합치 결정을 선고하되 2024.5.31.을 시한으로 입법자가 개정할 때까지 계속 적용을 명하기로 한다 (헌재 2023.6.29. 2020헌마1605).

반대의견(재판관 이은애, 이종석): 사회적 비난가능성이 높은 범죄를 저지른 사람으로 하여금 공무원의 직무를 수행하게 하는 것은 공직에 대한 국민의 신뢰를 손상시키고 원활한 공무수행에 어려움을 초래할 우려가 있다. 아동 · 청소년이용음란물소지죄는 그 자체로 죄질이 불량하고 비난가능성이 높다. 또한, 심판대상조항은 아동 · 청소년 관련 직무 여부를 불문하고, 기간의 제한을 두지 않고 영구적으로 임용을 제한하지만 아동 · 청소년대상 성범죄는 재범 위험성이 높고 시간이 지나도 공무수행을 맡기기에 충분할 만큼 국민의 신뢰가 회복되기 어려우므로 침해의 최소성이 인정된다. 아동 · 청소년이용음란물소지죄를 저지른 사람이 공무를 수행할 경우 공직 전반에 대한 국민의 신뢰를 유지하기 어렵다는 점을 고려하면, 법익의 균형성도 인정된다. 따라서 이 조항들은 청구인들의 공무담임권을 침해하지 않는다.

---

18   정답 ③

① [O] 백신 주사 후 예상치 못한 부작용이 발생한 경우 곧바로 필요한 조치를 할 필요성과, 관련 폐기용품의 처리도 안전하게 이루어져야 한다는 측면 등을 고려하면 심판대상조항이 동물약국 개설자에 대한 과도한 제약이라고 보기 어려워, 동물약국 개설자인 청구인들의 직업수행의 자유를 침해하지 아니한다 (헌재 2023.6.29. 2021헌마199).

② [O] 정부광고가 전체 국내 광고시장에서 차지하는 비중이 크지 않고, 정부기관등을 제외한 나머지 광고주들이 의뢰하는 광고는 이 사건 시행령조항의 적용을 받지 않으므로, 이 사건 시행령조항으로 인한 기본권제한의 정도는 제한적이다. 나아가 민간 광고사업자들이 경우에 따라 한국언론진흥재단을 통하여 정부광고에 참여할 수 있는 길이 열려 있다.
따라서 이 사건 시행령조항은 과잉금지원칙에 위배되어 청구인들의 직업수행의 자유를 침해한다고 볼 수 없다(헌재 2023. 6.29. 2019헌마227).

❸ [X] 이용아동 구성이 달라진다고 하여 청구인 운영자들의 지역아동센터 운영에 어떠한 본질적인 차이를 가져온다고 보기 어렵고, 청구인 운영자들은 국가의 재정적 지원에 상응하는 공익적 의무를 부담할 수 있다는 것을 충분히 예견할 수 있다. 따라서 이 사건 이용아동규정이 청구인 운영자들의 직업 수행의 자유를 중대하게 제한하고 있다고 할 수 없다(헌재 2022.1.27. 2019헌마583).

④ [O] 일반게임제공업자인 청구인들은 자동진행장치를 게임물 이용자에게 제공하거나 이용하게 하는 영업방식이 제한될 뿐이므로 이로 인한 불이익이 크다고 보기는 어려운 반면, 게임물의 사행적 이용행위를 방지함으로써 건전한 게임문화를 확립하여 국민의 문화적 삶의 질을 향상시키고자 하는 공익은 중대하다. 따라서 심판대상조항은 과잉금지원칙을 위반하여 일반게임제공업자인 청구인들의 직업의 자유를 침해한다고 볼 수 없다(헌재 2022.5.26. 2020헌마670).

---

19   정답 ①

❶ [O] 국가가 국민의 건강하고 쾌적한 환경에서 생활할 권리를 보호할 의무를 진다고 하더라도, 국가의 기본권 보호의무를 입법자 또는 그로부터 위임받은 집행자가 어떻게 실현하여야 할 것인가 하는 문제는 원칙적으로 권력분립과 민주주의의 원칙에 따라 국민에 의하여 직접 민주적 정당성을 부여받고 자신의 결정에 대하여 정치적 책임을 지는 입법자의 책임범위에 속한다. 헌법재판소는 단지 제한적으로만 입법자 또는 그로부터 위임받은 집행자에 의한 보호의무의 이행을 심사할 수 있다(헌재 2019.12.27. 2018헌마730).

② [X] 국가가 국민의 건강하고 쾌적한 환경에서 생활할 권리에 대한 보호의무를 다하지 않았는지 여부를 헌법재판소가 심사할 때에는 국가가 이를 보호하기 위하여 적어도 적절하고 효율적인 최소한의 보호조치를 취하였는가 하는 이른바 '과소보호금지 원칙'의 위반 여부를 기준으로 삼아야 한다.

③ [X] 헌법 제10조의 규정에 의하면, 국가는 개인이 가지는 불가침의 기본적 인권을 확인하고 이를 보장할 의무를 지고 <u>기본권은 공동체의 객관적 가치질서로서의 성격을 가지므로</u>, 적어도 생명 · 신체의 보호와 같은 중요한 기본권적 법익 침해에 대해서는 그것이 국가가 아닌 제3자로서의 사인에 의해서 유발된 것이라고 하더라도 국가가 적극적인 보호의 의무를 진다 (헌재 2020.3.26. 2017헌마1281).

④ [X] 지뢰피해자 지원에 관한 특별법 헌법 제10조 후문이 규정하는 국가의 기본권 보호의무란 기본권적 법익을 기본권 주체인 사인에 의한 위법한 침해 또는 침해의 위험으로부터 보호하여야 하는 국가의 의무를 말하며, 주로 사인인 제3자에 의한 개인의 생명이나 신체의 훼손에서 문제되는 지뢰피해자 및 그 유족에 대한 위로금 산정 시 사망 또는 상이를 입을 당시의 월평균임금을 기준으로 하고, 그 기준으로 산정한 위로금이 2천만 원에 이르지 아니할 경우 2천만 원을 초과하지 아니하는 범위에서 조정 · 지급할 수 있도록 한 '지뢰피해자 지원에 관한 특별법'은 제3자에 의한 개인의 생명이나 신체의 훼손이 문제되는 사안이 아니므로 이에 관하여 별도로 판단하지 아니한다(헌재 2019.12.27. 2018헌바236).

---

20   정답 ③

① [O] 법원 인근에서의 옥외집회가 법관이나 법원 직원 또는 당사자의 생명이나 신체에 위협이 될 수 있는 경우나 재판과 관련하여 특정한 의사결정을 하도록 강요하는 압력으로 작용하는 경우, 또는 법원에의 출입이 제한되거나 지나친 소음 등으로 재판업무 수행 자체에 지장을 주는 경우 등 집회나 시위가 재판에 영향을 미치거나 미칠 우려가 있는 경우가 얼마든지 있을 수 있다. 그러나 법원 인근에서의 집회라 할지라도 법관의 독립을 위협하거나 재판에 영향을 미칠 염려가 없는 집회도 있다. 예컨대 법원을 대상으로 하지 않고 검찰청 등 법원 인근 국가기관이나 일반법인 또는 개인을 대상으로 한 집회로서 재판업무에 영향을 미칠 우려가 없는 집회가 있을 수 있다. <u>법원을 대상으로 한 집회라도 사법행정과 관련된 의사표시 전달을 목적으로 한 집회 등 법관의 독립이나 구체적 사건의 재판에 영향을 미칠 우려가 없는 집회도 있다.</u> 입법자로서

는 심판대상조항으로 인하여 발생하는 집회의 자유에 대한 과도한 제한 가능성이 완화될 수 있도록, 법관의 독립과 구체적 사건의 재판에 영향을 미칠 우려가 없는 옥외집회·시위는 허용될 수 있도록 그 가능성을 열어두어야 한다(헌재 2018.7.26. 2018헌바137).

② [O] 국회의 업무가 없는 '공휴일이나 휴회기 등에 행하여지는 집회'의 경우에도 국회의원 등의 국회의 자유로운 출입 및 원활한 업무 보장 등 보호법익에 대한 침해의 위험이 일반적으로 낮다. '국회의 활동을 대상으로 한 집회가 아니거나 부차적으로 국회에 영향을 미치고자 하는 의도가 내포되어 있는 집회'의 경우에도 국회를 중심으로 한 법익충돌의 위험성이 낮고, 국회의원 등에 대한 직접적·간접적 물리력이 행사될 가능성도 낮다. 이처럼 옥외집회에 의한 국회의 헌법적 기능이 침해될 가능성이 부인되거나 또는 현저히 낮은 경우에는, 입법자로서는 심판대상조항으로 인하여 발생하는 집회의 자유에 대한 과도한 제한 가능성이 완화될 수 있도록 그 금지에 대한 예외를 인정하여야 한다(헌재 2018.5.31. 2013헌바322).

❸ [X] 외교기관 인근에서 당해국가에 대한 부정적인 의견을 표명하는 집회를 한다면 외국의 외교기관이 이러한 집회와 직접 대치하는 상황이 발생하여 '외국과의 선린관계'가 저해될 우려가 있기 때문에, 이를 방지하고자 하는 것도 이 사건 법률조항의 입법목적이 아닌가 하는 의문이 제기된다. 그러나 집회와 표현의 자유가 국민의 기본권으로 보장된 자유민주주의국가에서, 국민이 자신의 견해를 집단적으로 표현하기 위하여 집회에 참가하는 행위는 민주시민생활의 일상에 속하는 것이자 보편적으로 인정되는 가치이므로, 국민의 일부가 외교기관 인근에서 평화적인 방법으로 자신의 기본권을 행사하였다고 하여 '외국과의 선린관계'가 저해된다고 볼 수 없다. 즉 '외국과의 선린관계'란 법익은 외교기관 인근에서 국민의 기본권행사를 금지할 수 있는 합리적인 이유가 될 수 없는 것이다. 따라서 이 사건 법률조항의 입법목적은 외교기관 인근에서의 당해국가에 대한 부정적인 견해를 표명하는 집회를 금지함으로써 외국과의 선린관계를 유지하고자 하는 것이 아니라, 그 본질적인 내용은 궁극적으로 '외교기관의 기능보장'과 '외교공관의 안녕보호'에 있는 것으로 판단된다(헌재 2003.10.30. 2000헌바67).

④ [O] 외교기관 100미터 이내 옥외집회 절대금지는 단순 위헌결정이 나왔으나, 법원과 국회의사당 및 국무총리 공관 100미터 이내 옥외집회와 시위를 절대적으로 금지한 집시법에 대해서는 헌법불합치결정이 있었다.

/ 비교해 둘 것

정답

p.72

01	③	02	①	03	②	04	③	05	②
06	④	07	③	08	③	09	③	10	③
11	②	12	④	13	④	14	④	15	③
16	④	17	①	18	④	19	④	20	②

01　　　　　　　　　　　　　　　정답 ③

ㄱ. [×] 합헌적 법률해석은 입법자 존중정신에 입각한 법률해석이론이므로 사법소극주의의 표현이다.

ㄴ. [○] ☑ **합헌적 법률해석의 연혁**

> · 미국 연방대법원은 1827년 Ogden v. Saunder사건에서 합헌성 추정의 원칙을 확립하여 합헌적 법률해석을 해왔다.
> · 이러한 영향 아래 독일 헌법재판소도 합헌적 법률해석을 확립했다.
> · 우리나라 헌법재판소와 대법원도 합헌적 법률해석을 재판에 원용하고 있다.

ㄷ. [×] 합헌적 법률해석은 법률해석의 지침이다.

ㄹ. [○] 헌법재판소가 법률이 재판의 전제가 되는 요건을 갖추고 있는지의 여부를 심판함에 있어서 제청법원의 견해가 명백하게 불합리하여 유지될 수 없는 경우가 아닌 한 그것을 존중하는 이유는 사실관계의 인정, 그에 대한 일반법률의 해석·적용은 헌법재판소보다 당해 사건을 직접 재판하고 있는 제청법원이 보다 정확하게 할 수 있다는 고려뿐만 아니라 일반법률의 해석·적용과 그를 토대로 한 위헌 여부 심사의 기능을 나누어 전자는 법원이 후자는 헌법재판소가 각각 중심적으로 담당한다는 우리 헌법의 권력분립적 기능분담까지 고려한 것이다. 따라서 헌법재판소는 법원이 일반법률의 해석·적용을 충실히 수행한다는 것을 전제하고, 합헌적 법률해석의 요청에 의하여 위헌심사의 관점이 법률해석에 바로 투입되는 경우가 아닌 한 먼저 나서서 일반법률의 해석·적용을 확정하는 일을 가급적 삼가는 것이 바람직하다(헌재 2007.4.26. 2004헌가29 등).

ㅁ. [×] 법률이 합헌인 것과 위헌인 것으로 다양한 해석이 가능할 때 법률을 합헌적으로 해석하는 합헌적 법률해석은 헌법재판소뿐 아니라 법원도 재판과정에서 할 수 있다.

02　　　　　　　　　　　　　　　정답 ①

❶ [○] 이 사건 법률조항에 따라 단결권을 제한받는 사람들은 해고된 교원 또는 교사자격증을 가지고 있으나 정식으로 임용되지 않은 단계에 있는 사람들로 국·공립학교나 사립학교 중 어느 한 곳에 소속된 교원이 아니다. 또 교원노조법도 국·공립학교 교원과 사립학교 교원의 노동조합 구성 및 활동을 분리하여 규율하고 있지 않으므로, 이 사건 법률조항이 헌법에 위반되는지 여부를 판단함에 있어서 국·공립학교 교원과 사립학교 교원의 경우를 나누어 판단하지 아니한다(헌재 2015.5.28. 2013헌마671 등).

② [×] 국제 노동기구(ILO)의 '결사의 자유 위원회', 경제협력개발기구(OECD)의 '노동조합자문위원회' 등이 우리나라에 대하여 재직 중인 교사들만이 노동조합에 참여할 수 있도록 허용하는 것은 결사의 자유를 침해하는 것이므로 이를 국제기준에 맞추어 개선하도록 권고한 바 있다. **하지만 이러한 국제기구의 권고를 위헌심사의 척도로 삼을 수는 없고**, 국제기구의 권고를 따르지 않았다는 이유만으로 이 사건 법률조항이 헌법에 위반된다고 볼 수 없다(헌재 2015.5.28. 2013헌마671 등).

③ [×] 노동조합법 제2조 제1호 및 제4호 라목 본문에서 말하는 '근로자'에는 일시적으로 실업 상태에 있는 사람이나 **구직 중인 사람도 근로3권을 보장할 필요성이 있는 한 그 범위에 포함된다**(대판 2004.2.27. 2001두8568 참조). 따라서 **이 사건 법률조항이 정한 교원에 해당되지 않으나 앞으로 교원으로 취업하기를 희망하는 사람들이 노동조합법에 따라 노동조합을 설립하거나 그에 가입하는 데에는 아무런 제한이 없다.** 이 점에서도 이 사건 법률조항이 교원노조의 단결권에 심각한 제한을 초래한다고 보기는 어렵다(헌재 2015.5.28. 2013헌마671 등).

④ [×] 교원노조는 교원을 대표하여 단체교섭권을 행사하는 등 교원의 근로조건에 직접적이고 중대한 영향력을 행사하고, 교원의 근로조건의 대부분은 법령이나 조례 등으로 정해지므로 교원의 근로조건과 직접 관련이 없는 교원이 아닌 사람을 교원노조의 조합원 자격에서 배제하는 것이 단결권의 지나친 제한이라고 볼 수 없고, 교원으로 취업하기를 희망하는 사람들이 노동조합 및 노동관계조정법에 따라 노동조합을 설립하거나

그에 가입하는 데에는 아무런 제한이 없으므로 이들의 단결권이 박탈되는 것도 아니다(헌재 2015.5.28. 2013헌마671 등).

03   정답 ②

① [O] 위 법조항들이 달성하고자 하는 입법목적은 단순히 농지소유자의 농지 이용방법에 관한 제한 위반을 시정하는 데 그치는 것이 아니라, 농지소유자로 하여금 농지를 계속 농업경영에 이용하도록 함과 동시에, 비자경농이 농지를 소유하는 것 자체를 제한하는 것으로서, 국토의 효율적이고 균형 있는 이용·개발과 보전을 위하여 그에 관한 필요한 제한과 의무를 과할 수 있다는 헌법 제122조 및 경자유전의 원칙 및 소작제도 금지를 규정한 헌법 제121조 제1항에 근거를 둔 것으로서 정당하다(헌재 2010.2.25. 2008헌바80).

❷ [X] 입법 당시의 여러 가지 경제적·사회적 여건을 고려하여 재건축 사유 및 재건축을 이유로 갱신거절권을 행사할 수 있는 시점 등에 대하여 분명한 제한을 두지 아니한 것이 임차인의 재산권을 침해하는 것이 아닌 이상, 위 법률조항에 임차인 보호에 다소 미흡한 부분이 있다는 것만으로 입법자가 헌법 제119조 제2항의 책무를 위반하였다고 볼 수 없다(헌재 2014. 8.28. 2013헌바76).

③ [O] 현대에 있어서의 조세의 기능은 국가재정 수요의 충당이라는 고전적이고도 소극적인 목표에서 한 걸음 더 나아가, 국민이 공동의 목표로 삼고 있는 일정한 방향으로 국가사회를 유도하고 그러한 상태를 형성한다는 보다 적극적인 목적을 가지고 부과되는 것이 오히려 일반적인 경향이 되고 있다. 이러한 조세의 유도적·형성적 기능은 '균형 있는 국민경제의 성장 및 안정과 적정한 소득의 분배를 유지하고, 시장의 지배와 경제력의 남용을 방지하며, 경제주체간의 조화를 통한 경제의 민주화를 위하여' 국가로 하여금 경제에 관한 규제와 조정을 할 수 있도록 한 제119조 제2항 … 에 의하여 그 헌법적 정당성이 뒷받침되고 있다(헌재 1994.7.29. 92헌바49).

④ [O] 공권력에 의한 국제그룹의 전격적인 전면해체 조치는 법률적 근거 없이 사영기업의 경영권에 개입하여 그 힘으로 이를 제3자에게 이전시키기 위한 공권력의 행사였다는 점에서 헌법 제119조 제1항·제126조 소정의 개인기업의 자유와 경영권 불간섭의 원칙을 직접적으로 위반한 것이다(헌재 1993.7.29. 89헌마31).

04   정답 ③

① [X] 국가에 대하여 경제에 관한 규제와 조정을 할 수 있도록 규정한 헌법 제119조 제2항이 보유세 부과 그 자체를 금지하는 취지로 보이지 아니하므로 주택 등에 보유세인 종합부동산세를 부과하는 그 자체를 헌법 제119조에 위반된다고 보기 어렵다(헌재 2008.11.13. 2006헌바112 등).

② [X] 현대에 있어서의 조세의 기능은 국가재정 수요의 충당이라는 고전적이고도 소극적인 목표에서 한 걸음 더 나아가, 국민이 공동의 목표로 삼고 있는 일정한 방향으로 국가사회를 유도하고 그러한 상태를 형성한다는 보다 적극적인 목적을 가지고 부과되는 것이 오히려 일반적인 경향이 되고 있다. 이러한

조세의 유도적·형성적 기능은 '균형 있는 국민경제의 성장 및 안정과 적정한 소득의 분배를 유지하고, 시장의 지배와 경제력의 남용을 방지하며, 경제주체 간의 조화를 통한 경제의 민주화를 위하여' 국가로 하여금 경제에 관한 규제와 조정을 할 수 있도록 한 제119조 제2항에 의하여 그 헌법적 정당성이 뒷받침되고 있다(헌재 1994.7.29. 92헌바49 등).

❸ [O] 제헌헌법에서는 제6장(제84조~제89조)에 경제를 별도로 규정하고 있었다. 시장경제질서는 제2차 개정헌법부터이고, 개인의 자유와 창의는 제5차 개정헌법에서 추가되었다.

> 1954년 개정헌법 제84조 대한민국의 경제질서는 모든 국민에게 생활의 기본적 수요를 충족할 수 있게 하는 사회정의의 실현과 균형 있는 국민경제의 발전을 기함을 기본으로 삼는다. 각인의 경제상 자유는 이 한계 내에서 보장된다.
>
> 1962년 개정헌법 제111조 ① 대한민국의 경제질서는 개인의 경제상의 자유와 창의를 존중함을 기본으로 한다.

④ [X] 시장경제질서는 제헌헌법이 아니라, 제2차 개정헌법부터 도입되었다.

05   정답 ②

ㄱ. [X] 법률이 정하는 주요방위산업체에 종사하는 근로자에 대해서는 단체행동권만을 제한할 수 있으며 단결권 및 단체교섭권은 헌법규정상 제한할 수 없다.

> 헌법 제33조 ③ 법률이 정하는 주요방위산업체에 종사하는 근로자의 단체행동권은 법률이 정하는 바에 의하여 이를 제한하거나 인정하지 아니할 수 있다.

ㄴ. [O] 방위산업에 관한 특별조치법에 의하여 지정된 방위산업체에 종사하는 근로자에 대하여 쟁의행위를 금지시키고 있는 구 노동쟁의조정법 제12조 제2항은 "주요방위산업체에 종사하는 근로자의 단체행동권은 법률이 정하는 바에 의하여 이를 제한하거나 인정하지 아니할 수 있다."라고 규정한 헌법 제33조 제3항의 명문에 반하지 아니한다(헌재 1998.2.27. 95헌바10).

ㄷ. [X] 청원경찰은 일반근로자일 뿐 공무원이 아니므로 원칙적으로 헌법 제33조 제1항에 따라 근로3권이 보장되어야 한다. 청원경찰은 제한된 구역의 경비를 목적으로 필요한 범위에서 경찰관의 직무를 수행할 뿐이며, 그 신분 보장은 공무원에 비해 취약하다. 헌법은 주요방위산업체 근로자들의 경우에도 단체행동권만을 제한하고 있고, 경비업법은 무기를 휴대하고 국가중요시설의 경비업무를 수행하는 특수경비원의 경우에도 쟁의행위를 금지할 뿐이다. 청원경찰은 특정 경비구역에서 근무하며 그 구역의 경비에 필요한 한정된 권한만을 행사하므로, 청원경찰의 업무가 가지는 공공성이나 사회적 파급력은 군인이나 경찰의 그것과는 비교하여 견주기 어렵다. 그럼에도 심판대상조항은 군인이나 경찰과 마찬가지로 모든 청원경찰의 근로3권을 획일적으로 제한하고 있다. 이상을 종합하여 보면, 심판대상조항이 모든 청원경찰의 근로3권을 전면적으로 제한하는 것은 과잉금지원칙을 위반하여 청구인들의 근로3권을 침해하는 것이다(헌재 2017.9.28. 2015헌마653).

ㄹ. [O] 국가의 행정관청이 사법상 근로계약을 체결한 경우 그 근로계약관계의 권리·의무는 행정주체인 국가에 귀속되므로, 국

가는 그러한 근로계약관계에 있어서 노동조합 및 노동관계조정법 제2조 제2호에 정한 사업주로서 단체교섭의 당사자의 지위에 있는 사용자에 해당한다(대판 2008.9.11. 2006다40935).

ㅁ. [✕] 근로자에게 보장되는 적극적 단결권이 단결하지 아니할 자유보다 특별한 의미를 갖고 있고, 노동조합의 조직강제권도 이른바 자유권을 수정하는 의미의 생존권(사회권)적 성격을 함께 가지는 만큼 근로자 개인의 자유권에 비하여 보다 특별한 가치로 보장되는 점 등을 고려하면, <u>노동조합의 적극적 단결권은 근로자 개인의 단결하지 않을 자유보다 중시된다고 할 것이고, 또 노동조합에게 위와 같은 조직강제권을 부여한다고 하여 이를 근로자의 단결하지 아니할 자유의 본질적인 내용을 침해하는 것으로 단정할 수는 없다</u>(헌재 2005.11.24. 2002헌바95 등).

06   정답 ④

① [✕] 헌법 제33조 제1항에 의하면 단결권의 주체는 단지 개인인 것처럼 표현되어 있지만, 만일 헌법이 개인의 단결권만을 보장하고 조직된 단체의 권리를 인정하지 않는다면, 즉 국가가 임의로 단체의 존속과 활동을 억압할 수 있다면 개인의 단결권 보장은 무의미하게 된다. 따라서 헌법 제33조 제1항은 근로자 개인의 단결권만이 아니라 단체 자체의 단결권도 보장하고 있는 것으로 보아야 한다(헌재 1999.11.25. 95헌마154).

② [✕] 국회는 헌법 제33조 제2항에 따라 공무원인 근로자에게 노동3권을 인정할 것인가의 여부, 어떤 형태의 행위를 어느 범위에서 인정할 것인가 등에 대하여 광범위한 입법형성의 자유를 가지는바, 국가공무원법 제66조 제1항이 근로3권이 보장되는 공무원의 범위를 사실상 노무에 종사하는 공무원에 한정한 것이 입법자에게 허용된 입법재량권의 범위를 벗어난 것이라 할 수 없다(헌재 2007.8.30. 2003헌바51).

③ [✕] 헌법 제33조 제1항은 "근로자는 근로조건의 향상을 위하여 자주적인 단결권·단체교섭권 및 단체행동권을 가진다."고 규정하고 있다. 여기서 헌법상 보장된 근로자의 단결권은 단결할 자유만을 가리킬 뿐이고, 단결하지 아니할 자유 이른바 소극적 단결권은 이에 포함되지 않는다고 보는 것이 우리 재판소의 선례라고 할 것이다. 그렇다면 근로자가 노동조합을 결성하지 아니할 자유나 노동조합에 가입을 강제당하지 아니할 자유, 그리고 가입한 노동조합을 탈퇴할 자유는 근로자에게 보장된 단결권의 내용에 포섭되는 권리로서가 아니라 헌법 제10조의 행복추구권에서 파생되는 일반적 행동의 자유 또는 제21조 제1항의 결사의 자유에서 그 근거를 찾을 수 있다(헌재 2005.11.24. 2002헌바95).

❹ [○] 노동3권 중 근로자의 단결권은 결사의 자유가 근로의 영역에서 구체화된 것으로서, 근로자의 단결권에 대해서는 헌법 제33조가 우선적으로 적용된다. <u>근로자의 단결권도 국민의 결사의 자유 속에 포함되나</u>, 헌법이 노동3권과 같은 특별 규정을 두어 별도로 단결권을 보장하는 것은 근로자의 단결에 대해서는 일반 결사의 경우와 다르게 특별한 보장을 해준다는 뜻으로 해석된다. 근로자의 단결권이 근로자 단결체로서 사용자와의 관계에서 특별한 보호를 받아야 할 경우에는 헌법 제33조가 우선적으로 적용되지만, 그렇지 않은 통상의 결사 일반에 대한 문제일 경우에는 <u>헌법 제21조 제2항이 적용되므로</u>

<u>노동조합에도 헌법 제21조 제2항의 결사에 대한 허가제금지 원칙이 적용된다</u>(헌재 2012.3.29. 2011헌바53).

07   정답 ③

① [✕] 피의자신문 중 변호인 등의 접견신청이 있는 경우에는 앞서 본 바와 같이 검사 또는 사법경찰관이 그 허가 여부를 결정하여야 하므로, 피의자를 수사기관으로 호송한 교도관에게 이를 허가하거나 제한할 권한은 인정되지 않는다고 할 것이다. 결국 이 사건에 있어서 피청구인 교도관에게 청구인과 피의자 윤○현의 접견 허가 여부를 결정할 권한이 있었다고 볼 수 없으므로, <u>이 사건 교도관의 접견불허행위는 헌법재판소법 제68조 제1항에서 헌법소원의 대상으로 삼고 있는 '공권력의 행사'에 해당하지 아니한다</u>(헌재 2019.2.28. 2015헌마1204).

② [✕] 변호인 선임을 위하여 피의자·피고인(이하 '피의자 등'이라 한다)이 가지는 '변호인이 되려는 자'와의 접견교통권은 헌법상 기본권으로 보호되어야 하고, '변호인이 되려는 자'의 접견교통권은 피의자 등이 변호인을 선임하여 그로부터 조력을 받을 권리를 공고히 하기 위한 것으로서, 그것이 보장되지 않으면 피의자 등이 변호인 선임을 통하여 변호인으로부터 충분한 조력을 받는다는 것이 유명무실하게 될 수밖에 없다. 이와 같이 '변호인이 되려는 자'의 접견교통권은 피의자 등을 조력하기 위한 핵심적인 부분으로서, 피의자 등이 가지는 헌법상의 기본권인 '변호인이 되려는 자'와의 접견교통권과 표리의 관계에 있다. 따라서 피의자 등이 가지는 '변호인이 되려는 자'의 조력을 받을 권리가 실질적으로 확보되기 위해서는 <u>'변호인이 되려는 자'의 접견교통권 역시 헌법상 기본권으로서 보장되어야 한다</u>(이하 '변호인'과 '변호인이 되려는 자'를 합하여 '변호인 등'이라 한다)(헌재 2019.2.28. 2015헌마1204).

❸ [○] 수용자에 대한 접견신청이 있는 경우 이는 수용자의 처우에 관한 사항이므로 그 장소가 교도관의 수용자 계호 및 통제가 요구되는 공간이라면 교도소장·구치소장 또는 그 위임을 받은 교도관이 그 허가 여부를 결정하는 것이 원칙이라 할 것이다. 그런데 형사소송법 제34조는 변호인의 접견교통권과 '변호인이 되려는 자'의 접견교통권에 차이를 두지 않고 함께 규정하고 있으므로, '변호인이 되려는 자'가 피의자신문 중에 <u>형사소송법 제34조에 따라 접견신청을 한 경우에도 그 허가 여부를 결정할 주체는 검사 또는 사법경찰관이라고 보아야 할 것이고</u>, 그러한 해석이 형사소송법 제243조의2 제1항의 내용에도 부합한다(헌재 2019.2.28. 2015헌마1204).

④ [✕] 체포 또는 구속된 자와 변호인 등 간의 접견이 실제로 이루어지는 경우에 있어서의 '자유로운 접견', 즉 '대화내용에 대하여 비밀이 완전히 보장되고 어떠한 제한, 영향, 압력 또는 부당한 간섭 없이 자유롭게 대화할 수 있는 접견'은 어떠한 명분으로도 제한될 수 있는 성질의 것이 아니다. 그러나 이는 체포 또는 구속된 자와 변호인 등 간의 접견이 실제로 이루어지는 경우에 있어서 그렇다는 것이지 변호인 등과의 접견 자체에 대하여 아무런 제한도 가할 수 없다는 것을 의미하는 것은 아니다. 변호인의 조력을 받을 권리 및 그 내용 중 하나인 변호인 접견교통권 역시 다른 모든 헌법상 기본권과 마찬가지로 헌법으로써는 물론 국가안전보장, 질서유지 또는 공공복리를 위하여 필요한 경우에는 법률로써도 제한할 수 있고,

이는 '변호인이 되려는 자'의 접견교통권의 경우에도 마찬가지라고 할 것이다(헌재 2019.2.28. 2015헌마1204).

08   정답 ③

ㄱ. [O] 헌법 제27조 제1항은 "모든 국민은 헌법과 법률이 정한 법관에 의하여 법률에 의한 재판을 받을 권리를 가진다."라고 규정하고 있는바, 재판이라 함은 구체적 사건에 관하여 사실의 확정과 그에 대한 법률의 해석적용을 그 본질적인 내용으로 하는 일련의 과정이므로, 법관에 의한 재판을 받을 권리를 보장한다고 함은 법관이 사실을 확정하고 법률을 해석·적용하는 재판을 받을 권리를 보장한다는 뜻이다(헌재 2012.2.23. 2009헌바34).

ㄴ. [×] 헌법 제27조 제1항은 "모든 국민은 헌법과 법률이 정한 법관에 의하여 법률에 의한 재판을 받을 권리를 가진다."고 규정하고, 같은 조 제3항은 "모든 국민은 신속한 재판을 받을 권리를 가진다. 형사피고인은 상당한 이유가 없는 한 지체 없이 **공개재판을 받을 권리를 가진다.**"고 규정함으로써 공정하고 신속한 공개재판을 받을 권리를 보장하고 있다. 재판청구권은 재판절차를 규율하는 법률과 재판에서 적용될 실체적 법률이 모두 합헌적이어야 한다는 의미에서의 법률에 의한 재판을 받을 권리뿐만 아니라, 비밀재판을 배제하고 일반 국민의 감시 하에서 심리와 판결을 받음으로써 공정한 재판을 받을 수 있는 권리를 포함하고 있다(헌재 2012.12.27. 2011헌마351).

ㄷ. [×] 법원에 의한 범죄인인도심사는 국가형벌권의 확정을 목적으로 하는 **형사절차와** 같은 전형적인 사법절차의 대상에 해당되는 것은 **아니며,** 법률(범죄인인도법)에 의하여 인정된 특별한 절차라 볼 것이다.
그렇다면 심급제도에 대한 입법재량의 범위와 범죄인인도심사의 법적 성격, 그리고 범죄인인도법에서의 심사절차에 관한 규정 등을 종합할 때, 이 사건 법률조항이 범죄인인도심사를 서울고등법원의 단심제로 하고 있다고 해서 적법절차원칙에서 요구되는 합리성과 정당성을 결여한 것이라 볼 수 없다. 헌법 제27조의 재판을 받을 권리는 모든 사건에 대해 **상소심 절차에 의한 재판을 받을 권리까지도 당연히 포함된다고 단정할 수 없는 것**이며, 상소할 수 있는지, 상소이유를 어떻게 규정하는지는 특단의 사정이 없는 한 입법정책의 문제로 보아야 한다는 것이 헌법재판소의 판례이다.
이 사건에서 설사 범죄인인도를 형사처벌과 유사한 것이라 본다고 하더라도, 이 사건 법률조항이 적어도 법관과 법률에 의한 한 번의 재판을 보장하고 있고, 그에 대한 상소를 불허한 것이 적법절차원칙이 요구하는 합리성과 정당성을 벗어난 것이 아닌 이상, 그러한 상소 불허 입법이 입법재량의 범위를 벗어난 것으로서 재판청구권을 과잉 제한하는 것이라고 보기는 어렵다(헌재 2003.1.30. 2001헌바95).

ㄹ. [×] 피고인 스스로 치료감호를 청구할 수 있는 권리나, 법원으로부터 직권으로 치료감호를 선고받을 수 있는 권리는 헌법상 재판청구권의 보호범위에 포함되지 않는다. 공익의 대표자로서 준사법기관적 성격을 가지고 있는 검사에게만 치료감호 청구권한을 부여한 것은, 본질적으로 자유박탈적이고 침익적 처분인 치료감호와 관련하여 재판의 적정성 및 합리성을 기하기 위한 것이므로 적법절차원칙에 반하지 않는다(헌재 2021.1.28. 2019헌가24등).

09   정답 ③

① [O] 헌법 제10조로부터 도출되는 일반적 인격권에는 각 개인이 그 삶을 사적으로 형성할 수 있는 자율영역에 대한 보장이 포함되어 있음을 감안할 때, 장래 가족의 구성원이 될 태아의 성별 정보에 대한 접근을 국가로부터 방해받지 않을 부모의 권리는 이와 같은 일반적 인격권에 의하여 보호된다고 보아야 할 것이다(헌재 2008.7.31. 2004헌마1010 등).

② [O] 헌법 제10조로부터 도출되는 일반적 인격권에는 개인의 명예에 관한 권리도 포함되는바, 이 사건 법률조항에 근거하여 반민규명위원회의 조사대상자 선정 및 친일반민족행위결정이 이루어지면, 조사대상자의 사회적 평가가 침해되어 헌법 제10조에서 유래하는 일반적 인격권이 제한받는다고 할 수 있다. 다만 이 사건 결정의 조사대상자를 비롯하여 대부분의 조사대상자는 이미 사망하였을 것이 분명하나, 조사대상자가 사자(死者)의 경우에도 인격적 가치에 대한 중대한 왜곡으로부터 보호되어야 하고, 사자(死者)에 대한 사회적 명예와 평가의 훼손은 사자(死者)와의 관계를 통하여 스스로의 인격상을 형성하고 명예를 지켜온 그들의 후손의 인격권, 즉 유족의 명예 또는 유족의 사자(死者)에 대한 경애추모의 정을 침해한다고 할 것이다(헌재 2010.10.28. 2007헌가23).

❸ [×] 이동전화번호를 구성하는 숫자가 개인의 인격 내지 인간의 존엄과 관련성을 가진다고 보기 어렵고, 이 사건 이행명령으로 인하여 청구인들의 개인정보가 청구인들의 의사에 반하여 수집되거나 이용되지 않으며, 이동전화번호는 유한한 국가자원으로서 청구인들의 번호이용은 사업자와의 서비스 이용계약관계에 의한 것일 뿐이므로 이 사건 이행명령으로 청구인들의 인격권, 개인정보자기결정권, 재산권이 **제한된다고 볼 수 없다**(헌재 2013.7.25. 2011헌마63 등).

④ [O] 성명은 개인의 정체성과 개별성을 나타내는 인격의 상징으로서 개인이 사회 속에서 자신의 생활영역을 형성하고 발현하는 기초가 되는 것이라 할 것이므로 자유로운 성의 사용 역시 헌법상 인격권으로부터 보호된다고 할 수 있다. 그리고 헌법 제36조 제1항은 "혼인과 가족생활은 개인의 존엄과 양성의 평등을 기초로 성립되고 유지되어야 하며 국가는 이를 보장한다."라고 규정하여 개인의 존엄과 양성의 평등을 기초로 한 가족제도를 헌법적 차원에서 보장하고 있는바, 성은 혈통을 상징하는 기호로서 개인의 혈통관계를 어떻게 성으로 반영할 것인지의 문제이며 이는 가족제도의 한 내용을 이루는 것이다(헌재 2005.12.22. 2003헌가5 등).

10   정답 ③

ㄱ. [×]
> 집회 및 시위에 관한 법률 제15조 【적용의 배제】 학문, 예술, 체육, 종교, 의식, 친목, 오락, 관혼상제 및 국경행사에 관한 집회에는 제6조(신고제)부터 제12조까지의 규정을 적용하지 아니한다.

ㄴ. [×]

> 집회 및 시위에 관한 법률 제19조 【경찰관의 출입】① 경찰
> 관은 집회 또는 시위의 주최자에게 알리고 그 집회 또는
> 시위의 장소에 정복을 입고 출입할 수 있다. 다만, 옥내
> 집회 장소에 출입하는 것은 직무집행을 위하여 긴급한 경
> 우에만 할 수 있다.

ㄷ. [×] ㄹ. [×]

> 집회 및 시위에 관한 법률 제9조 【집회 및 시위의 금지 통고
> 에 대한 이의신청 등】① 집회 또는 시위의 주최자는 제8
> 조에 따른 금지 통고를 받은 날부터 10일 이내에 해당 경
> 찰관서의 바로 위의 상급경찰관서의 장에게 이의를 신청
> 할 수 있다.
> ② 제1항에 따른 이의신청을 받은 경찰관서의 장은 접수
> 일시를 적은 접수증을 이의 신청인에게 즉시 내주고 접수
> 한 때부터 24시간 이내에 재결을 하여야 한다. 이 경우
> 접수한 때부터 24시간 이내에 재결서를 발송하지 아니하
> 면 관할 경찰관서장의 금지 통고는 소급하여 그 효력을
> 잃는다.

ㅁ. [×]

> 집회 및 시위에 관한 법률 제21조 【집회·시위자문위원회】
> ① 집회 및 시위의 자유와 공공의 안녕질서가 조화를 이
> 루도록 하기 위하여 각급 경찰관서에 다음 각 호의 사항
> 에 관하여 각급 경찰관서장의 자문 등에 응하는 집회·시
> 위자문위원회를 둘 수 있다.
> 1. 제8조에 따른 집회 또는 시위의 금지 또는 제한 통고
> 2. 제9조 제2항에 따른 이의 신청에 관한 재결
> 3. 집회 또는 시위에 대한 사례 검토
> 4. 집회 또는 시위업무의 처리와 관련하여 필요한 사항

11 정답 ②

① [○] 민법 제166조 제1항, 제766조 제2항의 객관적 기산점을 과거
사정리법 제2조 제1항 제3, 4호의 민간인 집단희생사건, 중대
한 인권침해·조작의혹사건에 적용하도록 규정하는 것은, 소
멸시효제도를 통한 법적 안정성과 가해자 보호만을 지나치게
중시한 나머지 합리적 이유 없이 위 사건 유형에 관한 국가배
상청구권 보장 필요성을 외면한 것으로서 입법형성의 한계를
일탈하여 청구인들의 국가배상청구권을 침해한다(헌재 2018.
8.30. 2014헌바148).

❷ [×] 2000년대 이후 다양한 공익사업이 출현하면서 공익사업 간
중복·상충 사례가 발생하였고, 산업구조 변화, 비용 대비 편
익에 대한 지속적 재검토, 인근 주민들의 반대 등에 직면하여
공익사업이 지연되다가 폐지되는 사례가 다수 발생하고 있다.
이와 같은 상황에서 이 사건 법률조항의 환매권 발생기간
'10년'을 예외 없이 유지하게 되면 토지수용 등의 원인이 된
공익사업의 폐지 등으로 공공필요가 소멸하였음에도 단지 10
년이 경과하였다는 사정만으로 환매권이 배제되는 결과가 초
래될 수 있다. 다른 나라의 입법례에 비추어 보아도 발생기간
을 제한하지 않거나 더 길게 규정하면서 행사기간 제한 또는
토지에 현저한 변경이 있을 때 환매거절권을 부여하는 등 보
다 덜 침해적인 방법으로 입법목적을 달성하고 있다. 이 사건
법률조항은 침해의 최소성 원칙에 어긋난다(헌재 2020.11.26.

2019헌바131).

③ [○] 헌법 제23조 제3항은 재산권 수용의 주체를 한정하지 않고
있는바, 위 헌법조항의 핵심은 당해 수용이 공공필요에 부합
하는가, 정당한 보상이 지급되고 있는가 여부 등에 있는 것이
지, 그 수용의 주체가 국가인지 민간기업인지 여부에 달려 있
다고 볼 수 없다. 또한 국가 등의 공적 기관이 직접 수용의
주체가 되는 경우와, 그러한 공적 기관의 최종적인 허부판단
과 승인결정 하에 민간기업이 수용의 주체가 되는 경우 사이
에 공공필요에 대한 판단과 수용의 범위에 있어서 본질적인
차이를 가져올 것으로 보이지 않는다. 따라서 수용 등의 주체
를 국가 등의 공적 기관에 한정하여 해석할 이유가 없다(헌재
2009.9.24. 2007헌바114).

④ [○] 공익목적을 위해 이미 형성된 구체적 재산권을 개별적, 구체
적으로 제한하는 헌법 제23조 제3항 소정의 공용 제한과는
구별된다. 그렇다면 2010.5.24.자 대북조치로 인한 토지이용
권의 제한은 헌법 제23조 제1항, 제2항에 따라 재산권의 내용
과 한계를 정한 것인 동시에 재산권의 사회적 제약을 구체화
하는 것으로 볼 수 있다(헌재 2022.5.26. 2016헌마95).

12 정답 ④

① [○] 언론·출판의 자유가 기본권으로 보장된다고 하여 무제한적
으로 보장되는 것은 아니다. 우리 헌법은 제21조 제2항에서
"언론·출판에 대한 허가나 검열 … 는 인정되지 아니한다"
라고 특별히 규정하여, 언론·출판의 자유에 대하여 허가나
검열을 수단으로 한 제한만은 헌법 제37조 제2항의 규정에도
불구하고 어떠한 경우라도 법률로써도 허용되지 아니한다(헌
재 1998.2.27. 96헌바2 전원재판부).

② [○] 등록조항은 인터넷신문의 명칭, 발행인과 편집인의 인적사항,
발행소 소재지, 발행목적과 발행내용, 발행 구분(무가 또는 유
가) 등 인터넷신문의 외형적이고 객관적 사항을 제한적으로
등록하도록 하고 있다. 한편, 고용조항은 5인 이상 취재 및
편집 인력을 고용하도록 하고 있고, 확인조항은 취재 및 편집
담당자의 국민연금 등 가입사실 확인서류를 제출하도록 하고
있다. 이런 조항들은 인터넷신문에 대한 인적 요건의 규제 및
확인에 관한 것으로 인터넷신문의 내용을 심사·선별하여 사
전에 통제하기 위한 규정이 아님이 명백하다. 따라서 등록조
항이 헌법 제21조 제2항에 위배된다고 볼 수 없다(헌재 2016.
10.27. 2015헌마1206).
✎ 과잉금지원칙 위반으로 언론의 자유 침해이다.

③ [○] 여기에서 사전허가금지의 대상은 어디까지나 언론·출판 자
유의 내재적 본질인 표현의 내용을 보장하는 것을 말하는 것
이지, 언론·출판을 위해 필요한 물적 시설이나 언론기업의
주체인 기업인으로서의 활동까지 포함되는 것으로 볼 수는
없다. 즉, 언론·출판에 대한 허가·검열금지의 취지는 정부
가 표현의 내용에 관한 가치판단에 입각해서 특정 표현의 자
유로운 공개와 유통을 사전 봉쇄하는 것을 금지하는 데 있으
므로, 내용 규제 그 자체가 아니거나 내용 규제 효과를 초래
하는 것이 아니라면 헌법이 금지하는 "허가"에는 해당되지
않는다(헌재 1992.6.26. 90헌가23).

❹ [×] 헌법 제37조 제2항에 의하면 국민의 자유와 권리는 국가안전
보장, 질서유지 또는 공공복리를 위하여 필요한 경우에 한하

여 법률로써 제한할 수 있으므로 기본권을 제한하는 입법은 비례의 원칙에 따라 입법목적의 정당성과 그 목적달성을 위한 방법의 적정성, 피해의 최소성, 그리고 그 입법에 의해 보호하려는 공공의 필요와 제한되는 기본권 사이의 균형성을 모두 갖추어야 한다. 그런데 상업광고는 표현의 자유의 보호영역에 속하지만 사상이나 지식에 관한 정치적, 시민적 표현행위와는 차이가 있고, 한편 직업수행의 자유의 보호영역에 속하지만 인격발현과 개성신장에 미치는 효과가 중대한 것은 아니다. 그러므로 상업광고 규제에 관한 비례의 원칙 심사에 있어서 '피해의 최소성' 원칙은 같은 목적을 달성하기 위하여 달리 덜 제약적인 수단이 없을 것인지 혹은 입법목적을 달성하기 위하여 필요한 최소한의 제한인지를 심사하기 보다는 '입법목적을 달성하기 위하여 필요한 범위 내의 것인지'를 심사하는 정도로 완화되는 것이 상당하다(헌재 2005.10.27. 2003헌가3).

13 정답 ④

① [O] 헌법 제12조 제3항이 정한 영장주의가 수사기관이 강제처분을 함에 있어 중립적 기관인 법원의 허가를 얻어야 함을 의미하는 것 외에 법원에 의한 사후 통제까지 마련되어야 함을 의미한다고 보기 어렵고, 청구인의 주장은 결국 인터넷회선 감청의 특성상 집행 단계에서 수사기관의 권한 남용을 방지할 만한 별도의 통제 장치를 마련하지 않는 한 통신 및 사생활의 비밀과 자유를 과도하게 침해하게 된다는 주장과 같은 맥락이므로, 이 사건 법률조항이 과잉금지원칙에 반하여 청구인의 기본권을 침해하는지 여부에 대하여 판단하는 이상, 영장주의 위반 여부에 대해서는 별도로 판단하지 아니한다. 불특정 다수가 하나의 인터넷회선을 공유하여 사용하는 경우가 대부분이므로, 실제 집행 단계에서는 법원이 허가한 범위를 넘어 피의자 내지 피내사자의 통신자료뿐만 아니라 동일한 인터넷회선을 이용하는 불특정 다수인의 통신자료까지 수사기관에 모두 수집·저장된다. 따라서 인터넷회선 감청을 통해 수사기관이 취득하는 개인의 통신자료의 양을 전화감청 등 다른 통신제한조치와 비교할 바는 아니다. 이러한 여건 하에서 인터넷회선의 감청을 허용하는 것은 개인의 통신 및 사생활의 비밀과 자유에 심각한 위협을 초래하게 되므로 이 사건 법률조항으로 인하여 달성하려는 공익과 제한되는 사익 사이의 법익균형성도 인정되지 아니한다. 그러므로 이 사건 법률조항은 과잉금지원칙에 위반하는 것으로 청구인의 기본권을 침해한다(헌재 2018.8.30. 2016헌마263).

② [O] 영장주의의 본질은 형사절차와 관련하여 체포·구속·압수·수색 등 신체의 자유를 침해하는 강제처분을 함에 있어서는 사법권 독립에 의하여 그 신분이 보장되는 법관이 구체적 판단을 거쳐 발부한 영장에 의하여야만 한다는 데에 있다. 그러므로 영장주의를 완전히 배제하는 특별한 조치는 비상계엄에 준하는 국가비상사태에 있어서도 가급적 회피하여야 할 것이고, 설사 그러한 조치가 허용된다고 하더라도 지극히 한시적으로 이루어져야 할 것이며, 영장 없이 이루어진 수사기관의 강제처분에 대하여는 조속한 시간 내에 법관에 의한 사후심사가 이루어질 수 있는 장치가 마련되어야 할 것이다. 긴급조치 제1호 제5항은 긴급조치 위반자 및 비방자는 법관의 영장

없이 체포·구속·압수·수색할 수 있다고 규정하고 있다. 이는 앞서 본 바와 같이 광범위한 정치적 의사표현행위를 범죄로 처벌하도록 하면서도 어떠한 제약 조건도 두지 아니하고 법관의 구체적 판단 없이 체포·구속·압수·수색할 수 있도록 하고, 이에 대하여 법관에 의한 아무런 사후적 심사장치도 두지 아니한 것이므로, 비록 국가긴급권이 발동되는 상황이라 하더라도 지켜져야 할 영장주의의 본질을 침해하는 것이다(헌재 2013.3.21. 2010헌바70).

③ [O] 헌법 제12조 제3항과는 달리 헌법 제16조 후문은 "주거에 대한 압수나 수색을 할 때에는 검사의 신청에 의하여 법관이 발부한 영장을 제시하여야 한다."라고 규정하고 있을 뿐 영장주의에 대한 예외를 명문화하고 있지 않다. 그러나 헌법 제12조 제3항과 헌법 제16조의 관계, 주거 공간에 대한 긴급한 압수·수색의 필요성, 주거의 자유와 관련하여 영장주의를 선언하고 있는 헌법 제16조의 취지 등을 종합하면, 헌법 제16조의 영장주의에 대해서도 그 예외를 인정하되, 이는 ⓐ 그 장소에 범죄혐의 등을 입증할 자료나 피의자가 존재할 개연성이 소명되고, ⓑ 사전에 영장을 발부받기 어려운 긴급한 사정이 있는 경우에만 제한적으로 허용될 수 있다고 보는 것이 타당하다(헌재 2018.4.26. 2015헌바370).

❹ [×] 이 사건 법률조항은 수사기관이 직접 물리적 강제력을 행사하여 피의자에게 강제로 지문을 찍도록 하는 것을 허용하는 규정이 아니며 형벌에 의한 불이익을 부과함으로써 심리적·간접적으로 지문채취를 강요하고 있으므로 피의자가 본인의 판단에 따라 수용여부를 결정한다는 점에서 궁극적으로 당사자의 자발적 협조가 필수적임을 전제로 하므로 물리력을 동원하여 강제로 이루어지는 경우와는 질적으로 차이가 있다. 따라서 이 사건 법률조항에 의한 지문채취의 강요는 영장주의에 의하여야 할 강제처분이라 할 수 없다. 또한 수사상 필요에 의하여 수사기관이 직접강제에 의하여 지문을 채취하려 하는 경우에는 반드시 법관이 발부한 영장에 의하여야 하므로 영장주의원칙은 여전히 유지되고 있다고 할 수 있다(헌재 2004.9.23. 2002헌가17, 범죄의 피의자로 입건된 사람들에게 경찰공무원이나 검사의 신문을 받으면서 자신의 신원을 밝히지 않고 지문채취에 불응하는 경우 형사처벌을 통하여 지문채취를 강제하는 구 경범죄처벌법).

✎ 다만, 직접강제에 의한 지문채취는 영장주의가 적용된다.

14 정답 ④

① [O] 헌법 제34조 제1항의 생존권 내지 인간다운 생활을 할 권리는 인간의 존엄에 상응하는 최소한의 물질적인 생활의 유지에 필요한 급부를 국가에 적극적으로 요구할 수 있는 권리이다. 그런데 사적 자치에 따라 규율되는 사인 사이의 법률관계에서 계약갱신을 요구할 수 있는 권리는 헌법 제34조 제1항에 의한 보호대상이 아니므로, 위 법률조항이 생존권을 침해한다고 볼 수 없다(헌재 2014.8.28. 2013헌바76)를 내용으로 하는 구체적인 권리를 발생케 한다고는 볼 수 없다.

② [O] 국가가 장애인의 복지를 위하여 저상버스를 도입하는 등 국가재정이 허용하는 범위 내에서 사회적 약자를 위하여 최선을 다하는 것은 바람직하지만, 이는 사회국가를 실현하는 일차적 주체인 입법자와 행정청의 과제로서 이를 헌법재판소가

원칙적으로 강제할 수는 없는 것이며, 국가기관 간의 권력분립원칙에 비추어 볼 때 다만 헌법이 스스로 국가기관에게 특정한 의무를 부과하는 경우에 한하여, 헌법재판소는 헌법재판의 형태로써 국가기관이 특정한 행위를 하지 않은 부작위의 위헌성을 확인할 수 있을 뿐이다(헌법재판소가 결정의 형식으로 입법할 수 있다는 의미는 아니다). 이 사건의 경우 저상버스를 도입해야 한다는 구체적인 내용의 국가 의무가 헌법으로부터 도출될 수 없으므로, 이 사건 심판청구는 부적법하다(헌재 2002.12.18. 2002헌마52).

③ [O] 공무원연금제도는 일종의 사회보험으로서 보험의 기본원리에 있어서는 사보험(私保險)과 동일하나, 보험원리에 사회조정원리를 도입한 사회보장제도의 하나로서 몇 가지 점에서 사보험과는 다른 면을 지니고 있다. 첫째, 가입이 강제된다. 둘째, 급여의 종류와 내용이 법로 정해져 있어, 보험관계의 내용을 당사자들이 개별적으로 선택할 수 없다. 셋째, 각종 급여에 소요되는 비용은 국가 또는 지방자치단체가 부담하는 부담금(이 법 제69조)과 공무원이 납부하는 기여금(이 법 제66조)으로 충당되므로 국가가 보험비용의 일부를 부담함으로써 급부와 반대급부 균형의 원칙이 유지되지 못한다(헌재 1998.12.24. 96헌바73).

❹ [×] 생활이 어려운 장애인의 최저생활보장의 구체적 수준을 결정하는 것은 입법부 또는 입법에 의하여 다시 위임을 받은 행정부 등 해당기관의 광범위한 재량에 맡겨져 있다고 보아야 한다. 그러므로 국가가 인간다운 생활을 보장하기 위한 헌법적 의무를 다하였는지의 여부가 사법적 심사의 대상이 된 경우에는, 국가가 최저생활보장에 관한 입법을 전혀 하지 아니하였다든가 그 내용이 현저히 불합리하여 헌법상 용인될 수 있는 재량의 범위를 명백히 일탈한 경우에 한하여 헌법에 위반된다고 할 수 있다. 한편, 국가가 생활능력 없는 장애인의 인간다운 생활을 보장하기 위하여 행하는 사회부조에는 보장법에 의한 생계급여 지급을 통한 최저생활보장 외에 다른 법령에 의하여 행하여지는 것도 있으므로, 국가가 행하는 최저생활보장 수준이 그 재량의 범위를 명백히 일탈하였는지 여부, 즉 인간다운 생활을 보장하기 위한 객관적 내용의 최소한을 보장하고 있는지 여부는 보장법에 의한 생계급여만을 가지고 판단하여서는 아니되고, 그 외의 법령에 의거하여 국가가 최저생활보장을 위하여 지급하는 각종 급여나 각종 부담의 감면 등을 총괄한 수준으로 판단하여야 한다(헌재 2004.10.28. 2002헌마328).

15   정답 ③

① [O] 피성년후견인이 된 경우 당연퇴직되도록 한 구 국가공무원법 제69조는 과잉금지원칙에 반하여 공무담임권을 침해한다(헌재 2022.12.22. 2020헌가8).

② [O] 아동·청소년의 성보호에 관한 법률' 제2조 제2호에 따른 아동·청소년대상 성범죄에 해당하는 죄를 저질러 파면·해임되거나 형 또는 치료감호를 선고받아 그 형 또는 치료감호가 확정된 사람은 공무원으로 임용될 수 없도록 한 국가공무원법 제33조 제6호의4는 과잉금지원칙에 위반되어 청구인의 공무담임권을 침해한다(헌재 2022.11.24. 2020헌마1).

❸ [×] 아동·청소년이용음란물임을 알면서 이를 소지한 죄로 형을 선고받아 그 형이 확정된 사람은 국가공무원법 제2조 제2항 제1호의 일반직공무원으로 임용될 수 없도록 한 국가공무원법 제33조 제6호의4 나목은 공무담임권을 침해한다(헌재 2023.6.29. 2020헌마1605).

④ [O] 변호사, 공인회계사, 관세사에 대한 가산비율 5%를 부여하는 구 공무원임용시험령은 공무담임권을 침해하지 않는다(헌재 2023.2.23. 2019헌마401).

16   정답 ④

① [O] 구 조세감면규제법 제7조의2 제5항과 구 법인세법 제10조의3 규정에 따라 증자소득공제를 기대하고 증자를 한 경우, 그러한 구법은 기업이 증자를 통하여 재무구조 개선을 하도록 유도하기 위한 목적으로 제정된 것이고, 한편 구법이 위헌·무효라거나 내용이 모호하거나, 특별히 공익 내지 형평성에 문제가 있다고는 할 수 없으며, 청구인의 경우 구법상의 증자소득공제율이 조만간에 개정될 것을 예견하였다는 사정도 보이지 않으며, 또한 소득공제율을 축소하는 것으로 개정된 규정이 투자유인이라는 입법목적의 달성정도에 따라 합리적으로 개정된 것이라 하더라도 이로서 청구인과 같이 구법을 신뢰한 국민들의 기대권을 압도할 만큼 공익의 필요성이 긴절한 것이라고도 보여지지 아니한다면, 적어도 입법자로서는 구법에 따른 국민의 신뢰를 보호하는 차원에서 상당한 기간 정도의 경과규정을 두는 것이 바람직한데도 그러한 조치를 하지 않아 결국 청구인의 신뢰가 상당한 정도로 침해되었다고 판단된다(헌재 1995.10.26. 94헌바12).

✏ 소거로 풀 것

② [O] 의료기관 시설에서의 약국개설을 금지하는 입법을 하면서 1년의 유예기간을 두어 법 시행 후 1년 뒤에는 기존의 약국을 더 이상 운영할 수 없게 한 것은 신뢰보호 원칙에 위반되지 않는다(헌재 2003.10.30. 2001헌마700).

③ [O] 다수인이 이용하는 PC방과 같은 공중이용시설 전체를 금연구역으로 지정함으로써 청소년을 비롯한 비흡연자의 간접흡연을 방지하고 혐연권을 보장하여 국민 건강을 증진시키기 위해 개정된 이 사건 금연구역조항의 입법목적은 정당하며, 그 방법도 적절하다. 이 사건 부칙조항이 이 사건 금연구역조항의 시행을 유예한 2년의 기간은 법 개정으로 인해 변화된 상황에 적절히 대처하는데 있어 지나치게 짧은 기간이라 볼 수 없으므로, 이 사건 금연구역조항과 부칙조항은 신뢰보호원칙에 위배되지 않는다(헌재 2013.6.27. 2011헌마315·509, 2012헌마386).

❹ [×] 법치국가의 원칙상 법률이 개정되는 경우에는 구법질서에 대하여 가지고 있던 당사자의 신뢰는 보호되어야 할 것이다. 그런데 국민건강이라는 공공복리를 위하여 한약사제도를 신설한 약사법 개정의 입법목적에 정당성이 인정되고, 한약의 조제라는 활동이 약사직의 본질적인 구성부분이 아닌 예외적이고 부수적인 구성부분이므로, 약사들의 한약의 조제권에 대한 신뢰이익은 법률개정 이익에 절대적으로 우선하는 것이 아니라 적정한 유예기간을 규정하는 경과규정에 의하여 보호될 수 있는 것이라 할 것인바, 약사법 부칙 제4조 제2항이 설정한 2년의 유예기간은 약사들이 약사법의 개정으로 인한 상황

변화에 적절히 대처하고 그에 적응함에 필요한 상당한 기간이라고 판단되는 점에 또 다른 경과규정으로 2년 이내에 한약조제시험에 합격하는 약사에게 한약조제권을 부여하고 있는 점 등을 종합하면, 이러한 경과규정은 약사법 개정 이전부터 한약을 조제하여 온 약사들의 신뢰를 충분히 보호하고 있다고 보아야 할 것이다(헌재 1997.11.27. 97헌바10).

17 　　　　　　　　　　　　　　　　　　　정답 ①

ㄱ. [O] 심판대상조항으로 인하여 확인대상사업자가 세무사 등으로부터 그 확인서를 받기 위해 비용을 지출한다 하더라도 이는 성실신고확인서 제출의무에 따른 간접적이고 반사적인 경제적 불이익에 불과하고 … (헌재 2019.7.25. 2016헌바392).

ㄴ. [O] 세무사가 납세자와 사이에 세무대리계약 체결을 거절하여 재산상의 손해를 입는다 하더라도 이 역시 간접적이고 사실적인 불이익에 불과하여 재산권의 내용에 포함된다고 보기 어렵다(헌재 2019.7.25. 2016헌바392).

ㄷ. [O] 세무사가 행하는 성실신고확인은 확인대상사업자의 소득금액에 대하여 심판대상조항 및 관련 법령에 따라 확인하는 것으로 단순한 사실관계의 확인에 불과한 것이어서 헌법 제19조에 의하여 보장되는 양심의 영역에 포함되지 않는다(헌재 2019.7.25. 2016헌바392).

ㄹ. [X] 법인사업자의 성실납부를 위해 개인사업자에게는 없는 외부회계감사제도까지 두고 있다는 점에서 법인사업자와 개인사업자를 동일선상에서 비교하기는 어려우므로, 심판대상조항이 개인사업자를 대상으로 하고 있다는 이유만으로 평등원칙 위반의 문제가 발생한다고 보기는 어렵다(헌재 2019.7.25. 2016헌바392).

ㅁ. [X] 세무사의 입장에서도 성실신고 확인업무를 충실히 수행하여 그 성실성을 담보하면 과태료나 직무정지와 같은 불이익 없이 오히려 수임을 통해 금전적 이득을 볼 수 있으므로 그 제한이 과중하다고 보기 어려워 법익균형성도 충족한다. 심판대상조항은 과잉금지원칙에 위배되어 세무사 등의 직업수행의 자유를 침해하지 않는다(헌재 2019.7.25. 2016헌바392).

18 　　　　　　　　　　　　　　　　　　　정답 ④

① [X] 청구인들이 불법체류 중인 외국인들이라 하더라도, 불법체류라는 것은 관련 법령에 의하여 체류자격이 인정되지 않는다는 것일 뿐이므로, '인간의 권리'로서 외국인에게도 주체성이 인정되는 일정한 기본권에 관하여 불법체류 여부에 따라 그 인정 여부가 달라지는 것은 아니다(헌재 2012.8.23. 2008헌마430).

② [X] 청구인들이 불법체류 중인 외국인들이라 하더라도, 불법체류라는 것은 관련 법령에 의하여 체류자격이 인정되지 않는다는 것일 뿐이므로, '인간의 권리'로서 외국인에게도 주체성이 인정되는 일정한 기본권에 관하여 불법체류 여부에 따라 그 인정 여부가 달라지는 것은 아니다. 청구인들이 침해받았다고 주장하고 있는 신체의 자유, 주거의 자유, 변호인의 조력을 받을 권리, 재판청구권 등은 성질상 인간의 권리에 해당한다고 볼 수 있으므로, 위 기본권들에 관하여는 청구인들의 기본

권 주체성이 인정된다. 그러나 '국가인권위원회의 공정한 조사를 받을 권리'는 헌법상 인정되는 기본권이라고 하기 어렵고, 이 사건 보호 및 강제퇴거가 청구인들의 노동3권을 직접 제한하거나 침해한 바 없음이 명백하므로, 위 기본권들에 대하여는 본안판단에 나아가지 아니한다(헌재 2012.8.23. 2008헌마430).

③ [X] 신체의 자유, 주거의 자유, 변호인의 조력을 받을 권리, 재판청구권 등은 성질상 인간의 권리에 해당한다고 볼 수 있으므로, 위 기본권들에 관하여는 청구인들의 기본권 주체성이 인정된다. 그러나 '국가인권위원회의 공정한 조사를 받을 권리'는 헌법상 인정되는 기본권이라고 하기 어렵고, 이 사건 보호 및 강제퇴거가 청구인들의 노동3권을 직접 제한하거나 침해한 바 없음이 명백하므로, 위 기본권들에 대하여는 본안판단에 나아가지 아니한다(헌재 2012.8.23. 2008헌마430).

❹ [O] 청구인들이 침해되었다고 주장하는 인간의 존엄과 가치, 행복추구권은 대체로 '인간의 권리'로서 외국인도 주체가 될 수 있다고 보아야 하고, 평등권도 인간의 권리로서 참정권 등에 대한 성질상의 제한 및 상호주의에 따른 제한이 있을 수 있을 뿐이다. 이 사건에서 청구인들이 주장하는 바는 대한민국 국민과의 관계가 아닌, 외국국적의 동포들 사이에 재외동포법의 수혜대상에서 차별하는 것이 평등권 침해라는 것으로서 성질상 위와 같은 제한을 받는 것이 아니고 상호주의가 문제되는 것도 아니므로, 청구인들에게 기본권주체성을 인정함에 아무런 문제가 없다(헌재 2001.11.29. 99헌마494).

19 　　　　　　　　　　　　　　　　　　　정답 ④

① [O] 변호사 등록이 단순히 변협과 그 소속 변호사 사이의 내부 법률문제라거나, 변협의 고유사무라고 할 수 없다. 이와 같은 점을 고려할 때, 변협은 변호사 등록에 관한 한 공법인으로서 공권력 행사의 주체라고 할 것이다(헌재 2019.11.28. 2017헌마759).

② [O] 변호사 등록에 관한 한 공법인 성격을 가지는 변협이 등록사무의 수행과 관련하여 정립한 규범을 단순히 내부 기준이라거나 사법적인 성질을 지니는 것이라 볼 수는 없고, 변호사 등록을 하려는 자와의 관계에서 대외적 구속력을 가지는 공권력 행사에 해당한다고 할 것이다. 따라서 변협이 변호사 등록사무의 수행과 관련하여 정립한 규범인 심판대상조항들은 헌법소원 대상인 공권력의 행사에 해당한다(헌재 2019.11.28. 2017헌마759).

③ [O] 변협이 등록료를 쉽게 인상할 수 있어 침해의 반복가능성이 인정되며, 변호사 등록료는 변호사로 등록하고자 하는 자 모두에게 적용되는 것으로 청구인에 대한 개별적 사안의 성격을 넘어 일반적으로 헌법적 해명의 필요성이 있으므로, 예외적으로 심판대상조항들에 대한 심판의 이익이 인정된다(헌재 2019.11.28. 2017헌마759).

❹ [X] 법정단체에 가입이 강제되는 유사직역의 입회비 등을 고려했을 때 금 1,000,000원이라는 돈이 신규가입을 제한할 정도로 현저하게 과도한 금액이라고 할 수는 없다. 따라서 심판대상조항들은 과잉금지원칙에 위반하여 청구인의 직업의 자유를 침해하지 않는다(헌재 2019.11.28. 2017헌마759).

반적 행동자유권을 침해한 것이다(헌재 2011.6.30. 2009헌마
406).

① [×] 청구인들은 시민이 공물을 이용할 수 있는 요건을 갖추는 한
공물을 사용·이용하게 해달라고 국가에 대하여 청구할 수
있는 권리, 즉 공물이용권이 행복추구권에 포함되는 청구권적
기본권이라고 주장한다. 그러나 헌법 제10조의 행복추구권은
국민이 행복을 추구하기 위한 활동을 국가권력의 간섭 없이
자유롭게 할 수 있다는 포괄적인 의미의 자유권으로서의 성
격을 갖는 것인바, 청구인들이 주장하는 공물을 사용·이용하
게 해달라고 청구할 수 있는 권리는 청구인들의 주장 자체에
의하더라도 청구권의 영역에 속하는 것이므로 이러한 권리가
포괄적인 자유권인 행복추구권에 포함된다고 할 수 없다. 그
러나 일반 공중의 사용에 제공된 공공용물을 그 제공목적대
로 이용하는 것은 일반사용 내지 보통사용에 해당하는 것으
로 따로 행정주체의 허가를 받을 필요가 없는 행위이고, 구
'서울특별시 서울광장의 사용 및 관리에 관한 조례'도 사용허
가를 받아야 하는 광장의 사용은 불특정 다수 시민의 자유로
운 광장 이용을 제한하는 경우로 정하여(위 조례 제2조 제1호)
개별적으로 서울광장을 통행하거나 서울광장에서 여가활동이
나 문화활동을 하는 것은 아무런 제한 없이 허용하고 있다.
이처럼 일반 공중에게 개방된 장소인 서울광장을 개별적으로
통행하거나 서울광장에서 여가활동이나 문화활동을 하는 것
은 일반적 행동자유권의 내용으로 보장됨에도 불구하고, 피청
구인이 이 사건 통행제지행위에 의하여 청구인들의 이와 같
은 행위를 할 수 없게 하였으므로 청구인들의 일반적 행동자
유권의 침해 여부가 문제된다(헌재 2011.6.30. 2009헌마406).

❷ [O] 계약자유의 원칙이란 계약을 체결할 것인가의 여부, 체결한다
면 어떠한 내용의, 어떠한 상대방과의 관계에서, 어떠한 방식
으로 계약을 체결하느냐 하는 것도 당사자 자신이 자기의사
로 결정하는 자유뿐만 아니라, 원치 않으면 계약을 체결하지
않을 자유를 말하여, 이는 헌법상의 행복추구권 속에 함축된
일반적 행동자유권으로부터 파생되는 것이라 할 것이다(헌재
1991.6.3. 89헌마204).

③ [×] 헌법 제10조의 행복추구권은 국민이 행복을 추구하기 위하여
필요한 급부를 국가에 적극적으로 요구할 수 있는 것을 내용
으로 하는 것이 아니라, 국민이 행복을 추구하기 위한 활동을
국가권력의 간섭 없이 자유롭게 할 수 있다는 포괄적인 의미
의 자유권으로서의 성격을 가지므로, 사회보험의 일종인 「국
민건강보험법」에 의하여 요양급여를 요구하는 것이 자유권의
영역에 속한다고 볼 수 없는 이상, 이를 요구할 권리가 포괄
적 자유권인 행복추구권의 내용에 포함된다고 할 수 없어서
A형 혈우병 환자에 대한 유전자재조합제제의 요양급여 여부
를 결정하고 있는 이 사건 고시조항이 행복추구권을 침해한
다고 보기는 어렵다(헌재 2012.6.27. 2010헌마716).

④ [×] **서울특별시 서울광장통행저지행위 위헌확인**
거주·이전의 자유는 거주지나 체류지라고 볼 만한 정도로
생활과 밀접한 연관을 갖는 장소를 선택하고 변경하는 행위
를 보호하는 기본권인바, 이 사건에서 서울광장이 청구인들의
생활형성의 중심지인 거주지나 체류지에 해당한다고 할 수
없고, 서울광장에 출입하고 통행하는 행위가 그 장소를 중심
으로 생활을 형성해 나가는 행위에 속한다고 볼 수도 없으므
로 청구인들의 거주·이전의 자유가 제한되었다고 할 수 없
다. 통행제지행위는 과잉금지원칙을 위반하여 청구인들의 일

🔷 **정답**
p.82

01	③	**02**	①	**03**	④	**04**	②	**05**	④
06	②	**07**	③	**08**	②	**09**	①	**10**	①
11	③	**12**	②	**13**	②	**14**	①	**15**	③
16	④	**17**	④	**18**	②	**19**	②	**20**	④

01
정답 ③

① [O] 형사사법정보시스템과 육군 장교 관련 데이터베이스를 연동하여 신분을 확인하는 방법 또는 범죄경력자료를 조회하는 방법 등은, 군사보안 및 기술상의 한계가 존재하고 파악할 수 있는 약식명령의 범위도 한정되므로, 자진신고의무를 부과하는 방법과 같은 정도로 입법목적을 달성하기 어렵다. 청구인들이 자진신고의무를 부담하는 것은 수사 및 재판 단계에서 의도적으로 신분을 밝히지 않은 행위에서 비롯된 것으로서 이미 예상가능한 불이익인 반면, '군사법원에서 약식명령을 받아 확정된 경우'와 그 신분을 밝히지 않아 '민간법원에서 약식명령을 받아 확정된 경우' 사이에 발생하는 인사상 불균형을 방지함으로써 군 조직의 내부 기강 및 질서를 유지하고자 하는 공익은 매우 중대하다. 20년도 육군지시 자진신고조항 및 21년도 육군지시 자진신고조항은 과잉금지원칙에 반하여 일반적 행동의 자유를 침해하지 않는다[헌재 2021.8.31. 2020헌마2 · 589(병합)].

② [O] 미결수용자가 가족과 접견하는 것이 헌법 제10조가 보장하고 있는 인간으로서의 존엄과 가치 및 행복추구권 가운데 포함되는 헌법상의 기본권인 것과 마찬가지로 미결수용자의 가족이 미결수용자와 접견하는 것 역시 헌법 제10조가 보장하고 있는 인간으로서의 존엄과 가치 및 행복추구권 가운데 포함되는 헌법상의 기본권이라고 보아야 할 것이다(헌재 2021.11.25. 2018헌마598).

❸ [×] 미결수용자의 가족이 인터넷화상접견이나 스마트접견과 같이 영상통화를 이용하여 접견할 권리가 접견교통권의 핵심적 내용에 해당되어 헌법에 의해 직접 보장된다고 보기도 어렵다. 이와 같이 영상통화를 이용한 접견이 접견교통권의 보호영역에 포함되지 않는 이상, 인터넷화상접견 대상자 지침조항 및 스마트접견 대상자 지침조항에 의한 접견교통권 제한이나 행복추구권 또는 일반적 행동자유권의 제한 역시 인정하기 어렵다(헌재 2021.11.25. 2018헌마598).

④ [O] 입법자는 '형의 집행 및 수용자의 처우에 관한 법률'에 대면(제41조), 편지수수(제43조), 전화통화(제44조)만을 접견교통의 수단으로 규정하였을 뿐이고, 미결수용자의 가족이 인터넷화상접견이나 스마트접견과 같이 영상통화를 이용하여 접견할 권리가 접견교통권의 핵심적 내용에 해당되어 헌법에 의해 직접 보장된다고 보기도 어렵다. 이와 같이 영상통화를 이용한 접견이 접견교통권의 보호영역에 포함되지 않는 이상, 인터넷화상접견 대상자 지침조항 및 스마트접견 대상자 지침조항에 의한 접견교통권 제한이나 행복추구권 또는 일반적 행동자유권의 제한 역시 인정하기 어렵다(헌재 2021.11.25. 2018헌마598).

02
정답 ①

ㄱ. [O] 청구인은 본인확인제가 인터넷이라는 매체에 글을 쓰고자 하는 자에 대하여만 본인확인절차를 거치도록 함으로써 다른 매체에 글을 쓰는 자와 합리적 이유 없이 차별취급하여 인터넷에 글을 쓰고자 하는 자의 평등권을 침해한다고 주장하나, 청구인이 주장하는 차별취급은 본인확인제가 인터넷상의 익명표현의 자유를 제한함에 따라 부수적으로 발생할 수밖에 없는 결과일 뿐인 것으로서 그에 관한 판단은 익명표현의 자유의 침해 여부에 관한 판단과 동일하다고 할 것이므로 별도로 판단하지 아니한다(헌재 2012.8.23. 2010헌마47 등).

ㄴ. [O] 헌법 제21조 제1항에서 보장하고 있는 표현의 자유는 사상 또는 의견의 자유로운 표명(발표의 자유)과 그것을 전파할 자유(전달의 자유)를 의미하는 것으로서, 그러한 의사의 '자유로운' 표명과 전파의 자유에는 자신의 신원을 누구에게도 밝히지 아니한 채 익명 또는 가명으로 자신의 사상이나 견해를 표명하고 전파할 익명표현의 자유도 포함된다(헌재 2012.8.23. 2010헌마47).

ㄷ. [×] 검열금지원칙 위반은 아니고 최근에 과잉금지원칙 위반으로 위헌결정되었다. 본인확인제는 표현을 금지하는 것은 아니므로 검열에 해당하지 않는다.

관련판례

> 청구인 손○규 등은 본인확인제가 인터넷상에서 자유로운 의견표명을 사전에 제한하는 실질적인 사전검열이라 주장하나, 이 사건 본인확인제는 게시 글의 내용에 따라 규제를 하는 것이 아니고, 정보통신서비스 제공자의 삭

제의무를 규정하고 있지도 않은바, 의견발표 전에 국가기관에 의하여 그 내용을 심사, 선별하여 일정한 사상표현을 저지하는 사전적 내용심사로는 볼 수 없으므로 사전검열금지원칙에 위배된다고 할 수 없다(헌재 2012.8.23. 2010헌마47).

ㄹ. [×] 국가기관, 지방자치단체, 공공기관의 운영에 관한 법률 제5조 제3항에 따른 공기업·준정부기관 및 지방공기업법에 따른 지방공사·지방공단으로 하여금 정보통신망 상에 게시판을 설치·운영하려면 게시판 이용자의 본인 확인을 위한 방법 및 절차의 마련 등 대통령령으로 정하는 필요한 조치를 하도록 규정한 '정보통신망 이용촉진 및 정보보호 등에 관한 법률'은 공공기관등이 설치·운영하는 게시판이라는 한정적 공간에 적용되는 점 등에 비추어 볼 때 기본권 제한의 정도가 크지 않다. 그에 반해 공공기관등이 설치·운영하는 게시판에 언어폭력, 명예훼손, 불법정보의 유통이 이루어지는 것을 방지함으로써 얻게 되는 건전한 인터넷 문화 조성이라는 공익은 중요하다. 따라서 심판대상조항은 법익의 균형성을 충족한다. 심판대상조항은 과잉금지원칙을 준수하고 있으므로 청구인의 익명표현의 자유를 침해하지 않는다(헌재 2022.12.22. 2019헌마654).

ㅁ. [○] 본인확인제는 정보통신서비스 제공자에게 인터넷게시판을 운영함에 있어서 본인확인조치를 이행할 의무를 부과하여 정보통신서비스 제공자의 직업수행의 자유도 제한하나, 청구인 회사의 주장 취지 및 앞에서 살펴본 본인확인제의 도입배경 등을 고려할 때 이 사건과 가장 밀접한 관계에 있고 또 침해의 정도가 큰 주된 기본권은 언론의 자유라 할 것이고, 게시판 운영자의 언론의 자유의 제한은 게시판 이용자의 표현의 자유의 제한에 수반되는 결과라고 할 수 있으므로, 이하에서는 게시판 이용자의 표현의 자유 침해 여부를 중심으로 하여 게시판 운영자의 언론의 자유 등 침해 여부를 함께 판단하기로 한다(헌재 2012.8.23. 2010헌마47 등).

ㅂ. [○] 관계법령의 규정 내용이 구체적으로 '인터넷언론사'의 범위에 관하여 규정하고 있고, 독립된 헌법기관인 중앙선거관리위원회가 설치·운영하는 인터넷선거보도심의위원회가 이를 결정·게시하는 이상, 해당 인터넷언론사가 자신이 실명확인 조치의무를 지는지 여부에 관하여 확신이 없는 상태에 빠지는 경우를 상정할 수 없고, '지지·반대'의 정보는 건전한 상식과 통상적인 법감정을 가진 사람이면 자신의 글 등이 이에 해당하는지를 충분히 알 수 있다고 할 것이므로, 이 사건 법률조항 중 '인터넷언론사'와 '지지·반대' 부분이 명확성원칙에 위배된다고 할 수 없다(헌재 2015.7.30. 2012헌마734).

---

03   정답 ④

① [○] 채증규칙(경찰청 예규)은 법률로부터 구체적인 위임을 받아 제정한 것이 아니며, 집회·시위 현장에서 불법행위의 증거자료를 확보하기 위해 행정조직의 내부에서 상급행정기관이 하급행정기관에 대하여 발령한 내부기준으로 행정규칙이다. 청구인들을 포함한 이 사건 집회 참가자는 이 사건 채증규칙에 의해 직접 기본권을 제한받는 것이 아니라, 경찰의 이 사건 촬영행위에 의해 비로소 기본권을 제한받게 된다. 따라서 청

구인들의 이 사건 채증규칙에 대한 심판청구는 헌법재판소법 제68조 제1항이 정한 기본권 침해의 직접성 요건을 충족하지 못하였으므로 부적법하다(헌재 2018.8.30. 2014헌마843).

② [○] 이 사건 촬영행위는 이미 종료되었으므로, 이에 대한 심판청구가 인용된다고 하더라도 청구인들의 권리구제에는 도움이 되지 않는다. 그러나 기본권 침해행위가 장차 반복될 위험이 있거나 당해 분쟁의 해결이 헌법질서의 유지·수호를 위하여 긴요한 사항이어서 헌법적으로 그 해명이 중대한 의미를 지니고 있는 때에는 예외적으로 심판의 이익을 인정할 수 있다(헌재 2018.8.30. 2014헌마843).

③ [○] 옥외집회·시위 현장에서 참가자들을 촬영·녹화하는 경찰의 촬영행위는 집회참가자들에 대한 초상권을 포함한 일반적 인격권을 제한할 수 있다. 경찰의 촬영행위는 개인정보자기결정권의 보호대상이 되는 신체, 특정인의 집회·시위 참가 여부 및 그 일시·장소 등의 개인정보를 정보주체의 동의 없이 수집하였다는 점에서 개인정보자기결정권을 제한할 수 있다. 집회·시위 등 현장에서 집회·시위 참가자에 대한 사진이나 영상촬영 등의 행위는 집회·시위 참가자들에게 심리적 부담으로 작용하여 여론형성 및 민주적 토론절차에 영향을 주고 집회의 자유를 전체적으로 위축시키는 결과를 가져올 수 있으므로 집회의 자유를 제한한다고 할 수 있다(헌재 2018.8.30. 2014헌마843).

❹ [×] 선지는 반대의견으로 제시된 재판관 5인의 의견이다.
법정의견: 근접촬영과 달리 먼 거리에서 집회·시위 현장을 전체적으로 촬영하는 소위 조망촬영이 기본권을 덜 침해하는 방법이라는 주장도 있으나, 최근 기술의 발달로 조망촬영과 근접촬영 사이에 기본권 침해라는 결과에 있어서 차이가 있다고 보기 어려우므로, 경찰이 이러한 집회·시위에 대해 조망촬영이 아닌 근접촬영을 하였다는 이유만으로 헌법에 위반되는 것은 아니다. 이 사건에서 피청구인이 신고범위를 벗어난 동안에만 집회참가자들을 촬영한 행위가 과잉금지원칙을 위반하여 집회참가자인 청구인들의 일반적 인격권, 개인정보자기결정권 및 집회의 자유를 침해한다고 볼 수 없다(헌재 2018.8.30. 2014헌마843).

---

04   정답 ②

① [×] 심판대상조항은 청구인의 신체의 자유를 제한하는 것은 아니다. 심판대상조항은 위험성을 가진 재화의 제조·판매조건을 제약함으로써 최고속도 제한이 없는 전동킥보드를 구입하여 사용하고자 하는 소비자의 자기결정권 및 일반적 행동자유권을 제한할 뿐이다(헌재 2020.2.27. 2017헌마1339).

❷ [○] 헌법소원심판제도는 기본권 침해를 구제하는 제도이므로 헌법소원심판청구가 적법하려면 심판청구 당시는 물론 그 결정 당시에도 권리보호이익이 있어야 함이 원칙이다. 청구인이 심판청구할 당시인 2017.12.14.에는 전기자전거와 전동킥보드의 최고속도 제한기준상 차별취급이 존재하였던 것은 사실이나, 2018.3.19. 개정고시 이후에는 전기자전거의 최고속도 제한기준이 전동킥보드와 동일해짐에 따라 청구인이 주장하는 전기자전거와의 최고속도 제한의 차이를 이유로 한 차별취급 문제는 더 이상 존재하지 않는다. 결국 심판대상조항이 전동킥보드를 전기자전거와 차별취급하여 평등권을 침해하는지

여부의 문제는 권리보호이익이 없으므로, 더 나아가 차별취의 합리적 이유가 있는지 여부를 판단할 필요가 없다(헌재 2020. 2.27. 2017헌마339).

③ [×] 전동킥보드는 배기량 125cc 이하의 이륜자동차와 성능이나 이용행태가 전혀 다르므로 제품 제조·수입상의 안전기준 수립 문제에 관한 한, 둘은 동일하게 취급되어야 하는 비교집단이라 볼 수 없다. 전동모터보드와 같은 새로운 개인형 이동수단(스마트 모빌리티)과 전동킥보드는 이 사건 고시 부속서 32에서 각각 동일한 최고속도 제한기준을 두고 있으므로, 차별취급이 존재하지 않는다(헌재 2020.2.27. 2017헌마339).

④ [×] 심판대상조항이 전동킥보드에 대해서만 최고속도 제한기준을 둠으로써 그와는 제한기준이 30km/h로 다른 전기자전거, 또는 그러한 제한기준이 없는 배기량 125cc 이하의 이륜자동차나 새로운 개인형 이동수단(스마트 모빌리티) 및 해외제조 전동킥보드와 비교하여 평등권을 제한하는지 여부(소극)심판대상조항이 해외제조 전동킥보드에 대하여 최고속도 제한을 적용하지 않는 것으로 인해 국내 전동킥보드 제조자의 평등권이 문제될 수는 있을지언정, 소비자인 청구인의 입장에서 최고속도 제한이 없거나 더 빠른 전동킥보드를 구입하려면 해외에서 제조되어 정식 수입이 아닌 구매대행 경로만을 이용하여야 하는 불편을 이유로 그의 평등권이 침해되었다고 볼 수 없다(헌재 2020.2.27. 2017헌마339).

05 정답 ④

① [×] 지방자치법 제13조의2가 주민투표의 법률적 근거를 마련하면서, 주민투표에 관련된 구체적 절차와 사항에 관하여는 따로 법률로 정하도록 하였다고 하더라도 주민투표에 관련된 구체적인 절차와 사항에 대하여 입법하여야 할 헌법상 의무가 국회에게 발생하였다고 할 수는 없다(헌재 2001.6.28. 2000헌마735).

② [×] 주민소환제 자체는 지방자치의 본질적인 내용이라고 할 수 없으므로 이를 보장하지 않는 것이 위헌이라거나 어떤 특정한 내용의 주민소환제를 반드시 보장해야 한다는 헌법적인 요구가 있다고 볼 수는 없다(헌재 2009.3.26. 2007헌마843).

③ [×] 지방자치단체의 주요결정사항에 관한 주민투표와 국가정책사항에 관한 주민투표 사이의 본질적인 차이를 감안하여, 이 사건 법률조항에 의하여 지방자치단체의 주요결정사항에 관한 주민투표와는 달리 주민투표소송의 적용을 배제하고 있는 것이므로, 이 사건 법률조항이 현저히 불합리하게 입법재량의 범위를 벗어나 청구인들의 주민투표소송 등 재판청구권을 침해하였다고 보기는 어렵다. 또한 이 사건 법률조항이 국가정책에 관한 주민투표의 경우에 주민투표소송을 배제함으로써 지방자치단체의 주요결정사항에 관한 주민투표의 경우와 달리 취급하였다 하더라도, 이는 양자 사이의 본질적인 차이를 감안한 것으로서 입법자의 합리적인 입법형성의 영역 내의 것이라 할 것이고, 따라서 자의적인 차별이라고는 보기 어려우므로, 이 사건 법률조항이 청구인들의 평등권을 침해한다고 볼 수 없다(헌재 2009.3.26. 2006헌마99).

④ [○] 주민소환투표의 청구시 주민소환의 청구사유를 명시하지 아니하고 주민소환 청구사유의 진위 여부에 대한 확인을 규정하지 아니하고 있는 주민소환에 관한 법률 규정은 공무담임권을 침해하지 않는다(헌재 2011.3.31. 2008헌마355).

06 정답 ②

① [○] 입법자가 행정심판을 전심절차가 아니라 종심절차로 규정함으로써 정식재판의 기회를 배제하거나, 어떤 행정심판을 필요적 전심절차로 규정하면서도 그 절차에 사법절차가 준용되지 않는다면 이는 헌법 제107조 제3항, 나아가 재판청구권을 보장하고 있는 헌법 제27조에도 위반된다 할 것이다. 반면 어떤 행정심판절차에 사법절차가 준용되지 않는다 하더라도 임의적 전치제도로 규정함에 그치고 있다면 위 헌법조항에 위반된다 할 수 없다. 그러한 행정심판을 거치지 아니하고 곧바로 행정소송을 제기할 수 있는 선택권이 보장되어 있기 때문이다(헌재 2001.6.28. 2000헌바30).

❷ [×] 입법자가 행정심판을 전심절차가 아니라 종심절차로 규정함으로써 정식재판의 기회를 배제하거나, 어떤 행정심판을 필요적 전심절차로 규정하면서도 그 절차에 사법절차가 준용되지 않는다면 이는 헌법 제107조 제3항, 나아가 재판청구권을 보장하고 있는 헌법 제27조에도 위반된다 할 것이다. 반면 어떤 행정심판절차에 사법절차가 준용되지 않는다 하더라도 임의적 전치제도로 규정함에 그치고 있다면 위 헌법조항에 위반된다 할 수 없다. 그러한 행정심판을 거치지 아니하고 곧바로 행정소송을 제기할 수 있는 선택권이 보장되어 있기 때문이다(헌재 2001.6.28. 2000헌바30).

③ [○] 헌법 제107조 제3항에서 요구하는 사법절차성의 요소인 판단기관의 독립성과 공정성을 위하여는 권리구제 여부를 판단하는 주체가 객관적인 제3자적 지위에 있을 것이 필요하다. 이의신청과 심사청구의 경우 재결청은 심의·의결기관인 위원회의 의결에 따라 결정하도록 되어 있으므로 위원회의 구성과 운영에 있어 독립성과 공정성을 제도적으로 보장하는 것이 중요하다(헌재 2001.6.28. 2000헌바30).

④ [○] 지방세법상의 이의신청·심사청구제도는 그 판단기관의 독립성·중립성도 충분하지 않을 뿐 아니라, 무엇보다도 그 심리절차에 있어서 사법절차적 요소가 매우 미흡하고 특히 당사자의 절차적 참여권이라는 본질적 요소가 현저히 흠결되어 있어 사법절차 '준용'의 요청을 외면하고 있다고 하지 않을 수 없다. 이와 같이 이의신청·심사청구라는 이중의 행정심판을 필요적으로 거치도록 하면서도 사법절차를 준용하고 있지 않으므로 이 사건 법률조항은 헌법 제107조 제3항에 위반될 뿐만 아니라, 사법적 권리구제를 부당히 방해한다고 할 것이어서 재판청구권을 보장하고 있는 헌법 제27조 제3항에도 위반된다고 할 것이다(헌재 2001.6.28. 2000헌바30).

07 정답 ③

ㄱ.[○] 구 법관징계법 제27조는 법관에 대한 대법원장의 징계처분 취소청구소송을 대법원에 의한 단심재판에 의하도록 규정하고 있는바, 이는 독립적으로 사법권을 행사하는 법관이라는 지위의 특수성과 법관에 대한 징계절차의 특수성을 감안하여 재판의 신속을 도모하기 위한 것으로 그 합리성을 인정할 수 있고, 대법원이 법관에 대한 징계처분 취소청구소송을 단심으로 재판하는 경우에는 사실확정도 대법원의 권한에 속하여 법관에 의한 사실확정의 기회가 박탈되었다고 볼 수 없으므로, 헌법 제27조 제1항의 재판청구권을 침해하지 아니한다(헌재 2012.2.23. 2009헌바34).

ㄴ. [×] 압수물은 검사의 이익을 위해서 뿐만 아니라 이에 대한 증거신청을 통하여 무죄를 입증하고자 하는 **피고인의 이익을 위해서도** 존재하므로 사건종결 시까지 이를 그대로 보존할 필요성이 있다. 따라서 사건종결 전 일반적 압수물의 폐기를 규정하고 있는 형사소송법 제130조 제2항은 엄격히 해석할 필요가 있으므로, 위 법률조항에서 말하는 '위험발생의 염려가 있는 압수물'이란 사람의 생명, 신체, 건강, 재산에 위해를 줄 수 있는 물건으로서 보관 자체가 대단히 위험하여 종국판결이 선고될 때까지 보관하기 매우 곤란한 압수물을 의미하는 것으로 보아야 하고, 이러한 사유에 해당하지 아니하는 압수물에 대하여는 설사 피압수자의 소유권포기가 있다 하더라도 폐기가 허용되지 아니한다고 해석하여야 한다. 피청구인은 이 사건 압수물을 보관하는 것 자체가 위험하다고 볼 수 없을 뿐만 아니라 이를 보관하는 데 아무런 불편이 없는 물건임이 명백함에도 압수물에 대하여 소유권포기가 있다는 이유로 이를 사건종결 전에 폐기하였는바, 위와 같은 피청구인의 행위는 **적법절차의 원칙을 위반하고, 청구인의 공정한 재판을 받을 권리를 침해**한 것이다(헌재 2012.12.27. 2011헌마351).

ㄷ. [×] 법원에 의한 범죄인인도심사는 국가형벌권의 확정을 목적으로 하는 형사절차와 같은 전형적인 사법절차의 대상에 해당되는 것은 **아니며**, 법률(범죄인인도법)에 의하여 인정된 특별한 절차라 볼 것이다.
그렇다면 심급제도에 대한 입법재량의 범위와 범죄인인도심사의 법적 성격, 그리고 범죄인인도법에서의 심사절차에 관한 규정 등을 종합할 때, 이 사건 법률조항이 범죄인인도심사를 서울고등법원의 단심제로 하고 있다고 해서 적법절차원칙에서 요구되는 합리성과 정당성을 결여한 것이라 볼 수 없다. 헌법 제27조의 재판을 받을 권리는 모든 사건에 대해 **상소심절차에 의한 재판을 받을 권리까지도 당연히 포함된다고 단정할 수 없는 것이며**, 상소할 수 있는지, 상소이유를 어떻게 규정하는지는 특단의 사정이 없는 한 입법정책의 문제로 보아야 한다는 것이 헌법재판소의 판례이다.
이 사건에서 설사 범죄인인도를 형사처벌과 유사한 것이라 본다고 하더라도, 이 사건 법률조항이 적어도 법관과 법률에 의한 한 번의 재판을 보장하고 있고, 그에 대한 상소를 불허한 것이 적법절차원칙이 요구하는 합리성과 정당성을 벗어난 것이 아닌 이상, 그러한 상소 불허 입법이 입법재량의 범위를 벗어난 것으로서 재판청구권을 **과잉 제한하는 것이라고 보기는 어렵다**(헌재 2003.1.30. 2001헌바95).

ㄹ. [×] 피고인 스스로 치료감호를 청구할 수 있는 권리나, 법원으로부터 직권으로 치료감호를 선고받을 수 있는 권리는 헌법상 재판청구권의 보호범위에 포함되지 않는다. 공익의 대표자로서 준사법기관적 성격을 가지고 있는 검사에게만 치료감호 청구권한을 부여한 것은, 본질적으로 자유박탈적이고 침익적 처분인 치료감호와 관련하여 재판의 적정성 및 합리성을 기하기 위한 것이므로 적법절차원칙에 반하지 않는다. 그렇다면 이 사건 법률조항들은 재판청구권을 침해하거나 적법절차원칙에 반한다고 보기 어렵다(헌재 2021.1.28. 2019헌가24).

ㄱ. [○] 군인 또는 군무원이 아닌 국민에 대한 군사법원의 예외적인 재판권을 정한 헌법 제27조 제2항에 규정된 군용물에는 군사시설이 포함되지 않는다. 그렇다면 '군사시설' 중 '전투용에 공하는 시설'을 손괴한 일반 국민이 항상 군사법원에서 재판받도록 하는 이 사건 법률조항은, 비상계엄이 선포된 경우를 제외하고는 '군사시설'에 관한 죄를 범한 군인 또는 군무원이 아닌 일반 국민은 군사법원의 재판을 받지 아니하도록 규정한 헌법 제27조 제2항에 위반되고, 국민이 헌법과 법률이 정한 법관에 의한 재판을 받을 권리를 침해한다(헌재 2013.11.28. 2012헌가10).

ㄴ. [×] 구 군형법 제69조 중 '전투용에 공하는 시설'은 '군사목적에 직접 공용되는 시설'로 항상 '군사시설'에 해당한다. 군용물·군사시설에 관한 죄를 병렬적으로 규정하고 있었던 구 헌법 제26조 제2항에서 '군용물'은 명백히 '군사시설'을 포함하지 않는 개념으로 사용된 점, 군사시설에 관한 죄를 범한 민간인에 대한 군사법원의 재판권을 제외하는 것을 명백히 의도한 헌법 개정 경과 등을 종합하면, 군인 또는 군무원이 아닌 국민에 대한 군사법원의 예외적인 재판권을 정한 헌법 제27조 제2항에 규정된 군용물에는 군사시설이 포함되지 않는다(헌재 2013.11.28. 2012헌가10).

ㄷ. [×] 군사시설은 삭제되고, 군용물이 들어가야 옳다.

> **헌법 제27조** ② 군인 또는 군무원이 아닌 국민은 대한민국의 영역안에서는 중대한 군사상 기밀·초병·초소·유독음식물공급·포로·군용물에 관한 죄 중 법률이 정한 경우와 비상계엄이 선포된 경우를 제외하고는 군사법원의 재판을 받지 아니한다.

ㄹ. [×] 형사재판에 있어 범죄사실의 확정과 책임은 행위 시를 기준으로 하지만, 재판권 유무는 원칙적으로 재판 시점을 기준으로 해야 하며, 형사재판은 유죄인정과 양형이 복합되어 있는데 양형은 일반적으로 재판받을 당시, 즉 선고시점의 피고인의 군인신분을 주요 고려 요소로 해 군의 특수성을 반영할 수 있어야 하므로, 이러한 양형은 군사법원에서 담당하도록 하는 것이 타당하다(헌재 2009.7.30. 2008헌바162).

ㅁ. [○]

> **헌법 제110조** ④ 비상계엄하의 군사재판은 군인·군무원의 범죄나 군사에 관한 간첩죄의 경우와 초병·초소·유독음식물공급·포로에 관한 죄중 법률이 정한 경우에 한하여 단심으로 할 수 있다. 다만, 사형을 선고한 경우에는 그러하지 아니하다.

❶ [○] 학교제도에 관한 국가의 규율권한과 부모의 교육권이 서로 충돌하는 경우, 어떠한 법익이 우선하는가의 문제는 구체적인 경우마다 법익형량을 통하여 판단해야 하는데, 자녀가 의무교육을 받아야 할지의 여부와 그의 취학연령을 부모가 자유롭게 결정할 수 없다는 것은 부모의 교육권에 대한 과도한 제한이 아니다(헌재 2000.4.27. 98헌가16 등).

② [×] 자녀의 양육과 교육에 있어서 부모의 교육권은 교육의 모든 영역에서 존중되어야 하며, 다만, 학교교육에 관한 한, 국가는 헌법 제31조에 의하여 부모의 교육권으로부터 원칙적으로 독립된 독자적인 교육권한을 부여받음으로써 부모의 교육권과 함께 자녀의 교육을 담당하지만, 학교 밖의 교육영역에서는 원칙적으로 부모의 교육권이 우위를 차지한다(헌재 2000.4.27. 98헌가16 등).

③ [×] ④ [×] 자녀의 양육과 교육에 있어서 부모의 교육권은 교육의 모든 영역에서 존중되어야 하며, 다만, 학교교육의 범주 내에서는 국가의 교육권한이 헌법적으로 독자적인 지위를 부여받음으로써 부모의 교육권과 함께 자녀의 교육을 담당하지만, 학교 밖의 교육영역에서는 원칙적으로 부모의 교육권이 우위를 차지한다(헌재 2000.4.27. 98헌가16).

10   정답 ①

❶ [×] 청구인은 심판대상조항으로 인하여 정치적 표현의 자유가 제한된다고 주장한다. 그러나 심판대상조항은 의사표현을 직접 제한하는 조항이 아니고 위에서 본 바와 같이 심판대상조항에 의하여 주로 제한되는 기본권은 일반적 행동자유권이라고 할 것이다(헌재 2022.11.24. 2021헌마426).

② [○] 집회 및 시위에 관한 법률 제10조는 사회의 안녕질서를 유지하고 시민들의 주거 및 사생활의 평온을 보호하기 위한 것으로서 정당한 목적 달성을 위한 적합한 수단이 된다. 그러나 '일출시간 전, 일몰시간 후'라는 광범위하고 가변적인 시간대의 옥외집회 또는 시위를 금지하는 것은 오늘날 직장인이나 학생들의 근무·학업 시간, 도시화·산업화가 진행된 현대사회의 생활형태 등을 고려하지 아니하고 목적 달성을 위해 필요한 정도를 넘는 지나친 제한을 가하는 것이어서 최소침해성 및 법익균형성원칙에 반한다(헌재 2014.4.24. 2011헌가29).

③ [○] 농협중앙회장은 농협중앙회를 대표하여 업무를 집행하는 사람으로서, 총회와 이사회의 의장이자 소집권자이다. 그러므로 농협중앙회장 선출행위는 결사 내 업무집행 및 의사결정기관의 구성에 관한 자율적인 활동이라 할 수 있고, 중앙회장선거 후보자의 선거운동에 관한 사항은 결사의 자유의 보호범위에 속한다. 청구인은 심판대상조항들이 중앙회장선거 후보자의 선거운동의 자유를 침해한다고 주장하나, 사법인적인 성격을 지니는 농협중앙회의 중앙회장선거에서 회장을 선출하거나 선거운동을 하는 것은 헌법에 의하여 보호되는 선거권의 범위에 포함되지 아니한다(헌재 2019.7.25. 2018헌바85).

④ [○] 형사처벌조항에 의하지 않더라도 국가는 보유하고 있는 방대한 정보를 활용해 스스로 국정을 홍보할 수 있고, 허위사실 유포나 악의적인 왜곡 등에 적극적으로 대응할 수도 있는 점 등을 고려하면 심판대상조항은 침해의 최소성 원칙에도 어긋난다. 나아가 민주주의 사회에서 국민의 표현의 자유가 갖는 가치에 비추어 볼 때, 기본권 제한의 정도가 매우 중대하여 법익의 균형성 요건도 갖추지 못하였으므로, 심판대상조항은 과잉금지원칙에 위배되어 표현의 자유를 침해한다(헌재 2015.10.21. 2013헌가20).

11   정답 ③

① [×] 흡연자들의 흡연권이 인정되듯이, 비흡연자들에게도 흡연을 하지 아니할 권리 내지 흡연으로부터 자유로울 권리가 인정된다. 흡연권은 사생활의 자유를 실질적 핵으로 하는 것이고 혐연권은 사생활의 자유뿐만 아니라 생명권에까지 연결되는 것이므로 혐연권이 흡연권보다 상위의 기본권이라 할 수 있다. 이처럼 상하의 위계질서가 있는 기본권끼리 충돌하는 경우에는 상위기본권우선의 원칙에 따라 하위기본권이 제한될 수 있으므로, 결국 흡연권은 혐연권을 침해하지 않는 한에서 인정되어야 한다(헌재 2004.8.26. 2003헌마457).

② [×] 흡연권은 사생활의 자유를 실질적 핵으로 하는 것이고 혐연권은 사생활의 자유뿐만 아니라 생명권에까지 연결되는 것이므로 혐연권이 흡연권보다 상위의 기본권이라 할 수 있다. 이처럼 상하의 위계질서가 있는 기본권끼리 충돌하는 경우에는 상위기본권우선의 원칙에 따라 하위기본권이 제한될 수 있으므로, 결국 흡연권은 혐연권을 침해하지 않는 한에서 인정되어야 한다(헌재 2004.8.26. 2003헌마457).

❸ [○] 두 기본권이 충돌하는 경우 그 해법으로는 기본권의 서열이론, 법익형량의 원리, 실제적 조화의 원리(=규범조화적 해석) 등을 들 수 있다. 헌법재판소는 기본권 충돌의 문제에 관하여 충돌하는 기본권의 성격과 태양에 따라 그때그때 적절한 해결방법을 선택, 종합하여 이를 해결하여 왔다. 예컨대, 국민건강증진법 시행규칙 제7조 위헌확인 사건에서 흡연권과 혐연권의 관계처럼 상하의 위계질서가 있는 기본권끼리 충돌하는 경우에는 상위기본권우선의 원칙에 따라 하위기본권이 제한될 수 있다고 보아서 흡연권은 혐연권을 침해하지 않는 한에서 인정된다고 판단한 바 있다(헌재 2004.8.26. 2003헌마457). 또, 정기간행물의 등록 등에 관한 법률 제16조 제3항 등 위헌 여부에 관한 헌법소원사건에서 동법 소정의 정정보도청구권(반론권)과 보도기관의 언론의 자유가 충돌하는 경우에는 헌법의 통일성을 유지하기 위하여 상충하는 기본권 모두가 최대한으로 그 기능과 효력을 발휘할 수 있도록 하는 조화로운 방법이 모색되어야 한다고 보고, 결국은 정정보도청구 제도가 과잉금지의 원칙에 따라 그 목적이 정당한 것인가 그러한 목적을 달성하기 위하여 마련된 수단 또한 언론의 자유를 제한하는 정도가 인격권과의 사이에 적정한 비례를 유지하는 것인가의 관점에서 심사를 한 바 있다(헌재 2005.11.24. 2002헌바95 등).

④ [×] 친양자가 될 자의 헌법 제36조 제1항 및 헌법 제10조에 의한 가족생활에서의 기본권을 보장하기 위해 친생부모의 동의를 무시하고 친양자 입양을 성립시키는 경우에는 친생부모의 기본권이 제한되게 되고, 친생부모의 친족관계 유지에 대한 기본권을 보장하기 위해 친생부모가 동의하지 않는 이상 무조건 친양자 입양이 성립되지 않는다고 보는 경우에는 친양자가 될 자의 기본권이 제한될 가능성이 발생한다. 결국 친양자 입양은 친생부모의 기본권과 친양자가 될 자의 기본권이 서로 대립·충돌하는 관계라고 볼 수 있다(헌재 2012.5.31. 2010헌바87).

① [O] 교도관이 마약류사범에게 검사의 취지와 방법을 설명하고 반입금지품을 제출하도록 안내한 후 외부와 차단된 검사실에서 같은 성별의 교도관 앞에 돌아서서 하의속옷을 내린 채 상체를 숙이고 양손으로 둔부를 벌려 항문을 보이는 방법으로 실시한 정밀신체검사는 수용자에 대한 생명·신체에 대한 위해를 방지하고 구치소 내의 안전과 질서를 유지하기 위한 것이고(목적의 정당성), … 청구인이 수인하여야 할 모욕감이나 수치심에 비하여 반입금지품을 차단함으로써 얻을 수 있는 수용자들의 생명과 신체의 안전, 구치소 내의 질서유지 등의 공익이 보다 크므로(법익 균형성), 과잉금지의 원칙에 위배되었다고 할 수 없다(헌재 2006.6.29. 2004헌마826).

❷ [X] 이 사건 청구인들로 하여금 유치기간 동안 위와 같은 구조의 화장실을 사용하도록 강제한 피청구인의 행위는 인간으로서의 기본적 품위를 유지할 수 없도록 하는 것으로서, 수인하기 어려운 정도라고 보여지므로 전체적으로 볼 때 비인도적·굴욕적일 뿐만 아니라 동시에 비록 건강을 침해할 정도는 아니라고 할지라도 헌법 제10조의 인간의 존엄과 가치로부터 유래하는 인격권을 침해하는 정도에 이르렀다고 판단된다(헌재 2001.7.19. 2000헌마546).

③ [O] 청구인이 이 사건 방실에 수용된 기간, 접견 및 운동으로 이 사건 방실 밖에서 보낸 시간 등 제반 사정을 참작하여 보더라도, 청구인은 이 사건 방실에서 신체적·정신적 건강이 악화되거나 인격체로서의 기본 활동에 필요한 조건을 박탈당하는 등 극심한 고통을 경험하였을 가능성이 크다. 따라서 청구인이 인간으로서 최소한의 품위를 유지할 수 없을 정도로 과밀한 공간에서 이루어진 이 사건 수용행위는 청구인의 인간으로서의 존엄과 가치를 침해한다(헌재 2016.12.29. 2013헌마142).

④ [O] 이 사건 신체검사는 교정시설의 안전과 질서를 유지하기 위한 것으로 그 목적이 정당하고, 항문 부위에 대한 금지물품의 은닉 여부를 효과적으로 확인할 수 있는 적합한 검사방법으로 그 수단이 적절하다. 교정시설을 이감·수용할 때마다 전자영상 신체검사를 실시하는 것은 수용자가 금지물품을 취득하여 소지·은닉하고 있을 가능성을 배제할 수 없고, 외부관찰 등의 방법으로는 쉽게 확인할 수 없기 때문이다. 이 사건 신체검사는 사전에 검사의 목적과 방법을 고지한 후, 다른 사람이 볼 수 없는 차단된 장소에서 실시하는 등 검사받는 사람의 모욕감 내지 수치심 유발을 최소화하는 방법으로 실시하였는바, 기본권 침해의 최소성 요건을 충족하였다. 또한 이 사건 신체검사로 인하여 수용자가 느끼는 모욕감이나 수치심이 결코 작다고 할 수는 없지만, 흉기 기타 위험물이나 금지물품을 교정시설 내로 반입하는 것을 차단함으로써 수용자 및 교정시설 종사자들의 생명·신체의 안전과 교정시설 내의 질서를 유지한다는 공적인 이익이 훨씬 크다 할 것이므로, 법익의 균형성 요건 또한 충족된다. 이 사건 신체검사는 필요한 최소한도를 벗어나 과잉금지원칙에 위배되어 청구인의 인격권 내지 신체의 자유를 침해한다고 볼 수 없다(헌재 2011.5.26. 2010헌마775).

ㄱ. [O] 공적 노후소득 보장에 있어 국민기초생활 보장제도와 기초연금제도가 담당하는 역할 및 전체 체계를 고려할 때, 소득 하위 70% 노인에게 기초연금을 지급하여 국민연금의 사각지대 해소 및 노인 전반의 소득수준 향상을 도모하고, 기초연금 지급 후에도 여전히 국민기초생활 보장법상의 최저생활기준을 충족시키지 못하는 노인에 한하여 추가적으로 국민기초생활 보장법상의 급여를 제공하도록 한 것이 그 자체로 입법재량을 일탈하였다고 보기는 어려운 점, 기초연금을 국민기초생활 보장법상 이전소득에서 제외할 경우 상당한 재정적 부담이 따를 것으로 보이는 점, 국가는 수급자를 대상으로 개인균등할 주민세 비과세, 에너지바우처 지원 등 다양한 감면제도를 운영하고 있는 점 등을 종합하여 보면, 이 사건 시행령조항이 청구인들과 같이 기초연금수급으로 인하여 기초생활 보장급여수급액이 감소하거나 수급권을 일부 또는 전부 상실하는 노인을 자의적으로 차별하고 있다고 단정하기 어렵다. 따라서 이 사건 시행령조항은 청구인들의 평등권을 침해하지 않는다(헌재 2019.12.27. 2017헌마1299).

ㄴ. [X] 심판대상조항의 의미와 목적 등을 고려할 때 '선거일 이전에 행하여진 선거범죄' 가운데 '선거일 이전에 후보 자격을 상실한 자'와 '선거일 이전에 후보 자격을 상실하지 아니한 자'는 본질적으로 동일한 집단이라 할 것이다. 따라서 심판대상이 양자의 공소시효 기산점을 '당해 선거일 후'로 같게 적용하더라도, 이는 본질적으로 같은 것을 같게 취급한 것이므로 차별이 발생한다고 보기 어렵다. 심판대상조항은 '선거일 이전에 행하여진 선거범죄'의 공소시효 기산점을 '당해 선거일 후'로 정하여, 공직선거법 제268조 제1항에서 '선거일 후에 행하여진 선거범죄'의 공소시효 기산점을 '그 행위가 있는 날부터'로 정하고, 형사소송법 제252조 제1항에서 '다른 일반범죄'에 관한 공소시효의 기산점을 '범죄행위의 종료한 때로부터'로 정한 것과 달리 취급하고 있다. 그러나 이는 선거로 인한 법적 불안정상태를 신속히 해소하면서도 선거의 공정성을 보장함과 동시에 선거로 야기된 정국의 불안을 특정한 시기에 일률적으로 종료시키기 위한 입법자의 형사정책적 결단 등에서 비롯된 것이므로, 그 합리성을 인정할 수 있다. 따라서 심판대상조항은 평등원칙에 위반되지 않는다(헌재 2020.3.26. 2019헌바71).

ㄷ. [O] 심판대상조항이 신법 조항의 소급적용을 위한 경과규정을 두지 않음으로써 개정법 시행일 전에 통상의 출퇴근 사고를 당한 비혜택근로자를 보호하기 위한 최소한의 조치도 취하지 않은 것은, 산재보험의 재정상황 등 실무적 여건이나 경제상황 등을 고려한 것이라고 하더라도, 그 차별을 정당화할 만한 합리적인 이유가 있는 것으로 보기 어렵고, 이 사건 헌법불합치결정의 취지에도 어긋난다. 따라서 심판대상조항은 헌법상 평등원칙에 위반된다(헌재 2019.9.26. 2018헌바218).

ㄹ. [X] 의료법 제33조 제2항 단서에 대하여 헌법재판소는 2007.12.27. '복수면허 의료인도 하나의 의료기관 만을 개설하도록 하는 것은 복수면허 의료인의 직업의 자유와 평등권을 침해한다'는 이유로 헌법불합치 결정을 하였다(헌재 2007.12.27. 2004헌마1021). 이에 의료법이 2009.1.30. 법률 제9386호로 개정되면서 종전에 제33조 제2항 단서 전단에 있던 내용이 제33조 제8항 본문으로 이동하고, 그 단서에 "다만, 2 이상의 의료인

면허를 소지한 자가 의원급 의료기관을 개설하려는 경우에는 하나의 장소에 한하여 면허 종별에 따른 의료기관을 함께 개설할 수 있다."라는 내용이 추가되었다. 그 후 의료법이 2012.2.1. 법률 제11252호로 개정될 때 제4조 제2항이 신설되어 의료인은 다른 의료인의 명의로 의료기관을 개설하거나 운영할 수 없게 되었고, 제33조 제8항 본문도 이 사건 금지조항 부분이 추가되면서 의료인은 둘 이상의 의료기관을 개설·운영할 수 없는 것으로 개정되었으며, 위반시 처벌조항인 제87조 제1항 제2호에도 이 사건 처벌조항 부분이 추가되었다. … 이 사건 법률조항은 수범자를 의료인으로 한정하여, 의료법인 등은 위 조항의 적용을 받지 않고 둘 이상의 의료기관을 운영할 수 있다. 그러나 의료법인 등은 설립에서부터 국가의 관리를 받고, 이사회나 정관에 의한 통제가 가능하며, 명시적으로 영리추구가 금지된다. 이처럼 의료인 개인과 의료법인 등의 법인은 중복운영을 금지할 필요성에서 차이가 있으므로, 의료인과 의료법인 등을 달리 취급하는 것은 합리적인 이유가 인정된다. 따라서 이 사건 법률조항은 평등원칙에 반하지 않는다(헌재 2019.8.29. 2014헌바212).

ㅁ. [O] 복수면허 의료인이든, 단수면허 의료인이든 '하나의' 의료기관만을 개설할 수 있다는 점에서는 '같은' 대우를 받는다. 그런데 복수면허 의료인은 의과대학과 한의과대학을 각각 졸업하고, 의사와 한의사 자격 국가고시에 모두 합격하였다. 따라서 단수면허 의료인에 비하여 양방 및 한방의 의료행위에 대하여 상대적으로 지식 및 능력이 뛰어나거나, 그가 행하는 양방 및 한방의 의료행위의 내용과 그것이 인체에 미치는 영향 등에 대하여도 상대적으로 더 유용한 지식과 정보를 취득하고 이를 분석하여 적절하게 대처할 수 있다고 평가될 수 있다. 복수면허 의료인들에게 단수면허 의료인과 같이 하나의 의료기관만을 개설할 수 있다고 한 이 사건 법률조항은 '다른 것을 같게' 대우하는 것으로 합리적인 이유를 찾기 어렵다(헌재 2007.12.27. 2004헌마1021).

14 정답 ①

❶ [×] 헌법상 명문 규정이나 헌법의 해석으로부터 보건복지부장관이 이 사건에서 문제된 해당 공공기관에 장애인전용 주차구역, 장애인용 승강기 및 화장실을 설치하도록 할 작위의무가 도출된다고 보기 어렵다(헌재 2023.7.20. 2019헌마70).

② [O] 피청구인이 2021.4.29. 발표한 '서울대학교 2023학년도 대학 신입학생 입학전형 시행계획' 중 수능위주전형 정시모집 '나'군의 전형방법의 2단계 평가에서 교과평가를 20점 반영하도록 한 부분이 서울대학교에 진학하고자 하는 청구인들의 균등하게 교육을 받을 권리를 침해하지 않는다(헌재 2022.5.26. 2021헌마527).

③ [O] 교비회계의 전용을 금지하는 구 사립학교법 제29조 제6항 본문 및 교비회계 전용 금지 규정을 위반하는 경우 처벌하는 구 사립학교법 제73조의2가 사립학교 운영의 자유를 침해한다고 할 수 없다(헌재 2023.8.31. 2021헌바180).

④ [O] 4·19혁명공로자에게 지급되는 보훈급여의 종류를 보상금이 아닌 수당으로 규정한 국가유공자법 제16조의4 제1항 및 2019년도 공로수당의 지급월액을 31만 1천원으로 규정한 같은 법 시행령 제27조의4가 인간다운 생활을 할 권리를 침해

하였다고 볼 수 없다(헌재 2022.2.24. 2019헌마883).

15 정답 ③

① [O]
> 1948년 제헌헌법 제47조 탄핵사건을 심판하기 위하여 법률로써 탄핵재판소를 설치한다. 탄핵재판소는 부통령이 재판장의 직무를 행하고 대법관 5인과 국회의원 5인이 심판관이 된다. 단, 대통령과 부통령을 심판할 때에는 대법원장이 재판장의 직무를 행한다. 탄핵판결은 심판관 3분지 2 이상의 찬성이 있어야 한다.

② [O]
> 1960년 개정헌법【제3차 개헌】제83조의4 헌법재판소의 심판관은 9인으로 한다. 심판관은 대통령, 대법원, 참의원이 각 3인식 선임한다.

❸ [×]
> 1962년 개정헌법【제5차 개헌】제69조 ① 대통령의 임기는 4년으로 한다.
> ③ 대통령은 1차에 한하여 중임할 수 있다.
> 1969년 개정헌법 제69조 ① 대통령의 임기는 4년으로 한다.
> ③ 대통령의 계속 재임은 3기에 한한다.

④ [O]
> 1972년 개정헌법【제7차 개헌】제45조 ① 대통령의 임기가 만료되는 때에는 통일주체국민회의는 늦어도 임기만료 30일전에 후임자를 선거한다.

16 정답 ④

① [×] 정당등록제도는 어떤 정치적 결사가 정당법상 정당임을 법적으로 확인하여 줌으로써 법적 안정성과 확실성에 기여하고, 창당준비위원회가 형식적 요건을 구비하여 등록을 신청하면 중앙선거관리위원회는 이를 반드시 수리하여야 하므로, 정당등록제도가 정당의 이념 등을 이유로 등록 여부를 결정하는 것이라고 볼 수는 없다. 따라서 정당등록조항이 과잉금지원칙을 위반하여 정당의 자유를 침해한다고 볼 수 없다(헌재 2023.9.26. 2021헌가23).

② [×] 전국정당조항은, 정당이 특정 지역에 편중되지 않고 전국적인 규모의 구성과 조직을 갖추어 국민의 정치적 의사를 균형 있게 집약, 결집하여 국가정책의 결정에 영향을 미칠 수 있도록 함으로써, 헌법 제8조 제2항 후단에 따라 정당에게 부여된 기능인 '국민의 정치적 의사형성에의 참여'를 실현하고자 하는 것이다. 지역적 연고에 지나치게 의존하는 정당정치 풍토가 다른 나라와 달리 우리의 정치현실에서는 특히 문제시되고 있고, 지역정당을 허용할 경우 지역주의를 심화시키고 지역 간 이익갈등이 커지는 부작용을 야기할 수도 있다는 점에서, 정당의 구성과 조직의 요건을 정함에 있어 전국적인 규모를 확보할 필요성이 인정된다. 이러한 정치현실과 우리나라에 현존하는 정당의 수에 비추어 보면, 전국정당조항이 과잉금지원칙에 반하여 정당의 자유를 침해한다고 볼 수 없다(헌재 2023.9.26. 2021헌가23).

③ [×] 시 · 도당은 1천인 이상의 당원을 가져야 한다고 규정한 정당법 제18조 제1항이 신생정당의 창당이나 기성정당의 추가적인 시 · 도당 창당을 현저히 어렵게 하여 창당준비위원회의 대표자들에게 지나치게 과도한 부담을 지운 것이라고 보기도 어렵다(헌재 2023.9.26. 2021헌가23).

❹ [○] 헌법 제8조가 정당설립의 자유와 복수정당제를 보장하고 있으므로, 정당등록제도는 정당법상의 정당임을 법적으로 확인하는 것을 넘어 정당의 이념적 목적이나 지향성 등을 이유로 정당의 등록 여부를 결정하는 제도로는 볼 수 없다. 정당법 제15조도 "등록신청을 받은 관할 선거관리위원회는 형식적 요건을 구비하는 한 이를 거부하지 못한다."고 규정하여, 정당이 정당법에 정한 형식적 요건을 구비한 경우 피청구인은 이를 반드시 수리하도록 하고, 정당법에 명시된 요건이 아닌 다른 사유로 정당등록신청을 거부하는 등으로 정당설립의 자유를 제한할 수 없도록 하고 있다 (헌재 2023.2.23. 2020헌마275).

---

17   정답 ④

① [×] 현행 헌법상 사전검열은 표현의 자유 보호대상이면 예외 없이 금지된다. 건강기능식품의 기능성 광고는 인체의 구조 및 기능에 대하여 보건용도에 유용한 효과를 준다는 기능성 등에 관한 정보를 널리 알려 해당 건강기능식품의 소비를 촉진시키기 위한 상업광고이지만, 헌법 제21조 제1항의 표현의 자유의 보호 대상이 됨과 동시에 같은 조 제2항의 사전검열 금지 대상도 된다(헌재 2018.6.28. 2016헌가8).

② [×] 헌법재판소는 헌재 2015.12.23. 2015헌바75 결정에서, 현행 헌법이 사전검열을 금지하는 규정을 두면서 1962년 헌법과 같이 특정한 표현에 대해 예외적으로 검열을 허용하는 규정을 두고 있지 아니한 점, 표현의 특성이나 이에 대한 규제의 필요성에 따라 언론 · 출판의 자유의 보호를 받는 표현 중에서 사전검열금지원칙의 적용이 배제되는 영역을 따로 설정할 경우 그 기준에 대한 객관성을 담보할 수 없어 종국적으로는 집권자에게 불리한 내용의 표현을 사전에 억제할 가능성을 배제할 수 없는 점 등을 들어, 현행 헌법상 사전검열은 표현의 자유 보호대상이면 예외 없이 금지된다는 입장을 명시적으로 밝힌 바 있다.

③ [×] 광고의 심의기관이 행정기관인지 여부는 기관의 형식에 의하기보다는 그 실질에 따라 판단되어야 하고, 행정기관의 자의로 민간심의기구의 심의업무에 개입할 가능성이 열려 있다면 개입 가능성의 존재 자체로 헌법이 금지하는 사전검열이라고 보아야 한다. 의료기기와 관련하여 심의를 받지 아니하거나 심의받은 내용과 다른 내용의 광고를 하는 것을 금지하고 이를 위반한 경우 행정제재와 형벌을 부과하도록 한 의료기기법은 사전검열금지원칙에 위반된다(헌재 2020.8.28. 2017헌가35).

❹ [○] 헌법 제21조 제2항에서 규정한 검열금지의 원칙은 모든 형태의 사전적인 규제를 금지하는 것이 아니고 단지 의사표현의 발표 여부가 오로지 행정권의 허가에 달려있는 사전심사만을 금지하는 것을 뜻하므로, 이 사건 법률조항에 의한 방영금지가처분은 행정권에 의한 사전심사나 금지처분이 아니라 개별 당사자 간의 분쟁에 관하여 사법부가 사법절차에 의하여 심리, 결정하는 것이어서 헌법에서 금지하는 사전검열에 해당하

지 아니한다(헌재 2001.8.30. 2000헌바36).

18   정답 ②

① [○] '지배 · 개입행위'란 사용자가 노동조합의 조직 · 운영을 조종하거나 이에 간섭하는 일체의 행위로서 노동조합의 자주성을 저해하거나 저해할 위험성이 있는 행위라고 볼 수 있다. 비록 이 사건 지배개입금지조항은 '지배 · 개입'이라는 다소 광범위한 용어를 사용하고 있으나 수범자인 사용자가 노동조합과의 관계에서 자신의 행위를 결정해 나가기에 충분한 기준이 될 정도의 의미내용을 가지고 있다고 할 것이다. 또한 앞서 본 바와 같은 학설, 판례 등의 집적을 통하여 실무적 기준이 충분히 확립되어 있으므로 법 집행자가 자의적으로 해석하는 것을 허용한다고 보기도 어렵다. 따라서 이 사건 지배개입금지조항이 헌법상 죄형법정주의가 요구하는 명확성원칙에 위반된다고 볼 수 없다(헌재 2022.5.26. 2019헌바341).

❷ [×] 심판대상조항은 입법형성의 범위를 벗어난 입법이어서 교육공무원인 대학 교원의 단결권을 침해한다. 다만, 심판대상조항은 과잉금지원칙에 위배되어 공무원 아닌 대학 교원의 단결권을 침해한다(헌재 2018.8.30. 2015헌가38).

③ [○] 이 사건 급여지원금지조항으로 인하여 초래되는 사용자의 기업의 자유의 제한은 근로시간 면제 제도로 인하여 상당히 완화되는 반면에, 이 사건 급여지원금지조항은 노동조합의 자주성과 독립성 확보, 안정적인 노사관계의 유지와 산업 평화를 도모하기 위한 것으로서 그 공익은 중대하므로 법익의 균형성도 인정된다. 따라서 이 사건 급여지원금지조항은 과잉금지원칙에 위배되지 아니한다(헌재 2022.5.26. 2019헌바341).

④ [○] 입법자로서는 근로자의 권리행사의 실질적 조건을 형성하고 유지할 수 있도록 법률을 통해 단체행동권을 보장하고 실현하여야 할 것이나, 단체행동권의 보장은 사용자와 근로자단체와의 관계에서 사용자에게 일정한 손해를 감수할 의무를 수반할 수밖에 없다는 점을 감안하면 단체행동권을 제한이 불가능한 절대적 기본권으로 인정할 수는 없다. 단체행동권 역시 헌법 제37조 제2항의 일반적 법률유보조항에 따른 기본권 제한의 대상이 되므로, 그 제한의 위헌 여부는 과잉금지원칙을 준수하였는지 여부에 따라 판단되어야 한다(헌재 2022.5. 26. 2012헌바66).

19   정답 ②

ㄱ. [×] 심판대상조항은 입법자가 형사소송법상 불이익변경금지조항을 형종상향금지조항으로 변경하면서 그 개정 전후에 이루어진 정식재판청구에 대하여 적용될 규범의 시적 적용범위를 정하고 있다. 여기서 불이익변경금지조항이나 형종상향금지조항은 약식명령을 받은 피고인에 대하여 정식재판청구권의 행사를 절차적으로 보장하면서, 그 남용을 방지하거나 사법자원을 적정하게 분배한다는 등의 정책적인 고려를 통하여 선고형의 상한에 조건을 설정하거나 조정하는 내용의 규정들이다. 이들 조항이 규율하는 내용은 행위의 불법과 행위자의 책임을 기초로 하는 실체적인 가벌성에는 영향을 미치지 아니하므로, 행위자가 범죄행위 당시 예측가능성을 확보하여야 하는 범죄구성요건의 제정이나 형벌의 가중에 해당한다고 볼 수 없다. 형종상향금지조항의 시행 전에 범죄행위를 하고 위

조항의 시행 후에 정식재판을 청구한 피고인이 정식재판절차에서 약식명령의 형보다 중한 형을 선고받을 가능성이 발생하게 되었다 하더라도, 이는 원래의 법정형과 처단형의 범위 내에서 이루어지는 것이므로 가벌성의 신설이나 추가라고 보기도 어렵다. 따라서 심판대상조항은 헌법 제13조 제1항 전단의 형벌불소급원칙에 위배되지 아니한다(헌재 2023.2.23. 2018헌바513).

ㄴ. [O] 주거침입강제추행죄의 법정형을 '무기징역 또는 5년 이상의 징역'으로 정한 규정에 대하여 2006.12.28. 2005헌바85 결정부터 2018.4.26. 2017헌바498 결정에 이르기까지 여러 차례 합헌으로 판단하였고, 동일한 법정형을 규정한 주거침입준강제추행죄에 관한 조항에 대해서도 2020.9.24. 2018헌바171 결정에서 합헌으로 판단하였다. 심판대상조항은 법정형의 하한을 '징역 5년'으로 정하였던 2020.5.19. 개정 이전의 구 성폭력처벌법 제3조 제1항과 달리 **그 하한을 '징역 7년'으로 정함으로써, 주거침입의 기회에 행해진 강제추행 및 준강제추행의 경우에는** 다른 법률상 감경사유가 없는 한 법관이 정상참작감경을 하더라도 집행유예를 선고할 수 없도록 하였다. 이에 따라 주거침입의 기회에 행해진 강제추행 또는 준강제추행의 불법과 책임의 정도가 아무리 경미한 경우라고 하더라도, 다른 법률상 감경사유가 없으면 일률적으로 징역 3년 6월 이상의 중형에 처할 수밖에 없게 되어, 형벌개별화의 가능성이 극도로 제한된다. 심판대상조항은 법정형의 '상한'을 무기징역으로 높게 규정함으로써 불법과 책임이 중대한 경우에는 그에 상응하는 형을 선고할 수 있도록 하고 있다. 그럼에도 불구하고 법정형의 **'하한'을 일률적으로 높게 책정하여 경미한 강제추행 또는 준강제추행의 경우까지 모두 엄하게 처벌하는 것은 책임주의에 반한다.** 심판대상조항은 그 법정형이 형벌 본래의 목적과 기능을 달성함에 있어 필요한 정도를 일탈하였고, 각 행위의 개별성에 맞추어 그 책임에 알맞은 형을 선고할 수 없을 정도로 과중하므로, 책임과 형벌 간의 비례원칙에 위배된다(헌재 2023.2.23. 2021헌가9).

ㄷ. [O] '활동'은 범죄단체 또는 집단의 내부규율 및 통솔체계에 따른 조직적, 집단적 의사결정에 의하여 행해지고 범죄단체 또는 집단의 존속·유지를 지향하는 적극적인 행위로서 그 기여의 정도가 폭력행위처벌법 제4조 제3항, 제4항에 규정된 행위에 준하는 것을 의미한다. 어떤 행위가 '활동'에 해당하는지 여부는 사회통념과 건전한 상식에 따라 구체적, 개별적으로 정해질 수밖에 없다. 약간의 불명확성은 법관의 통상적인 해석작용에 의하여 충분히 보완될 수 있고, 건전한 상식과 통상적인 법감정을 가진 일반인으로서 금지되는 행위가 무엇인지를 예측하는 것이 현저히 곤란하다고는 보기 어렵다. 따라서 죄형법정주의의 명확성원칙에 위배되지 않는다(헌재 2022.12.22. 2019헌바401).

ㄹ. [X] 헌법재판소와 대법원은 음란의 개념에 대하여, 단순히 저속하거나 문란하다는 정도를 넘어 사람의 존엄성과 가치를 심각하게 훼손·왜곡하였다고 할 수 있을 정도로 노골적인 방법에 의하여 성적 부위나 행위를 적나라하게 표현한 것으로서, 사회통념에 비추어 전적으로 또는 지배적으로 성적 흥미에만 호소하고 하등의 문학적·예술적·사상적·과학적·의학적·교육적 가치를 지니지 아니하는 것이라고 판시함으로써 그 해석 기준을 제시해 왔고, 이에 따라 자의적인 법해석이나 법집행을 배제할 수 있으므로, 심판대상조항은 죄형법정주의의

명확성원칙에 위배되지 않는다(헌재 2023.2.23. 2019헌바305).

ㅁ. [X] 대상조항이 규율하는 **야간주거침입절도미수준강제추행죄는** 평온과 안전을 보호받아야 하는 사적 공간에 대하여, 특히 평온과 안전이 강하게 요청되는 시간대인 야간에 재물을 절취할 의도로 침입한 사람이 정신적·신체적 사정으로 인하여 자기를 방어할 수 없는 상태에 있는 피해자의 성적 자기결정권을 침해하는 범죄로서, 행위의 불법성이 크고 법익 침해가 중대하다. 따라서 입법자가 이 사건 범죄의 법정형을 무기징역 또는 7년 이상의 징역으로 정한 데에는 합리적인 이유가 있고, 위 법정형이 이 사건 범죄의 죄질이나 행위자의 책임에 비하여 지나치게 가혹하다고 할 수 없다.

야간주거침입절도죄가 성립하기 위해서는 '주거침입'행위가 있을 것을 전제로 하는 동시에 그 주거침입행위가 야간에 이루어져야 하고, 타인의 재물을 절취할 의사가 있어야 한다는 점에서 단순 주거침입죄의 경우보다 범행의 동기와 정황이 제한적이고, 야간에 절도의 의사로 타인의 주거 등에 침입한 기회에 충동적으로 성범죄를 저지르거나 절도의 범행을 은폐하기 위하여 계획적으로 성범죄를 저지르는 등 이 사건 범죄의 불법성이나 범행에 이르게 된 동기의 비난가능성이 현저히 큰 점 등을 고려하면, 이 사건 범죄의 행위 태양의 다양성이나 불법의 경중의 폭은 주거침입준강제추행죄의 그것만큼 넓지 아니하므로, 주거침입준강제추행죄와 달리 이 사건 범죄에 대하여 법관의 정상참작감경만으로는 집행유예를 선고하지 못하도록 한 것이 법관의 양형판단재량권을 침해하는 것이라고 볼 수 없다. 따라서 심판대상조항은 책임과 형벌 간의 비례원칙에 위배되지 않는다(헌재 2023.2.23. 2022헌가2).

20 정답 ④

① [O] 헌법 제23조에서 보장하는 재산권은 사적 유용성 및 그에 대한 원칙적 처분권을 내포하는 재산가치 있는 구체적 권리이므로, 구체적인 권리가 아닌 단순한 이익이나 재화의 획득에 관한 기회 또는 기업활동의 사실적·법적 여건 등은 재산권 보장의 대상에 포함되지 아니한다. 감염병예방법 제49조 제1항 제2호에 근거한 집합제한 조치로 인하여 청구인들의 일반음식점 영업이 제한되어 영업이익이 감소되었다 하더라도, 청구인들이 소유하는 영업 시설·장비 등에 대한 구체적인 사용·수익 및 처분권한을 제한받는 것은 아니므로, 보상규정의 부재가 청구인들의 재산권을 제한한다고 볼 수 없다(헌재 2023.6.29. 2020헌마669).

② [O] 이처럼 헌법소원의 대상이 되는 규범에 의하여 여러 기본권이 동시에 제약을 받는 기본권 경합의 경우에는 기본권 침해를 주장하는 청구인의 의도 및 기본권을 제한하는 입법자의 객관적 동기 등을 참작하여 사안과 가장 밀접한 관계에 있고, 또 침해의 정도가 큰 주된 기본권을 중심으로 해서 그 제한의 한계를 검토하면 족한 것이고, 관련 기본권을 모두 심사할 필요는 없다. 징계결정 공개조항과 가장 밀접하게 관련되고 가장 침해 정도가 큰 기본권은 일반적 인격권이므로 이를 중심으로 과잉금지원칙위반 여부를 판단한다. 청구인은 이외에도 이 사건 징계결정 공개조항으로 인하여 청구인의 재산권이 침해된다고 주장한다. 그러나 청구인이 주장하는 변호사 영업에의 타격은 인격권의 침해에 따른 사실적 효과에 불과하고,

징계결정 공개조항이 직접 청구인의 재산권을 제한하는 것은 아니다(헌재 2018.7.26. 2016헌마029).

③ [O] 지급보류처분은 잠정적 처분이고, 그 처분 이후 사무장병원에 해당하지 않는다는 사실이 밝혀져서 무죄판결의 확정 등 사정변경이 발생할 수 있다는 점 등을 고려하면, 지급보류처분의 '처분요건'뿐만 아니라 '지급보류처분의 취소'에 관하여도 명시적인 규율이 필요하고, 그 '취소사유'는 '처분요건'과 균형이 맞도록 규정되어야 한다. 또한 <u>무죄판결이 확정되기 전이라도 하급심 법원에서 무죄판결이 선고되는 경우에는 그때부터 일정 부분에 대하여 요양급여비용을 지급하도록 할 필요가 있다.</u> 나아가, 사정변경사유가 발생할 경우 지급보류처분이 취소될 수 있도록 한다면, 이와 함께 지급보류기간 동안 의료기관의 개설자가 수인해야 했던 재산권 제한상황에 대한 적절하고 상당한 보상으로서의 이자 내지 지연손해금의 비율에 대해서도 규율이 필요하다. 이러한 사항들은 이 사건 지급보류조항으로 인한 기본권 제한이 입법목적 달성에 필요한 최소한도에 그치기 위해 필요한 조치들이지만, 현재 이에 대한 어떠한 입법적 규율도 없다. 따라서 **이 사건 지급보류조항은 과잉금지원칙에 반하여 요양기관 개설자의 재산권을 침해한다**(헌재 2023.3.23. 2018헌바433).

❹ [×] 이 사건 지급보류조항은 사후적인 부당이득 환수절차의 한계를 보완하고, 건강보험의 재정 건전성이 악화될 위험을 방지하고자 마련된 조항으로서, 사무장병원일 가능성이 있는 요양기관이 일정 기간 동안 요양급여비용을 지급받지 못하는 불이익을 받더라도 이를 두고 유죄의 판결이 확정되기 전에 죄 있는 자에 준하여 취급하는 것이라고 보기 어렵다. 따라서 **이 사건 지급보류조항은 무죄추정의 원칙에 위반된다고 볼 수 없다**(헌재 2023.3.23. 2018헌바433).

p.92

01	①	02	③	03	①	04	①	05	④
06	③	07	③	08	①	09	②	10	①
11	②	12	④	13	①	14	②	15	④
16	③	17	①	18	①	19	②	20	④

01
정답 ①

❶ [×] 1954년 헌법은 국무총리제를 폐지하고, 부통령이 지위를 승계하도록 규정하였다.

② [O] 대통령과 부통령은 국회에서 간선으로 선출되었고 1차에 한하여 중임이 허용되었다.

③ [O] 제헌헌법은 대통령과 부통령을 4년 임기로 국회에서 선출(1차에 한하여 중임)하는 것 외에 의결기관으로서 국무원을 두었으며 대통령이 그 의장이었다.

④ [O]

> 1952년 개정헌법 제53조 대통령과 부통령은 국민의 보통, 평등, 직접, 비밀투표에 의하여 각각 선거한다.
>
> 제32조 양원은 국민의 보통, 평등, 직접, 비밀투표에 의하여 선거된 의원으로써 조직한다.

02
정답 ③

① [O] 국가는 경우에 따라 조약과는 달리 법적 효력 내지 구속력이 없는 합의도 하는데, 이러한 합의는 많은 경우 일정한 공동목표의 확인이나 원칙의 선언과 같이 구속을 부여하기에는 너무 추상적이거나 구체성이 없는 내용을 담고 있으며, 대체로 조약체결의 형식적 절차를 거치지 않는다(헌재 2019.12.27. 2016헌마253).

② [O] 국제법적으로, 조약은 국제법 주체들이 일정한 법률효과를 발생시키기 위하여 체결한 국제법의 규율을 받는 국제적 합의를 말하며 서면에 의한 경우가 대부분이지만 예외적으로 구두합의도 조약의 성격을 가질 수 있다(헌재 2019.12.27. 2016헌마253).

❸ [×] '시민적 및 정치적 권리에 관한 국제규약'(이하 '자유권규약'이라 한다)의 조약상 기구인 자유권규약위원회의 견해는 규약을 해석함에 있어 중요한 참고기준이 되고, 규약 당사국은 그 견해를 존중하여야 한다. 특히 우리나라는 자유권규약을 비준함과 동시에, 자유권규약위원회의 개인통보 접수·심리권한을 인정하는 내용의 선택의정서에 가입하였으므로, 대한민국 국민이 제기한 개인통보에 대한 자유권규약위원회의 견해(Views)를 존중하고, 그 이행을 위하여 가능한 범위에서 충분한 노력을 기울여야 한다. 다만, 자유권규약위원회의 심리가 서면으로 비공개로 진행되는 점 등을 고려하면, 개인통보에 대한 자유권규약위원회의 견해(Views)에 사법적인 판결이나 결정과 같은 법적 구속력이 인정된다고 단정하기는 어렵다. 또한, 자유권규약위원회의 견해가 규약 당사국의 국내법 질서와 충돌할 수 있고, 그 이행을 위해서는 각 당사국의 역사적, 사회적, 정치적 상황 등이 충분히 고려될 필요가 있으므로, 우리 입법자가 자유권규약위원회의 견해(Views)의 구체적인 내용에 구속되어 그 모든 내용을 그대로 따라야만 하는 의무를 부담한다고 볼 수는 없다(헌재 2018.7.26. 2011헌마306 등).

④ [O] 비자기집행조약은 조약만으로는 집행이 안 되므로 법률을 요한다.

03
정답 ①

❶ [O] 이 사건 위임규정이 산재보험료의 사업주 전액 부담과 관련하여 그 시행 여부를 행정부의 재량에 맡긴 것으로 해석하기 어렵고, 특수형태근로종사자를 산재보험제도 내로 편입할 당시의 입법 경위에 비추어 보더라도 산재보험료의 사업주전액 부담제도의 시행은 이미 예정되어 있었던 것으로 볼 수 있으므로 피청구인에게는 산재보험료를 사업주가 전부 부담하는 직종을 대통령령으로 제정할 의무가 있다(헌재 2023.10.26. 2020헌마93).

② [×] 피청구인이 사업주가 산재보험료를 전액 부담하는 직종에 관해 대통령령을 제정하지 못하고 있는 것에는 정당한 이유가 있다고 보아 기각결정하였다(헌재 2023.10.26. 2020헌마93).

③ [×] 청구인들의 심판청구에 대하여는 재판관 이선애, 재판관 이은애, 재판관 이종석, 재판관 이영진은 기각의견이고 재판관 유남석, 재판관 이석태, 재판관 김기영, 재판관 문형배, 재판관 이미선은 위헌의견으로, 위헌의견이 다수이기는 하나, 헌법 제113조 제1항, 헌법재판소법 제23조 제2항 단서 제1호에서 정한 헌법소원심판 인용 결정을 위한 심판정족수에는 이르지 못하므로 이들의 심판청구를 기각하기로 하여 주문과 같이 결정한다(헌재 2023.3.23. 2019헌마937).

기각의견(재판관 이선애, 이은애, 이종석, 이영진): 심판대상조항은 경비업무의 정상적인 운영을 저해하는 쟁의행위를 금지함으로써 국가중요시설의 안전을 도모하고 국가중요시설의 정상적인 기능을 유지하여 방호혼란을 방지하려는 것이므로 입법목적의 정당성 및 수단의 적합성이 인정된다.

국가중요시설에서 발생할 수 있는 보안 관련 사건의 심각성, 이에 대응하기 위하여 무기 휴대가 가능한 특수경비원 업무의 중요성을 감안하면 경비업무의 정상적인 운영을 저해하는 일체의 쟁의행위를 금지할 수밖에 없고, 그 외 다른 수단들로는 위 목적 달성에 기여할 수 없다. 특수경비원은 단체행동권에 대한 대상조치인 노동조합법상 조정 및 중재를 통하여 노동쟁의에 대한 해결책을 마련할 수도 있다. 따라서 심판대상조항은 침해의 최소성을 갖추었다.

심판대상조항으로 인하여 특수경비원이 받는 불이익이 국가나 사회의 중추를 이루는 중요시설 운영에 안정을 기함으로써 얻게 되는 국가안전보장, 질서유지, 공공복리 등의 공익보다 중대한 것이라고 볼 수 없다. 따라서 심판대상조항은 법익의 균형성을 갖추었다. 그러므로 심판대상조항은 과잉금지원칙에 위배되어 나머지 청구인들의 단체행동권을 침해하지 않는다.

위헌의견(재판관 유남석, 이석태, 김기영, 문형배, 이미선): 특수경비원은 공무원인 근로자 또는 법률이 정하는 주요방위산업체에 종사하는 근로자가 아닌 일반근로자로서 단체행동권이 철저하게 보장되어야 하고, 쟁의권은 단체행동권 중에서도 핵심적인 권리이다. 따라서 특수경비원이 근무하는 시설의 중요성이나 담당하는 업무의 공공성이 크다는 이유만으로 쟁의행위의 전면 금지와 같은 중대한 기본권 제한이 정당화될 수는 없다.

특수경비원은 국가중요시설의 전체 경비업무 중 일부를 분담하고 있고, 일반근로자의 쟁의행위를 제한하는 각종 규제가 관계 법령에 존재하며, 특수경비원의 무기 사용과 관련하여 시민의 안전을 확보하기 위한 사전적·사후적 통제 절차가 마련되어 있다. 쟁의행위로 인한 사회적 혼란은 헌법이 정상적인 업무의 저해를 본질로 하는 쟁의권을 단체행동권의 일환으로 보장함으로써 필연적으로 예정된 부분이므로, 이를 이유로 기본권 자체를 대폭 제한하기보다는 입법목적을 달성하면서도 기본권 제한을 최소화하는 방법을 모색하여야 한다. 이를 위한 다양한 대안이 존재함에도 불구하고, 심판대상조항은 기본권 제한을 완화하거나 보상할 수 있는 어떠한 조치조차 없이 일반근로자인 특수경비원의 쟁의행위를 획일적·전면적으로 금지하고 있다. 따라서 심판대상조항은 침해의 최소성을 갖추지 못하였다. 심판대상조항은 특수경비원의 전문성 저하를 야기할 수 있어 공익 실현의 측면에서 양면적인 효과가 있는 반면, 심판대상조항으로 인하여 제한되는 기본권의 정도가 매우 크다. 따라서 심판대상조항은 법익의 균형성을 갖추지 못하였다. 그러므로 심판대상조항은 과잉금지원칙에 위배되어 나머지 청구인들의 단체행동권을 침해한다.

④ [×] 축산업은 가축의 양육 및 출하에 있어 기후 및 계절의 영향을 강하게 받으므로, 근로시간 및 근로내용에 있어 일관성을 담보하기 어렵고, 축산업에 종사하는 근로자의 경우에도 휴가에 관한 규정은 여전히 적용되며, 사용자와 근로자 사이의 근로시간 및 휴일에 관한 사적 합의는 심판대상조항에 의한 제한을 받지 않는다. 현재 우리나라 축산업의 상황을 고려할 때, 축산업 근로자들에게 근로기준법을 전면적으로 적용할 경우, 인건비 상승으로 인한 경제적 부작용이 초래될 위험이 있다. 위 점들을 종합하여 볼 때, 심판대상조항이 입법자가 입법재량의 한계를 일탈하여 인간의 존엄을 보장하기 위한 최소한의 근로조건을 마련하지 않은 것이라고 보기 어려우므로, **심판대상조항은 청구인의 근로의 권리를 침해하지 않는다**(헌재 2021.8.31. 2018헌마563).

헌법불합치의견(재판관 유남석, 이석태, 김기영, 문형배, 이미선): 축산업은 주로 근로자의 육체 노동력에 의존하고, 일단 근로에 임하게 되면 장시간 근로가 불가피하다. 현재 우리나라 축산업은 지위가 불안정한 일용직 내지 임시직 근로자가 다수를 차지하는 구조를 가지고 있어, 사적 합의를 통하여 합리적인 근로조건을 정하기 어려운 상황이다. 위와 같은 점에서 축산업 근로자들에게 육체적·정신적 휴식을 보장하고 장시간 노동에 대한 경제적 보상을 해야 할 필요성이 요청됨에도 불구하고, 심판대상조항은 축산 사업장을 근로기준법 적용 제한의 기준으로 삼고 있어 축산업 근로자들의 근로 환경 개선과 산업의 발전을 저해하고 있다. 따라서 이 조항은 인간의 존엄을 보장하기 위한 최소한의 근로조건 마련에 미흡하여 청구인의 근로의 권리를 침해한다.

---

04   정답 ①

ㄱ. [×] 헌법 제10조가 보호하는 명예는 사람이나 그 인격에 대한 사회적 평가, 즉 객관적·외부적 가치평가를 가리키며 단순한 주관적·내면적 명예감정은 헌법이 보호하는 명예에 포함되지 않는다(헌재 2010.11.25. 2009헌마147).

ㄴ. [×] 운전 중 전화를 받거나 거는 것, 수신된 문자메시지의 내용을 확인하는 것과 같이 휴대용 전화를 단순 조작하는 경우에도 전방주시율, 돌발 상황에 대한 대처능력 등이 저하되어 교통사고의 위험이 증가하므로, 국민의 생명·신체·재산을 보호하기 위해서는 휴대용 전화의 사용을 원칙적으로 금지할 필요가 있다. 운전 중 안전에 영향을 미치지 않거나 긴급한 필요가 있는 경우에는 휴대용 전화를 이용할 수 있고, 지리안내 영상 또는 교통정보안내 영상, 국가비상사태·재난상황 등 긴급한 상황을 안내하는 영상, 운전을 할 때 자동차등의 좌우 또는 전후방을 볼 수 있도록 도움을 주는 영상이 표시되는 범위에서 휴대용 전화를 '영상표시장치'로 사용하는 행위도 허용된다. 이 사건 법률조항으로 인하여 청구인은 운전 중 휴대용 전화 사용의 편익을 누리지 못하고 그 의무에 위반할 경우 20만원 이하의 벌금이나 구류 또는 과료에 처해질 수 있으나 이러한 부담은 크지 않다. 이에 비하여 운전 중 휴대용 전화 사용 금지로 교통사고의 발생을 줄임으로써 보호되는 국민의 생명·신체·재산은 중대하다. 그러므로 이 사건 법률조항은 과잉금지원칙에 반하여 청구인의 일반적 행동의 자유를 침해하지 않는다(헌재 2021.6.24. 2019헌바5).

ㄷ. [×] 이 사건 각 심판대상조항은 원활하고 효율적인 교통을 확보하는 것을 목적으로 하는 것으로서 입법목적의 정당성이 인정되고, 전용차로통행차가 아닌 차에 대하여 전용차로 통행을 원칙적으로 금지하고 이를 위반한 운전자에게 과태료를 부과하는 것은 원활한 교통의 확보라는 입법 목적을 달성하기 위한 적합한 수단이다. 도로교통법 관련 법령은 부득이하게 전

용차로 통행이 필요한 경우에는 예외를 두거나 우회전을 하기 위하여 전용차로로 진입을 하여야 하는 경우 합리적인 범위 내에서 청색 점선을 설치하여 그 통행이 가능하도록 하고 있으므로, 심판대상조항에 의한 전용차로 통행 제한이 지나치다고 보기는 어렵다. 따라서 이 사건 각 심판대상조항이 과잉금지원칙에 반하여 일반적 행동자유권을 침해한다고 볼 수 없다(헌재 2018.11.29. 2017헌바465).

ㄹ. [O] 심판대상조항은 운전면허제도의 근간을 유지하는 한편, 교통상의 위험과 장해를 방지하고자 하는 것이므로 그 입법목적이 정당하고, 이를 위해 모든 범위의 운전면허를 필요적으로 취소하도록 하는 것은, 수단의 적합성도 인정된다. 심판대상조항이 '부정 취득한 운전면허'를 필요적으로 취소하도록 한 것은, 임의적 취소·정지의 대상으로 전환할 경우 면허제도의 근간이 흔들리게 되고 형사처벌 등 다른 제재수단만으로는 여전히 부정 취득한 운전면허로 자동차 운행이 가능하다는 점에서, 피해의 최소성 원칙에 위배되지 않는다. 또한 부정 취득한 운전면허는 그 요건이 처음부터 갖추어지지 못한 것으로서 해당 면허를 박탈하더라도 기본권이 추가적으로 제한된다고 보기 어려워, 법익의 균형성 원칙에도 위배되지 않는다. 반면, 심판대상조항이 '부정 취득하지 않은 운전면허'까지 필요적으로 취소하도록 한 것은, 임의적 취소·정지 사유로 함으로써 구체적 사안의 개별성과 특수성을 고려하여 불법의 정도에 상응하는 제재수단을 선택하도록 하는 등 완화된 수단에 의해서도 입법목적을 같은 정도로 달성하기에 충분하므로, 피해의 최소성 원칙에 위배된다. 나아가, 위법이나 비난의 정도가 미약한 사안을 포함한 모든 경우에 부정 취득하지 않은 운전면허까지 필요적으로 취소하고 이로 인해 2년 동안 해당 운전면허 역시 받을 수 없게 하는 것은, 공익의 중대성을 감안하더라도 지나치게 기본권을 제한하는 것이므로, 법익의 균형성 원칙에도 위배된다. 따라서 심판대상조항 중 각 '거짓이나 그 밖의 부정한 수단으로 받은 운전면허를 제외한 운전면허'를 필요적으로 취소하도록 한 부분은, 과잉금지원칙에 반하여 일반적 행동의 자유 또는 직업의 자유를 침해한다(헌재 2020.6.25. 2019헌가9).

ㅁ. [X] 일반적 행동자유권은 모든 행위를 할 자유와 행위를 하지 않을 자유로 가치있는 행동만 그 보호영역으로 하는 것은 아닌 것으로, 그 보호영역에는 개인의 생활방식과 취미에 관한 사항도 포함되며, 여기에는 위험한 스포츠를 즐길 권리와 같은 위험한 생활방식으로 살아갈 권리도 포함된다(헌재 2003.10.30. 2002헌마518).

05 정답 ④

① [O] 법원이 열람·등사 허용 결정을 하였음에도 검사가 이를 신속하게 이행하지 아니하는 경우에는 해당 증인 및 서류 등을 증거로 신청할 수 없는 불이익을 받는 것에 그치는 것이 아니라, 그러한 검사의 거부행위는 피고인의 열람·등사권을 침해하고, 나아가 피고인의 신속·공정한 재판을 받을 권리 및 변호인의 조력을 받을 권리까지 침해하게 되는 것이므로, 피청구인의 이 사건 거부행위는 청구인의 신속·공정한 재판을 받을 권리 및 변호인의 조력을 받을 권리를 침해한다(헌재 2022.6.30. 2019헌마35).

② [O] 헌법 제12조 제4항 본문과 단서의 논리적 관계를 고려할 때 '국선변호인의 조력을 받을 권리'는 피의자가 아닌 피고인에게만 보장되는 기본권이다. 따라서 헌법 제12조 제4항이 70세 이상인 불구속 피의자에 대하여 국선변호인의 조력을 받을 권리가 있음을 천명한 것이라고 볼 수 없으며, 그 밖에 헌법상의 다른 규정을 살펴보아도 위와 같은 권리나 이를 보장하기 위한 입법의무를 명시적으로나 해석상으로 인정할 근거가 없다. 따라서 이 사건 입법부작위에 대한 심판청구는 헌법소원의 대상이 될 수 없는 입법부작위를 대상으로 한 것으로서 부적법하다(헌재 2023.2.23. 2020헌마1030).

③ [O] 이 사건 서신개봉행위는 교정사고를 미연에 방지하고 교정시설의 안전과 질서 유지를 위한 것이다. 수용자에게 변호인이 보낸 형사소송관련 서신이라는 이유만으로 금지물품 확인 과정 없이 서신이 무분별하게 교정시설 내에 들어오게 된다면, 이를 악용하여 마약·담배 등 금지물품의 반입 등이 이루어질 가능성을 배제하기 어렵다. 금지물품을 확인할 뿐 변호인이 보낸 서신 내용의 열람·지득 등 검열을 하는 것이 아니어서, 이 사건 서신개봉행위로 인하여 미결수용자와 같은 지위에 있는 수형자가 새로운 형사사건 및 형사재판에서 방어권 행사에 불이익이 있었다거나 그 불이익이 예상된다고 보기도 어렵다. 발신자가 변호사로 표시되어 있다고 하더라도 실제 변호사인지 여부 및 수용자의 변호인에 해당하는지 여부를 확인하는 것은 불가능하거나 지나친 행정적 부담을 초래한다. 미결수용자와 같은 지위에 있는 수형자는 서신 이외에도 접견 또는 전화통화에 의해서도 변호사와 접촉하여 형사소송을 준비할 수 있다. 이 사건 서신개봉행위와 같이 금지물품이 들어 있는지를 확인하기 위하여 서신을 개봉하는 것만으로는 미결수용자와 같은 지위에 있는 수형자가 변호인의 조력을 받을 권리를 침해하지 아니한다(헌재 2021.10.28. 2019헌마973).

❹ [X] 헌법은 70세 이상인 불구속 피의자가 피의자신문을 받을 때 국선변호인을 선정하는 법률을 제정할 것을 명시적으로 위임하고 있지 않다. 헌법 제12조 제4항 본문과 단서의 논리적 관계를 고려할 때 '국선변호인의 조력을 받을 권리'는 피의자가 아닌 피고인에게만 보장되는 기본권이다. 따라서 헌법 제12조 제4항이 70세 이상인 불구속 피의자에 대하여 국선변호인의 조력을 받을 권리가 있음을 천명한 것이라고 볼 수 없으며, 그 밖에 헌법상의 다른 규정을 살펴보아도 위와 같은 권리나 이를 보장하기 위한 **입법의무를 명시적으로나 해석상으로 인정할 근거가 없다.** 따라서 이 사건 입법부작위에 대한 심판청구는 헌법소원의 대상이 될 수 없는 입법부작위를 대상으로 한 것으로서 부적법하다(헌재 2023.2.23. 2020헌마1030).

06 정답 ③

① [O] 위원회의 보상금 지급결정에 동의하면 재판상 화해 성립으로 인정하는 광주민주화운동 관련자 보상 등에 관한 법률이 보상금 등의 성격과 중첩되지 않는 정신적 손해에 대한 국가배상청구권의 행사까지 금지하는 것은 국가배상청구권을 침해한다(헌재 2021.5.27. 2019헌가17).

② [O] 촬영한 영상물에 수록된 피해자의 진술은 공판준비기일 또는 공판기일에 피해자나 조사 과정에 동석하였던 신뢰관계에 있

는 사람 또는 진술조력인의 진술에 의하여 그 성립의 진정함이 인정된 경우에 증거로 할 수 있도록 한 성폭력범죄의 처벌 등에 관한 특례법은 과잉금지원칙을 위반하여 청구인의 공정한 재판을 받을 권리를 침해한다(헌재 2021.11.25. 2019헌마534).

❸ [×] 원판결의 근거가 된 가중처벌규정에 대하여 헌법재판소의 위헌결정이 있었음을 이유로 개시된 재심절차에서, 공소장의 교환적 변경을 통해 위헌결정된 가중처벌규정보다 법정형이 가벼운 처벌규정으로 적용법조가 변경되어 피고인이 무죄판결을 받지는 않았으나 원판결보다 가벼운 형으로 유죄판결이 확정됨에 따라 원판결에 따른 구금형 집행이 재심판결에서 선고된 형을 초과하게 된 경우, 재심판결에서 선고된 형을 초과하여 집행된 구금에 대하여 보상요건을 규정하지 아니한 '형사보상 및 명예회복에 관한 법률' 제26조 제1항이 평등원칙을 위반하여 청구인들의 평등권을 침해한다(헌재 2022.2.24. 2018헌마998).

④ [O] 비용보상청구권의 제척기간을 무죄판결이 확정된 날부터 6개월 이내로 규정한 구 군사법원법 제227조의12 제2항은 4인은 재판청구권 및 재산권을 침해라고 하고 4인 평등권 침해라고 한다(헌재 2023.8.31. 2020헌바252).

07   정답 ③

① [×] 경합은 공권력 행사에 의한 단일한 기본권 주체의 복수의 기본권이 문제가 되는 경우이고 충돌은 대립하는 복수의 기본권 주체가 서로 대립적으로 국가에 대해 주장하는 경우이다. 보수규정은 공권력 행사로 단일한 기본권 주체의 복수 기본권이 문제가 되는 경우이므로 기본권 경합의 문제이다. 공권력인 입법권에 의한 기본권 침해 문제이고 단일한 기본권 주체이므로 기본권 경합의 문제가 논의 될 수 있으나 충돌의 문제는 아니다.

② [×] 상업적 광고는 예술의 자유에서 보장되지 않고, 재산권, 영업의 자유는 경합관계이다.

❸ [O] 청구인은 이 사건 법률조항에 의하여 인간의 존엄과 가치 및 행복추구권, 사생활의 비밀과 자유가 침해된다고 주장하나, 위 기본권들은 모두 개인정보자기결정권의 헌법적 근거로 거론되는 것으로서 청구인의 개인정보에 대한 공개와 이용이 문제되는 이 사건에서 개인정보자기결정권 침해 여부를 판단하는 이상 별도로 판단하지 않는다(헌재 2016.6.30. 2015헌마924).

④ [×] 대학병원에 보관된 시신을 훔친 것은 예술의 자유에서 보호되지 않으므로 시체에 대한 자기결정권과 예술의 자유는 유사충돌이다. 강연은 예술의 자유에서 보호되지 않으므로 집회를 제지당했다면 예술의 자유와 집회의 자유는 유사경합이다.

08   정답 ①

ㄱ. [×] 대한민국 국적을 가지고 있는 영유아 중에서 재외국민인 영유아를 보육료·양육수당의 지원대상에서 제외함으로써, 청구인들과 같이 국내에 거주하면서 재외국민인 영유아를 양육하는 부모를 차별하는 보건복지부지침은 영유아에 대한 보육료·양육수당 지급에 있어 국내거주 재외국민을 대한민국 국적을 보유하고 국내에 주민등록을 두고 있는 국민에 비해 차별하고 있으며, 그와 같은 차별에 아무런 합리적 근거도 인정될 수 없으므로 청구인들의 헌법상 기본권인 평등권을 침해한다(헌재 2018.1.25. 2015헌마1047).

ㄴ. [O] 애국지사는 일제의 국권침탈에 반대하거나 항거한 사실이 있는 당사자로서 조국의 자주독립을 위하여 직접 공헌하고 희생한 사람이지만, 순국선열의 유족은 일제의 국권침탈에 반대하거나 항거하다가 그로 인하여 사망한 당사자의 유가족으로서 독립유공자예우에 관한 법률이 정하는 바에 따라 그 공로에 대한 예우를 받는 지위에 있다. 독립유공자의 유족에 대하여 국가가 독립유공자예우에 관한 법률에 의한 보상을 하는 것은 유족 그 자신이 조국의 자주독립을 위하여 직접 공헌하고 희생하였기 때문이 아니라, 독립유공자의 공헌과 희생에 대한 보은과 예우로서 그와 한가족을 이루고 가족공동체로서 함께 살아온 그 유족에 대하여서도 그에 상응한 예우를 하기 위함이다. 애국지사 본인과 순국선열의 유족은 본질적으로 다른 집단이므로, 같은 서훈 등급임에도 순국선열의 유족보다 애국지사 본인에게 높은 보상금 지급액 기준을 두고 있다 하여 곧 청구인의 평등권이 침해되었다고 볼 수 없다(헌재 2018.1.25. 2016헌마319).

ㄷ. [×] 보건복지부장관이 2002년도 최저생계비를 고시함에 있어 장애로 인한 추가지출비용을 반영한 별도의 최저생계비를 결정하지 않은 채 가구별 인원 수만을 기준으로 최저생계비를 결정한 것은 생활능력 없는 장애인가구 구성원의 인간의 존엄과 가치 및 행복추구권, 인간다운 생활을 할 권리, 평등권을 침해하였다고 할 수 없다(헌재 2004.10.28. 2002헌마328).

ㄹ. [×] 국제협력요원은 자신들의 의사에 기하여 봉사활동을 통한 병역의무 이행을 선택한 점에서 행정관서요원과 다르다. 행정관서요원제도는 방위제도가 폐지되면서, 여전히 현역병 등으로 입영하여 군복무를 이행할 수 없는 신체적 사유 등이 있는 병역의무자의 경우 이들을 행정관서요원으로 소집하여 병역의무를 이행하도록 하기 위하여 고안된 제도임에 반하여, 국제협력요원은 국제봉사요원이 개발도상국에서 자발적으로 봉사활동을 하게 된 것이 국제사회에 긍정적인 영향을 끼치고 있다는 점을 감안하여, 위와 같은 국제봉사활동을 체계적·지속적으로 계속할 자원을 병역의무자 중에서 충원한다는 차원에서 마련된 것에 기인한다는 차이가 있으므로, 입법자가 위와 같은 차이들에 근거하여 국제협력요원과 행정관서요원을 달리 취급하는 것을 입법형성권을 벗어난 자의적인 것이라고 할 수 없어, 이 사건 조항은 헌법상의 평등권을 침해하지 아니한다(헌재 2010.7.29. 2009헌가13).

ㅁ. [O] 1983.1.1. 이후 출생한 A형 혈우병 환자에 한하여 유전자재조합제제에 대한 요양급여를 인정하는 이 사건 고시조항이 수혜자 한정의 기준으로 정한 환자의 출생시기는 우연한 사정에 기인하는 결과의 차이일 뿐, 이러한 차이로 인해 A형 혈우병 환자들에 대한 치료제인 유전자재조합제제의 요양급여 필

요성이 달라진다고 할 수는 없으므로, A형 혈우병 환자들의 출생시기에 따라 이들에 대한 유전자재조합제제의 요양급여 허용 여부를 달리 취급하는 것은 합리적인 이유가 있는 차별이라고 할 수 없다. 따라서 이 사건 고시조항은 청구인들의 평등권을 침해하는 것이다(헌재 2012.6.27. 2010헌마716).

09   정답 ②

① [×] 심판대상조항은 이른바 '집사 변호사' 등 소송사건과 무관하게 수형자를 접견하는 변호사의 접견권 남용행위를 방지함으로써, 한정된 교정시설 내의 수용질서 및 규율을 유지하고, 수용된 상태에서 소송수행을 해야 하는 수형자들의 변호사접견을 원활하게 실시하기 위한 것으로서, 그 입법목적은 정당하다. 심판대상조항이 변호사의 접견권 남용행위 방지에 실효적인 수단이라고 보기 어려울 뿐 아니라 수형자의 재판청구권 행사에 장애를 초래할 뿐이므로, 심판대상조항은 수단의 적합성이 인정되지 아니한다(헌재 2021.10.28. 2018헌마60).

❷ [○] 변호사접견은 앞에서 본 바와 같이 접촉차단시설이 설치되지 않은 장소에서 이루어지고 일반접견 횟수에 포함되지 않는 월 4회, 회당 60분의 추가적인 접견이 가능하여 일반접견과 상당한 차이가 있다. 따라서 소송계속 사실 소명자료를 제출하지 못하는 경우 변호사접견이 아니라 일반접견만 가능하도록 규정한 심판대상조항은 변호사인 청구인의 직업수행의 자유를 제한한다. 따라서 이러한 변호사의 직업수행의 자유 제한에 대한 심사에 있어서는 변호사 자신의 직업 활동에 가해진 제한의 정도를 살펴보아야 할 뿐 아니라 그로 인해 접견의 상대방인 수형자의 재판청구권이 제한되는 효과도 함께 고려되어야 하므로, 그 심사의 강도는 일반적인 경우보다 엄격하게 해야 할 것이다(헌재 2021.10.28. 2018헌마60).

③ [×] 수용자가 소를 제기하지 아니한 상태에서 소송대리인이 되려는 변호사의 접견을 소송대리인 변호사의 접견과 같은 형태로 허용한다면 소송제기 의사가 진지하지 않은 수용자가 이를 악용할 우려가 있고, 소송사건이 계속 중인 상태에서 수용자가 소송대리인으로 선임할 의사를 표시하였으나 선임신고가 이루어지지 않았을 뿐인 경우에도 선임신고가 이루어지기까지 특별한 절차나 상당한 시간이 소요된다고 보기 어려워 예외적으로 접촉차단시설이 설치되지 않은 장소에서 접견을 허용해야 할 필요가 있다고 보기 어렵다. 소송대리인이 되려는 변호사의 경우 변호인이 되려는 사람이나 소송사건의 대리인인 변호사와 비교하여 지위, 역할, 접견의 필요성 등에 차이가 있으므로, 접견제도의 운영에 있어 이들과 달리 취급할 필요가 있다. 소송대리인이 되려는 변호사는 이미 선임된 소송사건의 대리인과 달리 해당 범위가 상당히 넓어 접견의 수요를 예측하기 어려운 점도 양자를 달리 취급하여야 할 사정이 된다. 따라서 심판대상조항은 변호사인 청구인의 업무를 원하는 방식으로 자유롭게 수행할 수 있는 자유를 침해한다고 할 수 없다(헌재 2022.2.24. 2018헌마1010).

④ [×] 심판대상조항은 소송사건의 대리인인 변호사라 하더라도 변호사접견을 하기 위해서는 소송계속 사실 소명자료를 제출하도록 규정함으로써 이를 제출하지 못하는 변호사는 일반접견을 이용할 수밖에 없게 되었다. 일반접견은 접촉차단시설이 설치된 일반접견실에서 10분 내외 짧게 이루어지므로 그 시

간은 변호사접견의 1/6 수준에 그친다. 또한 그 대화 내용은 청취·기록·녹음·녹화의 대상이 되므로 교정시설에서 부당한 처우를 당했다는 등의 사정이 있는 수형자는 위축된 나머지 법적 구제를 단념할 가능성마저 배제할 수 없다. 심판대상조항은 소 제기 전 단계에서 충실한 소송준비를 하기 어렵게 하여 변호사의 직무수행에 큰 장애를 초래하고, 변호사의 도움이 가장 필요한 시기에 접견에 대한 제한의 정도가 위와 같이 크다는 점에서 수형자의 재판청구권 역시 심각하게 제한될 수밖에 없고, 이로 인해 법치국가원리로 추구되는 정의에 반하는 결과를 낳을 수도 있다. 따라서 심판대상조항은 과잉금지원칙에 위배되어 변호사인 청구인의 직업수행의 자유를 침해한다(헌재 2021.10.28. 2018헌마60).

10   정답 ①

ㄱ. [×] 청구인들은 노역장유치조항이 책임주의원칙에 반한다고 주장하나 이 부분 주장은 과잉금지원칙 위반 주장과 다르지 않고, 특별법이 아닌 형법에 노역장유치조항을 둔 것은 체계정당성에 위반된다고 주장하나 체계정당성에 위반된다고 해서 곧 위헌이 되는 것은 아니며 비례원칙 등 헌법의 규정이나 원칙을 위반하여야 하므로, 이 부분 주장 역시 과잉금지원칙 위반 여부에 대한 판단으로 족하다(헌재 2017.10.26. 2015헌바239 등).

ㄴ. [×] 청구인들은 노역장유치조항이 벌금을 납입할 자력이 있는 자와 없는 자를 차별한다고 주장하나, 이 조항은 경제적 능력의 유무와 상관없이 모든 벌금미납자에게 적용되고, 벌금의 납입 능력에 따른 노역장유치 가능성의 차이는 이 조항이 예정하고 있는 차별이 아니라 벌금형이라는 재산형이 가지고 있는 본질적인 성격에서 비롯된 것일 뿐이므로, 노역장유치조항이 경제적 능력이 있는 자와 없는 자를 차별한다고 볼 수 없다(헌재 2017.10.26. 2015헌바239등).

ㄷ. [×] 벌금에 비해 노역장유치기간이 지나치게 짧게 정해지면 경제적 자력이 충분함에도 고액의 벌금 납입을 회피할 목적으로 복역하는 자들이 있을 수 있으므로, 벌금 납입을 심리적으로 강제할 수 있는 최소한의 유치기간을 정할 필요가 있다. 또한 고액 벌금에 대한 유치기간의 하한을 법률로 정해두면 1일 환형유치금액 간에 발생하는 불균형을 최소화할 수 있다. 노역장유치조항은 주로 특별형법상 경제범죄 등에 적용되는데, 이러한 범죄들은 범죄수익의 박탈과 함께 막대한 경제적 손실을 가하지 않으면 범죄의 발생을 막기 어렵다. 노역장유치조항은 벌금 액수에 따라 유치기간의 하한이 증가하도록 하여 범죄의 경중이나 죄질에 따른 형평성을 도모하고 있고, 노역장유치기간의 상한이 3년인 점과 선고되는 벌금 액수를 고려하면 그 하한이 지나치게 장기라고 보기 어렵다. 또한 노역장유치조항은 유치기간의 하한을 정하고 있을 뿐이므로 법관은 그 범위 내에서 다양한 양형요소들을 고려하여 1일 환형유치금액과 노역장유치기간을 정할 수 있다. 이러한 점들을 종합하면 노역장유치조항은 과잉금지원칙에 반하여 청구인들의 신체의 자유를 침해한다고 볼 수 없다(헌재 2017.10.26. 2015헌바239등).

ㄹ. [○] 형벌불소급원칙에서 의미하는 '처벌'은 형법에 규정되어 있는 형식적 의미의 형벌 유형에 국한되지 않으며, 범죄행위에 따

른 제재의 내용이나 실제적 효과가 형벌적 성격이 강하여 신체의 자유를 박탈하거나 이에 준하는 정도로 신체의 자유를 제한하는 경우에는 형벌불소급원칙이 적용되어야 한다. 노역장유치는 그 실질이 신체의 자유를 박탈하는 것으로서 징역형과 유사한 형벌적 성격을 가지고 있으므로 형벌불소급원칙의 적용대상이 된다. 노역장유치조항은 1억원 이상의 벌금형을 선고받는 자에 대하여 유치기간의 하한을 중하게 변경시킨 것이므로, 이 조항 시행 전에 행한 범죄행위에 대해서는 범죄행위 당시에 존재하였던 법률을 적용하여야 한다. 그런데 부칙조항은 노역장유치조항의 시행 전에 행해진 범죄행위에 대해서도 공소제기의 시기가 노역장유치조항의 시행 이후이면 이를 적용하도록 하고 있으므로, 이는 범죄행위 당시 보다 불이익한 법률을 소급 적용하도록 하는 것으로서 헌법상 형벌불소급원칙에 위반된다(헌재 2017.10.26. 2015헌바239등).

ㅁ. [O] 형벌불소급원칙이 적용되는 '처벌'의 범위를 형법이 정한 형벌의 종류에만 한정되는 것으로 보게 되면, 형법이 정한 형벌 외의 형태로 가해질 수 있는 형사적 제재나 불이익은 소급적용이 허용되는 결과가 되어, 법적 안정성과 예측가능성을 보장하여 자의적 처벌로부터 국민을 보호하고자 하는 형벌불소급원칙의 취지가 몰각될 수 있다. 형벌불소급원칙에서 의미하는 '처벌'은 단지 형법에 규정되어 있는 형식적 의미의 형벌 유형에 국한되지 않는다. 노역장유치는 벌금형에 부수적으로 부과되는 환형처분으로서, 그 실질은 신체의 자유를 박탈하여 징역형과 유사한 형벌적 성격을 가지고 있으므로, 형벌불소급원칙의 적용대상이 된다. 노역장유치조항은 노역장유치가 고액 벌금의 납입을 회피하는 수단으로 이용되는 것을 막고 1일 환형유치금액에 대한 형평성을 제고하기 위한 것으로, 이러한 입법목적은 정당하다. 1억원 이상의 벌금을 선고하는 경우 노역장유치기간의 하한을 법률에 정해두게 되면, 벌금의 납입을 심리적으로 강제할 수 있고 1일 환형유치금액 사이의 지나친 차이를 좁혀 형평성을 도모할 수 있으므로, 노역장유치조항은 입법목적 달성에 적절한 수단이다(헌재 2017.10.26. 2015헌바239등).

11   정답 ②

① [O] 표현의 자유를 규제하는 입법에 있어서 명확성의 원칙은 특별히 중요한 의미를 지닌다. 현대 민주사회에서 표현의 자유가 국민주권주의 이념의 실현에 불가결한 것인 점에 비추어 볼 때, 불명확한 규범에 의한 표현의 자유의 규제는 헌법상 보호받는 표현에 대한 위축 효과를 일으키고, 그로 인하여 다양한 의견이나 견해 등의 표출을 통해 상호 검증을 거치도록 한다는 표현의 자유의 본래 기능을 상실케 한다. 따라서 표현의 자유를 규제하는 법률은 규제되는 표현의 개념을 세밀하고 명확하게 규정할 것이 헌법적으로 요구된다.

❷ [×] 심판대상조항의 입법목적, 공직선거법 관련 조항의 규율내용을 종합하면, 건전한 상식과 통상적인 법 감정을 가진 사람이면 자신의 글이 정당·후보자에 대한 '지지·반대'의 정보를 게시하는 행위인지 충분히 알 수 있으므로, 실명확인 조항 중 "인터넷언론사" 및 "지지·반대" 부분은 명확성 원칙에 반하지 않는다(헌재 2021.1.28. 2018헌마456).

③ [O] 실명확인 조항은 인터넷언론사에게 인터넷홈페이지 게시판 등을 운영함에 있어서 선거운동기간 중 이용자의 실명확인 조치의무, 실명인증표시 조치의무 및 실명인증표시가 없는 게시물에 대한 삭제의무를 부과하여 인터넷언론사의 직업의 자유도 제한하고, 과태료 조항은 인터넷언론사가 실명확인 조치의무나 실명인증표시가 없는 게시물에 대한 삭제의무를 이행하지 않는 경우 그에 대하여 과태료를 부과하는 것을 그 내용으로 하므로 인터넷언론사의 직업의 자유를 제한한다. <u>인터넷언론사의 기본권 가운데 이 사건과 가장 밀접한 관계에 있으며 또 침해의 정도가 큰 주된 기본권은 실명확인 조항에 의하여 제한되는 언론의 자유라고 할 것이므로 직업의 자유 제한의 정당성 여부에 관하여는 따로 판단하지 않는다.</u> 또한 인터넷언론사의 언론의 자유 제한은 게시판 등 이용자의 정치적 익명표현의 자유의 제한에 수반되는 결과라고 할 수 있으므로 이하에서는 게시판 등 이용자의 정치적 익명표현의 자유 침해 여부를 중심으로 하여 인터넷언론사의 언론의 자유 등 침해 여부를 함께 판단하기로 한다(헌재 2021.1.28. 2018헌마456).

④ [O] 심판대상조항은 정치적 의사표현이 가장 긴요한 선거운동기간 중에 인터넷언론사 홈페이지 게시판 등 이용자로 하여금 실명확인을 하도록 강제함으로써 익명표현의 자유와 언론의 자유를 제한하고, 모든 익명표현을 규제함으로써 대다수 국민의 개인정보자기결정권도 광범위하게 제한하고 있다는 점에서 이와 같은 불이익은 선거의 공정성 유지라는 공익보다 결코 과소평가될 수 없다. 그러므로 심판대상조항은 과잉금지원칙에 반하여 인터넷언론사 홈페이지 게시판 등 이용자의 익명표현의 자유와 개인정보자기결정권, 인터넷언론사의 언론의 자유를 침해한다(헌재 2021.1.28. 2018헌마456).

12   정답 ④

① [O] 심판대상조항들의 내용만으로는 금지되는 행위 유형의 실질의 대강조차 파악할 수 없다는 주장은 심판대상조항들 중 **하위법령에 규정될 내용을 정하고 있는 부분의 불명확성을 다투는 것으로 결국 포괄위임금지원칙 위반의 문제로 포섭되는 바, 명확성원칙 위배 여부에 대해서는 별도로 판단하지 않기로 한다**(헌재 2021.2.25. 2017헌바222).

② [O] **죄형법정주의는 자유주의, 권력분립, 법치주의 및 국민주권의 원리에 입각한 것으로서 무엇이 범죄이며 그에 대한 형벌이 어떠한 것인가는 반드시 국민의 대표로 구성된 입법부가 제정한 법률로써 정하여야 한다는 원칙을 의미한다. 그런데 아무리 권력분립이나 법치주의가 민주정치의 원리라 하더라도 현대국가의 사회적 기능증대와 사회현상의 복잡화에 따라 국민의 권리·의무에 관한 사항이라 하여 모두 입법부에서 제정한 법률만으로 다 정할 수는 없기 때문에 합리적인 이유가 있으면 예외적으로 이를 위임하는 것이 허용된다**(헌재 2021. 2.25. 2017헌바222).

③ [O] 헌법 제40조, 제75조, 제95조의 의미를 살펴보면, 국회가 입법으로 행정기관에게 구체적인 범위를 정하여 위임한 사항에 관하여는 당해 행정기관이 법 정립의 권한을 갖게 되고, 이때 입법자는 그 규율의 형식도 선택할 수 있으므로, **헌법이 인정하고 있는 위임입법의 형식은 예시적인 것으로 보아야 한다.**

법률이 일정한 사항을 행정규칙에 위임하더라도 그 행정규칙은 위임된 사항만을 규율할 수 있고, 이는 국회입법의 원칙과 상치되지 않는다. 다만, 행정규칙은 법규명령과 같은 엄격한 제정 및 개정절차를 필요로 하지 아니하므로, **기본권을 제한하는 내용의 입법을 위임할 때에는 법규명령에 위임하는 것이 원칙이고, 고시와 같은 형식으로 입법위임을 할 때에는 법령이 전문적·기술적 사항이나 경미한 사항으로서 업무의 성질상 위임이 불가피한 사항에 한정된다**(헌재 2021.2.25. 2017헌바222).

❹ [×] 헌법 제40조, 제75조, 제95조의 의미를 살펴보면, 국회가 입법으로 행정기관에게 구체적인 범위를 정하여 위임한 사항에 관하여는 당해 행정기관이 법 정립의 권한을 갖게 되고, 이때 입법자는 그 규율의 형식도 선택할 수 있으므로, **헌법이 인정하고 있는 위임입법의 형식은 예시적인 것으로 보아야 한다.** 법률이 일정한 사항을 행정규칙에 위임하더라도 그 행정규칙은 위임된 사항만을 규율할 수 있고, 이는 국회입법의 원칙과 상치되지 않는다. 다만, 행정규칙은 법규명령과 같은 엄격한 제정 및 개정절차를 필요로 하지 아니하므로, **기본권을 제한하는 내용의 입법을 위임할 때에는 법규명령에 위임하는 것이 원칙이고, 고시와 같은 형식으로 입법위임을 할 때에는 법령이 전문적·기술적 사항이나 경미한 사항으로서 업무의 성질상 위임이 불가피한 사항에 한정된다**(헌재 2021.2.25. 2017헌바222).

❶ [○] 통신제한조치에 대한 법원의 허가는 통신비밀보호법에 근거한 소송절차 이외의 파생적 사항에 관한 법원의 공권적 법률판단으로 헌법재판소법 제68조 제1항에서 헌법소원의 대상에서 제외하고 있는 법원의 재판에 해당하므로, 이에 대한 심판청구는 부적법하다.

② [×] 인터넷 통신망을 통해 송·수신하는 전기통신에 대한 감청을 범죄수사를 위한 통신제한조치의 하나로 정하고 있으므로, 일차적으로 헌법 제18조가 보장하는 통신의 비밀과 자유를 제한한다. 인터넷회선 감청은 타인과의 관계를 전제로 하는 개인의 사적 영역을 보호하려는 헌법 제18조의 통신의 비밀과 자유 외에 헌법 제17조의 사생활의 비밀과 자유도 제한하게 된다.

③ [×] 헌법 제12조 제3항이 정한 영장주의가 수사기관이 강제처분을 함에 있어 중립적 기관인 법원의 허가를 얻어야 함을 의미하는 것 외에 법원에 의한 사후 통제까지 마련되어야 함을 의미한다고 보기 어렵고, 청구인의 주장은 결국 인터넷회선 감청의 특성상 집행 단계에서 수사기관의 권한 남용을 방지할 만한 별도의 통제 장치를 마련하지 않는 한 통신 및 사생활의 비밀과 자유를 과도하게 침해하게 된다는 주장과 같은 맥락이므로, 이 사건 법률조항이 과잉금지원칙에 반하여 청구인의 기본권을 침해하는지 여부에 대하여 판단하는 이상, 영장주의 위반 여부에 대해서는 별도로 판단하지 아니한다.

④ [×] 인터넷회선 감청은 서버에 저장된 정보가 아니라, 인터넷상에서 발신되어 수신되기까지의 과정 중에 수집되는 정보, 즉 전송 중인 정보의 수집을 위한 수사이므로, 압수·수색과 구별된다.

① [×] 경비업법상 '집단민원현장'으로 분류된, 이해당사자 간 갈등이 표출될 가능성이 큰 성격의 장소들에 경비원을 배치함으로 인하여 발생할 수 있는 폭력사태를 억제하고 그러한 위험성을 관리하기 위해서는 관할 경찰관서장이 배치할 경비원의 결격사유 해당 여부, 교육 이수 여부, 배치할 집단민원현장에서의 이해당사자 간의 갈등 정도 및 폭력 발생의 가능성을 비롯한 다양한 요소를 종합적으로 검토하여 충분한 시간을 갖고 경비원 배치허가 여부를 결정할 필요가 있다.

배치허가 신청기한에 예외를 두거나 사후신고를 할 수 있도록 하는 경우에는 자격미달의 경비원을 기습 배치하는 등 악용의 소지가 있다. 따라서 심판대상조항이 일률적으로 경비업자에게 집단민원현장에 경비원을 배치하는 시점을 기준으로 48시간 전까지 배치허가를 신청하도록 한 것은 과도하지 않으며, 심판대상조항을 통해 달성되는 공익인 국민의 생명과 안전 및 재산은 제한되는 경비업자의 사익보다 월등히 크므로, **심판대상조항은 과잉금지원칙을 위반하여 경비업자의 직업수행의 자유를 침해하지 않는다**(헌재 2023.2.23. 2018헌마246).

❷ [○] 피청구인은 시험장 출입 시나 시험 중에 발열이나 호흡기 증상이 발현된 사람을 일반 시험실과 분리된 예비 시험실에서 시험에 응시할 수 있도록 하고 있으므로 이를 통해 감염병 확산 방지의 목적을 충분히 달성할 수 있다. 또한 감염병 증상이 악화된 응시자는 본인의 의사에 따라 응시 여부를 판단할 수 있게 하더라도 시험의 운영이나 관리에 심각한 지장이 초래될 것이라고 보기 어렵다. 따라서 이 사건 알림 중 고위험자를 의료기관에 이송하도록 한 부분은 청구인들의 직업선택의 자유를 침해한다(헌재 2023.2.23. 2020헌마736).

③ [×] 비경비업무의 수행이 경비업무의 전념성을 직접적으로 해치지 아니하는 경우가 있음에도 불구하고, 심판대상조항은 경비업무의 전념성이 훼손되는 정도를 고려하지 아니한 채 경비업자가 경비원으로 하여금 비경비업무에 종사하도록 하는 것을 일률적·전면적으로 금지하고, 경비업자가 허가받은 시설경비업무 외의 업무에 경비원을 종사하게 한 때에는 필요적으로 경비업의 허가를 취소하도록 규정하고 있는 점, 누구든지 경비원으로 하여금 경비업무의 범위를 벗어난 행위를 하게 하여서는 아니 된다며 이에 대한 제재를 규정하고 있는 경비업법 제15조의2 제2항, 제19조 제1항 제7호 등을 통해서도 경비업무의 전념성을 충분히 확보할 수 있는 점 등에 비추어 볼 때, 심판대상조항은 침해의 최소성에 위배되고, 경비업무의 전념성을 중대하게 훼손하지 않는 경우에도 경비원에게 비경비업무를 수행하도록 하면 허가받은 경비업 전체를 취소하도록 하여 경비업을 전부 영위할 수 없도록 하는 것은 법익의 균형성에도 반한다. 따라서 심판대상조항은 **과잉금지원칙에 위반하여 시설경비업을 수행하는 경비업자의 직업의 자유를 침해한다**(헌재 2023.3.23. 2020헌가19).

반대의견(재판관 유남석, 이은애, 이미선): 경비업제도는 경비대상에 대한 위험을 예방적·방어적으로 방지하기 위한 것으로, 심판대상조항이 경비업무의 전념성을 확보하기 위해 개별적·구체적 사정을 고려하지 아니한 채 경비원의 비경비업무 수행 자체를 허용하지 아니하도록 정하고 있다고 하여 이를 지나친 제한으로 볼 수 없으며, 경비업 허가에 대한 임의적 취소나 영업정지 등의 방법만으로는 경비업무의 전념성이 훼손되는 상황을 충분히 방지할 수 없다.

또한 심판대상조항에 의해 제한되는 경비업자의 직업의 자유의 정도가 경비업의 전문성과 안정성을 유지하여 국민의 생명·신체 및 재산을 보호하려는 공익에 비하여 중하다고 할 수도 없으므로, 심판대상조항은 법익의 균형성도 인정된다. 따라서 심판대상조항은 과잉금지원칙에 반하여 시설경비업을 수행하는 경비업자의 직업의 자유를 침해하지 아니한다.

④ [×] 처벌조항으로 인해 집단급식소에 근무하는 영양사는 그 경중 또는 실질적인 사회적 해악의 유무에 상관없이 직무수행조항에서 규정하고 있는 직무를 단 하나라도 불이행한 경우 상시적인 형사처벌의 위험에 노출된다. 이는 범죄의 설정에 관한 입법재량의 한계를 현저히 일탈하여 과도하다고 하지 않을 수 없다. 그러므로 **처벌조항은 과잉금지원칙에 위반된다**(헌재 2023.3.23. 2019헌바14).

반대의견(재판관 이은애, 이미선): 처벌조항이 집단급식소에 근무하는 영양사에 한정하여 특별히 형사책임을 묻는 것은, 집단급식소의 경우 다수의 식사 제공에 관여하게 되고 식재료도 대량으로 구매하여 보관하게 되어 영양사가 그 직무를 제대로 수행하지 아니할 경우 발생하는 위해의 정도가 높기 때문이라고 볼 수 있다. 이와 같은 피해의 중대성과 광범위성에 비추어 볼 때, 입법자로서는 단순한 행정적 제재만으로는 입법목적을 달성할 수 없다고 판단하여 형사처벌을 택할 수 있으며, 그러한 판단이 명백히 불합리하다고 볼 수 없다. 또한, 처벌조항은 직무를 수행하지 아니한 행위 일체를 처벌대상으로 하는 것이 아니라 집단급식소의 위생과 안전을 침해할 위험이 있는 행위로 한정하여 처벌대상으로 하고 있다. 그러므로 처벌조항은 과잉금지원칙에 위반되지 않는다.

---

15 정답 ④

① [×] 비군사적 성격을 갖는 복무도 입법자의 형성에 따라 병역의무의 내용에 포함될 수 있고, 대체복무제는 그 개념상 병역종류조항과 밀접한 관련을 갖는다. 따라서 청구인들은 입법자가 병역의 종류에 관하여 병역종류조항에 입법은 하였으나 그 내용이 대체복무제를 포함하지 아니하여 불충분하다는 부진정입법부작위를 다투는 것이라고 봄이 상당하다(헌재 2018.6.28. 2011헌바379).

② [×] '양심적' 병역거부라는 용어를 사용한다고 하여 병역의무이행은 '비양심적'이 된다거나, 병역을 이행하는 병역의무자들과 병역의무이행이 국민의 숭고한 의무라고 생각하는 대다수 국민들이 '비양심적'인 사람들이 되는 것은 결코 아니다(헌재 2018.6.28. 2011헌바379).

③ [×] **병역법 제88조의 처벌조항에 대한 재판관 이진성, 김이수, 이선애, 유남석의 일부위헌의견:** 병역종류조항은 처벌조항의 의미를 해석하는 근거가 되고, 처벌조항은 병역종류조항의 내용을 전제로 하므로, 병역종류조항의 위헌 여부는 처벌조항의 위헌 여부와 불가분적 관계에 있다. 따라서 병역종류조항에 대하여 헌법불합치 결정을 하는 이상, 처벌조항 중 양심적 병역거부자를 처벌하는 부분에 대하여도 위헌 결정을 하는 것이 자연스럽다.

✓ 병역법 제88조의 처벌조항은 합헌결정이 되었으므로 헌법재판소 법정의견은 아니다.

❹ [○] 병역종류조항은, 병역부담의 형평을 기하고 병역자원을 효과적으로 확보하여 효율적으로 배분함으로써 국가안보를 실현하고자 하는 것이므로 정당한 입법목적을 달성하기 위한 적합한 수단이다. 양심적 병역거부자의 수는 병역자원의 감소를 논할 정도가 아니고, 이들을 처벌한다고 하더라도 교도소에 수감할 수 있을 뿐 병역자원으로 활용할 수는 없으므로, 대체복무제 도입으로 병역자원의 손실이 발생한다고 할 수 없다. 전체 국방력에서 병역자원이 차지하는 중요성이 낮아지고 있는 점을 고려하면, 대체복무제를 도입하더라도 우리나라의 국방력에 의미 있는 수준의 영향을 미친다고 보기는 어렵다. 국가가 관리하는 객관적이고 공정한 사전심사절차와 엄격한 사후관리절차를 갖추고, 현역복무와 대체복무 사이에 복무의 난이도나 기간과 관련하여 형평성을 확보해 현역복무를 회피할 요인을 제거한다면, 심사의 곤란성과 양심을 빙자한 병역기피자의 증가 문제를 해결할 수 있다. 따라서 대체복무제를 도입하면서도 병역의무의 형평을 유지하는 것은 충분히 가능하다. 위와 같이 대체복무제의 도입이 우리나라의 국방력에 유의미한 영향을 미친다거나 병역제도의 실효성을 떨어뜨린다고 보기 어려운 이상, 우리나라의 특수한 안보상황을 이유로 대체복무제를 도입하지 않거나 그 도입을 미루는 것이 정당화된다고 할 수는 없다. 따라서 대체복무제라는 대안이 있음에도 불구하고 군사훈련을 수반하는 병역의무만을 규정한 병역종류조항은, 침해의 최소성 원칙에 어긋난다(헌재 2018.6.28. 2011헌바379).

---

16 정답 ③

ㄱ. [×] 청구인들이 전단등 살포를 통하여 북한 주민들을 상대로 자신의 의견을 표명하는 것을 금지·처벌하는 심판대상조항은 청구인들의 표현의 자유를 제한하는 것이므로, 심판대상조항이 과잉금지원칙을 위반하여 청구인들의 표현의 자유를 침해하는지 여부를 살펴본다 과잉금지원칙에 위반되어 표현의 자유를 침해한다(헌재 2023.9.26. 2020헌마1724).

ㄴ. [×] 청구인들은 심판대상조항이 북한 주민들의 알 권리를 침해한다고 주장하고 있으나, 알 권리는 한반도 군사분계선 이남 지역에 거주하고 있는 청구인들과는 직접적인 관련이 없으므로 살펴보지 않는다(헌재 2023.9.26. 2020헌마1724).

ㄷ. [×] 심판대상조항은 잔디마당에서 집회 또는 시위를 하려고 하는 경우 시장이 그 사용허가를 할 수 없도록 전면적·일률적으로 불허하고, '허가제'의 핵심 요소라 할 수 있는 '예외적 허용'의 가능성을 열어 두고 있지 않다. 그렇다면 심판대상조항은 집회에 대한 허가제를 규정하였다고 보기 어려우므로, 헌법 제21조 제2항 위반 주장에 대해서는 나아가 살펴보지 않기로 한다(헌재 2023.9.26. 2019헌마1417).

ㄹ. [×] 심판대상조항에 의하여 잔디마당을 집회 장소로 선택할 자유가 완전히 제한되는바, 공공에 위험을 야기하지 않고 시청사의 안전과 기능에도 위협이 되지 않는 집회나 시위까지도 예외 없이 금지되는 불이익이 발생한다. 그렇다면 심판대상조항은 과잉금지원칙에 위배되어 청구인들의 집회의 자유를 침해한다(헌재 2023.9.26. 2019헌마1417).

ㅁ. [×] 헌법 제21조 제2항의 '허가'는 '행정청이 주체가 되어 집회의 허용 여부를 사전에 결정하는 것'으로서 행정청에 의한 사전 허가는 헌법상 금지되지만, 입법자가 법률로써 일반적으로 집회를 제한하는 것은 헌법상 '사전허가금지'에 해당하지 않는다. 심판대상조항은 입법자가 법률로써 직접 집회의 장소적 제한을 규정한 것으로, 행정청이 주체가 되어 집회의 허용 여부를 사전에 결정하는 것이 아니므로 헌법 제21조 제2항의 허가제 금지에 위배되지 않는다(헌재 2023.7.20. 2020헌바131).

17 　　　　　　　　　　　　　　　　　　　정답 ①

ㄱ. [×] 비록 연명치료 중단에 관한 결정 및 그 실행이 환자의 생명단축을 초래한다 하더라도 이를 생명에 대한 임의적 처분으로서 자살이라고 평가할 수 없고, 오히려 인위적인 신체 침해행위에서 벗어나서 자신의 생명을 자연적인 상태에 맡기고자 하는 것으로서 인간의 존엄과 가치에 부합한다 할 것이다. 그렇다면 환자가 장차 죽음에 임박한 상태에 이를 경우에 대비하여 미리 의료인 등에게 연명치료 거부 또는 중단에 관한 의사를 밝히는 등의 방법으로 죽음에 임박한 상태에서 인간으로서의 존엄과 가치를 지키기 위하여 연명치료의 거부 또는 중단을 결정할 수 있다 할 것이고, 위 결정은 헌법상 기본권인 <u>자기결정권의 한 내용</u>으로서 보장된다 할 것이다(헌재 2009.11.26. 2008헌마385).

ㄴ. [○] 환자 본인이 제기한 '연명치료 중단 등에 관한 법률'의 입법부작위의 위헌확인에 관한 헌법소원심판청구는 국가의 입법의무가 없는 사항을 대상으로 한 것으로서 헌법재판소법 제68조 제1항 소정의 '공권력의 불행사'에 대한 것이 아니므로 부적법하다(헌재 2009.11.26. 2008헌마385).

ㄷ. [×] <u>환자의 평소 가치관이나 신념 등에 비추어 연명치료를 중단하는 것이 객관적으로 환자의 최선의 이익에 부합한다고 인정되어 환자에게 자기결정권을 행사할 수 있는 기회가 주어지더라도 연명치료의 중단을 선택하였을 것이라고 볼 수 있는 경우에는, 그 연명치료 중단에 관한 환자의 의사를 추정할 수 있다고 인정하는 것이 합리적이고 사회상규에 부합된다. 이러한 환자의 의사 추정은 객관적으로 이루어져야 한다</u>(대판 전합체 2009.5.21. 2009다17417).

ㄹ. [○] 환자가 회복불가능한 사망의 단계에 이르렀을 경우에 대비하여 미리 의료인에게 자신의 연명치료 거부 내지 중단에 관한 의사를 밝힌 경우(이하 '사전의료지시'라 한다)에는, 비록 진료 중단시점에서 자기결정권을 행사한 것은 아니지만 사전의료지시를 한 후 환자의 의사가 바뀌었다고 볼 만한 특별한 사정이 없는 한 사전의료지시에 의하여 자기결정권을 행사한 것으로 인정할 수 있다(대판 전합체 2009.5.21. 2009다17417).

ㅁ. [○] 이미 의식의 회복가능성을 상실하여 더 이상 인격체로서의 활동을 기대할 수 없고 자연적으로는 이미 죽음의 과정이 시작되었다고 볼 수 있는 회복불가능한 사망의 단계에 이른 후에는, 의학적으로 무의미한 신체 침해행위에 해당하는 연명치료를 환자에게 강요하는 것이 오히려 인간의 존엄과 가치를 해하게 된다(대판 전합체 2009.5.21. 2009다17417).

18 　　　　　　　　　　　　　　　　　　　정답 ①

❶ [○] 국가공무원법조항 중 '그 밖의 정치단체'에 관한 부분은 어떤 단체에 가입하는가에 관한 집단적 형태의 '표현의 내용'에 근거한 규제이므로, 더욱 규제되는 표현의 개념을 명확하게 규정할 것이 요구된다. 그럼에도 위 조항은 '그 밖의 정치단체'라는 불명확한 개념을 사용하여, 수범자에 대한 위축효과와 법 집행 공무원의 자의적 판단 위험을 야기하고 있다. 위 조항이 명확성원칙에 위배된다(헌재 2020.4.23. 2018헌마551).

② [×] 이 사건 정당가입 금지조항이 초·중등학교 교원에 대해서는 정당가입의 자유를 금지하면서 대학의 교원에게 이를 허용한다 하더라도, 이는 기초적인 지식전달, 연구기능 등 양자 간 직무의 본질과 내용, 근무 태양이 다른 점을 고려한 합리적인 차별이므로 평등원칙에 위배되지 않는다(헌재 2020.4.23. 2018헌마551).

③ [×] 졸업 직후 변호사자격을 취득하지 못할 경우 검사로 신규임용될 수 없는 여성이나 군면제인 사람보다 유리한 기준을 적용받는 것이 된다. 또한, 검사신규임용에 지원할 수 없다 하더라도 청구인에게는 추후 경력검사임용절차를 통하여 검사로 임용될 수 있는 기회가 여전히 남아 있다. 따라서 이 사건 공고는 사회복무요원 소집해제예정 변호사인 청구인의 공무담임권을 침해하지 않는다(헌재 2021.4.29. 2020헌마999).

④ [×] 헌법 제25조의 공무담임권의 보호영역에는 일반적으로 공직취임의 기회 보장, 신분 박탈, 직무의 정지에 관련된 사항이 포함되지만, 특별한 사정도 없이 공무원이 특정의 장소에서 근무하는 것이나 특정의 보직을 받아 근무하는 것을 포함하는 일종의 '공무수행의 자유'까지 포함된다고 보기 어렵다. <u>단과대학장이라는 특정의 보직을 받아 근무할 것을 요구할 권리는 공무담임권의 보호영역에 포함되지 않는 공무수행의 자유에 불과하므로, 이 사건 심판대상조항에 의해 청구인들의 공무담임권이 침해될 가능성이 인정되지 아니한다</u>(헌재 2014.1.28. 2011헌마239).

19 　　　　　　　　　　　　　　　　　　　정답 ②

① [○] 집회의 장소는 일반적으로 집회의 목적·내용과 밀접한 내적 연관관계를 가질 수 있다. 집회는 특별한 상징적 의미 또는 집회와 특별한 연관성을 가지는 장소, 예를 들면, 집회를 통해 반대하고자 하는 대상물이 위치하거나 집회의 계기를 제공한 사건이 발생한 장소 등에서 행해져야 이를 통해 다수의 의견표명이 효과적으로 이루어질 수 있으므로, 집회의 장소에 대한 선택은 집회의 성과를 결정짓는 주요 요인이 될 수 있다. 따라서 집회의 장소를 선택할 자유는 집회의 자유의 한 실질을 형성한다고 할 수 있다(헌재 2018.5.31. 2013헌바322).

❷ [×] 심판대상조항은 국회의원과 국회에서 근무하는 직원, 국회에 출석하여 진술하고자 하는 일반 국민이나 공무원 등이 어떠한 압력이나 위력에 구애됨이 없이 자유롭게 국회의사당에 출입하여 업무를 수행하며, 국회의사당을 비롯한 국회 시설의 안전이 보장될 수 있도록 하기 위한 목적에서 입법된 것으로 그 목적은 정당하고, 국회의사당 경계지점으로부터 100미터 이내의 장소에서의 옥외집회를 전면적으로 금지하는 것은 국회의 기능을 보호하는 데 기여할 수 있으므로 수단의 적합성

도 인정된다(헌재 2018.5.31. 2013헌바322).

③ [O] 한편 국회의사당 인근에서의 집회가 심판대상조항에 의하여 보호되는 법익에 대한 직접적인 위협을 초래한다는 일반적 추정이 구체적인 상황에 의하여 부인될 수 있는 경우라면, 입법자로서는 예외적으로 옥외집회가 가능할 수 있도록 심판대상조항을 규정하여야 한다. 예를 들어, 국회의 기능을 직접 저해할 가능성이 거의 없는 '소규모 집회', 국회의 업무가 없는 '공휴일이나 휴회기 등에 행하여지는 집회', '국회의 활동을 대상으로 한 집회가 아니거나 부차적으로 국회에 영향을 미치고자 하는 의도가 내포되어 있는 집회'처럼 <u>옥외집회에 의한 국회의 헌법적 기능이 침해될 가능성이 부인되거나 또는 현저히 낮은 경우에는, 입법자로서는 심판대상조항으로 인하여 발생하는 집회의 자유에 대한 과도한 제한 가능성이 완화될 수 있도록 그 금지에 대한 예외를 인정하여야 한다.</u> 물론 국회의사당 인근에서 폭력적이고 불법적인 대규모 집회가 행하여지는 경우 국회의 헌법적 기능이 훼손될 가능성이 커지는 것은 사실이다. 그러나 '집회 및 시위에 관한 법률'은 이러한 상황에 대처할 수 있도록 다양한 규제수단들을 규정하고 있고, 집회 과정에서의 폭력행위나 업무방해행위 등은 형사법상의 범죄행위로서 처벌된다. 이처럼, 심판대상조항은 입법목적을 달성하는 데 필요한 최소한도의 범위를 넘어, 규제가 불필요하거나 또는 예외적으로 허용하는 것이 가능한 집회까지도 이를 일률적·전면적으로 금지하고 있으므로 침해의 최소성 원칙에 위배된다(헌재 2018.5.31. 2013헌바322).

④ [O] 심판대상조항이 국회의사당 인근에서의 옥외집회를 금지하는 것에는 위헌적인 부분과 합헌적인 부분이 공존하고 있다. 따라서 심판대상조항에 대하여 헌법불합치결정을 선고하되, 입법자는 2019.12.31.까지 개선입법을 하여야 한다(헌재 2018.5.31. 2013헌바322).

20 정답 ④

① [X] 성범죄자의 재범을 억제하고 수사의 효율성을 제고하기 위하여, 일정한 성범죄를 저지른 자로부터 신상정보를 제출받아 보존·관리하는 것은 정당한 목적을 위한 적합한 수단이다. 처벌범위 확대, 법정형 강화만으로 카메라 등 이용촬영범죄를 억제하기에 한계가 있으므로 위 범죄로 처벌받은 사람에 대한 정보를 국가가 관리하는 것은 재범을 방지하는 유효하고 현실적인 방법이 될 수 있다. 카메라 등 이용촬영죄의 행위 태양, 불법성의 경중은 다양할 수 있으나, 결국 인격체인 피해자의 성적 자유 및 함부로 촬영당하지 않을 자유를 침해하는 성범죄로서의 본질은 같으므로 입법자가 개별 카메라 등 이용촬영죄의 행위 태양, 불법성을 구별하지 않은 것이 지나친 제한이라고 볼 수 없고, <u>신상정보 등록대상자가 된다고 하여 그 자체로 사회복귀가 저해되거나 전과자라는 사회적 낙인이 찍히는 것은 아니므로 침해되는 사익은 크지 않은 반면 이 사건 등록조항을 통해 달성되는 공익은 매우 중요하다. 따라서 이 사건 등록조항은 개인정보자기결정권을 침해하지 않는다</u>(헌재 2015.7.30. 2014헌마340).

② [X] 사건 법률조항은 증명서 발급에 있어 형제자매에게 정보주체인 본인과 거의 같은 지위를 부여하고 있으므로, 이는 증명서 교부청구권자의 범위를 필요한 최소한도로 한정한 것이라고

볼 수 없다. 본인은 인터넷을 이용하거나 위임을 통해 각종 증명서를 발급받을 수 있으며, 가족관계등록법 제14조 제1항 단서 각 호에서 일정한 경우에는 제3자도 각종 증명서의 교부를 청구할 수 있으므로 형제자매는 이를 통해 각종 증명서를 발급받을 수 있다. 따라서 이 사건 법률조항은 침해의 최소성에 위배된다. 또한, 이 사건 법률조항을 통해 달성하려는 공익에 비해 초래되는 기본권 제한의 정도가 중대하므로 법익의 균형성도 인정하기 어려워, 이 사건 법률조항은 청구인의 개인정보자기결정권을 침해한다(헌재 2016.6.30. 2015헌마924).

③ [X] 심판대상조항은 통신매체이용음란죄의 죄질 및 재범의 위험성에 따라 등록대상을 축소하거나, 유죄판결 확정과 별도로 신상정보 등록 여부에 관하여 법관의 판단을 받도록 하는 절차를 두는 등 기본권 침해를 줄일 수 있는 다른 수단을 채택하지 않았다는 점에서 침해의 최소성 원칙에 위배된다. 또한, 심판대상조항으로 인하여 비교적 불법성이 경미한 통신매체이용음란죄를 저지르고 재범의 위험성이 인정되지 않는 이들에 대하여는 달성되는 공익과 침해되는 사익 사이에 불균형이 발생할 수 있다는 점에서 법익의 균형성도 인정하기 어렵다(헌재 2016.3.31. 2015헌마688).

❹ [O] 정보주체가 직접 또는 제3자를 통하여 이미 공개한 개인정보는 공개 당시 정보주체가 자신의 개인정보에 대한 수집이나 제3자 제공 등의 처리에 대하여 일정한 범위 내에서 동의를 하였다고 할 것이다. 이와 같이 공개된 개인정보를 객관적으로 보아 정보주체가 동의한 범위 내에서 처리하는 것으로 평가할 수 있는 경우에도 동의의 범위가 외부에 표시되지 아니하였다는 이유만으로 또다시 정보주체의 별도의 동의를 받을 것을 요구한다면 이는 정보주체의 공개의사에도 부합하지 아니하거니와 정보주체나 개인정보처리자에게 무의미한 동의절차를 밟기 위한 비용만을 부담시키는 결과가 된다. 다른 한편 개인정보 보호법 제20조는 공개된 개인정보 등을 수집·처리하는 때에는 정보주체의 요구가 있으면 즉시 개인정보의 수집 출처, 개인정보의 처리 목적, 제37조에 따른 개인정보 처리의 정지를 요구할 권리가 있다는 사실을 정보주체에게 알리도록 규정하고 있으므로, 공개된 개인정보에 대한 정보주체의 개인정보자기결정권은 이러한 사후통제에 의하여 보호받게 된다. 따라서 <u>이미 공개된 개인정보를 정보주체의 동의가 있었다고 객관적으로 인정되는 범위 내에서 수집·이용·제공 등 처리를 할 때는 정보주체의 별도의 동의는 불필요하다고 보아야 하고, 별도의 동의를 받지 아니하였다고 하여 개인정보 보호법 제15조나 제17조를 위반한 것으로 볼 수 없다</u>(대판 2016.8.17. 2014다235080).

빠른 정답

1회   p.8

01	①	02	②	03	③	04	③	05	④
06	④	07	③	08	②	09	③	10	④
11	④	12	②	13	④	14	①	15	③
16	②	17	③	18	③	19	②	20	④

2회   p.16

01	④	02	②	03	③	04	①	05	①
06	④	07	①	08	③	09	④	10	③
11	①	12	④	13	②	14	①	15	①
16	①	17	④	18	②	19	③	20	②

3회   p.26

01	④	02	③	03	③	04	③	05	①
06	④	07	②	08	①	09	③	10	③
11	①	12	①	13	③	14	①	15	③
16	③	17	②	18	②	19	④	20	②

4회   p.34

01	④	02	④	03	②	04	②	05	①
06	③	07	④	08	②	09	④	10	②
11	④	12	③	13	④	14	②	15	②
16	②	17	③	18	①	19	③	20	②

5회   p.42

01	③	02	④	03	①	04	④	05	③
06	①	07	④	08	②	09	③	10	④
11	③	12	①	13	④	14	①	15	③
16	③	17	④	18	②	19	①	20	①

6회 p.52

01	④	02	④	03	④	04	③	05	②
06	②	07	④	08	③	09	①	10	①
11	③	12	④	13	③	14	②	15	①
16	①	17	②	18	①	19	①	20	④

7회 p.62

01	④	02	④	03	②	04	①	05	④
06	②	07	①	08	②	09	①	10	④
11	②	12	②	13	③	14	③	15	④
16	②	17	②	18	③	19	①	20	③

8회 p.72

01	③	02	①	03	②	04	③	05	②
06	④	07	③	08	③	09	③	10	③
11	②	12	④	13	④	14	④	15	③
16	④	17	①	18	④	19	④	20	②

9회 p.82

01	③	02	①	03	④	04	②	05	④
06	②	07	③	08	②	09	①	10	①
11	③	12	②	13	②	14	①	15	③
16	④	17	④	18	②	19	②	20	④

10회 p.92

01	①	02	③	03	①	04	①	05	④
06	③	07	③	08	①	09	②	10	①
11	②	12	④	13	①	14	②	15	④
16	③	17	①	18	①	19	②	20	④

MEMO

2025 최신개정판

해커스경찰
황남기
경찰헌법 1차 대비
Season 3 전범위 모의고사

개정 3판 1쇄 발행 2025년 2월 6일

지은이	황남기 편저
펴낸곳	해커스패스
펴낸이	해커스경찰 출판팀

주소	서울특별시 강남구 강남대로 428 해커스경찰
고객센터	1588-4055
교재 관련 문의	gosi@hackerspass.com
	해커스경찰 사이트(police.Hackers.com) 교재 Q&A 게시판
	카카오톡 플러스 친구 [해커스경찰]
학원 강의 및 동영상강의	police.Hackers.com

ISBN	979-11-7244-813-4 (13360)
Serial Number	03-01-01

경찰공무원 1위,
해커스경찰(police.Hackers.com)

🖩 해커스 경찰

· 정확한 성적 분석으로 약점 극복이 가능한 **경찰 합격예측 온라인 모의고사**(교재 내 응시권 및 해설강의 수강권 수록)
· 해커스 스타강사의 **경찰헌법 무료 특강**
· **해커스경찰 학원 및 인강**(교재 내 인강 할인쿠폰 수록)
· 다회독에 최적화된 **회독용 답안지**

한경비즈니스 2024 한국품질만족도 교육(온·오프라인 경찰학원) 부문 1위